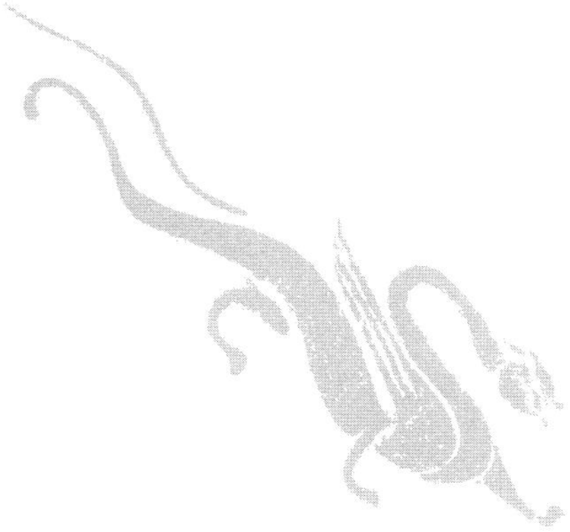

高中历史大单元教学设计创新案例集

中外历史纲要（上）

丛书顾问：何成刚

丛书主编：夏辉辉

本册主编：黄小娜

华春勇

莫伟华

广西教育出版社 ·南宁·

图书在版编目（CIP）数据

高中历史大单元教学设计创新案例集. 中外历史纲要
上 / 夏辉辉主编. -- 南宁 : 广西教育出版社，2024.3（2025.12 重印）
ISBN 978-7-5435-9411-1

Ⅰ. ①高… Ⅱ. ①夏… Ⅲ. ①中学历史课-教学设计
-高中 Ⅳ. ①G633.512

中国国家版本馆 CIP 数据核字(2024)第 064841 号

GAOZHONG LISHI DADANYUAN JIAOXUE SHEJI CHUANGXIN ANLIJI
ZHONGWAI LISHI GANGYAO (SHANG)

策　　划：陆思成
责任编辑：钟秋莲　韦雅静　何子华　杨倩云
封面设计：李浩丽
责任校对：刘汉明
责任技编：蒋　媛

出 版 人：刘炫鑫
出版发行：广西教育出版社
地　　址：广西南宁市鲤湾路 8 号　　邮政编码：530022
电　　话：0771-5865797
本社网址：http://www.gxeph.com
电子信箱：gxeph@vip.163.com
印　　刷：广西民族印刷包装集团有限公司
开　　本：889 mm×1194 mm　1/16
印　　张：22.5
字　　数：542 千字
版　　次：2024 年 3 月第 1 版
印　　次：2025 年 12 月第 2 次印刷
书　　号：ISBN 978-7-5435-9411-1
定　　价：68.00 元

◇ 编委会 ◇

前言

经过短短几十年的发展，我国进入了知识爆炸时代，今天的教育已经不再是单纯的知识传授，而是在浩如烟海的信息中让学生学会如何学习。现如今，知识储备量的多少、知识记忆的准确与否已不再是学习的主要评价标准，也不再是区分人才的主要标准，而核心素养所包含的正确价值观、必备品格和关键能力已成为学习的主要目标。面对新时代的发展趋势与新课程的新变化，我们老中青几代教师都需要努力摆脱固有经验的束缚，实现知识观、课程观与教学观的转型。这是新时代教师肩负的历史使命，也是当下教育改革的难点。

首先，核心素养倡导的是一种“意义的知识观”。“意义的知识观”反映了在信息技术、人工智能飞速发展的背景下，知识与人的关系发生了深刻的变化，它强调的是课程知识对学习者的精神意义。在“意义的知识观”的指导下，教师需要重新认识学科知识的内涵、挖掘学科的育人价值、组织学科建设等，这些都成为当前深化课程改革的重点。

其次，单元作为一种知识结构形态，一直被运用于我们的教学中。每个学科、每个教学模块都有“单元”，传统的“单元”多是内容单元，是知识结构形态的一种表现方式。而历史学科的单元知识结构形态在“通史”与“主题”之间反复变化、演进，目前已形成“通史 + 主题”的单元结构形态。在当前提倡培育核心素养的背景下，“大单元”的提出使原本“单元”的概念发生了变化，获得了新的内涵，实现了从“知识结构形态”向“教学结构形态”转变，在解决“怎么学”“怎么评”的问题上发挥了重要作用，成为教师重新理解教学过程的重要途径。历史教学要想从“大单元教学”中获得教益，必须完成这一课程理念的转变。

在实现这个转变的实践过程中，我们发现大单元教学的推进有两条路径：一条是以教学内容为中心的课程大单元，其主要特点是提出单元大概念、设计单元学习任务和评估任务，以关键问题推进大单元教学；另一条是以学生认知规律为中心的学习大单元，其主要特点是在提出单元大概念后，依照整体认知、自学自研、深度探究、学习迁移等四个步骤推进大单元教学。本书收录了两种路径的大单元教学模式案例，但由于学习配套资源的缺乏，目前仍然以第一条路径为大单元教学的主要路径。

最后，大概念具有一定的抽象性和概括性，是一种“概念性的理解”，能够让学生“生成跨时空、可迁移的知识，在观念层面开展深度思维或推理，在纷繁变幻的现象中发现秩序和规律”。大概念的产生是为了帮助学生更好地理解知识，而不是为了记住某种固定的“概念”。因此，抛开客观主义知识观，从“意义的知识观”角度理解“大概念”对学生建构知识体系的价值，把“大概念”理解为大观点、大观念、大任务、大问题，使之成为落实核心素养的课程与教学工具。

在案例写作的过程中，参与研究的教师积累了许多大单元、大概念教学的策略经验。

第一，教师如何提炼大概念？在教学中，教师可以通过追寻“大问题”获得大概念，也可以通过建立学科核心概念之间的联系获得大概念，还可以通过对史实概念的抽象分析获得大概念，以及借助科学的学术观点来获得教学大概念，等等。

第二，学生如何习得大概念？批判性思维是学生从历史事实走向大概念的重要思维工具；学生要在“润泽的学习环境”下对自己的想法进行深加工，从而获得大概念；学生要拥有足够多的、真实的、复杂的历史事实或历史情境，才能形成大概念等。

此外，我们还发现，学生的认知特点决定了学生获得大概念的“优先次序”与教师备课恰恰相反。学生是先拥有了熟悉的知识，如初中学过的相关内容；然后再掌握或完成与本单元相关的重要内容；最后才能形成“大概念”并完成核心任务。这是一个由外到内的次序。因此，无论教师构建的大概念多么抽象，学生都是以历史事实或历史情境为出发点开始他们的学习历程，这对开展大概念教学具有很强的指导价值。

在教学实践中，“大概念 + 大单元”组成了教学设计的新形态，“学习任务 + 关键问题”组成了教学过程的新形态。研究与探讨给教学实践带来的新变化，这也正是本书进行案例研究的价值所在。

我们殷切希望广大读者提出宝贵意见，诚邀广大读者朋友们与我们共同探讨大单元、大概念教学的深远意义，这些宝贵意见和建议对我们来说都是十分有意义的，它们将助力我们更好地完善教学设计，推动历史教育的不断发展。

在此，我们衷心地感谢所有为本书付出心血的同行，感谢各位教研室的教研员和名师们的辛勤努力，感谢广西教育出版社同仁，感谢每一位协助和支持我们的伙伴，让我们携手前行，继续为历史教育的未来努力奋斗。

夏辉辉

2023年9月10日

目录

单元案例四
三国两晋南北朝的民族交融与隋唐统一多民族封建国家的发展（三）

单元案例五
辽宋夏金多民族政权的并立与元朝的统一

单元案例六
明清中国版图的奠定与面临的挑战（一）

单元案例七
明清中国版图的奠定与面临的挑战（二）

单元案例八
晚清时期的内忧外患与救亡图存

单元案例九
辛亥革命与中华民国的建立

单元案例十
中国共产党成立与新民主主义革命兴起

单元案例十一
新民主主义革命的发展历程

单元案例一

从中华文明起源到秦汉统一多民族封建国家的建立与巩固

扫码观看教学视频

中华文明多元一体，源远流长。中华文明多元一体的特征奠定了中华民族多元一体格局的特点。从先秦时期的历史文化认同到秦汉大一统时期的国家认同，这种心理情感是中国古代统一多民族封建国家建立、巩固和发展的动因。本单元以“从早期国家到大一统国家”这一大概念为教学主题，围绕统一多民族封建国家的建立与巩固，依托早期国家的统治特点、春秋战国时期的民族交融和秦汉大一统措施及其影响等相关史实，从各地文化对中原文化的认同，周边少数民族对华夏族的认同以及秦汉时期大一统措施的影响等角度引导学生探究历史文化认同、华夏认同及国家认同之间的相互关系，进而理解统一多民族封建国家建立和巩固的根源，旨在培育学生的中华民族共同体意识。

◎单元教学设计

从早期国家到大一统国家

一、教学内容分析系统：单元教学主题的提炼

（一）提出的依据

1. 课标依据

新课标对本单元的课程内容要求：通过学习了解中华文明的起源情况和早期国家特征，理解战国时期变法运动的必然性，了解孔子、老子学说与百家争鸣局面及其意义；认识秦汉时期统一多民族封建国家的建立、巩固在中国历史上的意义，以及秦朝崩溃和两汉衰亡的原因。通过对新课标的研读可知，了解层面上，本单元的教学主线可概括为“掌握从远古到秦汉时期，中华文明从起源发展为早期国家并逐步发展到统一多民族封建国家的发展历程”；理解和认识层面上，本单元的教学立意可概括为“理解从远古到秦汉时期，中华文明从多元逐渐向核心凝聚，并最终初步形成一体格局的动因及意义”。新课标中能够统摄教学主线的学科概念有“早期国家”“百家争鸣”“统一多民族封建国家”等，把这些学科概念之间的逻辑关系分析清楚是本单元教学实施的关键，在教学过程中需要探究教学主线的动因，寻找这些学科概念的上位概念，深刻理解本单元的教学立意。

2. 教材依据

教材中本单元的导语概述：“中华文明多元一体，源远流长……”这句话蕴含了本单元的教学立意：中华文明多元一体，各民族交往交流交融，共同缔造了中华文明，推动建立了统一多民族封建国家。

本单元的4个课时围绕教学主线，层层落实教学立意。教材第1课《中华文明的起源与早期国家》，通过了解石器时代中国境内有代表性的文化遗存，认识中华文明起源的多元性和统一性；通过将分封制、宗法制融合到整个时代概貌中，结合对内外服制、甲骨文、青铜器、井田制等内容的学习，加深对早期国家特征的理解，并进一步认识其背后的历史文化认同动因。第2课《诸侯纷争与变法运动》，从政治、经济、社会、文化方面对春秋战国大变革的历史变迁过程进行了整体的叙述。诸侯纷争促进了民族交融和华夏认同；各诸侯国统治者实行变法改革，逐渐建立起君主专制的政治制度，推动了社会转型，变法改革成为战国时期的一股潮流；各派思想家针对当时的社会问题提出治国理政方案，百家争鸣，争论中各学派观点相互借鉴，并逐渐形成了大一统思想。第3课《秦统一多民族封建国家的建立》，讲述了秦王朝确立了中国古代统

一多民族封建国家的政治制度和政治疆域，顺应了历史发展趋势，是大一统政治认同和疆域认同的体现。第4课《西汉与东汉——统一多民族封建国家的巩固》，讲述了汉承秦制，以君主专制中央集权统治为特征的统一多民族封建国家得以巩固，这是政治继承和大一统意识的进一步发展。综上所述，“中华文明多元一体”“华夏认同”“统一多民族封建国家的建立与巩固”等核心概念的上位概念是历史文化认同的表现。

3. 学术依据

关于中华文明起源与中华民族发展的学术研究，苏秉琦、严文明、费孝通、彭丰文、瞿林东和侯旭东等著名学者各有其研究成果。苏秉琦先生的“满天星斗”说和严文明教授的“重瓣花朵”论，对早期文明统一性和多样性做了客观且全面的表述，认为中原华夏族对周边各民族、各部族富有向心力和凝聚力。费孝通先生认为中华民族和中华文明的多元一体格局源于中国新石器时代文化的多元交融与汇集，具有强化中华民族内部凝聚力的现实意义。瞿林东教授认为历史文化认同是中华民族之民族认同的历史基础和思想基础，也是历史上各个时期国家认同的思想基础。他指出，历史认同主要指关于血缘、地理、治统的联系与认识；而文化认同主要指关于心理、制度、道统的影响与传承。彭丰文博士指出，国家认同包含对政权的政治认同、地理疆域认同和历史文化认同。中国古人的国家认同体现出强烈的忠君忠于王朝的意识、大一统政治意识、正统意识和政治继承意识。其核心是要求并追求在时间和空间领域中实现政治权力的高度统一，即认同政治、疆域、历史的“大一统”。基于以上专家和学者所述，先秦两汉时期，中华文明从多元逐渐向核心凝聚，并最终形成一体格局，其背后动因是历史文化认同。

（二）单元教学主题

从中华文明的起源到早期国家治理，从春秋战国到大一统国家，都体现出中华文明多元一体的发展特点。春秋战国时期的民族交融，华夏作为文化、政治实体被周边民族所认同，百家争鸣促进文化出现多元和交汇，使得“大一统”的政治思想意识已处于孕育之中。伴随着秦汉统一多民族封建国家实体的形成、巩固和扩大，以认同政治、疆域、“大一统”思想意识为核心内容的中国古代国家认同逐渐形成，并在此后的历史进程中不断发展，从而推动中国古代统一多民族封建国家的形成和发展。结合以上认识，对本单元核心知识与知识线索进行梳理，我们将本单元的教学主题设定为“从早期国家到大一统国家”。

二、学情分析系统：初中与高中教学衔接分析

比较项目	初中课标		高中课标
	2011年版课标	2022年版课标	
课标中的课程内容要求	1. 史前时期 知道北京人的特征，了解北京人发现的意义。知道化石是研究人类起源的主要证据。 了解半坡居民、河姆渡居民	1.1　史前时期 通过了解元谋人、蓝田人、北京人等旧石器时代的人类及其文化遗存，知道中国境内原始社会时期的人类活动；通过了解河姆渡、半	1.1　早期中华文明 通过了解石器时代中国境内有代表性的文化遗存，认识它们与中华文明起源以及私有制、阶级和

续表

比较项目	初中课标		高中课标
	2011年版课标	2022年版课标	
课标中的课程内容要求	的生活和原始农业的产生。知道考古发现是了解史前社会历史的重要依据。 知道炎帝、黄帝的传说故事，了解传说与神话中的历史信息。 2. 夏商周时期 知道夏朝的建立标志着国家的产生，知道夏、商、周三代的更替，了解西周的分封制及其作用。 了解青铜工艺的成就，知道甲骨文是已知最早的汉字。 知道春秋战国时期诸侯之间的战争，了解这一时期的社会变化。 通过商鞅变法，认识改革使秦国逐渐强大起来。 通过都江堰工程感受古代人民的智慧和创造力。 知道老子和孔子，初步理解“百家争鸣”对后世的深远影响。 3. 秦汉时期 知道秦始皇和秦统一中国，了解秦代的中央集权制度和统一措施对中国历史发展的影响。 知道秦的暴政和陈胜、吴广起义，知道秦朝的灭亡和西汉的建立。 了解“文景之治”，知道汉武帝巩固“大一统”王朝。 通过“丝绸之路”的开通，了解丝绸之路在中外交流中的作用。 了解东汉的建立，知道东汉外戚、宦官专权造成的社会动荡；知道佛教的传入和道教的产生。 知道司马迁和《史记》；知道造纸术的发明对传播文化的作用；讲述张仲景和华佗的故事。	坡、良渚、陶寺等新石器时代的文化遗存，知道中国的原始农耕生活；了解私有制、阶级和早期国家的产生；知道考古发现是了解原始社会的重要依据；通过古代文献中记述的黄帝、炎帝等神话传说，了解其中蕴含的历史信息。 1.2 夏商西周与春秋战国时期 知道甲骨文是已知最早的汉字；通过了解甲骨文、青铜铭文、其他文献记载和典型器物，知道具有奴隶制特点的夏、商、西周王朝的建立与发展，了解西周分封制等重要制度；知道老子、孔子的生平与思想；通过了解这一时期的生产力水平和社会关系的变化，初步理解春秋时期诸侯争霸局面的形成、战国时期商鞅变法等改革和“百家争鸣”局面的产生；通过《黄帝内经》和名医扁鹊，了解这一时期的医学成就；通过都江堰工程，感受古代劳动人民的智慧和创造力。 1.3 秦汉时期 通过了解秦朝统一、陈胜和吴广等领导的秦末农民起义、西汉“削藩”和尊崇儒术，知道统一多民族封建国家建立和早期发展的过程；通过了解休养生息政策、“文景之治”、张骞通西域、“丝绸之路”的开辟、汉武帝的大一统，知道西汉从建立之初的社会残破发展到国力强盛的变化及原因；通过了解西汉末到东汉的政治、社会动荡，了解佛教传入和道教产生的背景；知道这一时期的重要文化和科技成就，如司马迁与《史记》、蔡伦与造纸术、张仲景与《伤寒杂病论》、华佗的故事等。	国家产生的关系；通过甲骨文、青铜铭文及其他文献记载，了解私有制、阶级和早期国家的特征。 1.2 春秋战国时期的政治、社会及思想变动 通过了解春秋战国时期的经济发展和政治变动，理解战国时期变法运动的必然性；了解老子、孔子学说；通过孟子、荀子、庄子等了解“百家争鸣”的局面及其意义。 1.3 秦汉大一统国家的建立和巩固 通过了解秦朝的统一业绩和汉朝削藩、开疆拓土、尊崇儒术等举措，认识统一多民族封建国家的建立及巩固在中国历史上的意义；通过了解秦汉时期的社会矛盾和农民起义，认识秦朝崩溃和两汉衰亡的原因。

比较项目	初中教材	高中教材
部分教材课时设置	《义务教育教科书　中国历史　七年级　上册》 第一单元　史前时期：原始社会与中华文明的起源 第1课　远古时期的人类活动 第2课　原始农业与史前社会 第3课　中华文明的起源 第二单元　夏商周时期：奴隶制王朝的更替和向封建社会的过渡 第4课　夏商西周王朝的更替 第5课　动荡变化中的春秋时期 第6课　战国时期的社会变革 第7课　百家争鸣 第8课　夏商周时期的科技与文化 第三单元　秦汉时期：统一多民族封建国家的建立和巩固 第9课　秦统一中国 第10课　秦末农民大起义 第11课　西汉建立和“文景之治” 第12课　大一统王朝的巩固 第13课　东汉的兴衰 第14课　丝绸之路的开通与经营西域 第15课　秦汉时期的科技与文化	《普通高中教科书　历史　必修　中外历史纲要（上）》 第一单元　从中华文明起源到秦汉统一多民族封建国家的建立与巩固 第1课　中华文明的起源与早期国家 第2课　诸侯纷争与变法运动 第3课　秦统一多民族封建国家的建立 第4课　西汉与东汉——统一多民族封建国家的巩固

从教材内容来看，学生在初中阶段已经通过七年级上册第一单元、第二单元、第三单元共15课的内容学习了本单元的相关知识，初步掌握了先秦到秦汉时期的重要历史知识，已储备了一定的历史常识。对比初中教材的内容，本单元主要变化的内容有：华夏族群和华夏认同的形成、孔子承认制度随着时代变化而应当有所改良、对老子的“道”和朴素的辩证法思想进行了拓展和细化、新增了以邹衍为代表的阴阳家思想、对百家争鸣的意义进行了拓展等。针对学生在初中阶段已掌握的知识，高中教学应加强对时空观念和历史逻辑的教学，将初中已有知识关联到大历史视域中，建构历史知识框架，将这些新增知识背后蕴含的课程立意挖掘出来，使学生在学习必备知识的基础上，完成史学思维培养目标和家国情怀的培育。

从课标内容的要求看，初中课标与高中课标对学生学科素养的培养层次要求不同。2011年版初中课标从三维目标的角度要求学生掌握必备知识，并具备一定的历史空间感和史料实证能力，理解重大历史事件的影响。例如课标中第3点第1个要求，要求“知道秦始皇和秦统一中国，了解秦代的中央集权制度和统一措施对中国历史发展的影响”，这就体现了掌握必备知识和历史解释能力的要求。同一内容的高中课标则要求为：通过了解秦朝的统一业绩和汉朝削藩、开疆拓土、尊崇儒术等举措，认识统一多民族封建国家建立及巩固在中国历史上的意义。高中教学将对统一多民族封建国家建立意义的理解，放到更为宽广的历史时空中去探究；理解大一统国家建立背后的民族认同、历史文化认同和国家认同；认识到各民族共同创造了中华文明，培育了中华民族共同体意识。2022年版初中课标开始与高中课标接轨，也提出了历史核心素养，这有利于初中与高中教学衔接，但对初中历史教师而言，这是一个新的挑战。

三、教学目标分析系统：单元核心目标及其分解

（一）单元核心目标

在唯物史观的指导下，了解从早期中华文明起源到秦汉统一多民族封建国家建立与巩固的发展历程，理解早期中华文明多元一体特征及渊源，理解统一多民族封建国家的建立与巩固在中国历史上的意义；理解历史文化认同和国家认同是统一多民族封建国家建立与巩固的精神动力和理论支持，认识中国传统文化源远流长、博大精深，从而树立学生文化自信，激发学生民族自豪感，铸牢中华民族共同体意识。

（二）单元目标分解

1. 必备知识

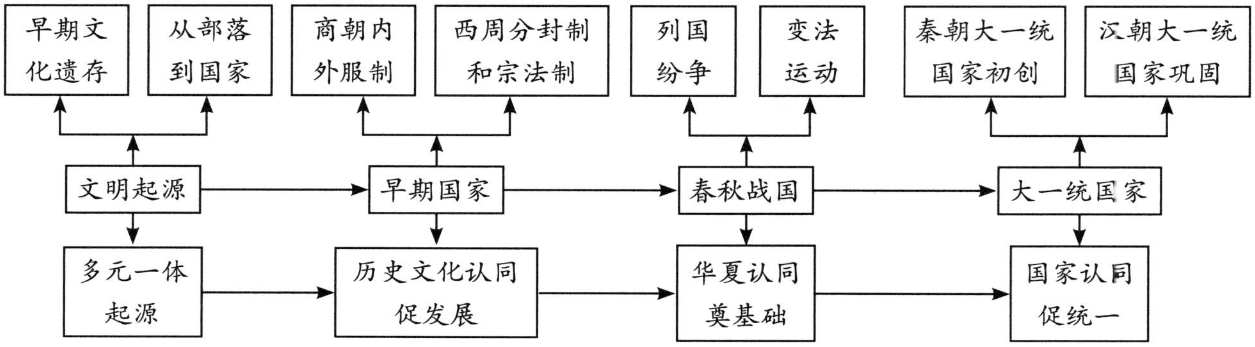

2. 关键能力

（1）获取历史信息能力：能够借助考古学、人类学及历史文献学的研究成果，论证相应的观点，引导学生从教材提供的图像和文献史料中提取关键信息，了解石器时代中国境内有代表性的文化遗存，认识中华文明起源的多元一体；通过甲骨文、传世文献、图表等材料分析夏、商、西周的政治制度，认识中国早期国家的基本特征，培养学生论从史出的学习方法，提升学生的史料实证素养。

（2）历史阐释能力：通过了解石器时代中国境内有代表性的文化遗存，理解中华文明起源的多元一体；通过探究诸侯纷争促进华夏观念发展、变法运动推动社会转型、百家争鸣促进大一统思想认同等，理解秦汉统一多民族封建国家形成发展的必然性及历史意义。

（3）辩证思维能力：能够运用历史辩证唯物主义观点分析春秋战国时期的争霸和兼并战争，理解战争带来的极大破坏；理解在特定的历史条件下，争霸战争和兼并战争客观上促进了民族交融和华夏文明的辐射，促进了国家的统一；能够运用历史辩证唯物主义观点评价“千古一帝”秦始皇，知道把历史人物放在特定的历史环境下进行分析、评价；对于秦的暴政与秦末农民起义，要引导学生从因果关系的角度认识二者的内在联系，理解秦的暴政不仅导致社会矛盾激化，爆发了秦末农民起义，致使秦朝二世而亡，更对社会生产力造成破坏。

3. 核心价值

通过学习从早期中华文明起源到秦汉统一多民族封建国家建立与巩固的发展历程，理解早期中华文明多元一体特征及渊源、中华民族多元一体格局及根源，理解统一多民族封建国家建立与巩固的动因是各民族之间的历史文化认同和国家认同，从而认识国家大一统是历史发展的趋势，感悟国家大一统是中华民族的主流，增强民族自豪感和中华民族认同感与责任担当意识，铸牢中华民族共同体意识。

四、教学过程分析系统

单元教学设计　从早期国家到大一统国家		
课题名称	学习任务	关键问题
课时教学设计1 民族交融，华夏认同：诸侯纷争与变法运动	【任务一】认识诸侯纷争与华夏认同。 【任务二】理解变法运动与华夏认同。 【任务三】理解百家争鸣与华夏认同。	1. 春秋战国时期，内外战争不断，为什么会出现“华夏认同”？ 2. 如此动荡的春秋战国时期，为什么会成为后世统一多民族封建国家建立与发展的“轴心时代”？ 3. 如何理解“百家争鸣与华夏认同”？
课时教学设计2 汉承秦制，国家认同：西汉与东汉时期统一多民族封建国家的巩固	【任务一】探析政治认同视域下的汉承秦制。 【任务二】分析两汉时期国家认同的理论表达。 【任务三】解释两汉时期国家认同的现象。	1. 从汉初郡国并行到削藩，汉朝是如何推动政治认同的？ 2. 两汉时期国家认同的理论如何逐步构建起来的？ 3. 两汉之际的动荡政局中，“大汉”为何会成为一个具有凝聚力和号召力的代名词？

五、教学评价分析系统

（一）学业质量水平划分

水平1：能够从文化遗存及随葬品情况的史料中提取有效信息，从早期中华文明交融的角度，初步理解中华文明多元一体、中原核心之要义；能够通过辨识历史材料、识别历史地图，形成春秋至两汉时期的时空观念，概述春秋至两汉时期的重要史事和历史发展的基本进程；能够认识春秋至两汉时期的重要史事，如三家分晋、百家争鸣、汉武帝巩固大一统的措施、光武中兴等事件所反映的社会变动之间的内在逻辑关联；概述华夏认同观念的形成、秦统一多民族封建国家的初建及两汉大一统国家的巩固等重大史事，认识统一多民族封建国家的建立与巩固在中国历史上的意义，增强民族认同感和自豪感。（唯物史观、史料实证、时空观念、历史解释、家国情怀）

水平2：能够结合考古文物与传世文献理解中原各国与周边各民族的民族交融，理解华夏认同促进统一多民族封建国家的形成；能够描述秦统一的过程、楚汉战争的经过、西汉大一统和开疆拓土的重大举措；能够在诸多史料中发现线索并获取有效信息，运用相关历史术语，理解春秋战国时期社会变动之间的关系，解释战国变法的必然性；能够描述秦建立大一统国家的措施和汉朝巩固大一统的措施，理解统一多民族封建国家建立和发展的意义，增强民族认同感和自豪感。（唯物史观、史料实证、历史解释、家国情怀）

水平3：能够利用考古文物、传世文献、学者们的研究成果等不同类型的史料，对夏、商、西周早期国家具有“重视血缘组织的特征”这一命题展开互证，以形成对该问题更可信、全面、丰富的解释；能够把握战国时期变法运动与当时的政治、经济在时空上的联系，并能用特定的时空术语对春秋战国时期的社会变动加以描述和概括；能够从春秋战国时民族交融的过程中，理解中华文明多元一体的发展特点；能够从经济基础与上层建筑辩证关系的角度来理解秦的统一与西周到秦朝制度的变化，能够利用不同类型的史料分析秦统一的条件；能够从统一多民族封建国家发展的角度认识秦汉统一和制度建设的意义，增强维护国家统一、民族团结的使命感和责任感；能够理解两汉对大一统的巩固在不同阶段呈现出的不同方式，如黄老思想在汉初对社会发展产生积极作用，以及汉武帝时期舍弃黄老思想改用儒学为正统，并能运用相关史料对秦汉衰亡的原因做出解释。（唯物史观、历史解释、家国情怀、史料实证、时空观念）

水平4：在探讨中西方早期国家特征的同时，能够恰当运用体现中国早期国家特征和西方学者对早期国家特征之论的若干史料，对所探讨的问题进行论述；能够自觉地将春秋战国时期大变革的分析和两汉时期巩固统一多民族封建国家历史意义的探究置于具体的时空框架之下，并能够在探究过程中尽可能地运用史料阐明自己的观点，表现出对重大史事的历史反思，从中汲取经验，从而更全面、深刻地认识现实问题；能够从中华文明发展角度理解多元一体的文化起源是多元一体中华民族格局形成的基础，感受中华民族自古以来形成的凝聚力和向心力，增强对中华历史文化的认同，形成正确的民族观和价值观；能够在唯物史观的指导下全面、客观地认识秦汉统一和制度建设的意义，增强维护国家统一、民族团结的使命感和责任感，铸牢中华民族共同体意识。（唯物史观、史料实证、时空观念、历史解释、家国情怀）

（二）学业质量水平测试

阅读材料，回答下列问题。

材料一　何尊是西周早期周成王时的青铜器，内底铸铭文12行122字，提到周武王灭商后决定建都于天下的中心，“宅兹中国”。这是目前所见“中国”一词最早的实物见证。

材料二　唐朝孔颖达在《春秋左传正义·定公十年》中说：“中国有礼仪之大，故称夏；有服章之美，谓之华。”“华夏”连称，本义指衣冠华美又重礼仪。华夏作为文化、政治实体，在春秋战国时被周边民族所认同。各族同源共祖的观念得到发展。

材料三　战国中后期，统一逐渐成为当时人们的共识。孟子提出了“定于一”的思想。成书于战国末年的《吕氏春秋》记载：“乱莫大于无天子，无天子则强者胜弱，众者暴寡，以兵相刬（chǎn），不得休息。”作者认为只有统一才能结束战乱。

——以上材料均摘自人民教育出版社《普通高中教科书 历史 必修 中外历史纲要（上）》

（1）根据材料一，指出“宅兹中国”的含义，并结合所学知识，说说你对“中国”的理解。

（2）根据材料二，指出华夏认同的内涵，并结合所学知识列出华夏认同的一个具体表现。

（3）根据以上材料并结合所学知识，说说为什么“战国中后期，统一逐渐成为当时人们的共识”。

【评价说明】

题号	答题思路	学业质量水平描述
（1）	从“中华文明多元一体”的角度回答先秦时期“中国”包含地理、民族、政治的三层含义分别指周天子所在地京师或周天子所直辖的疆土；指代华夏民族；代表中原地区的诸多华夏政权。	1–2　能够知道认识史事要考虑到历史地理的状况。 1–3　能够从所获得的史料中提取有关的信息。
（2）	将春秋战国时期的大变革置于华夏认同的视域下理解，指出中原地区诸夏政权的文化、政治被周边各民族所认同是其核心含义。 用史实来证明相关论点，以诸侯争霸、改革变法等例子来说明。	2–4　能够选择、组织和运用相关材料并使用相关历史术语，对具体史事做出解释。
（3）	将时空定位于整个先秦时期去思考大一统政治意识的发展，从不同角度分析战国后期人们形成统一意识的原因。	2–2　能够认识事物发生的来龙去脉。 2–4　能够在叙述历史时把握历史发展的各种联系，如古今联系、中外联系等。

参考答案

（1）含义：居住在天下的中心。先秦时期，“中国”包含地理、民族、政治的三层含义：指周天子所在地京师或周天子所直辖的疆土；指代华夏民族；代表中原地区的诸多华夏政权。理解：反映了先秦时期中原地区诸夏政权中心意识浓厚，孕育着天下一统的政治整体意识，体现了早期国家“家国同构”的统治特征。

（2）内涵：中原地区诸夏政权的文化、政治被周边各民族所认同；认同各族同源共祖的观念。具体表现：诸侯争霸、改革变法等。

（3）原因：周天子已失去“天下共主”地位；春秋战国时期社会生产力提高，各地社会经济联系加强，各诸侯国经济交往频繁，为统一创造了经济基础；列国纷争逐步实现了局部统一；结束战乱，统一成为社会各阶级、阶层的共同愿望；民族交融加强，华夏认同观念的影响加深。

姚　静　崇左市教育科学研究所研究员

课时教学设计 1

民族交融，华夏认同：诸侯纷争与变法运动

一、教学内容分析系统：课时教学主题的提炼

（一）提出的依据

1. 课标依据

新课标对本课时的课程内容要求：通过了解春秋战国时期的经济发展和政治变动，理解战国时期变法运动的必然性；了解老子、孔子学说；通过孟子、荀子、庄子等了解“百家争鸣”的局面及其意义。

第一，新课标蕴含的核心概念是“变动”——春秋战国时期的经济变动推动了政治变动和思想领域的变动。春秋战国时期，社会动荡，在经济制度、政治格局和思想文化领域引发的相关变革中，出现了“华夏认同”。华夏周边民族融入并认同华夏民族的心路历程，体现了华夏文明的包容性和凝聚力，揭示了中华民族发展壮大、生生不息的根本原因。正是因为华夏文明的包容性和凝聚力，华夏民族才能够不断发展壮大，生生不息，为中华民族的形成与发展发挥了重要的凝聚作用，为中国古代统一多民族封建国家的形成与发展提供了重要的社会心理基础。

第二，新课标有明确的时间范畴，即春秋战国时期。春秋时期是奴隶社会的瓦解时期，战国时期是封建社会的形成时期。春秋时期的社会状况较西周发生了很大变化。在农业生产上，铁制农具开始使用、牛耕逐渐推广和水利事业不断发展，使农作物产量呈现上升趋势。技术的进步和产量的提高调动了农民在私田上劳动的积极性，使得一些农民多开垦私田并隐匿其收入，但耕作公田的积极性越来越低，以至于公田荒芜不治。针对这种情况，统治者不得不逐渐改变剥削方式，废止由农民共耕公田的做法，向征收实物税过渡，私田的主人成为新兴地主。随着生产力的发展和新兴地主阶级的出现，为维护地主阶级利益，达到富国强兵的目的，战国时期各诸侯国开展了变法运动及诸侯间的兼并战争。与此同时，经济和政治上的变革也引发了思想领域的变革。

2. 教材依据

关于华夏认同，教材中这样解释：“春秋时期，中原各国……自称为‘华夏’。在频繁往来和密切联系中，这些民族也产生了华夏认同观念……逐渐融入华夏族。华夏族吸收了大量新鲜血液，更加稳定，分布更为广泛。”

本课时主要有四个内容，即列国纷争促进华夏认同、春秋战国时期经济的发展、战国时期的变法运动和百家争鸣。教材按照“列国纷争与华夏认同 → 经济发展与变法运动 → 孔子和老子 →

百家争鸣”的顺序编写，结合唯物史观可以对这些内容进行重新整合，即春秋战国时期经济的发展推动了战国时期的变法运动、列国纷争及思想领域的百家争鸣，从而促进了制度认同、华夏认同和思想的统一，为教材第3课《秦统一多民族封建国家的建立》和第4课《西汉与东汉——统一多民族封建国家的巩固》中涉及的内容奠定基础。

同时，本课时的内容在新旧教材中的体现存在很大差异。通过对比分析可知，新教材重点要求理解春秋战国时期列国纷争促进了国家认同，变法运动促进了制度认同，百家争鸣促进了文化认同，而以文化、政治作为实体的华夏在这一时期被周边民族所认同，各族同源共祖的观念得到发展，形成了华夏认同的观念。故本课时立意凸显为“华夏认同为统一多民族封建国家的建立和发展奠定基础”。

3. 学术依据

关于中国的早期文明，无论是费孝通的“多元一体”论，还是苏秉琦的“满天星斗”说，似乎都认同中国早期文明是从涓涓细流发展成大江大河的，是综合不同的区域文明，最后发展成为一个整体的。如果说苏秉琦的观点可以视为“多元一体”的考古学版本，那么王明珂在《华夏边缘：历史记忆与族群认同》一书中，从这些考古遗址背后的人群后来如何成为中国人这一角度，给出了一个全新的解释。他认为，华夏的认同，在春秋、战国时代，还有一个现象，就是争夺正统。“挟天子以令诸侯”也同样可以看成是对正统的争夺。争夺正统的后果，就是强化了华夏的认同，强化了华夏文化优越性这种观念。而族群认同是文化认同的基石，文化认同是族群认同的胶合剂，国家认同是族群认同和文化认同的升华，属于高层次认同感。华夏认同则涵盖族群认同、文化认同、制度认同和国家认同等。

彭丰文在《先秦两汉时期民族观念与国家认同研究》中写道：“秦人认同华夏的心理历程，就是秦人积极吸收中原文化的历程，也是秦人在空间地理和民族心理上不断走进华夏民族的历程……秦人认同华夏的心理历程，也是秦人与中原诸夏交融互动、相互认同的历程……秦人与中原诸夏以及周边其他各族的共同努力，推动了华夏民族的发展壮大，推动了中国古代统一多民族封建国家的发展进程。”

徐蓝教授在《对教师使用统编高中历史教材的一些建议》一文中写道：“引导学生理解统一多民族国家的形成与发展及古代的中外交流，使学生能够认识到中华民族多元一体的发展格局是历史发展的结果，从而更好地认识中国的国情，激发他们的民族自豪感，树立民族自信心和自尊心，加深对祖国历史文化的认同感。”

（二）课时教学主题

本课时的教学主题是“民族交融，华夏认同：诸侯纷争与变法运动”。春秋战国时期出现了百家争鸣，从文化多样性走向文化自觉，出现多元并存、争鸣碰撞、相互吸收的开放性局面，先秦诸子的各派思想，或成为中国文化不可或缺的元素，或被吸纳、融入中国文化之中，逐渐趋于文化认同；而各诸侯国进行变法图强，争霸兼并战争不断，国家在族群认同、文化认同、制度认同和国家认同中逐渐走向统一。

二、学情分析系统：初中与高中教学衔接分析

比较项目	初中课标		高中课标
	2011年版课标	2022年版课标	
课标中的课程内容要求	2. 夏商周时期 了解西周的分封制及其作用。 知道春秋战国时期诸侯之间的战争，了解这一时期的社会变化。 通过商鞅变法，认识改革使秦国逐渐强大起来。 通过都江堰工程感受古代人民的智慧和创造力。 知道老子和孔子，初步理解“百家争鸣”对后世的深远影响。	1.2 夏商西周与春秋战国时期 知道老子、孔子的生平与思想；通过了解这一时期的生产力水平和社会关系的变化，初步理解春秋时期诸侯争霸局面的形成、战国时期商鞅变法等改革和“百家争鸣”局面的产生；通过都江堰工程，感受古代劳动人民的智慧和创造力。	1.2 春秋战国时期的政治、社会及思想变动 通过了解春秋战国时期的经济发展和政治变动，理解战国时期变法运动的必然性；了解老子、孔子学说；通过孟子、荀子、庄子等了解“百家争鸣”的局面及其意义。

比较项目	初中教材	高中教材
部分教材课时设置	《义务教育教科书 中国历史 七年级 上册》 第二单元 夏商周时期：奴隶制王朝的更替和向封建社会的过渡 第5课 动荡变化中的春秋时期 第6课 战国时期的社会变革 第7课 百家争鸣	《普通高中教科书 历史 必修 中外历史纲要（上）》 第一单元 从中华文明起源到秦汉统一多民族封建国家的建立与巩固 第2课 诸侯纷争与变法运动

通过对比初中与高中课标及教材内容可知，本课时的大部分史实学生在初中阶段已经基本掌握，也了解了随着铁制农具的开始使用，牛耕的进一步推广，出现了春秋争霸和战国兼并战争及商鞅变法和百家争鸣，从而为本课时的学习打下了良好的基础。2011年版初中课标通过“知道”“了解”“初步理解”等行为动词从三维目标的角度对学生提出了能力方面的要求，但大部分的能力要求仍停留在识记和浅显的理解层次。假如高一学生在初中阶段是在2011年版初中课标指导下学习的，那么学生在初中阶段应该已经具备一定的历史理解能力和解释能力，但要达到高中课标的要求是有一定难度的。这就需要教师结合学生的实际情况逐层推进教学，如要从春秋战国经济发展和政治变动的史实去理解战国时期变法运动的必然性，通过孟子、荀子、庄子等了解百家争鸣的局面来理解其意义。2022年版初中课标则与高中新课标接轨，不仅提出了历史学科核心素养，还明确提出了与2011年版初中课标相比更高层次的要求，更重视通过学生对必备知识的整体把握来培养学生的关键能力与核心价值，如“知道老子、孔子的生平与思想；通过了解这一时期的生产力水平和社会关系的变化，初步理解春秋时期诸侯争霸局面的形成、战国时期商鞅变法等改革和‘百家争鸣’局面的产生”。其中，“知道老子、孔子的生平与思想”“了解这一时期的生产力水平和社会关系的变化”为必备知识，而“初步理解春秋时期诸侯争霸局面的形成、战国时期商鞅变法等改革和‘百家争鸣’局面的产生”为关键能力。2022

年版初中课标启用后，学生经过初中阶段的学习将具备一定的知识整合能力，关键能力与核心价值的涵养也得到一定的培养。因此在进行本课时的教学时需将初中阶段的知识关联到大历史视野中，在大单元主题立意下，将教材内容进行重新整合，并根据教学目标，通过有效问题的衔接和学习任务的驱动，使学生实现知识体系的构建，史学思想方法目标的达成和情感、态度、价值观的培育。2022年版初中课标的颁布与实施将推动初中教学朝着核心素养培养方向发展，也给初中与高中的教学衔接提出了新的目标和要求。

三、教学目标分析系统：课时核心目标及其分解

（一）课时核心目标

在唯物史观的指导下，构建华夏认同的发展历程，理解族群认同、文化认同、制度认同、国家认同和华夏认同之间的关系；知道华夏认同为统一多民族封建国家的建立和发展奠定基础，激发学生中华民族共同体意识，涵养学生家国情怀；培养学生讲证据、重逻辑、见理性的史学思想方法，培养学生赋予历史常变常新且言而有据、多维多元且逻辑自洽、质疑质问且兼容并蓄的思维品质和基本素养。

（二）课时目标分解

1. 必备知识

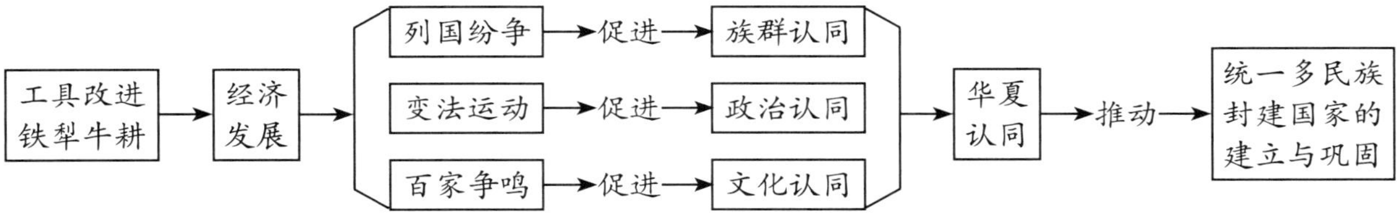

2. 关键能力

（1）获取历史信息能力：充分利用地图、文献史料、表格、时间轴等，引导学生分析史实之间的逻辑关系，培养时空观念素养。例如，通过解读《春秋列国形势图》《战国形势图》，使学生明确在后续史料阅读分析中认识到华夏认同观念的产生与地理环境、政治活动之间相互影响的逻辑关系。

（2）历史解释能力：通过将春秋战国时期各方面的变化与已学习的西周制度进行对比，能够对春秋战国时期的各方面变化进行关联性的理解，进而做出初步的历史解释。

（3）辩证思维能力：利用生产力与生产关系、经济基础与上层建筑之间的关系的基本观点，结合春秋战国时期的经济变动，认识战国时期变法运动发生的背景及其内容，理解变法运动的必然性，旨在培养学生的唯物史观素养。

3. 核心价值

（1）能够把握战国时期变法运动与政治、经济在时空上的联系，并能用特定的时空术语对春秋战国时期的社会变动加以描述和概括；能够从春秋战国时期民族交融的过程中，体会华夏认同的发展历程。

（2）了解孔子、孟子等人的学说和百家争鸣局面的形成，理解社会存在决定社会意识的唯物

史观，培养学生的唯物史观素养。

（3）华夏民族具有悠久的历史文化与复杂多元的族源结构，炎黄世系认同是维系华夏民族的重要纽带。华夏民族孕育于夏商周时期，初步形成于春秋战国时期。华夏认同揭示华夏民族发展壮大、生生不息的内在原因，是中国古代统一多民族封建国家形成和发展的社会心理基础，能够培养学生树立中华民族共同体意识。

四、教学过程分析系统

课时教学设计1 民族交融，华夏认同：诸侯纷争与变法运动

【导入环节】春秋战国时期，壮族先民骆越人在左江及其支流明江两岸的悬崖峭壁上绘制了巨大的赭红色岩画，记录了距今两千多年的祭祀场景，与其所在的山崖、河流和台地共同构成了神秘而震撼的文化景观，被称为“断崖上的敦煌”。同学们知道那是什么文化景观吗？请先观看一段视频:《广西左江花山岩画申遗成功》。

【教师分析】左江花山岩画是中国南方乃至亚洲东南部区域内规模最大、图像数量最多、分布最密集的岩画群，是世界岩画艺术的代表作之一，也是珠江流域早期文明代表之一。而同一时期，中原大地正处于一个社会大变革时期——春秋战国时期。设问：春秋战国时期的社会巨变表现在哪些方面？此时社会发生巨变的原因是什么？

【设计意图】以学生熟悉的历史文化遗址导入，拉近历史与现实的距离，同时引导学生关注乡土历史，进一步理解中华文化的多元性，激发学生对家乡悠久文化历史的热爱，并引发学生的自豪感。

【任务一】认识诸侯纷争与华夏认同。

【关键问题】春秋战国时期，内外战争不断，为什么会出现“华夏认同”？

【材料呈现】

材料一 田氏取齐，六卿分晋，道德大废，上下失序……是以传相放效，后生师之，遂相吞灭，并大兼小，暴师经岁，流血满野……上无天子，下无方伯，力功争强，胜者为右。

——《〈战国策〉书录》

材料二 南夷与北狄交。中国不绝若线(编者注：形容局势危急)，桓公救中国，而攘夷狄……

——《春秋公羊传·僖公四年》

材料三 狄人伐邢。管敬仲言于齐侯曰：“戎狄豺狼，不可厌（编者注：满足）也，诸夏亲昵，不可弃也……”

——《左传·闵公元年》

材料四 楚之先祖出自帝颛顼高阳。高阳者，黄帝之孙，昌意之子也。

——《史记·楚世家第十》

材料五 楚子伐陆浑之戎，遂至于雒，观兵于周疆。定王使王孙满劳楚子。楚子问鼎之大小、轻重焉。

——《左传·宣公三年》

【问题设计】依据上述材料并结合所学知识思考：（1）春秋战国时期，中原各国面临哪些困境？（2）中原各国如何应对这些困境？（3）根据楚国争霸过程中的三个细节，说说它们反映了什么现象。

【教师分析】第（1）问意在引导学生理解周王东迁后的周王室势力衰微，争霸战争不断消除各种氏族血缘组织。争霸过程中提出的“尊王攘夷”“挟天子以令诸侯”，实质就是对正统的争夺。第（2）问，让学生理解中原各国在面临周边少数民族南下时，因内部团结抵御而自觉形成华夏观念。第（3）问以楚王争霸为例，从学生熟悉的楚王问鼎的故事切入，引导学生深度理解问鼎中原的实质是争夺正统，是争霸野心之下进一步认同华夏并渴望被华夏各国所认同。

【设计意图】中原霸主与周边少数民族不断进行战争，出现了长期的空前的民族大迁徙、大交流，中原诸夏与周边少数民族不断相互吸引、交融互动，促使华夏民族形成并发展壮大。而楚王争霸的例子，则为了更好地体现从具体到抽象的大概念生成。

【任务二】理解变法运动与华夏认同。

【关键问题】如此动荡的春秋战国时期，为什么会成为后世统一多民族封建国家建立与发展的“轴心时代”？

【材料呈现】

材料六

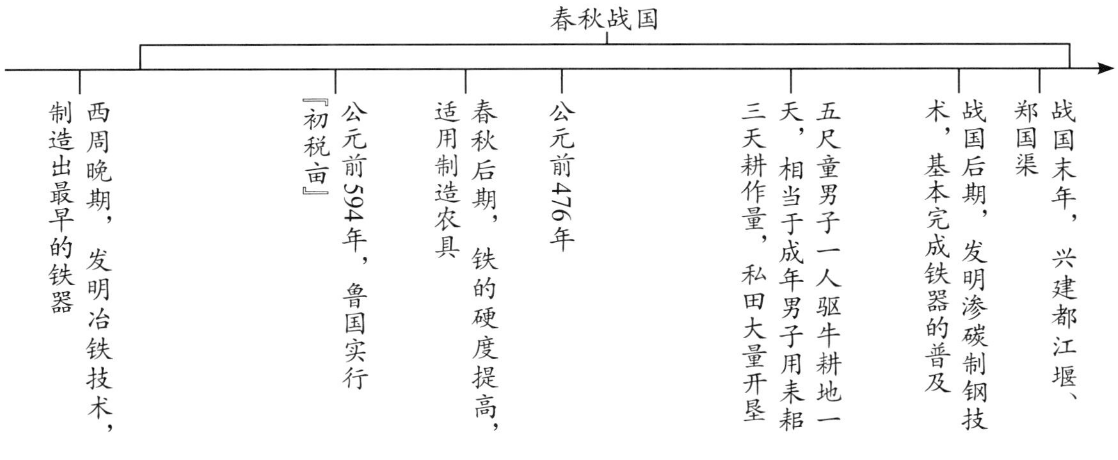

——田昌五、漆侠主编《中国封建社会经济史》

材料七　公元前594年，鲁国实行“初税亩”，规定不偏公田私田，按田亩实有数，由国家一律收税。

——赵恒烈《关于井田制概念的几个教学问题》

材料八

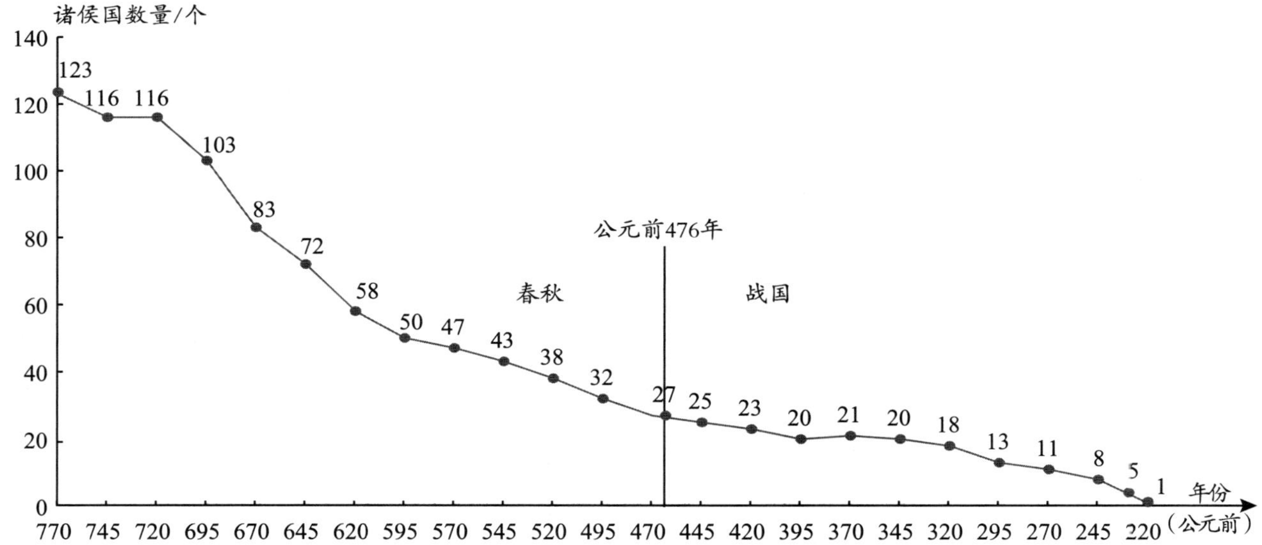

注：此处仅统计了史料中存在明确存灭时间的诸侯国数量。

——整理自方诗铭《中国历史纪年表》、陈槃《春秋大事表列国爵姓及存灭表撰异》等

【问题设计】（1）为什么战国时期各国要推行变法？（2）商鞅变法如何推动秦国的社会转型？

【教师分析】第（1）问，春秋战国时期生产力水平的发展，促使井田制的崩溃和土地私有制的出现，阶级关系也随之变化。兼并战争日益剧烈，为了适应社会巨变，战国时期各国推行变法成为一股潮流，逐步建立君主专制的政治制度，奠定了大一统的政治基础。铁器的逐步推广使用极大地改变了人们的生产生活方式，导致生产关系变化与宗法关系解体，一定程度上促进了民族交融。各国变法中最具代表性的就是商鞅变法。第（2）问，生产力决定生产关系，生产关系变化要求上层建筑变革，推动社会转型，政治体制由等级分权制走向君主专制、中央集权制和官僚制，奠定了大一统的政治基础。在此基础上，华夏族与周边族群以政治认同为纽带日趋交融。

【设计意图】学生在初中阶段已学习过本课时的内容，通过填写表格唤醒学生的知识回忆，建立新旧知识之间的联系，并能够依据所学知识分析商鞅变法的影响，如逐步建立起君主专制的政治制度，推动秦国社会的转型，进而认识改革运动与大一统国家之间的逻辑联系。

【任务三】理解百家争鸣与华夏认同。

【关键问题】如何理解百家争鸣与华夏认同？

【材料呈现】

材料九　孔子之作《春秋》也，诸侯用夷礼则夷之，进于中国则中国之。

——［唐］韩愈《原道》

材料十　吾闻用夏变夷者，未闻变于夷者也。陈良，楚产也；悦周公、仲尼之道，北学于中国，北方之学者，未能或之先也。彼所谓豪杰之士也。

——《孟子·滕文公上》

【问题设计】说说“华夏认同”的实质是什么。

【教师分析】华夏认同的实质就是一种文化认同，其突破了血缘和地域，推动周边少数民族的文明进步，促进了少数民族融入华夏族，形成新的多元一体化民族格局。华夏认同促使不同质的文化的充分交流和刺激，从而产生出大量辩论课题，碰撞出无数思想火花，诞生出各种学术流派。

【学习迁移】从秦人融入华夏民族的历程认识华夏认同观念的形成，基于大概念的高中历史课堂设计的最终目的是促进教师的教学与学生的学习，为验证学生能否在具体情境和抽象概念之间穿梭，最终生成大概念，设计一个新课后的学习迁移任务。

【材料呈现】

材料十一

从远古到西周时期	①在秦人的历史记忆中，其母系先祖出自炎黄世系，秦人为炎黄的姻族。秦人长期活动在西周的西部边疆，因善于养马，西周赐予封邑，收为附庸。 ②直到西周末，秦人仍然是西部边陲的“游牧部落”。
春秋时期	③秦襄公因护卫周平王东迁洛邑有功，被封为诸侯，秦人由此进入诸侯国之列。此后，秦人一再东迁，势力扩大到关中地区，成为西北地区一个实力强大的诸侯国。 ④秦穆公在位时期，与毗邻的晋国多次联姻。秦穆公娶晋国太子申生之姊，秦穆公之女怀嬴嫁给为质于秦的晋太子圉。后秦穆公又将包括怀嬴在内的数名秦国宗女嫁给流亡至秦国的晋公子重耳。
战国时期	⑤秦孝公即位后，中原诸夏视秦人为“夷狄”。“不与中国诸侯之会盟，夷翟（狄）遇之。”秦孝公深感耻辱，表示“诸侯卑秦，丑莫大焉”。秦孝公发布求贤令，宣称：“宾客群臣有能出奇计强秦者，吾且尊官，与之分土。”由此引发了中原诸夏人才西向入秦的高潮。 ⑥在春秋战国五百余年间，秦人持续迁都东进。秦孝公迁都至咸阳，完成了其活动中心由陇右到关中腹地的重大转移。 ⑦秦庄襄王时，吕不韦成为秦国的相国。在任相国期间，他招募大量宾客游士至门下，合众人之力，主持编撰《吕氏春秋》。《吕氏春秋》对各家学术流派兼容并蓄的态度，既起到了保存战国后期各家学派学术活动与学术观点的作用，也起到了对百家争鸣活动进行总结的客观效应。 ⑧战国晚期，由于秦国实力不断壮大，秦人身上的“戎狄”标签已经淡化，甚至消失，秦人已经完全融入并认同华夏民族。

——摘编自彭丰文《从边缘到中心：秦人认同华夏民族的心理历程及其历史意义》

【问题设计】(1) 概述秦人融入华夏民族的历程。(2) 结合上述材料谈谈你对华夏认同的认识。

【设计意图】知识的获得和内化需要一定的情境，秦人的发展空间、政治活动、学术文化等内容都体现了其向华夏文明靠拢的趋势。在学习本课时，应注重加深学生对华夏认同的理解，进而明白华夏的地域范围不断扩大是华夏民族文化圈进一步向边疆扩展，中原部族与周边部族不断交融，华夏民族逐渐形成统一的整体，加深对华夏认同的理解。

五、教学评价分析系统

(一) 学业质量水平划分

水平 1： 通过辨识历史材料、识别历史地图，形成春秋至两汉时期的时空观念，概述春秋至两汉时期的重要史事和历史发展的基本进程；能够认识春秋战国时期的重要史实，如三家分晋、百家争鸣等所反映的社会变动之间的内在逻辑关联；概述并了解春秋争霸和战国兼并战争、华夏认同的形成对秦统一多民族封建国家的初建及两汉大一统国家巩固的意义，增强民族认同感和自豪感。（唯物史观、时空观念、史料实证、历史解释、家国情怀）

水平2：通过阅读相关史料发现线索并获取有效信息，运用相关历史术语，理解春秋战国时期各国社会变动之间的关系以及战国变法的必然性，认识其对统一多民族封建国家建立的历史意义，增强民族认同感和自豪感。（唯物史观、时空观念、家国情怀）

水平3：通过学习春秋战国时期变法运动的内容，能够把握战国时期变法运动与政治、经济在时空上的联系，并能用特定的时空术语对春秋战国时期的社会变动加以描述和概括；通过学习列国纷争的概况，理解春秋战国时期民族交融的过程，体会中华文明多元一体的发展特点。（时空观念、历史解释）

水平4：通过史料研读与合作探究，能够绘制本课的思维导图，理解经济发展与列国纷争、变法运动及百家争鸣之间的关系。（唯物史观、时空观念）

（二）学业质量水平测试

阅读材料，回答下列问题。

材料一　西周春秋时代所讲究的“礼”，是贵族根据原始社会末期父系氏族制阶段的风俗习惯加以发展和改造，用作统治人民和巩固贵族内部关系的一种手段……到春秋后期，就出现了“礼崩乐坏”的局面……以法治国的学说和法治逐渐兴起。

——摘编自杨宽《战国史》

材料二　到战国末期，土地买卖的频繁，促进了新兴地主的形成和发展。当然，当时地主的土地来源并不仅限于购买，更多的还是来自封建国家的赏赐。……贫富迅速分化，使新兴的地主阶级取得了大量的土地，同时也获得了政治上的统治权。

——摘编自翦伯赞《中国史纲要》

（1）根据材料一，概括先秦时期国家治理的制度体系发生的变化，并结合所学知识说明孔子对此所持的观点。

（2）根据材料二，概括春秋战国时期经济领域发生的变化并分析其原因。

【评价说明】

题号	答题思路	学业质量水平描述
（1）	根据材料一“西周春秋时代所讲究的‘礼’，是贵族……用作统治人民和巩固贵族内部关系的一种手段……到春秋后期，就出现了‘礼崩乐坏’的局面……以法治国的学说和法治逐渐兴起”可知，先秦时期国家治理体系发生的变化是从西周到春秋时期的“以礼治国”到春秋后期的“以法治国”。 在解决第（1）问的基础上，根据所学知识可知，孔子主张恢复西周等级森严的礼乐制度，主张“克己复礼”，使每个人的行为符合礼的要求，从而使社会能够“君臣有别、长幼有序”。	1-3　能够从所获得的史料中提取有关的信息。 2-2　能够将某一史事定位在特定的时间和空间框架下。

续表

题号	答题思路	学业质量水平描述
（2）	根据材料二“到战国末期，土地买卖的频繁，促进了新兴地主的形成和发展……贫富迅速分化，使新兴的地主阶级取得了大量的土地，同时也获得了政治上的统治权”可知，春秋战国时期经济领域的变化是“新兴地主正在形成，贫富分化加剧”；根据所学知识和唯物史观可知，春秋战国时期铁制农具的开始使用、牛耕的进一步推广，促进了生产力的发展，是春秋战国时期经济领域发生变化的原因。	2–1　知道生产力是历史发展的决定因素。 2–2　能够将某一史事定位在特定的时间和空间框架下。 2–4　能够选择、组织和运用相关材料并使用相关历史术语，对具体史事做出解释。

参考答案

（1）变化：从西周、春秋时期的“以礼治国”到春秋后期的“以法治国”。观点：孔子主张恢复西周等级森严的礼乐制度，主张“克己复礼”，使每个人的行为符合礼的要求，使社会能够君臣有别、长幼有序。

（2）变化：新兴地主正在形成和发展，贫富分化加剧。原因：铁制农具的开始使用、牛耕的进一步推广，促进了社会生产力的发展。

韦飞宁　崇左市教育科学研究所研究员
冯炜堂　宁明县宁明中学

课时教学设计 2

汉承秦制，国家认同：
西汉与东汉时期统一多民族封建国家的巩固

一、教学内容分析系统：课时教学主题的提炼

（一）提出的依据

1. 课标依据

新课标对本课时的课程内容要求：通过了解汉朝削藩、开疆拓土、尊崇儒术等举措，认识统一多民族封建国家的建立及巩固在中国历史上的意义；通过了解两汉时期的社会矛盾和农民起义，认识两汉衰亡的原因。

其一，新课标蕴含的核心概念是“统一多民族封建国家的巩固”。本单元主要阐述了中华文明多元并起，在多民族的交互与体认中，孕育了多元一体的民族内聚力量，即从满天星斗的松散部落到传说中的炎黄部落联盟和华夏始祖，从春秋战国时期的华夏认同与融入秦汉时期统一多民族封建国家的建立与巩固。因此，在本课时的教学设计中，要注重从单元整体着眼，让学生学会在中华文明起源和统一多民族封建国家的建立与巩固这条历史发展的逻辑线索上自主学习。

其二，新课标要求通过学习“汉朝削藩、开疆拓土、尊崇儒术等举措”认识汉朝时期统一多民族封建国家的巩固。秦朝是中国历史上第一个统一的多民族封建国家，但仅存在短短15年就灭亡了。继之而起的西汉在整体上承袭秦制的前提下，注重调整统治策略，将周制与秦制结合，采取更加温和的措施维护统一。待政局稳定、社会经济恢复后，再逐步加强政治、思想、疆域等方面的建设，最终推动了政治认同、历史文化认同和地理疆域认同，巩固了统一多民族封建国家的统治。

2. 教材依据

从教材内容来看，本课时主要围绕西汉的建立与“文景之治”、西汉的强盛、东汉的兴衰和两汉的文化共四个子目进行阐述，涵盖了两汉兴亡的主要史实。同时教材辅文所提供的史料也相当丰富：第22页“历史纵横”中关于卫青与霍去病的内容；第24页的图片《东汉画像砖中描绘的集市》；第25页“学思之窗”中关于汉赋品读的内容，“历史纵横”中关于两汉其他重要科技成就的内容；第26页“问题探究”中关于豪强地主势力的发展与东汉政权衰亡之间的关系，“学习拓展”中关于通过了解司马迁、张骞、马援等历史人物的事迹，感悟他们的家国情怀等。这些内容主要涉及军事、经济、文化等，是对教材四个子目主干知识的扩充和细化，二者相得益彰，共同构建

了两汉比较完整的知识结构。

从教材的“学习聚焦”“史料阅读”“思考点”内容看，教材第21页“学习聚焦”中有“汉初基本沿袭秦制，但施政方针有了重大调整，将恢复发展经济、稳定社会作为首要任务，并取得显著效果”；第22页“学习聚焦”中有“汉武帝顺应时代需要，采取了一系列巩固和发展大一统国家的措施”；第22页“思考点”中“汉武帝为什么要建立刺史监察制度”；第22页“史料阅读”中有董仲舒“尊崇儒术”的理由。通过整合这些知识可知，汉初经济凋敝、国力疲敝，统治者采取休养生息政策，经过六十多年的逐渐发展，西汉国力逐渐强盛。汉武帝即位后，在政治、思想、疆域等方面采取措施，巩固了统一多民族封建国家的统治。第23页“学习聚焦”中有“光武帝刘秀吸取西汉后期的教训，采取加强集权、发展生产等措施，东汉前期社会出现繁荣景象”。汉光武帝加强集权的措施与汉武帝加强集权的措施有相似之处，彰显了制度的延续性。

3. 学术依据

“国家”是在历史发展中逐渐形成的。自中华文明诞生后，随着生产力的发展，逐渐由部落向早期国家过渡，再逐步发展成为大一统多民族封建国家。“国家”的内涵也不断发生着变化。先秦时期，“国家”的概念是复杂、含混和多层级的，既指王国、诸侯国等政权机构，又指其统治下的地域及其统治中心所在地。秦汉时期是中国古代“国家”概念形成发展史上的里程碑，标志着成熟的中国古代“国家”概念正式形成。秦王朝建立后，由于中央集权专制皇权的形成，“国家”一词突破春秋战国时期的局限，被赋予了新的含义，即主要是指以中央集权式的专制皇权为中心的统一多民族政权，主要包含皇权、天下、士民三个基本要素。西汉建立后，一方面，统治者在政治、经济、思想诸领域采取了一系列巩固和发展大一统的措施；另一方面，社会各阶层对大一统国家的认识也日益加深、文化和习俗意义上的国家共同体已经在人们心中确立了。总之，国家认同作为一种重要的集体性政治意识和个人感情进入王朝统治下的社会各个阶层，出现了社会精英对国家认同的理论表述和社会各阶层对国家认同的情感表达。

以上研究成果为本课时的教学主题提供了重要理论依据，我们应当从更宏观的视野来认识两汉统一多民族封建国家的巩固。

（二）课时教学主题

西汉建立后，承秦之制，吸取秦朝二世而亡的教训，统治措施有所调整，经过六十多年的休养生息，国力渐强。汉武帝即位后，加强了中央集权，强化了内部的稳定与统一，继而开疆拓土，开创了大一统王朝的盛世，巩固了统一多民族封建国家的统治。同时，中国古代统一多民族封建国家赖以形成并发展的政治心理基础和历史文化根基逐渐成形，“中国”成为共同的精神家园，这对中华文明的发展产生了深远的影响。综上所述，我们将本课时的教学主题设定为“汉承秦制，国家认同：西汉与东汉时期统一多民族封建国家的巩固”。

二、学情分析系统：初中与高中教学衔接分析

<table>
<tr><th rowspan="2">比较项目</th><th colspan="2">初中课标</th><th rowspan="2">高中课标</th></tr>
<tr><th>2011年版课标</th><th>2022年版课标</th></tr>
<tr><td>课标中的课程内容要求</td><td>3. 秦汉时期
知道秦始皇和秦统一中国，了解秦代的中央集权制度和统一措施对中国历史发展的影响。
知道秦的暴政和陈胜、吴广起义，知道秦朝的灭亡和西汉的建立。
了解“文景之治”，知道汉武帝巩固“大一统”王朝。
通过“丝绸之路”的开通，了解丝绸之路在中外交流中的作用。
了解东汉的建立，知道东汉外戚、宦官专权造成的社会动荡；知道佛教的传入和道教的产生。
知道司马迁和《史记》；知道造纸术的发明对传播文化的作用；讲述张仲景和华佗的故事。</td><td>1.3　秦汉时期
通过了解秦朝统一、陈胜和吴广等领导的秦末农民起义、西汉“削藩”和尊崇儒术，知道统一多民族封建国家建立和早期发展的过程；通过了解休养生息政策、“文景之治”、张骞通西域、“丝绸之路”的开辟、汉武帝的大一统，知道西汉从建立之初的社会残破发展到国力强盛的变化及原因；通过了解西汉末到东汉的政治、社会动荡，了解佛教传入和道教产生的背景；知道这一时期的重要文化和科技成就，如司马迁与《史记》、蔡伦与造纸术、张仲景与《伤寒杂病论》、华佗的故事等。</td><td>1.3　秦汉大一统国家的建立与巩固
通过了解秦朝的统一业绩和汉朝削藩、开疆拓土、尊崇儒术等举措，认识统一多民族封建国家的建立及巩固在中国历史上的意义；通过了解秦汉时期的社会矛盾和农民起义，认识秦朝崩溃和两汉衰亡的原因。</td></tr>
</table>

比较项目	初中教材	高中教材
部分教材课时设置	《义务教育教科书　中国历史　七年级　上册》 第三单元　秦汉时期：统一多民族封建国家的建立和巩固 第11课　西汉建立和“文景之治” 第12课　大一统王朝的巩固 第13课　东汉的兴衰 第14课　丝绸之路的开通与经营西域 第15课　秦汉时期的科技与文化	《普通高中教科书　历史　必修　中外历史纲要（上）》 第一单元　从中华文明起源到秦汉统一多民族封建国家的建立与巩固 第4课　西汉与东汉——统一多民族封建国家的巩固

统编版初中教材用较多篇幅对两汉的相关史实进行详细的阐述，涵盖了两汉兴亡的重大史实，包括西汉建立、休养生息政策、“文景之治”、颁布“推恩令”、盐铁专卖、北击匈奴、光武中兴、外戚宦官交替专权、黄巾起义、张骞通西域、丝绸之路开通、加强对西域的管理、造纸术的发明及改进、张仲景和华佗及医学领域的成就、《史记》、佛教的传入和道教的兴起等相关史实。通过初中课程的学习，学生虽然构建了比较完整的知识结构，但整体仍停留在了解层面。高中新课标提出的重视以学科大概念为核心，并将课程内容结构化的思路运用于大概念的教学理念中，对教材的顺序、结构进行适当的调整，将教学内容进行有跨度、有深度的重新整合。高中阶段的教学，可对学生已经比较熟悉的史实进行弱化处理，以核心概念“国家认同”为抓手，对教材内容进行一定程度的取舍和整合，通过创设新的学习情境，深入认识两汉时期统一多民族封建国家的建立与巩固。

三、教学目标分析系统：课时核心目标及其分解

（一）课时核心目标

在唯物史观指导下，深入挖掘西汉初期统治阶级调整治国措施的深层次原因及其目的；从国家认同视角出发，理解两汉时期如何从理论层面和实践层面构建王朝的正统性；了解两汉时期“汉承秦制”“五德终始说”“大一统意识”促进了这一时期的政治认同和文化认同，进而推动了国家认同，深入理解统一多民族封建国家巩固的内涵。

（二）课时目标分解

1. 必备知识

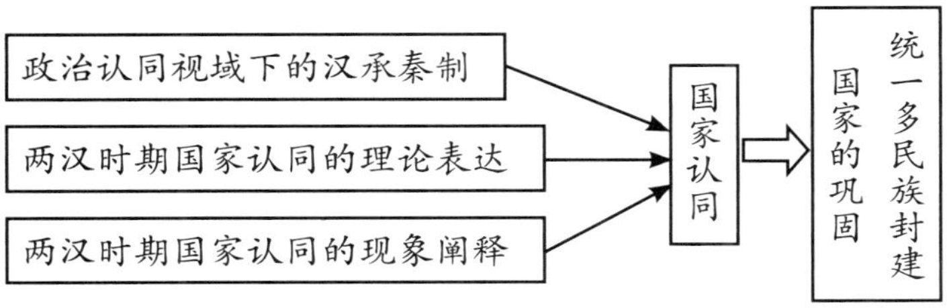

2. 关键能力

（1）获取历史信息能力：通过阅读史料了解秦、汉建立后采取的不同统治措施，认识汉朝虽然“汉承秦制”但“有所损益”，能够结合相关史料认识秦汉时期的国家治理体系的承袭和演变。

（2）阐释历史问题能力：能够描述秦汉政权更迭与“汉承秦制”“有所损益”和两汉国家认同之间的关系。如通过对汉初推行“郡国并行”的原因分析、汉景帝削藩引发的叛乱到汉武帝时期颁布“推恩令”以解决王国问题的描述，理解汉武帝时郡县制作为国家治理的一项基本政治制度真正稳固下来。

（3）探究历史问题能力：能够突破王朝兴衰史的局限，将两汉时期的国家认同置于国家治理的视域中，探究并深入理解这一时期统一多民族封建国家的巩固，培养学生基于复杂的历史情境进行深度思考的能力。

3. 核心价值

通过对本课时一系列相关问题的探讨，学生能够认识到政治认同和文化认同推动了两汉时期的国家认同；理解两汉王朝统治阶级和知识精英对正统意识和大一统意识的理论构建和实践，推动了中国古代统一多民族封建国家形成的政治认同、文化认同，最终推动统一多民族封建国家的巩固；理解各民族在日益增强的互动、交融中相互依赖，共同发展。

四、教学过程分析系统

课时教学设计2　汉承秦制，国家认同：
西汉与东汉时期统一多民族封建国家的巩固

【导入环节】作为中国历史上第一个大一统的王朝，秦统一全国的历史只有短短15年，经二

世而亡。继之而起的汉王朝，号称“据秦之地、用秦之人、承秦之制”，自西汉建立（公元前202年）至东汉灭亡（公元220年），经二十几位皇帝共422年的统治，与秦朝国祚短暂形成了鲜明对比。因此我们不禁思考如下问题：汉朝在“承秦之制”的前提下，采取了什么措施来巩固大一统并实现国祚绵长？

【设计意图】将秦、汉王朝存在的时间做对比，引起学生的思考：既然承秦之制，意味着政治制度上汉朝继承了秦朝的主要制度，但秦朝国祚短暂而汉朝却能够国祚绵长，当中有何玄机？其中隐含了大量可阐发的问题。通过设问直奔主题，为本课时接下来的教学活动做了很好的铺垫。

【任务一】探析政治认同视域下的汉承秦制。

【关键问题】从汉初郡国并行到削藩，汉朝是如何推动政治认同的？

【材料呈现】

材料一　战国末年的楚不仅是一个地缘国家，更是一个文化区域，一个在政治和政治文化传统上与北方各地特别是关中秦地存在较大差异的地域单元……秦朝在实现了对关东六国的军事征服和政治统一后，又在全国范围内着手进行了规模空前的、史无前例的文化整合与统一工作，用强制手段将秦之法治文化推向全国……引起的楚人对秦政的反感，及齐、赵等地人民对楚人反秦战争的同情，是导致秦朝灭亡的重要原因之一。

——陈苏镇《汉代政治与〈春秋〉学》

材料二　汉初分封的三大特点，即土地广泛、百官如朝廷、王国治民所造成的政治格局，实为战国历史的再版。……但首开这种分封制度的不是刘邦，而是陈胜和项羽。……就汉初分封的三大特点看，至项羽时已基本具备了。这种分封制是由秦汉之际楚人创立的。刘邦在分封的问题上，也步陈胜、项氏之后尘，继承了这种楚制式的分封原则。

——卜宪群《秦汉官僚制度》

材料三　自景、武下逮东汉，封建名存实亡，尺土一民，皆统于中央，诸封王惟食邑而已……分封而不锡土，列爵而不临民，食禄而不治事也。

——钱穆《国史大纲》

材料四　这种没有封地的地方“诸侯王”的新系统是皇权和地方权力近几百年对抗的结果，也是在周、秦政治模式之间平衡的结果。它为汉帝国提供了一个皇权结构可以围绕旋转的轴心，是帝国体制本身长久稳定的关键。这种“帝国”和“朝代”的结合，既能满足在整个帝国内增强帝国官僚秩序的需要，也满足了建立可保证帝王根基的血亲关系的需求。通过授予皇族成员超越其他所有官僚的地位，他们形成了一个享有超级特权的阶层，同时这个阶层反过来可以保障皇帝家族统治地位的安全；但是这个特权阶层却不能驾驭只有皇帝才能指挥的官僚机构。

——摘编自［美国］李峰著、刘晓霞译《早期中国社会和文化史概论》

材料五　官僚政治的基本特点，包括分科分层的官僚组织架构、严格遵循法律法规和充分利用文书档案，以及选贤任能，依赖职业文官而不是贵族来承担行政……（这）构成了帝国大厦的行政骨架，提供了有章可循的稳定因素……秦汉墓葬及居延、敦煌所见简牍，提供了其时行政文书的大量实物，显示了帝国文书的流通量之大，所涉文书种类之多，以及文书制作、传发、保管制度之严密……秦汉政治体现了一种对政治行政加以理性化安排的文化精神。

——摘编自袁行霈、严文明等主编《中华文明史（第二卷）》

【问题设计】（1）根据材料一并结合所学知识，分析秦朝灭亡的原因。根据材料一、材料二，概括汉初实行郡国并行制的原因及其特点。（2）根据材料三、材料四，概括汉武帝时期郡国并行制发生的变化及其影响。（3）根据材料五，概括官僚政治的特点。综合上述材料并结合所学知识，分析汉朝官僚政治的影响。

【教师分析】秦朝速亡的教训，对刘邦集团的统治方针产生了直接影响。从制度方面看，秦朝过于急切地在全国推行秦法，导致矛盾激化，终使人民揭竿起义而亡国。刘邦承秦而立，同样无法使关东六国人民发自内心地接受“承秦之制”的汉法。针对关东六国与关中地区尤其是楚地不同的文化风俗，汉朝中央政府没有像秦朝那样以法家文化来强制整合，反而采取了“无为而治”，地方上则采用郡国并行制，达到某种程度上的平衡，维护统治政局的稳定。经过六十多年的休养生息，国力增强后，汉武帝颁布“推恩令”，逐渐瓦解了王国对中央集权的威胁，郡县制作为地方基本政治制度稳定下来。

【设计意图】通过五则材料创设教学情境，从地方制度视角梳理了从秦亡到汉初再到汉武帝时期国家治理的探索和建设，培养学生通过阅读材料分析信息、综合概括的能力。从秦朝过急地在全国推广行秦法导致矛盾激化，终致亡国，到汉朝初建顺应现实、尊重各地区文化差异而实行郡国并行制，再到汉武帝时期通过颁布“推恩令”等逐渐解决王国问题，至此郡县制官僚政治的运行逐渐形成一整套成熟的运行体系，中央集权统治贯彻到基层，行政组织的基层单位逐渐取代血缘社会，成为生活的共同体。通过学习培养学生整体史观的能力，引导学生感悟古代先人治理国家的智慧。

【任务二】分析两汉时期国家认同的理论表达。

【关键问题】两汉时期国家认同的理论是如何逐步构建起来的？

【材料呈现】

材料六　汉武帝：盖闻五帝三王之道，改制作乐而天下洽和，百王同之。

汉宣帝：盖闻五帝三王教化所不施，不及以政。

汉元帝：五帝三王任贤使能，以登至平，而今不治者，岂斯民异哉？咎在朕之不明，亡以知贤也。

——［汉］班固《汉书》

材料七　汉兴之初，庶事草创……若乃正朔、服色、郊望之事，数世尤未章焉……孝武（汉武帝）之世，文章为盛，太初改制……彼以五德之传从所不胜，秦在水德，故谓汉据土而克之……自神农、黄帝下历唐虞三代而汉得火焉。故高祖始起，神母夜号，著赤帝之符，旗章遂赤，自得天统矣。

——［汉］班固《汉书·郊祀志》

材料八　春秋大一统者，天地之常经，古今之通谊也。今师异道，人异论，百家殊方，指意不同，是以上亡以持一统；法制数变，下不知所守。臣愚以为诸不在六艺之科孔子之术者，皆绝其道，勿使并进。邪辟之说灭息，然后统纪可一而法度可明，民知所从矣。

——［汉］班固《汉书·董仲舒列传》

材料九 武帝以后，随着儒学自上而下地大力推行和民众自下而上地主动学习，儒家文化在中华大地广为传播，“大一统”的民族观也日渐深入人心……在很大程度上也促使其他各族人民在思想、意识、心理、行为、思维和价值观等方面渐趋一致，推动各族人民朝着中华民族的民族共同体方向发展。

——李克建《西汉儒学改造对中华传统民族观的影响》

材料十 中国人在此时有了一个相当明确的国家概念，他们才会在铜镜铭文中（指汉代“中国大宁”禽兽铭文镜，上有内容：“中国大宁，子孙益昌，黄常元吉有纪纲”。一般认为这表达了对国家繁荣昌盛的期待）企盼自己的国家安定、盛强与繁荣。

——摘编自葛兆光《中国思想史》

【问题设计】（1）根据材料六、材料七，概括西汉王朝为了确立自身的正统地位做出了哪些努力，并分析其影响。（2）根据材料八，概括董仲舒的主张。根据材料九、材料十，分析其主张产生的影响。

【教师分析】“五帝三王”作为一个政治文化概念逐渐在西汉社会中成为一种集体意识，是西汉时期社会精英为当时的西汉王朝构建国家认同的重要理论建树。同时，利用五德终始学说，为西汉披上神圣的“天意”外衣，最终目的是确立西汉王朝的正统地位，加强人民对西汉王朝正统地位的认同。

纵观中国古代统一多民族封建国家的形成和发展历程，西汉时期处在一个非常重要的历史阶段。一方面，西汉时期“大一统”思想得到广泛传播并逐渐成为中原社会的主流思想，这种政治价值取向对中国古代统一多民族封建国家的巩固与发展起到了重要的推动作用；另一方面，西汉时期形成了多民族互动、交融与认同的局面，也促进了西汉王朝的繁荣和稳固。

【设计意图】通过学习西汉时期关于“五帝三王”、“五德终始学说”和“大一统”思想相关理论构建与实践的史实，了解西汉从政治认同和文化认同，最终达到统一多民族封建国家认同的过程。

【任务三】解释两汉时期国家认同的现象。

【关键问题】两汉之际的动荡政局中，“大汉”为何会成为一个具有凝聚力和号召力的代名词？

【材料呈现】

材料十一 地皇四年（23年），西汉宗室远支刘玄，被绿林军拥立为帝，建立政权。刘玄以西汉宗室身份称帝，赢得了社会各阶层的广泛支持，实力迅速壮大，很快攻占长安，诛灭王莽。在西向攻打长安之际，“海内豪杰翕然响应，皆杀其牧守，自称将军，用汉年号，以待诏命，旬月之间，遍于天下”。活动于山东地区的赤眉军，也在刘玄的“兴复汉室”旗号下，被吸引前来归附。

——摘编自彭丰文《先秦两汉时期民族观念与国家认同研究》

材料十二 刘秀一面采取措施加强皇权，一面又高擎汉室大旗，大力宣扬汉家当复兴、天命在刘秀等神秘观念，坚持将东汉的建立说成西汉的复兴，将东汉开国之君说成汉室中兴之主，以强化和凸显自己的特殊身份和经历所包含的政治优势。

——摘编自陈苏镇《〈春秋〉与“汉道”：两汉政治与政治文化研究》

【问题设计】根据材料十一、材料十二，分析动荡的两汉之际各政治势力在相互角逐过程中为何都高举“兴复汉室”的旗号，并对这一现象做简要评述。

【教师分析】在两汉之际的政局动荡中，社会各阶层对西汉王朝依然存在广泛的政治认同，各种政治势力在谋求发展、角逐最高统治权力的过程中，高举“兴复汉室”的旗号。“大汉”成为一个具有足够凝聚力和号召力的政权称号，“兴复汉室”成为号令民众的重要政治资源。因此可以认为，以认同西汉王朝为核心的统一多民族封建国家认同，经受住了两汉之际动荡政局的考验，表现出超强的稳定性和凝聚力。

五、教学评价分析系统

（一）学业质量水平划分

水平1：能够通过阅读秦汉疆域图、文献史料，了解两汉时期的重要史事和历史发展的基本进程；能够认识两汉重要史事，如郡国并行制、“推恩令”、汉武帝巩固大一统的措施、光武中兴等所反映的社会变动之间的内在逻辑关系；能够了解两汉经略边疆的举措，掌握两汉疆域的“四至”；能够概述统一多民族封建国家的重建和巩固等重大史事，认识统一多民族封建国家的建立与巩固在中国历史上的意义，增强民族认同感和自豪感。（唯物史观、时空观念、史料实证、家国情怀）

水平2：在唯物史观指导下，能够将史事定位在特定的时间和空间框架下，运用史料作为论据论证自己的观点，认识两汉重要史事之间的内在逻辑关系，认识汉朝政治、经济、文化的新变化；能够理解两汉统一多民族封建国家的巩固对中华文明发展的重要作用；能够选择、组织和运用相关材料并使用历史术语，并能够在叙述中将史实陈述与历史解释结合起来。（唯物史观、时空观念、史料实证、历史解释）

水平3：能够从统一多民族封建国家发展的角度认识汉朝统一和制度建设的意义，增强维护国家统一、民族团结的使命感和责任感；能够用历史术语对特定时空下的史事，如汉承秦制、郡国并行制、“推恩令”等加以描述和概括；能够利用相关史料，对所探究的问题进行互证，形成对该问题更全面、更丰富的解释，如关于两汉时期国家认同的理解。（时空观念、史料实证、历史解释、家国情怀）

水平4：能够自觉地将探究两汉时期统一多民族封建国家巩固的历史意义置于具体的时空框架之下，如在国家治理视域下理解统一多民族封建国家的巩固；能够在唯物史观的指导下全面地、客观地认识汉朝统一和制度建设的意义，增强维护国家统一、民族团结的使命感和责任感，树立正确的国家观、民族观和文化观，为新时代中国特色社会主义建设、中华民族伟大复兴做出自己的贡献。（唯物史观、时空观念、历史解释、家国情怀）

（二）学业质量水平测试

阅读材料，回答下列问题。

材料　国家治理体系是规范社会权力运行和维护公共秩序的一系列制度和程序，包括国家的行政体制、经济体制、社会体制和意识形态等。

秦汉发展情况对照表

时间	秦朝（公元前221—公元前207年）	西汉（公元前202—公元9年）	东汉（25—220年）
行政体制	三公九卿；郡县制（民族地区：道）	郡国并行制；“推恩令”；中外朝制；察举制；刺史制；任用酷吏打击豪强	虽置三公，事归台阁；控制外戚；整顿吏治；裁撤郡县
经济体制	统一车轨、度量衡、货币；编制户籍	“与民休息”到改革币制、盐铁官营、均输平准、抑制工商	清查垦田、户口；释放奴婢
意识形态	焚书坑儒	尊崇儒术（设五经博士）	重视儒学（白虎观会议、《熹平石经》）
边疆治理	北击匈奴、征服南越、加强对西南夷的控制	从和亲到北击匈奴、经略西域（河西四郡、西域都护府）；加强对东南沿海和西南少数民族治理（置十六郡）	恢复和加强与边疆地区的联系

——整理自人民教育出版社《普通高中教科书 历史 必修 中外历史纲要（上）》

秦汉时期是统一多民族封建国家初建和巩固的时期，汉承秦而治又有所损益。请结合材料，以“国家治理”为主题，自拟一个论题，并进行阐述。（要求：史论有据，史论结合，表达清晰）

【评价说明】

答题思路	学业质量水平描述
从“国家治理”的角度回答秦汉统治者在行政体制、经济体制、意识形态和边疆治理方面的相关措施。	1–2 能够知道认识史事要考虑到历史地理的状况。 1–3 能够在解答某一历史问题时，尝试从多种渠道获取与其有关的材料；能够从获得的史料中提取有关的信息。
在达到层级一的基础上，能够将时空定位在秦汉时期“国家治理”体系的发展，从政治认同、文化认同等不同角度认识国家认同，进而阐释统一多民族封建国家从建立到巩固的过程。	2–2 能够将某一史事定位在特定的时间和空间框架下；能够认识事物发生的来龙去脉，理解空间和环境因素对认识历史与现实的重要性。 2–4 能够分析有关的历史结论；能够选择、组织和运用相关材料并使用相关历史术语，对具体史事做出解释。

参考答案

论题：秦汉时期国家治理体系的承袭和演变推动了国家认同。

论述：秦朝过急地将郡县制推向全国，激化了社会矛盾，汉初在尊重各地实际的情况下，推行郡国并行制，到汉武帝时颁布“推恩令”，最终解决王国问题。至此，郡县制官僚政治逐渐形成一整套成熟的运行体系，郡县制作为国家治理的一项基本制度逐渐稳定下来。秦朝实行严刑峻法和暴政激化了矛盾，汉朝初期推行黄老之学，汉武帝后尊崇儒术，确立儒家正统地位，东汉延续重视儒学的措施，这推动了文化认同共同体的确立。秦汉都加大对边疆地区的经略力度，并能够因俗而治，促进了民族地区经济文化的交流，统一多民族封建国家的疆域观念逐渐形成。

结论：综上所述，汉朝在政治、思想、疆域等方面的建设推动了政治认同、文化认同和地理疆域认同，这促进了国家认同，从而巩固了统一多民族封建国家的统治。

姚福卫 崇左市高级中学

扫码观看教学视频

单元案例二

三国两晋南北朝的民族交融与隋唐统一多民族封建国家的发展（一）

三国两晋南北朝时期，民族交融的深入发展为隋唐盛世的出现创造了条件，而隋唐盛世下各民族共同创造的璀璨文化又推动了中华文明走向世界，对亚洲各国产生了巨大的影响。

本单元以“从草原、中原、江南的三重联动到轴心文明的新辉煌”这一大概念为教学主题，围绕隋唐盛世的辉煌，依托草原、中原和江南三个区域内部及区域之间民族交融的相关史实，从草原少数民族政权文化认同的增强、中原地区少数民族文化与中原汉文化的互动、北民南迁对江南地区经济开发的积极作用等角度引领学生探究在三国到隋唐的历史长河中，民族交融的深入发展如何全方位地改变中华文明面貌，使中华文明呈现兼收并蓄、自信而宏大的气象。同时在单元主题教学中涵养学生的文化认同、民族认同和国家认同。

◎单元教学设计

从草原、中原、江南的三重联动到轴心文明的新辉煌

一、教学内容分析系统：单元教学主题的提炼

（一）提出的依据

1. 课标依据

新课标对本单元的课程内容要求：通过了解三国两晋南北朝政权更迭的历史脉络，隋唐时期封建社会的高度繁荣，认识三国两晋南北朝至隋唐时期的制度变化与创新、民族交融、区域开发和思想文化领域的新成就。新课标的课程目标指出，要使学生通过学习，“能够认识中华民族多元一体的历史发展趋势，形成对中华民族的认同感和正确的民族观，具有民族自信心和自豪感”。而根据新课标的学业质量水平要求，“学业质量水平2是高中毕业生在本学科应该达到的合格要求”。从教学内容看，结合新课标的课程内容要求、课程目标要求、学业质量水平要求并参照教材单元标题，“民族交融”与“统一多民族封建国家的发展繁荣”是本单元的两条主要线索，这两条主要线索呈现出历史发展的因果关联——民族交融是近四百年的分裂结束后国家取得的重大发展，是实现高度繁荣的重要推动力。在民族交融、中外交流、经济发展等因素的推动下，隋朝实现了国家统一，而国家统一又推动了统一多民族封建国家的发展，使得唐朝时期的国家发展达到了前所未有的新高度。将本单元的主要线索和新课标的课程内容要求相结合，需要在本单元教学中注重通过教学使学生认识三国两晋南北朝到隋唐民族交融对中华文明发展的作用，形成正确的民族观。通过教学使学生了解统一多民族封建国家发展的具体表现，认识统一多民族封建国家发展的主要原因。

2. 教材依据

本单元四个课时的编排是通史与小专题的结合，第5课、第6课以通史方式讲述了从三国两晋南北朝时期的分裂到隋唐盛世再到五代十国分裂的史实，第7课、第8课则以小专题的方式分别阐述了隋唐制度的变化与创新、三国至隋唐时期的文化成就。四个课时中的相关历史发展主线在教材的单元导言中已有清晰的阐述，即“三国两晋南北朝……尽管战火连绵，政局动荡，但社会经济在曲折中仍有发展……汉族与内迁边疆民族从冲突到和平交往，逐步走向交融，推动了统一多民族封建国家的发展。”本单元的导言明确指出民族交融是统一多民族封建国家发展的重要推动力。在民族交融等因素推动下，隋朝实现了国家统一，唐朝时期统一多民族封建国家在经济、政

治、民族关系、思想文化等方面的发展达到了前所未有的新高度，中华文明还在日益频繁的对外交流中不断扩大自己的世界影响，特别是对东亚各国的影响，形成了强大的东亚文化圈。本单元的四个课时围绕政权变化下的民族交融和统一多民族封建国家发展的线索展开，教材相关内容为教师梳理教学主题和开展教学提供了清晰的主线和丰富的素材。

3. 学术依据

长期以来，钱穆、陈寅恪、吕思勉、白寿彝、张海鹏、阎步克等史学家非常重视对三国两晋南北朝到隋唐时期民族交融史的研究，他们的多部研究著作从多角度详细地阐述了三国两晋南北朝到隋唐时期社会的发展变迁，高度肯定了三国两晋南北朝时期的民族交融对唐朝盛世的出现起到的巨大推动作用。如张海鹏先生在《统编高中历史教科书的学科体系和学术体系——适应和掌握统编高中历史教材〈中外历史纲要〉(上)的意见》一文中指出："正是三国两晋时期的各民族交往交流与交融，各民族取长补短，推动了唐朝鼎盛局面的出现：唐朝国力强盛，制度创新，疆域拓展，经济繁荣，思想活跃，科技发展，文学艺术达到高峰，民族往来频繁，对外交往密切。"阎步克先生在《波峰与波谷：秦汉魏晋南北朝的政治文明》中写道："十六国北朝在'胡化'和'汉化'的交替中，孕育出强大皇权，并借助军功贵族政治，最终带动了集权官僚政治的全面复兴。北方政权成为南北朝时代的历史出口……从北朝那个'历史出口'，既走出了一个因民族融合而生气勃勃的新生中华民族，同时也迎来一个更强大完善的专制集权体制。"施展在《枢纽——3000年的中国》中写道："草原的视野与武功、中原的精神与财富，整合为一体，胡汉混血的隋唐皇室，终于将起于中原的普遍理想外化为一个庄严恢宏、灿烂夺目的普遍帝国。"

这些史学研究成果为我们确定本单元主题的教学提供了重要理论依据。根据史学家的研究，国家分裂、政权更迭、社会动荡是三国两晋南北朝时期的基本社会状态，但正是在这样的社会状态下，民族交融得到了前所未有的发展，民族交融的宽度和深度都远远超过了先秦和秦汉时期。宽度的超越指民族交融的范围扩大，从草原地区、中原地区再到江南地区，各自区域内部的民族交融，以及草原地区与中原地区、中原地区与江南地区区域间的民族交融远远超过前代；深度的超越指民族交融的形式更加多样，不仅有各民族之间的迁徙、通婚，物产、技术等方面的交流，更有少数民族政权对中原先进制度、文化的学习、继承与发展。在民族交融中，汉族的血液中融入了少数民族的精悍、豪迈与开放，少数民族则接纳、学习、借鉴了中原先进的制度与文化。民族交融的发展，推动了国家重新走向统一，并很快出现了隋唐盛世。而在这样前所未有的民族交融的宽度和深度中，汉族与各少数民族在原有相对独立的血缘关系、生活地域的基础上逐渐交融，形成了具有共同文化认同的文化民族——中华民族。与此同时，中华民族吸收并内化了如佛教等外来文明的优秀成果，中华文明的辐射力由先秦时期的中原地区到秦汉时期逐渐延伸到周边民族地区，隋唐时期更是辐射到了东亚地区。隋唐时期，中华文明在东方的轴心地位得到了进一步彰显。施展认为，"所谓轴心文明，即在公元前800年到公元前200年之间的轴心时代出现的原生性文明。很多轴心文明在历史过程中都丧失了自己的政治载体，但东亚的轴心文明却一直有中国作为其政治载体，并由此衍生出一系列历史效应"。许倬云亦指出："隋唐的中国是一个庞大国际网络的核心部分……形成一个无以为敌的大帝国。经由羁縻州府结合外族的帝国外围，经由册封制度吸纳邻近国家依附于帝国体制……以中国为首的东亚世界，与先后由波斯、大食为核心的中亚及西亚，在中亚颇多接触……中国是开张（放）的，遂成为东亚文化经济与政治秩序的中心。”

（二）单元教学主题

三国两晋南北朝至隋唐时期是在民族交融背景下，中华民族文化认同逐渐增强，中华文明继承、发展与创新的历史时期。三国两晋南北朝时，长期分裂动乱，政权更迭，民族迁徙推动各民族交往交流交融，中华民族共同体意识日益增强，推动了隋唐统一多民族封建国家的发展，国家疆域不断拓展，封建经济繁荣发展，新制度创建并不断发展完善，民族交融继续强化，中外交流活跃，文化取得新成就。

结合以上对本单元核心知识与知识线索的梳理，本单元的教学主题确定为“从草原、中原、江南的三重联动到轴心文明的新辉煌”。

二、学情分析系统：初中与高中教学衔接分析

比较项目	初中课标		高中课标
	2011年版课标	2022年版课标	
课标中的课程内容要求	4. 三国两晋南北朝时期 知道赤壁之战和三国鼎立局面的形成。 知道两晋南北朝的更替，初步了解人口的南迁和江南地区的开发。通过北魏孝文帝改革，初步理解民族交往、交流、交融对中华民族发展的意义。 知道祖冲之的数学成就，初步认识书法艺术。了解北方农业技术的成熟和农历。 5. 隋唐时期 知道隋朝的统一，了解科举取士制度的创建和大运河的开通；知道隋朝灭亡的原因。 知道唐太宗和“贞观之治”，知道唐玄宗和“开元盛世”，初步认识唐朝兴盛的原因。 以文成公主入藏、鉴真东渡、玄奘西行等史实为例，说明唐代民族和睦与中外文化交流的发展。 通过经济繁荣、开放的社会风气和唐诗的盛行，了解盛唐的社会气象。 知道安史之乱导致唐朝由盛转衰；知道唐朝灭亡后五代十国的局面。	1.4 三国两晋南北朝时期 通过了解三国两晋南北朝时期的政权更迭和北魏孝文帝改革、人口迁徙和区域开发，认识这一时期民族交往交流交融的历史特点及其对中华民族发展的意义；通过了解这一时期的科技和艺术成就，如祖冲之的数学成就，认识传统文化的继承与创新。 1.5 隋唐五代十国时期 通过了解隋朝的兴亡、“贞观之治”与“开元盛世”，知道隋朝速亡和唐朝兴盛的原因；了解科举制度创建、大运河开通、文成公主入藏、鉴真东渡、玄奘西行等史事，从制度、经济、文学艺术、民族交往、中外文化交流等方面认识隋唐王朝在世界历史上的重要地位；通过了解“安史之乱”后藩镇割据和五代十国的局面，认识唐末五代的社会危机。	1.4 三国两晋南北朝的民族交融与隋唐大一统的发展 通过了解三国两晋南北朝政权更迭的历史脉络，隋唐时期封建社会的高度繁荣，认识三国两晋南北朝至隋唐时期的制度变化与创新、民族交融、区域开发和思想文化领域的新成就。

比较项目	初中教材	高中教材
部分教材课时设置	《义务教育教科书　中国历史　七年级　上册》 第四单元　三国两晋南北朝时期：政权分立与民族交融 第16课　三国鼎立 第17课　西晋的短暂统一和北方各族的内迁 第18课　东晋南朝政治和江南地区开发 第19课　北朝政治和北方民族大交融 第20课　三国两晋南北朝时期的科技与文化 《义务教育教科书　中国历史　七年级　下册》 第一单元　隋唐时期：繁荣与开放的时代 第1课　隋朝统一与灭亡 第2课　唐朝建立与“贞观之治” 第3课　“开元盛世” 第4课　安史之乱与唐朝衰亡 第5课　隋唐时期的民族交往与交融 第6课　隋唐时期的中外文化交流 第7课　隋唐时期的科技与文化	《普通高中教科书　历史　必修　中外历史纲要（上）》 第二单元　三国两晋南北朝的民族交融与隋唐统一多民族封建国家的发展 第5课　三国两晋南北朝的政权更迭与民族交融 第6课　从隋唐盛世到五代十国 第7课　隋唐制度的变化与创新 第8课　三国至隋唐的文化

从教材内容来看，学生在初中阶段已经通过教材七年级上册第四单元和七年级下册第一单元共10个课时的内容学习了本单元相关知识。这10个课时的内容包含了三国两晋南北朝时期的政权更迭、民族交融、江南地区的经济开发、科技文化成就，隋唐的建立与兴亡，盛唐气象中关于政治、经济、社会生活、民族交往与交融、文化成就、中外交往等相关基础知识。对于学生在初中阶段已学过的内容，教师应主要落实知识框架的建构、历史发展脉络的梳理，使学生能在初中阶段学习的较为零散知识的基础上建立知识之间的逻辑关系。本单元的新知识为隋唐制度的变化与创新，儒学、道教与佛教的发展，因此在必备知识的教学方面，教师要在建构知识框架、梳理历史发展脉络的基础上，把知识教授的重点放在学生初中阶段没有学过的知识上。

从新课标的课程内容要求来看，初中课标与高中课标对学生学科素养的培养层次是不同的，2011年版初中课标通过“知道”“了解”“说明”等行为动词从三维目标的角度对学生提出了能力方面的要求，大部分能力仍停留在识记和浅层的理解层次。如果高一学生初中阶段的学习是在2011年版初中课标指导下进行的，那么学生在初中阶段虽然已经具备一定的历史理解能力和解释能力，但这种能力还是比较浅层的，故而要达到高中课标要求则有一定的难度。教师需要结合学生的认知实际逐层推进教学，例如，首先要从三国两晋南北朝时期民族交往交流交融的史实理解民族交融的特点及其对中华民族发展的意义，而不是仅从北魏孝文帝改革去谈民族交融的意义。然后，再在此基础上结合隋唐民族交融的史实建构三国两晋南北朝到隋唐时期民族交融的意义。2022年版初中课标则与高中新课标接轨，不仅提出了五大历史核心素养，还就本单元相关的课程内容明确提出了与2011年版初中课标相比更高层次的要求，这体现在更重视通过学生对必备知识的整体把握、注重培养学生的关键能力与核心价值上。例如对三国两晋南北朝时期的课程内容要求为“通过了解三国两晋南北朝时期的政权更迭和北魏孝文帝改革、人口迁徙和区域开发，认识这一时期民族交往交流交融的历史特点及其对中华民族发展的意义”。其中“三国两晋南北朝时期的政权更迭和北魏孝文帝改革、人口迁徙和区域开发”为必备知识，而“认识这一时期民族交往交流交融的历史特点”为关键能力，“认识这一时期民族交往交流交融对中华民族发展的意义”则为核心价值。2022年版初中课标启用后，学生经过初中阶段的学习将会具备一定的知识整合能力，关键能力也将得到提升，核心价值涵养也将得到一定的提升。那么，在本单元的教学中，教师教学的重点应不再是把三国两晋南北朝和隋唐两个历史阶段截然分开进行教学，而应在大单元教学的引领下，把教学重点落在三国两晋南北朝到隋唐时期制度变化与创新、民族交融、区域开发、思想文化领域新成就等相关史实上，培养学生认识民族交融、制度创新、文化传承与创新、对外开放等内容与中华民族多元一体的形成、中华文化发展与辉煌之间的关系，在大单元教学的落实中培养学生的关键能力和核心价值。2022年版初中课标的启用会对初中教学朝着核心素养培养方向发展起到极大的推动作用，也对初中与高中教学衔接提出了新的目标和要求。

三、教学目标分析系统：单元核心目标及其分解

（一）单元核心目标

学生通过梳理三国两晋南北朝时期的基本史实，认识这一时期北方政权更迭使北方民族的交融深入发展，南方政权的相对稳定使南方地区的经济得到开发，中华文明进入了一个新的发展时期；在“草原—中原—江南”三重联动的视角下，理解中华民族多元一体发展的内在逻辑，培养学生的唯物史观素养；了解隋唐盛世的主要表现及中华文明的辐射力，理解其对中华民族历史进程和中华文明面貌的深刻影响，形成对中华民族的认同感和正确的民族观，增强学生民族自信心和自豪感，培养学生的家国情怀。

（二）单元目标分解

1. 必备知识

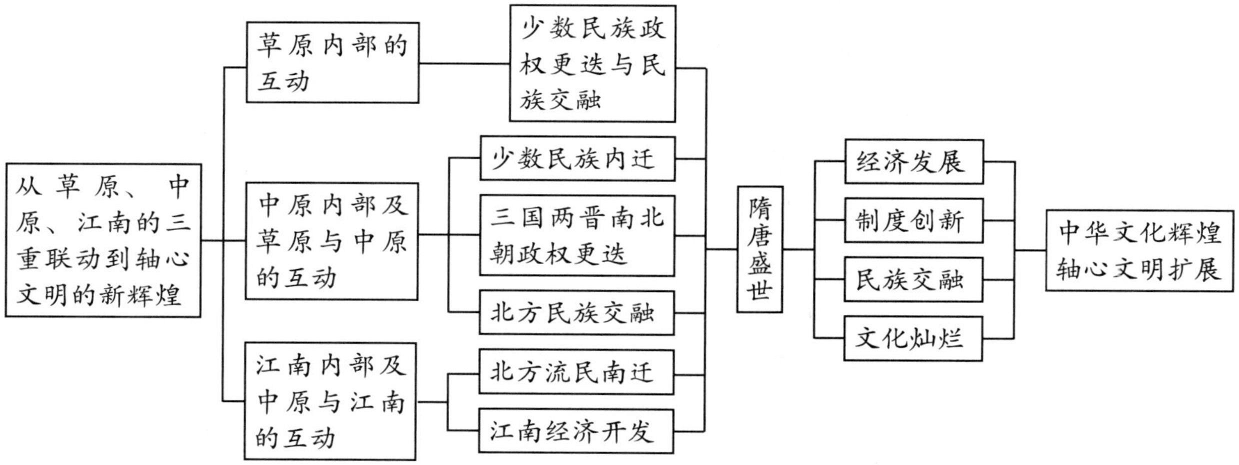

2. 关键能力

（1）历史阐释能力：能够运用唯物史观理论阐释三国两晋南北朝的政权更迭、经济开发、民

族关系发展与隋唐盛世出现的关系。阅读教材第34页《大运河今貌》图、第35页关于曲辕犁的图片，在了解教材解释隋唐盛世出现原因的基础上，学会阐释江南地区得到开发的原因及封建经济发展的原因；能够阐释唐朝由盛而衰的原因；能够解释三国两晋南北朝至隋唐时期中华民族形成的阶段特征。

（2）逻辑思维能力：能够解释北方政权更迭与江南地区经济开发、民族关系发展之间的关系。如能从教材第5课中的历史地图及正文内容中获取三国两晋南北朝政权之更迭历程；从第30页“学思之窗”的《宋书》中获取江南地区开发的成就及原因等方面的历史信息；从第31页十六国统治者族属表、第32页北魏孝文帝改革措施及第33页《资治通鉴》的内容，获取北方少数民族政权仰慕并学习汉文化的历史信息。

（3）辩证思维能力：能够阐释三国两晋南北朝至隋唐时期中华文明的主要表现及辐射力。如第8课中，让学生阅读材料并结合所学知识，通过设问“诗歌成就中如何体现思想多元”“艺术的发展怎样反映民族交融、中外交流”等，培养学生根据唯物史观原理，透过历史表象认识历史本质的逻辑思维能力。

3. 核心价值

通过本单元学习，学生能够把握中华民族多元一体的发展趋势，增强学生在思想上的文化认同和文化自信，增强学生对中华民族的认同感和责任感。在史学品格方面，通过教学过程中对民族交融形式、内容、特点、本质、影响等问题的深入探讨，培养学生求真求实的精神、融会贯通的意识和学习历史不可或缺的批判性思维。

四、教学过程分析系统

单元教学设计　从草原、中原、江南的三重联动到轴心文明的新辉煌		
课题名称	**学习任务**	**关键问题**
课时教学设计1 从草原、中原、江南民族交融视角看三国两晋南北朝政权更迭	【任务一】认识草原、中原民族交融的表现及影响。 【任务二】认识北方政权采取的不同民族政策及影响。 【任务三】了解北民南迁及江南开发。 【任务四】认识民族交融对统一多民族封建国家发展的意义。	1. 草原少数民族内迁给北方社会发展带来怎样的影响？ 2. 北魏孝文帝改革为北方少数民族政权及民族关系的发展提供了哪些经验和教训？ 3. 江南地区得到开发的原因有哪些？ 4. 南方与北方对大一统帝国的重塑分别起到了什么作用？
课时教学设计2 从民族关系视角看隋唐盛世	【任务一】了解唐朝初期疆域与民族形势的新变化与新对策。 【任务二】认识隋唐时期民族政策的变化与特点。 【任务三】认识隋唐时期的民族交融对中华民族多元一体格局的影响。	1. 唐朝初期年面临怎样的疆域与民族形势新变化？如何看待唐太宗对边疆治理方略的选择？ 2. 唐朝的民族形势是如何影响唐朝的民族政策与国家治理的？ 3. 隋唐时期的民族交融对隋唐盛世的出现有何影响？其对后世又有何影响？

续表

单元教学设计　从草原、中原、江南的三重联动到轴心文明的新辉煌		
课题名称	**学习任务**	**关键问题**
课时教学设计3 从制度建设视角看隋唐盛世	【任务一】认识选官制度的变化。 【任务二】认识中枢机构的继承与创新。 【任务三】认识赋税制度的变化。	1. 与不同时期的选官制度相比，科举制有何继承与创新？ 2. 三省六部制在魏晋南北朝时期官制的基础上有何创新？ 3. 两税法与租庸调制相比有何不同？如何客观评价两税法？
课时教学设计4 从中外交流视角看中华文明新辉煌	【任务一】感受三国至隋唐文化之美。 【任务二】探讨三国至隋唐文化取得辉煌成就的主要原因。 【任务三】认识中华文明外传的重要影响。	1. 三国至隋唐文化呈现出什么特点？ 2. 推动三国至隋唐文化取得辉煌成就的主要原因有哪些？ 3. 三国至隋唐时期的中外文化交流给中国和世界带来了怎样的影响？

五、教学评价分析系统

（一）学业质量水平划分

水平1：能够通过江南地区经济开发、隋唐盛世的表现，认识生产力是历史发展的决定性因素；能够通过地图、大事年表、时间轴等形式了解三国两晋南北朝的政权更迭及隋唐至五代十国的发展变化；能够从教材和教师提供的各种类型和内容的史料中提取有关三国至隋唐时期经济、政治、文化等领域主要发展特征的相关信息；能够对所学知识中的各种历史结论，如“魏晋时期的政权更迭加速了民族交融向深度与广度发展”加以分析；能够了解这一时期各个领域取得的重要成就，增强对中国历史和文化的认同感。(唯物史观、时空观念、史料实证、历史解释、家国情怀)

水平2：能够通过研读史料，对生产力诸要素的不同作用进行分析；能够运用唯物史观的不同原理理解这一历史时期的发展；能够通过对民族交融、经济发展、制度创新、文化成就等相关内容的学习，用特定的时间和空间术语对三国至隋唐时期的历史发展脉络加以概括和说明；能够通过研读史料提取有关主要发展特征的信息，并结合主要发展特征对不同史料进行整理归类；能够在学习中发现这一时期历史发展的隐性主线——民族交融对社会发展起到积极推动作用，并能够选择、组织和运用相关材料和相关历史术语，对该主线进行解释；能够通过学习这一时期重大成果取得的原因，认识民族交融、国家统一、国力强盛对一个国家发展的重大意义，培养国家认同和历史责任感。（唯物史观、时空观念、史料实证、历史解释、家国情怀）

水平3：能够通过对本单元相关知识的学习，理解分裂和统一对三国至隋唐时期历史发展的影响，进而把握相关史事的时间与空间联系；在对“国家统一是大势所趋”这一问题进行探究的过程中，能够将问题置于具体的时空框架下进行思考；能够通过本单元的学习，理解影响社会发展特征的诸要素之间的关联，能够利用不同领域、不同类型的史料，对推动社会发展的诸要素进行史料互证；能够将促进民族交融发展的推动力及民族交融在不同历史时期所起到的不同历史作用进行迁移运用。（唯物史观、时空观念、史料实证、历史解释）

水平4：能够把魏晋时期的民族交融与春秋战国时期、秦汉时期的民族交融进行分析比较，把握中华民族多元一体的发展趋势；在分析《唐朝前期形势和边疆各族分布图》的过程中，能将其置于具体时空背景之下，理解唐朝采取的民族政策和措施是基于前朝民族政策的基础和当时社会发展的要求；能对这些民族政策和措施如何影响统一多民族封建国家的发展做出解释，并用史实论证此观点；能使用恰当的史料就当今我国优秀传统文化的保护与发展途径提出自己的解释，并用史实进行论证。（唯物史观、时空观念、史料实证、历史解释、家国情怀）

（二）学业质量水平测试

阅读材料，回答下列各题。

材料一　有史学家认为，从秦汉起，官僚体制就是中国制度的核心问题，而这个核心问题又可以分成两个大的子问题：一是官僚体系内部的权力制衡；二是官僚的选拔问题。

材料二　（隋朝）明确规定九品以上地方官一律由尚书省所属吏部任免，每年由吏部进行考核。与此同时，选举权也集中到中央……代之以科举制。科举制通过考试选拔人才，首先设立秀才、明经等科，一律按才学标准录取。

——以上材料均摘编自樊树志《国史概要》

（1）根据材料一并结合所学知识，指出秦汉统治者为解决中央“官僚体系内部的权力制衡”问题所采取的措施。

（2）根据材料二并结合所学知识，指出隋朝官员选拔制度有何变化，并简述该制度与前朝的选官制度相比有何不同。

【评价说明】

题号	答题思路	学业质量水平描述
（1）	从“官僚体系内部的权力制衡”的角度回答秦汉统治者采取的三公九卿制、中外朝制度等相关措施。	1-3　能够在解答某一历史问题时，尝试从多种渠道获取与其有关的材料；能够从所获得的史料中提取有关的信息。
（2）	在解决第（1）问的基础上，将时空定位在魏晋到隋朝官员选拔制度的发展，指出从建立九品中正制到创立科举制。从选拔方式、选拔标准、选拔权等不同角度回答官员选拔制度的发展变化。	2-2　能够认识事物发生的来龙去脉。 2-4　能够选择、组织和运用相关材料并使用相关历史术语，对具体史事做出解释。

参考答案

（1）措施：三公九卿制，中外朝制度。

（2）变化：由九品中正制到科举制（创立科举制）。不同：选拔方式上，从推荐到考试；选拔标准上，从品德、才能、家世到才学（考试成绩）；选拔权上，从地方到中央。

黄小娜　南宁市教育科学研究所

课时教学设计 1

从草原、中原、江南民族交融视角看三国两晋南北朝政权更迭

一、教学内容分析系统：课时教学主题的提炼

（一）提出的依据

1. 课标依据

新课标对本课时的课程内容要求："通过了解三国两晋南北朝政权更迭的历史脉络，认识三国两晋南北朝至隋唐时期的制度变化与创新、民族交融、区域开发和思想文化领域的新成就。"基于新课标要求，以及对本课时主题的理解，结合三国两晋南北朝时期江南地区经济的开发，认识江南区域经济的发展成就和原因，提升学生史料实证的能力。同时了解北魏孝文帝改革的内容并分析其影响，认识民族交融、共创中华文明是历史发展的主流。

2. 教材依据

结合教材单元主题和新课标要求，本单元的教学设计以"民族交融"与"统一多民族封建国家的繁荣发展"为两条主要线索，而这两条主要线索呈现出历史发展的因果关联，即民族交融是近四百年的分裂结束后国家取得重大发展的表现，是再造中华文明的重要推动力，为隋唐时期的全面繁荣奠定基础。因此在本课时的教学中，一开始就应讲清楚民族交融的内容，为学生理解本课时的时代特征和深入学习本单元的其他知识做好铺垫。

3. 学术依据

不少学者认为这一时期虽然分裂动荡，但民族文化不断交融发展，积聚着更高度的统一。如樊树志在《国史十六讲》中讲道，这一时期表面上看来似乎是一个大分裂大动乱时期，其实深入探究起来，应该说是由分裂走向统一的时期。而冯天瑜等人在《中华文化史》中阐述，胡汉文化之间的"社会距离"，产生了胡汉文化的不相容性。学术界基本认同这一时期的民族交融对后来隋唐的统一、走向繁荣起了重要作用。如阎步克在《波峰与波谷：秦汉魏晋南北朝的政治文明》中阐述，异族统治所含有的新鲜政治因子与汉式的官僚政治制度，经复杂互动而逐渐磨合、相互调适。与缺乏新鲜因子而日益萎靡的南朝相比，北朝就显示出了更强的政治活力。陈寅恪在《李唐氏族之推测后记》中亦有类似的见解："李唐一族之所以崛兴，盖取塞外野蛮精悍之血，注入中原文化颓废之躯。"

（二）课时教学主题

本课时的教学主题是"从草原、中原、江南民族交融视角看三国两晋南北朝政权更迭"，其

主要抓住两条线索：一条线索是三国两晋南北朝的政权更迭；另一条线索是这一时期草原、中原、江南各自内部及草原与中原，中原与江南之间不断扩展加深的民族交融最终促成了新的统一，隋唐大一统王朝建立，中华文明走向新的辉煌。从本单元的时代特征来理解中华文明多元一体走向认同的过程，有助于提升学生对这段历史和中华文明发展的整体性认识。

二、学情分析系统：初中与高中教学衔接分析

<table>
<tr><th rowspan="2">比较项目</th><th colspan="2">初中课标</th><th rowspan="2">高中课标</th></tr>
<tr><th>2011年版课标</th><th>2022年版课标</th></tr>
<tr><td>课标中的课程内容要求</td><td>4. 三国两晋南北朝时期
知道赤壁之战和三国鼎立局面的形成。
知道两晋南北朝的更替，初步了解人口的南迁和江南地区的开发。通过北魏孝文帝改革，初步理解民族交往、交流、交融对中华民族发展的意义。
知道祖冲之的数学成就，初步认识书法艺术。了解北方农业技术的成熟和农历。</td><td>1.4　三国两晋南北朝时期
通过了解三国两晋南北朝时期的政权更迭和北魏孝文帝改革、人口迁徙和区域开发，认识这一时期民族交往交流交融的历史特点及其对中华民族发展的意义；通过了解这一时期的科技和艺术成就，如祖冲之的数学成就，认识传统文化的继承与创新。</td><td>1.4　三国两晋南北朝的民族交融与隋唐大一统的发展
通过了解三国两晋南北朝政权更迭的历史脉络，认识三国两晋南北朝时期的制度变化与创新、民族交融、区域开发和思想文化领域的新成就。</td></tr>
</table>

比较项目	初中教材	高中教材
部分教材课时设置	《义务教育教科书　中国历史　七年级　上册》 第四单元　三国两晋南北朝时期：政权分立与民族交融 第16课　三国鼎立 第17课　西晋的短暂统一和北方各族的内迁 第18课　东晋南朝政治和江南地区开发 第19课　北朝政治和北方民族大交融 第20课　三国两晋南北朝时期的科技与文化	《普通高中教科书　历史　必修　中外历史纲要(上)》 第二单元　三国两晋南北朝的民族交融与隋唐统一多民族封建国家的发展 第5课　三国两晋南北朝的政权更迭与民族交融

根据统编版初中教材可知，学生在初中阶段已经学过本课时的相关内容，对通史的编排方法比较熟悉，对三国两晋南北朝时期的分裂动荡、民族交融、经济发展的相关知识并不陌生，但是对“民族交融的意义”“巩固和发展统一多民族封建国家”这些内容学生要么未曾接触过，要么理解困难，因而在学习这些内容时会感到一定的困难。关于初中教材已涉及的内容，教师在教学中应注重帮助学生梳理历史发展脉络，把握前后内容之间的知识逻辑联系。高一学生已具备一定的理论分析能力，教师在教学中要引导学生通过教材内容，结合相关材料，注重培养学生历史核心素养和关键解题能力。

三、教学目标分析系统：课时核心目标及其分解

（一）课时核心目标

了解魏晋南北朝政权更迭的历史脉络，培养时空观念。结合三国两晋南北朝时期江南地区经济的开发，认识江南区域经济的发展成就和原因，提升史料实证的能力。了解北魏孝文帝改革的内容并分析其影响，认识民族交融、共创中华文明是历史发展的主流。

（二）课时目标分解

1. 必备知识

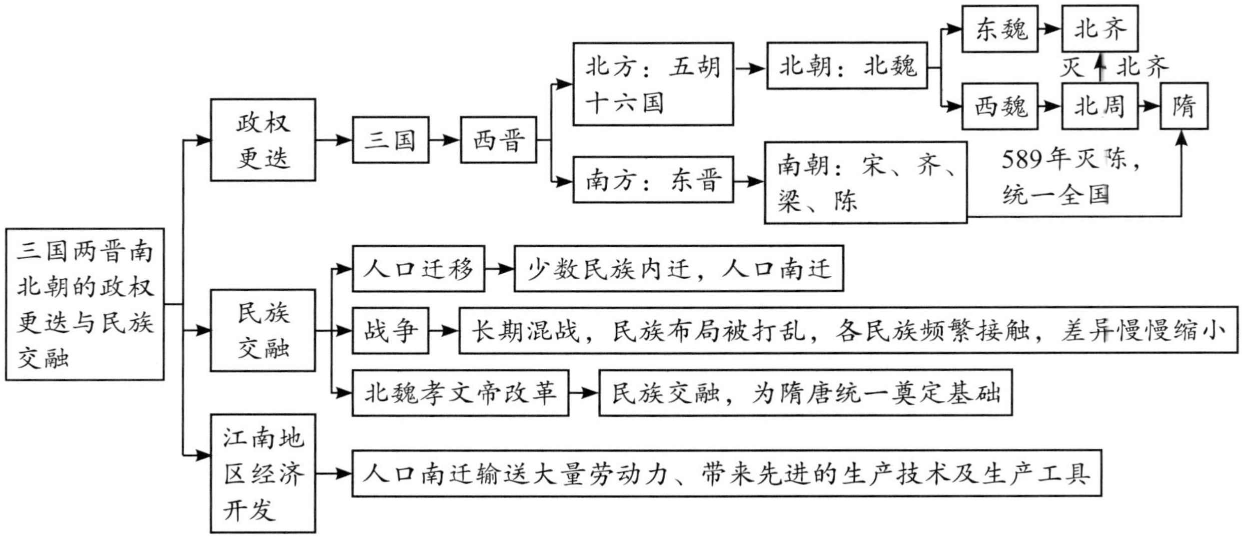

2. 关键能力

（1）获取历史信息能力：通过对材料和三国两晋南北朝朝代更迭示意图的阅读和对比，能够运用恰当的时间和空间表达方式来叙述三国两晋南北朝时期的政权更迭和民族迁徙情况；能够利用历史表格、历史地图等形式理解北民南迁、淝水之战、江南地区经济开发等史事，从中华民族的发展、统一多民族封建国家的巩固等角度看待问题；能够把握相关史事的时空联系；对比西方的民族关系，深刻认识民族交融对中华文明发展的意义，培养学生的历史逻辑思维能力、批判性思维能力和大时代特征背景下全面看问题的能力。

（2）历史阐释能力：能够理解三国两晋南北朝到隋唐时期国家从分裂走向统一是各民族交融不断发展深化的结果；能够认识民族交融是少数民族不断被汉化、汉族学习少数民族文化过程中的必然走向，是为南北方的再次统一奠定的北方优势；从整个中华文明发展脉络来理解民族交融对统一多民族封建国家发展的作用，认识发展与交融是历史发展的主流。

（3）历史探究能力：在本课时的三个学习阶段中能够通过材料和结合教材知识提出自己的困惑，探究淝水之战中北方战败的深层原因、北魏孝文帝改革的局限、南方在统一多民族封建国家发展中的贡献这几个问题，从而能够深刻理解民族交融的含义，以及民族交融对民族认同、国家统一的作用，形成对中华文明全新的认识。

（4）辩证思维能力：通过对民族交融的表现及其出现的原因等问题进行思考，能够提取和运

用教材、相关课外史料信息并使用正确历史术语，对民族交融的形式、内容、特点、本质、影响等问题形成自己的历史思维，并能够在学习中厘清本课时相关史实的逻辑关系，认识江南地区经济的开发和北魏孝文帝改革对民族交融的作用。

3. 核心价值

本课时通过对政权更迭、民族交融、江南开发等一系列相关问题的探讨，加深学生对民族交融推动中华民族多元一体格局形成的认识，培养学生形成正确的历史观、民族观和文化观，增强学生对中华民族的认同感和责任感，弘扬文化自信和培育家国情怀。

四、教学过程分析系统

课时教学设计1　从草原、中原、江南民族交融视角看三国两晋南北朝政权更迭

【导入环节】通过两则材料引出问题。

【材料呈现】

材料一　中国历史家认为，自公元220年汉代覆亡至581年隋朝兴起，当中是一段长期混乱和令人失望的时代。……既然缺乏有效的中央政府，每遇灾荒，人民呼吁无门，其痛苦的情形不言而喻。

——黄仁宇《中国大历史》

材料二　李唐一族之所以崛兴，盖取塞外野蛮精悍之血，注入中原文化颓废之躯，旧染既除，新机重启，扩大恢张，遂能别创空前之世局。

——陈寅恪《李唐氏族之推测后记》

【关键问题】三国两晋南北朝时期是一个令人失望的时代还是一个充满希望的时代？

【设计意图】设置认知冲突，导入新课，引起学生学习的兴趣。导入新课时，首先给出一段黄仁宇写的关于魏晋南北朝时期时代特征的材料，引导学生感知这一时期的总体特征是比较混乱的，然后给出陈寅恪的不同观点，对比设问，引发思考。引导学生分析为什么两位史学家对同一段历史有着完全不同的看法，陈述本课时的基本视角，即从草原、中原、江南内部及草原与中原、中原与江南地区民族交融的视角，认识三国两晋南北朝时期的政权更迭与统一趋势，对教材内容进行重构，从而开始本课时的学习。

【任务一】认识草原、中原民族交融的表现及影响。

【关键问题】草原少数民族内迁给北方社会发展带来怎样的影响？

【问题设计】观察教材第29页《西晋末年内迁少数民族分布与北方流民南迁示意图》，谈谈与秦汉时期相比，魏晋时期北方草原与西北高原的少数民族分布有何变化。这些变化说明了什么？

【教师分析】秦汉时期北方草原与西北高原生活的少数民族主要是匈奴族与鲜卑族，到了魏晋南北朝时期，除了匈奴族与鲜卑族，羯族、氐族、羌族也成为西北不可忽视的少数民族力量。这说明在长期的历史发展进程中，尤其是北方少数民族的形成发展进程中，中原王朝与周边其他少数民族既有和平交往也有战争争夺，在与其他少数民族的交往和争夺生存空间的过程中，草原、

高原内部的民族交融得到发展，一些少数民族的力量逐渐强大并建立了属于自己的政权。

【设计意图】通过解读地图中的历史信息，培养学生识读历史地图的时空观念。通过对比秦汉至魏晋时期北方草原与西北高原少数民族分布状况，使学生认识北方各少数民族力量的发展壮大与北方各少数民族之间民族交融的发展密不可分，以此培养学生的历史解释能力。

【材料呈现】

材料三　魏晋南北朝时期的年均温比现代低2 ℃～4 ℃。这次冷期引发了中国历史上历时最长的动乱岁月。

——摘编自王会昌《2000年来中国北方游牧民族南迁与气候变化》

【问题设计】结合材料三和所学知识，分析少数民族内迁的原因有哪些。

【教师分析】是什么不可抗拒的因素使北方游牧民族内迁？一方面，北方游牧民族的生活环境发生了变化，南下是生存的需要；另一方面，中原文明较先进，少数民族首领仰慕中原先进的制度文化，其主观上的发展需要促成了北方游牧民族南下中原。

【设计意图】通过对北方游牧民族内迁原因的分析，培养学生的史料实证素养。同时通过学习探究使学生认识到，从秦汉到魏晋时期，民族交融既存在于草原各少数民族之间，又通过少数民族内迁存在于草原少数民族与中原各民族之间。民族交融在草原、中原内部及草原与中原之间多方式、多领域发生，培养学生的历史理解能力，涵养民族认同。

【材料呈现】

材料四　内诸夏而外夷狄。……非我族类，其心必异，戎狄志态，不与华同。

材料五　而居封域之内，无障塞之隔……故能为祸滋扰，暴害不测。……此等皆可申谕发遣，还其本域……

——材料四、材料五均出自［唐］房玄龄等《晋书·江统传》

材料六　261年，力微遣长子沙漠汗到魏都洛阳当质子……晋武帝时，沙漠汗归国，沙漠汗用弹弓射落飞鸟，诸部大人大惊，说他学得晋人的异法怪术。力微也怀疑沙漠汗晋化，允许诸部大人在路上杀死沙漠汗。

——冯国超《中国通史2》

【问题设计】北方游牧民族内迁后与中原各民族的关系如何？

【教师分析】自东汉以来，西北边陲一些少数民族因政策、天灾、战争等原因不断向内地迁徙，少数民族内迁使原有的民族布局被打破，各族之间频繁接触，差异慢慢缩小，进一步促进了北方民族交融。但同时，因生活习俗和文化观念差异、统治者压制和经济剥削等原因，内迁少数民族与中原各民族之间的民族隔阂依然存在，民族矛盾也日趋显现。材料四、材料五、材料六反映出各民族之间出现的隔阂与矛盾既有外在客观原因，也有内在心理因素。这种隔阂和矛盾是导致北方动乱频繁和政权更迭的主要原因之一，民族隔阂和民族矛盾成为威胁各政权生存和发展的隐患。那么，各个政权又是如何解决民族隔阂和民族矛盾的呢？

【设计意图】通过材料和教材内容使学生理解草原与中原之间互动的方式主要体现为少数民族内迁及对中原先进文化制度的学习；通过思考统治者想要巩固政权，必须清除民族隔阂和民族矛盾，使学生理解解决民族矛盾是统治者不可回避的重大问题，进而提升学生的历史解释能力，为学生理解民族政策的重要性做好铺垫。

【材料呈现】

材料七　苻坚之所以必欲南进，正是因为他了解民族问题未解决，只有南伐，取东晋（文化正统所在）而代之，才可以解决这个棘手的问题，却不料会在淝水战败。

——陈寅恪《陈寅恪魏晋南北朝史讲演录》

材料八　（苻融单独见苻坚，泣下而言）陛下宠育鲜卑、羌、羯，布诸畿甸，旧人族类，斥徙遐方。今倾国而去，如有风尘之变者，其如宗庙何……鲜卑、羌、羯攒聚如林，此皆国之贼也，我之仇也。

——［唐］房玄龄等《晋书·苻坚载记下》

【教师分析】同学们在初中阶段已经学习过淝水之战，从材料七和材料八可以看出，苻坚欲以南进战争的方式达到既能扩张实力，又能解决民族问题的目的，然而民族问题最终却成为苻坚战败乃至前秦政权灭亡的直接原因。战争肯定不是解决民族问题的好办法，那么究竟用什么方式才能更有效消除民族隔阂和民族矛盾呢?

【设计意图】以淝水之战为例引导学生理解少数民族内迁后，北方既有汉族政权也有少数民族政权，北方民族交融进一步加深，北方的政治形势也变得更加复杂，战争更加频繁。同时，引导学生思考统治者消除民族隔阂和民族矛盾是为了巩固统治的需要，是服务于统治需要的方法和策略，而一旦方法与策略不当，则会招致统治出现更严峻的危机甚至灭亡的命运。问题设置由浅入深，层层递进，有利于学生的思维进阶培养，并为完成本课时的任务二做好铺垫。

【任务二】认识北方政权采取的不同民族政策及影响。

【关键问题】北魏孝文帝改革为北方少数民族政权及民族关系的发展提供了哪些经验和教训?

【材料呈现】

材料九　洛阳之汉化愈深，而腐化乃愈甚，其同时之代北六镇保守胡化亦愈固，即反抗洛阳之汉化腐化力因随之而益强。

——陈寅恪《隋唐制度渊源略论稿》

【问题设计】回顾北魏孝文帝改革的内容及影响，根据材料九分析北魏孝文帝改革的局限性。

【教师分析】初中阶段已学过北魏孝文帝改革的内容，学生已了解到北魏孝文帝改革的积极影响：顺应历史潮流，促进了北方民族交融，大大缓和了民族矛盾；促进了北魏的经济发展和社会繁荣；为以后北方统一南方打下了基础。从实施的改革措施来看，北魏孝文帝改革是较为彻底的汉化改革。但是令人惊讶的是北魏孝文帝死后不到25年，北魏就迅速灭亡了，分裂成东魏和西魏，这是为什么呢?通过其改革措施可以看出，改革形成了新的利益集团，产生了新的矛盾，比如改汉姓的贵族被定为一等高门，形成新的贵族群体，不愿联姻的旧贵族则失势，这为后来北魏的发展埋下隐患。由此可见，在当时较为全面的汉化并不能化解民族矛盾和减少民族隔阂，那还有没有其他的化解方式?

【设计意图】通过阅读教材和图片并结合所学知识，培养学生准确提取信息的能力和归纳总结的能力，认识知识间的内在联系，理解北魏孝文帝改革的局限性在于失去本民族传统和不加选择地汉化。同时，还可以让学生在课堂上完成知识构建，加深学生对民族交融的理解，为突破本课时的重点做准备。

【材料呈现】

材料十 高欢凭借六镇鲜卑人建立起政权，他和他的继位诸子，预防被汉族融化，都有意保持鲜卑习俗，提倡说鲜卑语及武事。齐文宣帝（编者注：高洋）的太子高殷，温和好学。齐文宣帝嫌高殷懦弱，得汉家（编者注：鲜卑人称汉族人为“汉家”）性质，不像是自己的儿子，认为这是懦弱的表现，不堪继承自己的帝位。

——摘编自范文澜《中国通史》

材料十一 宇文泰（编者注：鲜卑族）融合了鲜卑旧制八部制和汉人周礼六军制，设立了六军、八柱国和十二大将军，胡汉交融的府兵制，这种制度同时收买了鲜卑人和汉人的心。宇文泰建立西魏所依靠的“关陇集团”，就是鲜卑族的武川军事贵族和关陇汉族大族的联合统治集团。在建立这个集团过程中，宇文泰创立的府兵制起了一定的作用。

——摘编自刘精诚《两晋南北朝史话》

【问题设计】材料十和材料十一中，高欢和宇文泰如何实行胡汉交融的政策？并简要评价少数民族政权改革措施的利与弊。

【教师分析】从材料可以看到，北齐和北周的统治者采取了胡汉杂糅的统治措施，北朝各政权在“胡化”和“汉化”交替中相互学习。这样一来就扭转了魏晋以来的帝国颓势，并形成了通向隋唐王朝的历史出口，为隋唐的大一统奠定了基础。民族交融是一个长期、复杂、反复的过程，不是简单的落后文化融入先进文化，而是相互学习、相互促进、发展创新、共同开创的过程。北方政权在尖锐的民族矛盾背景下，不断地尝试汉化与胡化的交融，最终在民族交融中蜕变升级，形成新的中华文化，具备了统一的优势。

【设计意图】通过材料和教材相关知识的学习，使学生认识到北方的民族交融是一个长期而曲折的过程。随着少数民族内迁，中原各民族之间的地域布局日益被打破，民族交融不断深入的同时，北方政权更迭和频繁的战争也使民族关系变得更加复杂，统治者采取的政策不同，给民族关系的发展带来了不同的影响。通过学习，提升学生的思辨能力，在理解历史的基础上提升学生的历史解释能力，同时通过历史照进现实，培养学生正确的民族观和社会责任感。

【任务三】了解北民南迁及江南开发。

【关键问题】江南地区得到开发的原因有哪些？

【材料呈现】教师展示反映江南地区经济开发的图片材料，比如江南地区农业技术发展、推广双季稻、灌钢法等。

【问题设计】在北方政权更迭，汉化与胡化交替进行的过程中，江南地区政治、经济、民族关系出现了怎样的变化？并说明出现这些变化的原因。

【教师分析】从经济上看，北方战乱，北民南迁，带来了先进的生产技术、生产工具和输送了大量的劳动力，加上江南地区自然条件优越和社会相对安定，江南地区统治者的政策支持，使得江南地区经济得到了迅速开发。江南地区在经济发展方面为统一多民族封建国家的发展做出了重要贡献，推动了后来的统一进程。从民族关系上看，民族交融在江南地区同样出现，对江南地区经济开发起到了重要作用。

【设计意图】通过对江南地区经济开发以及政治、经济、民族关系变化的学习，学生能够认识江南地区由于政局稳定，原有的南方各族的民族交融得到发展，而北民南迁又推进了民族交融的广度与深度。随着民族交融深度与广度的推进，再加上统治者的政策支持，江南地区得到开发。在培养学生的历史逻辑推理能力和历史解释能力的同时又涵养了家国情怀。

【任务四】认识民族交融对统一多民族封建国家发展的意义。

【关键问题】南方与北方对大一统帝国的重塑分别起到了什么作用？

【材料呈现】

材料十二　唐人既不是魏晋以前汉人的简单延续，也不是胡人单向地融入汉族，而是汉胡互化产生的民族共同体。这个民族共同体在唐朝近三百年中，又继续不断地与域外、周边的胡人，以及来唐的外国人混融互化，不断汲取新鲜血液，因而更加生机勃勃，充满活力，从而以气吞日月的磅礴声势，海纳百川的博大胸怀，刻意求新的独创精神，缔造出中华文明史上光彩夺目的高峰。

——樊树志《国史概要》

【问题设计】南方与北方对大一统帝国的重塑分别起到了怎样的作用？

【教师分析】三国两晋南北朝时期，草原、中原、江南各自内部及草原与中原、中原与江南之间的互动与联动增强，民族交融得到不断强化，江南地区经济得到开发，北方经济恢复，制度也在交融中创新，民族认同、文化认同增强。

三国两晋南北朝时期，北方通过民族交融，实现制度优化，为再次统一找到了出口；江南地区经济的发展为后来隋唐盛世局面的出现提供了物质保障，推动了统一多民族封建国家的巩固与发展。南北方的交融使得北方民族交融发展了中国文明的基础，增强了文明的活力和稳定性，扩大了文明的区域范围，开启了隋唐大一统的强盛阶段。

【设计意图】引导学生分析材料，找出反映隋唐气象的两个关键词——开明和繁盛。繁盛的表现之一是江南地区经济的开发，而开明的表现是民族交融后对民族的开明、对外来文化的包容及社会风气的开放。这使得在隋唐时期形成了以中国为中心的东亚文化圈。学习本课时，可以运用材料帮助学生理解南方和北方在民族交融背景下对统一多民族封建国家的发展所起到的作用，提升学生的历史解释能力和逻辑思维能力。

【课堂小结】学完本课时，你认为三国两晋南北朝是一个令人失望的时代，还是一个充满希望的时代？对比3—6世纪中西方民族关系的不同发展趋势，并分析其出现不同发展趋势的原因。通过这两个问题，一是能够回顾本课时所学内容，对这一历史时期形成比较完整的认识；二是能够运用时空观念，横向比较中西方同一时期民族关系的发展，培养学生的全球视野。通过对比教学，让学生运用所学知识得出自己的结论；通过分析趋势和原因，培养学生的文化自信、民族自信。

五、教学评价分析系统

（一）学业质量水平划分

水平1：能够了解魏晋南北朝时期的历史脉络，能够运用时间轴和历史地图，梳理三国两晋南北朝时期的政权更迭、江南地区经济开发、民族交融、北魏孝文帝改革的基本史实；认识在民族交融加强和经济重心南移以及局部统一的影响下，认识分裂中酝酿统一的趋势。（唯物史观、时空观念、历史解释、家国情怀）

水平2：运用历史唯物主义的基本观点和方法，在时空框架下把握朝代更迭、民族交融、江南地区经济开发等历史现象，能够运用史料从史料实证角度认识江南地区经济发展的成就和原因，形成一定的历史逻辑思维能力；通过对史料的探讨，分析北魏孝文帝改革带来的影响；能够理解北魏孝文帝改革的双重影响，认识到民族交融是历史发展的主流。（唯物史观、时空观念、史料实证、历史解释、家国情怀）

水平3：能够从唯物史观角度看待北魏孝文帝改革的双重影响，运用人类社会形态经历了从低级阶段向高级阶段发展的理论，理解少数民族封建化是民族发展的必然趋势；从三国两晋南北朝的时代特征，看待这一大分裂时期民族交融推进统一多民族封建国家在政治、经济、文化方面取得的发展，从而形成正确的历史观、民族观。（唯物史观、时空观念、历史解释、家国情怀）

水平4：能够将三国两晋南北朝的民族交融置于具体的历史时空下进行分析，选择恰当的角度，对比不同观点的史料，将三国两晋南北朝时期的民族交融放在历史上民族交融的长时空中进行分析比较，从而把握中华民族多元一体的发展趋势。（时空观念、史料实证、历史解释、家国情怀）

（二）学业质量水平测试

3—6世纪，中国和西方都经历了民族迁移的浪潮，原有的文明也同样面临着内外危机的冲击。由于各方面的内在差异，中西方历史的最终结局大不相同。阅读材料，回答下列问题。

材料一　汉末，大量胡人自发涌入关中，与汉人杂居。魏晋南北朝时期，虽然胡汉矛盾尖锐……但这只是就政治权力层面而言。从另一角度来说，这又是胡汉关系最密切的关键时期，正是在这个历史的剧变时期，胡汉界限逐渐消失，双方在制度和文化等方面渐趋一致。当然，这些政权全面采用魏晋制度，也并非简单机械地照搬，而是继承中有发展，在不少方面都有所创新，为隋唐的制度及统一奠定了基础。

材料二　罗马帝国与蛮族之间的关系亦颇复杂。总体而言，罗马人与蛮族是军事盟友的关系，帝国后期，结盟几乎成为处理罗马与边境蛮族关系的常策。蛮族与罗马各取所需，互不干涉，双方的关系不受地域变化的影响，即便蛮族整体定居在帝国境内，也是如此。名义上蛮族首领是罗马皇帝的臣民，实际是独立的国王。蛮族是住在帝国内的外邦人，并没有集体获得公民的资格。帝国境内的蛮族也吸收了罗马的一些体制，但保持了自己的政治传统。

——以上材料均摘编自刘家和、刘林海《3—6世纪中西历史及文明发展比较研究》

（1）根据上述材料并结合所学知识，指出在3—6世纪中国、西方民族迁移的浪潮中，中国、西方民族关系的不同发展趋势，并分析其出现的原因。

（2）根据上述材料并结合所学知识，概括3—6世纪民族关系发展状况对中国文明进程的影响。

【评价说明】

题号	答题思路	学业质量水平描述
（1）	从“中国、西方民族迁移的浪潮”的不同表现角度，根据时空定位归纳东西方民族交融过程中的发展趋势；透过现象看本质，依据材料深层次、多角度地分析造成不同趋势的原因。	1-3　能够在解答某一历史问题时，尝试从多种渠道获取与其有关的材料；能够从所获得的史料中提取有关的信息。
（2）	在解决第（1）问的基础上，从整个中华民族的民族交融发展进程角度全面看待问题，充分运用所学知识和历史核心素养，站在过去和今天两个角度来思考问题，指出民族关系发展对中国文明的多方面影响。	2-2　能够将某一史事定位在特定的时间和空间框架下；能够利用历史年表、历史地图等方式对相关史事加以描述；能够认识事物发生的来龙去脉，理解空间和环境因素对认识历史与现实的重要性。 2-3　能够认识不同类型的史料所具有的不同价值；能够掌握获取史料的基本方法；能够在对史事与现实问题进行论述的过程中，尝试运用史料作为证据论证自己的观点。 2-5　能够发现历史上认同家乡、民族、国家的事例，知道中外优秀文化遗产的主要内容，认识社会主义核心价值观的历史依据，具有对祖国和人民的深情大爱。

参考答案

（1）发展趋势：中国各民族交融，形成了以汉族为主体的民族认同；罗马各族保持了族群的独立性。原因：①时间方面，中国历史悠久、基础深厚；罗马各族群接触较晚，关系复杂。②与中央关系方面，中国是纳入政府管理，胡汉身份相同；其他各族是罗马的军事盟友，族群分治，未取得罗马公民权。③迁徙状态方面，中国是双向迁徙，与汉族杂居，易于交融；罗马是单向迁徙，集体聚居，不利于族群的交融。④制度方面，中国是少数民族主动学习并推广中原先进制度；罗马是保持了自己的政治制度和法律。

（2）影响：中国的历史和文明经受住了危机的考验，得以在连续中发展；壮大了中国文明的基础，增强了文明的活力和稳定性，扩大了文明的区域范围；中国经乱世而重归统一，并为隋唐的繁荣发展奠定基础，迎来了文明发展的另一个高峰；对统一多民族封建国家的发展产生深远影响。

杨　波　南宁市第二中学

课时教学设计 2

从民族关系视角看隋唐盛世

一、教学内容分析系统：课时教学主题的提炼

（一）提出的依据

1. 课标依据

新课标对本课时的课程内容要求：通过了解隋唐时期封建社会的高度繁荣，认识隋唐时期的民族交融、区域开发的新成就。

首先，从新课标的课程内容要求可以看出，与政治制度创新、文化交融再创造一样，区域开发和民族关系的发展也是勾勒三国两晋南北朝至隋唐时期历史发展脉络的重要线索，同时还是中国古代统一多民族封建国家发展的一个重要切面，隋唐时期盛世的兴衰也与此息息相关。

其次，新课标蕴含的核心概念“区域开发”与“民族交融”具有明确的价值导向。史学界认为，“民族交融”是民族理论中的一个新概念，它与“民族融合”有着本质的区别。中共二十大报告指出：“以铸牢中华民族共同体意识为主线，坚定不移走中国特色解决民族问题的正确道路，坚持和完善民族区域自治制度，加强和改进党的民族工作，全面推进民族团结进步事业。”费孝通先生对中华民族的多元起源、凝聚核心的形成与发展、地区性多元统一基础上的大一统局面、民族间的大混杂大交融大流动等问题进行了理论阐述，清晰完整地展现了中华民族多元一体格局逐步形成的历史进程。其中突出了一个根本性的结论——“民族交往交流交融是中华民族多元一体格局形成发展的核心推动力量”。这与教材第一单元“中华文明多元一体格局的形成与发展”的教学主题相呼应。

最后，新课标要求通过了解隋唐时期封建社会的高度繁荣，认识隋唐民族交融的新成就。这就明确指出了隋唐盛世与民族交融两者之间是有密切联系的。汉唐时期能够创造出繁荣发达文化的重要原因，就是能以海纳百川的气度和宽广博大的胸怀，借鉴、汲取国内外各民族的先进文化因素，从而输入新鲜血液，不断地丰富和完善自我。

因此，在教学设计中既要从民族交融的角度出发，审视隋唐至五代十国统一多民族封建国家的发展趋势，又要突出对中华民族多元一体发展形态的文化认同、民族认同和国家认同。

2. 教材依据

首先，从跨单元的联系上看，第一单元展现的是中国从远古到秦汉，从文明起源到统一多民族封建国家建立的时空线索；第二单元是从东汉末年到五代十国近七百年的时空变换，展现统一

多民族封建国家从第一个大一统时代的衰亡到第二个大一统时代兴衰的发展脉络；再到之后的宋元至明清，“统一多民族封建国家的建立与发展”这一核心概念逐渐凸显，而民族交融是这一核心概念不可或缺的一部分。

其次，从本单元各课之间的逻辑关系出发，本课时上承教材第5课《三国两晋南北朝的政权更迭与民族交融》，并与第5课共同完整地展现三国两晋南北朝至隋唐五代时期政权更迭与民族交融的历史脉络；下与第7课《隋唐制度的变化与创新》、第8课《三国至隋唐的文化》一起共同展现这一时期统一多民族封建国家在各领域取得的新成就。据此可以看出，民族交融视域涵盖了秦汉至隋唐时期国家发展的各个方面，为大单元教学凝练了一条重要主线。

最后，从单课的教材内容编排来看，本课以“隋朝兴亡”、“唐朝的繁荣与民族交融”和“安史之乱、黄巢起义和五代十国”三个子目勾勒出从隋唐统一到五代十国分裂的历史脉络。从子目间的深层逻辑来看，区域开发和民族交融贯穿各主要历史事件发展的始终——三国两晋南北朝的区域开发使得南北区域发展差距逐渐缩小，由此促进的各民族交往交流交融使这一时期的战争逐渐转为统一战争，为国家由分裂走向统一奠定基础；统一多民族封建国家在此基础上不断拓展其外延，又在区域发展和民族关系发展中产生新的问题，唐朝后期的衰亡和五代十国的分裂是这些问题积累到一定程度的结果，而这些问题的解决又需要统一多民族封建国家实现更深层次的发展。

3. 学术依据

秦汉以后，各族群总处于相互影响、相互牵制的复杂关系之中，形成了胡汉杂糅一体的隋唐文明，成就了盛唐时代。如吕思勉教授在《隋唐五代史》中所说：“东西民族之动息，亦各有其时，月氏、匈奴，皆自东徂西也；铁勒、突厥、回纥、沙陀、黠戛斯，则自西徂东者也。”东西民族之间或有强弱之别，此消彼长，影响深远，而“东西民族动息之交替，实在唐世，读隋、唐、五代史者，于此义亦不可不知”。隋唐时期，东西各民族形势一动一息之间复杂多变，使得唐朝在进行疆域治理及处理民族关系时必须采取多样灵活的民族政策，而这些民族政策推动了唐朝与周边民族多个层面的交往、交流与交融，并逐渐内化成隋唐时期统一多民族封建国家的民族认同。

王贞平教授在《多极亚洲中的唐朝》中通过对多极亚洲视野下唐朝的民族形势、民族政策及地方治理体系等方面进行系统性研究，提出亚洲的地缘政治格局总是处于不断构建和重构之中，这就决定了唐朝在处理与民族关系时必须使用多种手段，即从单一使用硬实力或软实力，到二者并用，再到运用综合实力。这一论述为我们突破传统中国王朝史的视野，重新审视唐朝藩镇对中央疆域治理及对周边民族交融的影响提供了一个全新的角度，从而解释了隋唐统一盛世到五代十国分裂的内在逻辑——唐朝的衰落和藩镇割据并不是唐朝民族关系发展的终结，而是在地方层面将这一时期的民族关系推向更广泛、更全面的纵深发展，也推动了后世民族新交融的发展。

综上所述，中华民族成为一体的过程是逐步完成的。中华民族的统一体中存在多层次的多元格局，每个层次的多元关系又存在着分分合合的动态和分而未裂、融而未合的多种情况。

（二）课时教学主题

结合以上对本课时核心知识与知识线索的梳理，确定本课时的教学目标是以唐朝所面临的民族形势和唐朝疆域治理为切入点，从民族交融视角理解隋唐时期的民族认同、国家认同，体现本课时的教学主题——“从民族关系视角看隋唐盛世”，聚焦民族交融视域下统一多民族封建国家的发展。

二、学情分析：初中与高中衔接教学分析

<table>
<tr><th rowspan="2">比较项目</th><th colspan="2">初中课标</th><th rowspan="2">高中课标</th></tr>
<tr><th>2011年版课标</th><th>2022年版课标</th></tr>
<tr><td>课标中的课程内容要求</td><td>5. 隋唐时期
知道隋朝的统一，了解科举取士制度的创建和大运河的开通；知道隋朝灭亡的原因。
知道唐太宗和“贞观之治”，知道唐玄宗和“开元盛世”，初步认识唐朝兴盛的原因。
以文成公主入藏、鉴真东渡、玄奘西行等史实为例，说明唐代民族和睦与中外文化交流的发展。
通过经济繁荣、开放的社会风气和唐诗的盛行，了解盛唐的社会气象。
知道安史之乱导致唐朝由盛转衰；知道唐朝灭亡后五代十国的局面。</td><td>1.5　隋唐五代十国时期
通过了解隋朝的兴亡、“贞观之治”与“开元盛世”，知道隋朝速亡和唐朝兴盛的原因；了解科举制度创建、大运河开通、文成公主入藏、鉴真东渡、玄奘西行等史事，从制度、经济、文学艺术、民族交往、中外文化交流等方面认识隋唐王朝在世界历史上的重要地位；通过了解“安史之乱”后藩镇割据和五代十国的局面，认识唐末五代的社会危机。</td><td>1.4　三国两晋南北朝的民族交融与隋唐大一统的发展
通过了解隋唐时期封建社会的高度繁荣，认识隋唐时期的民族交融、区域开发的新成就。</td></tr>
</table>

<table>
<tr><th>比较项目</th><th>初中教材</th><th>高中教材</th></tr>
<tr><td>部分教材课时设置</td><td>《义务教育教科书　中国历史　七年级　下册》
第一单元　隋唐时期：繁荣与开放的时代
第1课　隋朝统一与灭亡
第2课　唐朝建立与“贞观之治”
第3课　“开元盛世”
第4课　安史之乱与唐朝衰亡
第5课　隋唐时期的民族交往与交融
第6课　隋唐时期的中外文化交流
第7课　隋唐时期的科技与文化</td><td>《普通高中教科书　历史　必修　中外历史纲要（上）》
第二单元　三国两晋南北朝的民族交融与隋唐统一多民族封建国家的发展
第6课　从隋唐盛世到五代十国</td></tr>
</table>

从课标要求看，2011年版和2022年版的初中课标要求掌握的必备知识为高中进一步学习做好了准备。2022年版初中课标更注重学生关键能力和核心价值的培养，如“从制度、经济、文学艺术、民族交往、中外文化交流等方面认识隋唐王朝在世界历史上的重要地位”，对学生的历史阐释能力、家国情怀素养等都提出了明确要求，尤其不能理所应当地把民族交融当成隋唐王

朝发展过程中的一个必然现象，而是要通过历史情境和有效教学问题的设计，使学生认识到民族交融是隋唐统一多民族封建国家在疆域拓展、区域开发、制度创新与文化繁荣等多方面、多领域发展的共同作用下呈现出的一个重要表现，也是衡量国家发展的一个重要指标。这也正是高中课标中“认识隋唐时期的民族交融、区域开发的新成就”的要求。因此，教师应在新课标要求的基础上，深入了解学情，从而指导学生更好地掌握探究历史知识的方法与技能、提升关键能力、培育核心素养。

根据初中教材内容可知学生在初中阶段已经初步学习了隋唐时期的相关史实，了解了大运河的开通、“贞观之治”、“开元盛世”、“天可汗”、安史之乱、五代十国等相关历史概念。初中教材对隋唐时期各主要史实进行了较为详尽的描述，为高中教学对教材内容取舍及提炼教学主题提供了基础。

三、课时核心目标及其分解

（一）课时核心目标

深入挖掘隋唐时期民族交融的史实及其背后深刻的内涵，从民族视域角度出发，了解唐朝中原政权与周边民族的交往、交流和交融，从民族认同和国家发展的角度认识隋唐盛世的兴与衰，理解统一多民族封建国家发展的内涵。

（二）课时目标分解

1. 必备知识

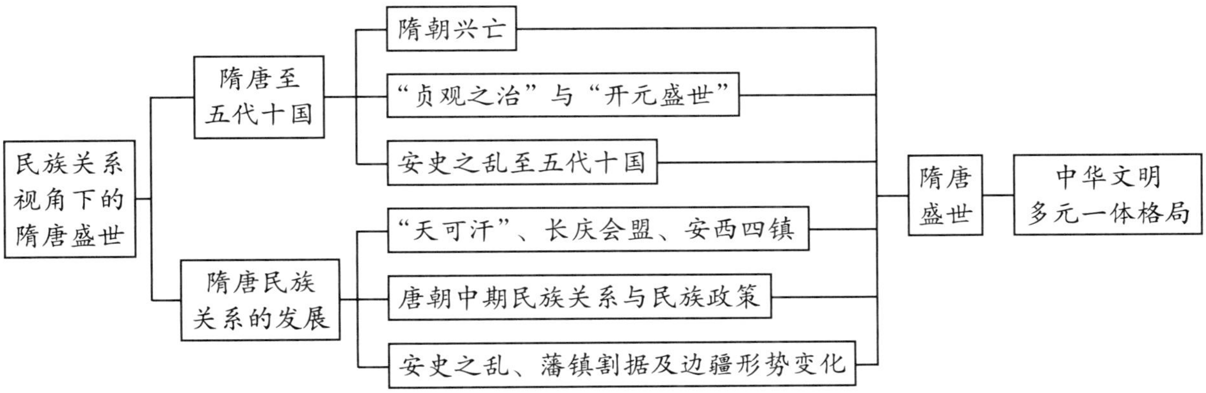

2. 关键能力

（1）获取历史信息能力：通过对比汉唐两个朝代的民族形势图，了解汉至唐时期国家疆域和民族形势的发展变化，结合三国两晋南北朝的相关史实梳理这一时期政权更迭及民族交融的基本情况，了解隋唐统一后面临的民族和国家治理形势。

（2）历史阐释能力：能够准确运用历史术语概括三国两晋南北朝到隋唐五代时期国家发展的表现，说明民族交融是促进隋唐疆域拓展、区域开发、制度变革与创新、文化繁荣的一个不可或缺的推动力，进而能将历史与现实相结合，论证并理解民族交融对国家完善治理体系具有不可忽视的重要意义。

（3）历史探究能力：能够突破地域与王朝兴衰史的局限，将隋唐到五代十国的历史置于民族交融从中央向地方主导的视域中，探究并深入理解统一多民族封建国家发展的内涵。

3. 核心价值

通过对本课时一系列相关问题的探讨，学生能够理解各民族对唐朝政权、思想伦理、文化等方面的参与和认同，推动了统一多民族封建国家的进一步发展，增强文化认同和文化自信，增强对中华民族的认同感和责任感。

四、教学过程分析

课时教学设计2　从民族关系视角看隋唐盛世

【任务一】了解唐朝初期疆域与民族形势的新变化与新对策。

【关键问题】唐朝初期面临怎样的疆域与民族形势新变化？如何看待唐太宗对边疆治理方略的选择？

【材料呈现】

材料一　贞观四年（630年），唐太宗下诏讨论“安边”问题，群臣对归降的十万东突厥人如何安置进行辩论。归纳起来，大致有三：

一是主张把他们拆散，然后分别安置到中原不同的州、县，教他们像汉人一样织布耕田，以达到化胡虏为农民的目的。

二是主张“全其部落，顺其土俗”，将东突厥人安置在长城沿线，设机构管理，他们会感恩戴德，为唐朝守边疆。

三是以魏征为代表，认为“夫戎狄人面兽心”，同化极难，不能留十万人在中原腹地，应把他们赶回故地（此时东突厥受敌人追击），不接受其归附。否则数年之后成倍增长，必成唐朝心腹大患，再处理就晚了。

——摘编自［加拿大］王贞平《多极亚洲中的唐朝》

材料二　（唐太宗）自古皆贵中华，贱夷、狄，朕独爱之如一，故其种落皆依朕如父母。

——［宋］司马光《资治通鉴·唐纪》

【问题设计】依据材料一，并结合教材《唐朝前期形势和边疆各族分布图（669年）》，思考：（1）这场朝廷辩论的各方分别是出于怎样的考虑而提出意见的？（2）根据初中所学知识，我们知道唐太宗最终选择了意见二，他是出于怎样的考虑而做出这种选择的？

【教师分析】十万东突厥人来降，意见一是朝臣们践行儒家思想的民族理论，意见二是对汉族和少数民族都有利的两全之策，意见三是建立在三国两晋南北朝以来民族矛盾与冲突不断出现的相关历史教训与现实状况的合理担忧。

唐太宗最终采纳了“全其部落，顺其土俗”的建议，边疆治理采取羁縻政策，是出于以下考虑：一是周边各族已建立政权，强制拆散会引起反抗，羁縻政策体现了对民族与文化的尊重，且开明的民族政策利于其他民族归附；二是缓冲地带利于保卫唐朝，也利于开拓西北边疆，而辽阔的疆域就是隋唐盛世的一个重要表现；三是唐太宗“爱之如一”的民族政策呈现出恢宏气度。他并非没有担忧，但他考虑的不仅仅是唐朝的统治，还考虑到少数民族的生存与发展，体现了他胸怀天下。

【设计意图】基于学生已有知识设置历史情境，激发学生学习兴趣，培养学生的思辨思维和多角度探究、分析、论证问题的能力；通过对比两幅形势图，直观呈现汉唐时期不同的民族形势，串联起秦汉至三国两晋南北朝，再到隋唐前期民族交融的历史，启发学生思考唐朝在这一形势下采取的措施及其原因，为下一个学习任务做铺垫。

【任务二】认识隋唐时期民族政策的变化与特点。

【关键问题】唐朝的民族形势是如何影响唐朝的民族政策与国家治理的？

【材料呈现】

材料三 唐朝对周边民族大事记。

1. 隋末中原动乱，东突厥南侵。贞观初期，唐军出兵反击，与回纥、铁勒诸部夹攻，俘获颉利可汗，东突厥灭亡。颉利可汗被擒送长安，太宗赐以田宅，授右卫大将军。贞观四年（630年），草原各部落君长来到长安，尊奉唐太宗为各族首领“天可汗”。

2. 唐太宗征服依附西突厥的高昌，设置安西都护府，其治所在交河，统辖安西四镇。唐高宗时，联合回纥灭西突厥；武则天时，设置北庭都护府，与安西都护府分治天山南北。

3. 唐太宗时，吐蕃统一青藏高原。吐蕃赞普松赞干布求娶文成公主，唐蕃和亲，促进汉藏友好关系和经济文化交流。

4. 唐玄宗时期，回纥南移，归附唐朝，唐玄宗册封其首领骨力裴罗为怀仁可汗；又册封靺鞨粟末部首领大祚荣为渤海郡王，从此，渤海正式划入唐朝版图。

5. 唐德宗贞元六年（790年），吐蕃军攻占北庭都护府，唐政权与安西失去联络，安西四镇留守军队仍孤军坚守。9世纪中期，唐蕃长庆会盟，基本停止了纷争。

——摘编自吕思勉《隋唐五代史·隋唐卷》

【问题设计】唐朝前期和中后期的民族关系与政策发生了哪些变化？为什么会发生这些变化？唐朝的民族和国家治理政策为此做出了哪些调整？

【教师分析】唐朝采取灵活多样的民族政策，既有军事打击、武力征服，也有和亲、会盟等和平手段，体现了唐朝统治者的民族观念及国家实力的消长变化。

唐朝前期民族关系的重点是三国两晋南北朝时期以来，北方游牧民族内迁带来的问题。“天可汗”一词体现的是在军事臣服的基础上，草原人民对唐王朝强大实力的认可，而唐太宗采取对各民族平等相待的开明的民族政策，这既是这一时期民族认同的重要前提，也是中国古代统一多民族封建国家观念的升华。安西都护府和安西四镇的设置是唐朝军事和政治强盛的表现。安史之乱后，吐蕃占领安西四镇，唐朝失去了对这一地区的实际控制权，安西四镇仍以唐朝的名义自居，认为自己仍是唐朝政权的一部分，这体现了在长期的交往交流交融中，民族地区对唐朝具有政权参与感和身份归属感。

唐朝后期民族关系的重点转向西南与吐蕃之间的关系。吐蕃与突厥、回纥等北方游牧民族不同，它独成一个稳定的政权，与唐朝关系的核心是对领土的争夺。9世纪采取的会盟政策，是随着安史之乱后唐朝中央实力的消长做出的变化与调整。唐蕃长庆会盟约定双方“患难相恤，暴掠不作”，唐朝皇帝和吐蕃君主宣称他们“社稷如一”“和同为一家”，说明少数民族对唐朝的认可已经突破了表面的政治军事征服的层面，且上升为对唐人身份的思想伦理层面的认同，是草原、高原与中原文明交融的又一重要表现。

【设计意图】通过分析唐朝与各民族的关系与交往交流的史实，了解唐朝灵活多样的处理方式促进了其与不同民族的交融，认识中国古代民族政策会受到国家实力、统治者认识及民族之间关系的影响，而民族之间的交往交流交融就是在此基础上不断向前发展，为彼此之间的相互理解和认同提供助力的。

【任务三】认识隋唐时期的民族交融对中华民族多元一体格局的影响。

【关键问题】隋唐时期的民族交融对隋唐盛世的出现有何影响？其对后世又有何影响？

【材料呈现】

材料四　下面是部分唐诗中反映的民族关系情况。

疆理虽重海，车书本一家。

——［唐］温庭筠《送渤海王子归本国》

长风几万里，吹度玉门关。

——［唐］李白《关山月》

落花踏尽游何处，笑入胡姬酒肆中。

——［唐］李白《少年行二首》

材料五　唐朝与边疆在处理对外事务上的利益冲突，根源在于唐朝对地方的控制不力，从而导致双方在权力关系中产生了矛盾。唐朝的这个薄弱环节为地方官员处理辖区内的对外事务留下了很大空间。因此，唐朝的对外关系是在双重管理体系之下发展、演变的。在这个体系中，朝廷和地方官府是地位相当的“合伙人”，各自在不同层面发挥作用。

——摘编自［加拿大］王贞平《多极亚洲中的唐朝》

材料六　唐人既不是魏晋以前汉人的简单延续，也不是胡人单向地融入汉族，而是汉胡互化产生的民族共同体。这个民族共同体在唐朝近三百年中，又继续不断地与域内和周边的胡人，以及来唐的外国人混融互化，不断汲取新鲜血液，因而更加生机勃勃，充满活力，从而以气吞日月的磅礴声势，海纳百川的博大胸怀，刻意求新的独创精神，缔造出中华文明史上光彩夺目的高峰。

——樊树志《国史概要》

【问题设计】结合以上材料和教材第38页的《五代十国形势图（后周时期）》，分析隋唐时期民族之间的交往交流交融与隋唐盛衰有什么关系。如果将这一时期的民族交往交流交融放到整个中国古代历史长河中，我们能看出中华民族具有怎样的发展趋势？

【教师分析】隋唐时期，各民族之间的经济、文化交往与交流并不是唐朝单向地对少数民族施加影响，少数民族的元素也给唐朝文化注入了更多色彩。以唐诗为代表的唐朝文化吸收了周边民族的元素，衣、食、住、行各方面都呈现出与秦汉截然不同的大唐气象。如边塞诗早在汉魏时就有，但当时许多写边塞诗的人未必有边塞的生活体验，而盛唐的边塞诗多建立在作者亲历边塞生活的基础上；唐朝的边塞诗也不像汉朝时那般肃杀，对边塞也少了几分畏惧与惶恐，更多地体现了人们远游在外的展望与寄托，展现了隋唐时期边疆的区域开发、交通顺畅、治安稳定的盛世局面，以及由此带来的人心安定与向往。而这些都离不开当时人们对各民族地区的开发与经营，以及边疆地区社会经济的发展。

到了唐朝中后期，随着长期的民族边疆政治的演变，安史之乱后唐中央对边疆地区失去了实际的军事控制权。唐朝的衰落和藩镇割据并不是唐朝民族关系发展的终结。随着节度使势力的发展，地方上进一步将这一时期的民族关系推向更广泛、更全面的纵深发展，也推动了后世民族新交融的发展。可以说，统一多民族封建国家的发展并没有随着一个王朝的终结而结束，而是以更灵活的方式向着更深远的方向发展。

总而言之，隋唐时期各民族之间在政治、经济、文化各层面的交往交流和相互交融，比秦汉时期更突出，这是秦汉统一多民族封建国家建立以来，经魏晋南北朝大规模胡汉互化发展的结果，也为宋元时期的民族和国家发展奠定了基础。

【设计意图】通过对一系列史料的探究或文物的赏析，感受大唐帝国的文化魅力，理解中华民族文化认同的纵深发展。教师要通过设问引导等方式，培养学生多层次的历史思维和关键能力，理解周边民族对唐朝认同感的更深层次的体现——独特的唐文化是隋唐时期民族交融跨越时空留下的深刻印记；同时，从更长远的视角看待中华民族多元一体的发展进程，理解各民族的多元差异与中华民族的共同发展是辩证统一的关系。

五、教学评价系统

（一）学业质量水平划分

水平1：能够通过相关历史疆域图、文献史料梳理出隋唐盛世到五代十国的发展脉络，了解隋唐到五代十国时期各民族交往交流交融的史实，概括隋唐盛世的主要特征与表现。（时空观念、史料实证、历史解释）

水平2：能够认识相关示意图、文献史料和实物史料所具有的不同价值，根据所研究的问题正确选择和使用史料；能够在唯物史观的指导下，辩证认识隋唐盛世到五代十国时期的民族关系，理解民族交往交流交融对隋唐统一、唐王朝边疆治理措施和制度建设等产生的重要影响。（唯物史观、史料实证、历史解释）

水平3：能够把握史事的时空联系，利用不同类型的史料对所探究的问题进行描述、概括及说明；能够认识、理解隋唐至五代十国时期的历史阶段特征，认识民族间的交往交流交融对统一多民族封建国家的政治建设、经济交流、文化成就等方面的深远影响，深刻体会隋唐至五代十国时期中国统一多民族封建国家发展的表现与内涵，把握中华民族多元一体发展趋势。（唯物史观、时空观念、史料实证、历史解释、家国情怀）

水平4：能够在唯物史观的基本观点、方法指导下，恰当地运用所学知识并结合实际，对单元主题“从草原、中原、江南的三重联动到轴心文明的新辉煌”进行独立的论述，概括中国古代统一多民族封建国家发展的历史规律；能够站在历史的高度准确把握中华民族与中华文明的发展趋势，树立正确的国家观、民族观和文化观，培育和践行社会主义核心价值观，为新时代中国特

色社会主义建设、中华民族伟大复兴做出自己的贡献。（唯物史观、时空观念、史料实证、历史解释、家国情怀）

（二）学业质量水平测试

阅读材料，回答下列问题。

材料一　汉武帝时期，随着西汉国力的强大和国家政策的改变，其民族政策及其对于民族关系的处理也相应地做出调整，其主要特点是重视“开拓”，如对匈奴的战争，以招抚和武力并用的方式将百越与西南夷并入汉皇朝版图，通过“隔绝羌胡”与在东北建置而断匈奴左右臂、交通与经营西域等。汉武帝之后的西汉，随着国家政策的再度调整，其民族政策及其对于民族关系的处理，其主要表现形式是“怀柔”，如与匈奴的和亲通好、通过和亲和建置来加强对西域各属国的关系、对东北诸族的羁縻等。

——摘编自汪高鑫《汉代民族关系与夷夏之辨》

材料二　唐朝是在魏晋南北朝时期民族大交融的基础上建立起来的，社会上民族隔阂不深；北周、隋和唐初的统治集团都是胡汉结合组成的，唐太宗的祖母、母亲和妻子都是鲜卑贵族。唐太宗本人曾与处罗可汗之侄突利可汗结为兄弟。因此，唐太宗对各民族没有多少歧视的心理。在击败突厥、吐谷浑后，唐太宗没有惩处其首领，也没有将其男女没为奴婢，并继续让突厥、吐谷浑贵族统领其部落。对于南下的突厥人和入朝的突厥贵族，也进行了妥善的安置。唐太宗所实行的民族政策是比较开明的。

——吴宗国《唐太宗与贞观之治》

（1）根据以上材料并结合所学知识，指出汉朝与唐朝民族政策的共同之处。

（2）根据材料二并结合所学知识，分析唐太宗实行开明的民族政策的原因，并归纳汉唐民族政策的共同影响。

（3）结合材料与所学知识，谈谈中国统一多民族封建国家的发展对当今社会的现实借鉴意义。

【评价说明】

题号	答题思路	学业质量水平描述
（1）	从材料中归纳汉唐两个时期民族政策的内容，并找出它们的共同点：随着国家政策的改变而进行调整；武力征服与“怀柔”并用；采用和亲方式；实行羁縻政策等。	1-3　能够从所获得的史料中提取有关的信息。
（2）	在解答第（1）问的基础上，认识到这些民族政策的制定是当时统一多民族封建国家发展的客观结果，与唐朝统治者的主观因素息息相关。由此得出原因：经过魏晋南北朝的民族交融，社会上民族隔阂不深；统治者巩固统治的需要；唐朝国力强盛；唐太宗的民族观念开明；唐朝统治者集团的特殊性。 从扩大疆域、促进边疆地区开发、民族交融与认同、统一多民族封建国家发展的角度回答民族政策的影响。	2-2　能够认识事物发生的来龙去脉，理解空间和环境因素对认识历史与现实的重要性。 2-4　能够选择、组织和运用相关材料并使用相关历史术语，对具体史事做出解释。

续表

题号	答题思路	学业质量水平描述
（3）	在理解汉唐民族政策内容、原因、影响的基础上，认识到民族区域自治制度借鉴了唐朝的羁縻政策，它利于各民族的发展，应当坚持；维护和发展各民族平等、友好关系，加强各民族经济、文化交流，尊重少数民族的风俗习惯等也是汉唐政权在处理民族关系方面给我们留下的宝贵经验。	2–5 能够发现历史上认同家乡、民族、国家的事例，知道中外优秀文化遗产的主要内容，认识社会主义核心价值观的历史依据，具有对祖国和人民的深情大爱。 4–5 能够表现出对历史的反思，从历史中汲取经验教训，更全面、客观地认识历史和现实社会问题。

参考答案

（1）共同之处：随着国家政策的改变而进行调整；武力征服与“怀柔”并用；采用和亲方式；实行羁縻政策。

（2）原因：经过魏晋南北朝的民族交融，社会上民族隔阂不深；统治者巩固统治的需要；唐朝国力强盛；唐朝统治集团的特殊性；唐太宗的民族观念开明。影响：利于民族交融与民族认同；促进边疆地区的开发；扩大了中原王朝的疆域；利于统一多民族封建国家的发展。

（3）借鉴意义：中国古代统一多民族封建国家的发展是各民族交往交流交融的成果之一，有利于各民族的发展，为新中国成立后民族区域自治制度的设立提供了借鉴；维护和发展各民族平等、友好关系，加强各民族经济、文化交流，尊重少数民族的风俗习惯等汉唐处理民族关系的政策，也为现代中国实施民族政策提供了宝贵经验。

卢洁香 南宁市第四十一中学
莫絮婷 南宁市邕宁高级中学

课时教学设计 3

从制度建设视角看隋唐盛世

一、教学内容分析系统：课时教学主题的提炼

（一）提出的依据

1. 课标依据

新课标对本课时的课程内容要求："通过了解隋唐时期封建社会的高度繁荣，认识隋唐时期的制度变化与创新。"首先，从必备知识要求看，新课标指出隋唐时期封建社会高度繁荣的表现是本课时需要学习的基础知识。而隋唐时期封建社会高度繁荣的表现涉及政治、经济、文化等方面，但隋唐制度的变化与创新是本课时的学习重点。其次，从素养培养要求看，新课标要求"认识隋唐时期的制度变化与创新"。这意味着在本课时的学习中，需要通过隋唐制度变化与创新的原因、表现和影响等相关问题的探讨，从制度建设的角度理解隋唐制度的变化与发展。认识制度创新既是隋唐盛世出现的重要原因，也是隋唐盛世的重要表现之一，能够提升学生的逻辑思维能力和史料实证、历史解释等素养，增强学生的文化自信和政治认同。

2. 教材依据

首先，从跨单元的联系上看，第一单元展示了中国统一多民族封建国家逐渐形成的历史发展脉络。本单元的内容则是统一多民族封建国家发展的重要组成部分，是对第一单元内容的继承与发展，而其中制度的创新更是在前朝基础上进行了传承和变化。因此，通过溯源前朝制度，学生能更好地理解制度的创新不是一蹴而就的，从而能更好地理解中国古代政治文明不断发展、政治认同不断形成的过程。

其次，从本单元各课之间的逻辑关系出发，本课时与第5课《三国两晋南北朝的政权更迭与民族交融》及第6课《从隋唐盛世到五代十国》两课内容均有交织。本课时主要讲述隋唐时期在继承前朝、民族交融的基础上进行制度创新，而制度的创新正是隋唐盛世出现的重要原因，因此对隋唐制度溯源和流变进行讲解，以突出其创新之处——实现了政治认同，与第6课、第8课一起展现了这一时期统一多民族封建国家在政治、民族、文化三大领域取得的新成就。

最后，从本课时的教材内容编排来看，包括三个子目：一是选官制度，从察举制到科举制，选官方式逐渐从以推荐为主转变为以考试为主，官员选拔变得更加公开与公平，中国古代选官制度逐渐走向成熟与完善；二是三省六部制，从三省制到三省六部制，再到政事堂和中书门下，中枢机构的运作程序和办事效率都在变化，不变的是安邦定国的政治追求；三是赋税制度，从租庸

调制到两税法的实施，改变了以人丁为主的赋税标准，扩大了征税对象范围，简化了征税项目，顺应了历史发展的趋势。各项制度不是孤立存在的，而是互相配合、互相推动的，进而形成了一套完整的运转体系。这三大制度在继承中创新，在创新中发展，推动了我国古代政治认同、政治文明的发展。

3. 学术依据

在学术上，许多史学大家对隋唐制度都有深入研究。关于隋唐制度的渊源，学术界一直有"南朝化"与"北朝主流"的争论。比如陈寅恪先生和唐长孺先生就是"南朝化"的代表，他们认为唐朝的变化中最重要的部分是对东晋南朝的继承。如陈寅恪先生在《隋唐制度渊源略论稿》中讲道："此章主旨唯在阐述继南北朝正统之唐代，其中央财政制度之渐次江南地方化，易言之，即南朝化……"唐长孺先生在《魏晋南北朝隋唐史三论》中也持类似观点："唐代在经济、政治、军事及文化诸方面都发生了显著的变化，它标志着中国封建社会由前期向后期转变。但这些变化，或者说这些变化中的最重要部分，乃是对东晋南朝的继承，我们姑且称之为'南朝化'。"而田余庆先生在《东晋门阀政治》中指出：从宏观来看东晋南朝和十六国北朝全部历史运动的总体，其主流毕竟在北而不在南。但阎步克先生则认为"南朝化"和"北朝主流论"并不是对立的。阎步克先生在《阎步克、胡宝国、陈爽等关于"南朝化"问题的讨论》一文中提到，"南朝化"和"北朝主流"分别从不同角度揭示了此时期历史的重要方面，"南朝化"显示了华夏制度的连续性，"北朝主流"显示了兄弟民族入主的振作帝国体制之功。二者并行不悖，相得益彰。

（二）课时教学主题

本单元的教学主题为"从草原、中原、江南的三重联动到轴心文明的新辉煌"，基于大单元主题教学的统一性，本课时在大一统盛世局面的视角下探讨制度创新，因此本课时的教学主题确定为"从制度建设视角看隋唐盛世"。本课时引导学生通过溯源与流变的方式对隋唐三大制度进行深入探讨，了解隋唐制度是在传承前人基础上不断创新，不断焕发生机与活力的，并理解制度创新既是隋唐盛世出现的重要原因，也是隋唐盛世的重要表现之一，对统一多民族封建国家的发展产生了深远影响。

二、学情分析系统：初中与高中教学衔接分析

比较项目	初中课标		高中课标
	2011年版课标	2022年版课标	
课标中的课程内容要求	5. 隋唐时期 知道隋朝的统一，了解科举取士制度的创建和大运河的开通；知道隋朝灭亡的原因。 知道唐太宗和“贞观之治”，知道唐玄宗和“开元盛世”，初步认识唐朝兴盛的原因。 以文成公主入藏、鉴真东渡、玄奘西行等史实为例，说明唐代民族和睦与中外文化交流的发展。 通过经济繁荣、开放的社会风气和唐诗的盛行，了解盛唐的社会气象。 知道安史之乱导致唐朝由盛转衰；知道唐朝灭亡后五代十国的局面。	1.5 隋唐五代十国时期 通过了解隋朝的兴亡、“贞观之治”与“开元盛世”，知道隋朝速亡和唐朝兴盛的原因；了解科举制度创建、大运河开通、文成公主入藏、鉴真东渡、玄奘西行等史事，从制度、经济、文学艺术、民族交往、中外文化交流等方面认识隋唐王朝在世界历史上的重要地位；通过了解“安史之乱”后藩镇割据和五代十国的局面，认识唐末五代的社会危机。	1.4 三国两晋南北朝的民族交融与隋唐大一统的发展 通过了解隋唐时期封建社会的高度繁荣，认识隋唐时期的制度变化与创新。

比较项目	初中教材	高中教材
部分教材课时设置	《义务教育教科书 中国历史 七年级 下册》 第一单元 隋唐时期：繁荣与开放的时代 第1课 隋朝统一与灭亡 第2课 唐朝建立与“贞观之治” 第3课 “开元盛世” 第4课 安史之乱与唐朝衰亡 第5课 隋唐时期的民族交往与交融 第6课 隋唐时期的中外文化交流 第7课 隋唐时期的科技与文化	《普通高中教科书 历史 必修 中外历史纲要（上）》 第二单元 三国两晋南北朝的民族交融与隋唐统一多民族封建国家的发展 第7课 隋唐制度的变化与创新

从教材内容来看，教材七年级下册第一单元第2课和第3课的内容稍微涉及了隋唐制度的相关内容，学生在初中阶段已对科举制、三省六部制的概念有了初步了解，但对制度的创新方面未进行深入探讨。高一学生通过初中阶段的学习，已经具备了一定的历史理解能力和解释能力，但这种能力还是浅层次的。制度创新和国家治理的知识超越了高一学生的知识水平和认知实际，故而学生在学习上会有一定的难度，教师要注意利用前后课时的关联，由易到难地对学生进行引导。

从课程标准的要求看，初中、高中的学习要求有所不同，2011版初中课标主要要求学生“知道、了解”相关知识，学生的学习水平层次比较低，对于这一时期政治制度的认识只停留在概念上，对其内容、变化、创新之处等方面不甚了解。而2022年版初中课标对学生的要求，则是在“知道、了解”的基础上增加了“认识”，这会促使学生在初中阶段的学科素养得到提升，并且逐渐与高中课标的要求接轨。但是，初中阶段的“认识”是比较零散的，也并未涉及隋唐制度创新和

国家治理的内容，因此教师在教学中应该着重讲解初中教材未涉及的内容，不断提升学生历史学科的思维能力，力求实现历史学科核心素养的培养目标。

三、教学目标分析系统：课时核心目标及其分解

（一）课时核心目标

本课时的核心目标是通过对隋唐制度溯源与流变的整理，构建历史发展的前后联系，着重引导学生深入探讨隋唐三大制度的创新之处，使学生能够理解在民族交融背景下，了解隋唐制度是在传承前朝基础上的不断创新，是中国古代进入第二个大辉煌时期的一个重要原因，推动了中华民族政治认同的不断发展，对统一多民族封建国家的发展影响深远，从而对历史发展变化形成正确的认识。通过本课时的学习，让学生的逻辑思维、辩证思维的核心能力得到提高，同时还培育了学生唯物史观、历史解释、家国情怀的核心素养。

（二）课时目标分解

1. 必备知识

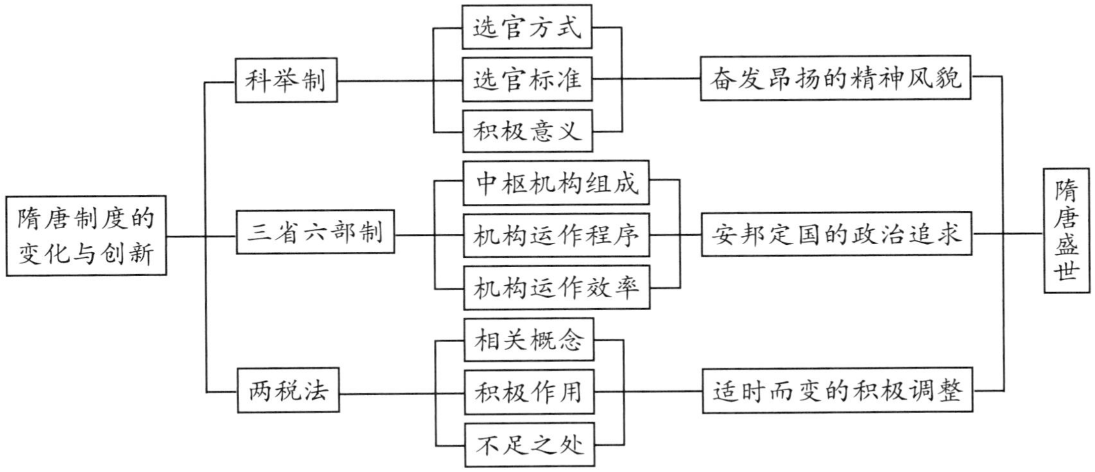

2. 关键能力

（1）获取历史信息能力：通过阅读教材，理解察举制、九品中正制、科举制的概念，对比不同的选官制度在选官方式、选官标准、选官权力、产生的影响等四个方面的不同点，了解三省六部制的职能和意义，比较租庸调制与两税法的不同；通过阅读材料，分析“推荐”与“考试”两大选官方式的利弊，讲述三省六部制的运作流程等内容，培养学生获取历史信息的能力。

（2）历史思维能力：阅读材料，通过小组合作，多角度探究科举制的影响，由此凸显科举制的创新之处在于改变社会的精神面貌；对唐朝中枢机构进行溯源和流变的整理，凸显政府在国家治理方面臻于至善的追求；将租庸调制与两税法进行对比，得出两税法的创新之处；通过两税法的弊端，认识赋税改革既要关注国家财政收入，也要关注民生。

3. 核心价值

（1）理解民族交融是双向的，少数民族在学习先进中原文化的同时，也为丰富中原文化做出

了很大的贡献，帮助学生树立正确的民族观。

（2）认识到民族交融使各民族的国家认同感逐渐增强，促进了统一多民族封建国家的不断发展，有助于学生树立正确的国家观。

（3）理解隋唐制度创新既是隋唐盛世出现的重要原因，也是隋唐盛世的重要表现之一。让学生认识到制度建设对国家稳定和发展的重要意义。

四、教学过程分析系统

课时教学设计3　从制度建设视角看隋唐盛世

【导入环节】通过材料引出本课时需要探讨的内容。

【材料呈现】

材料一　在隋文帝和隋炀帝的统治下，中国又迎来了第二个辉煌的帝国时期。大一统的政权在中国重新建立以来，长城重新得到修缮，政府开凿了大运河（这为后来几百年间的繁华提供了可能），建造了宏伟的宫室，中国终于得以重振雄风。

——摘编自［美国］费正清《中国：传统与变迁》

【教师分析】历史学家费正清曾说过，在隋唐时期，中国又迎来了第二个辉煌的帝国时期。隋唐时期是我国封建社会发展成熟与繁荣时期，这一时期，我国在政治、经济、文化等各个方面都处于世界领先地位。隋唐时期能如此辉煌，与它的制度发展和创新是密不可分的。通过学习第7课《隋唐制度的变化与创新》，引导学生理解中国古代对治国理政的探索。

【设计意图】在本课时开始时，先回顾隋唐时期在整个中国古代史的地位，使学生对隋唐时期的繁盛形成一个整体的认识，创设历史情境。然后，教师再指出隋唐时期的繁盛与本课时涉及的制度变化与创新之间的关联，明确本课时的教学主题是从制度创新这个角度来感受中国古代治国理政的探索，从而导入本课时，激发学生的学习兴趣。

【任务一】认识选官制度的变化。

【关键问题】与不同时期的选官制度相比，科举制有何继承与创新？

【材料呈现】

材料二　此制之意……可以根本消融社会阶级之存在；可以促进全社会文化之向上；可以培植全国人民对政治之兴味而提高其爱国心；可以团结全国各地域于一个中央之统治。

——钱穆《国史大纲》

材料三　流内之官，叙以四善：一曰德义有闻，二曰清慎明著，三曰公平可称，四曰恪勤匪懈。善状之外有二十七最……凡定考，皆集于尚书省，唱第然后奏。

——［宋］欧阳修等《新唐书·百官志一》

【问题设计】依据材料二、材料三和所学知识，对比隋唐三大选官制度，思考“考试”与“评议”孰优孰劣。

【教师分析】选官制度是中国古代治国理政的重要内容之一。在隋唐之前，选官制度经历了世卿世禄制、察举制、九品中正制等选官制度，这些选官制度各有特点。魏晋时期实行九品中正制，实行初期为中央选拔了一些有用的人才，但是九品中正制很快成为门阀士族维护其特权的工具，逐渐形成了“上品无寒门，下品无势族”的局面。为了加强中央集权，隋朝废除九品中正制，采取科举取士，唐朝对科举制进行了完善。科举制相比于其他的选官制度，实现了选官方式由推举到考试，选官标准由品行到成绩，选官权力由地方到中央等方面的重大改变和创新。科举制有利于读书人参政，起到了扩大统治基础，提高官员素质和加强中央集权等作用。“旧时王谢堂前燕，飞入寻常百姓家”“朝为田舍郎，暮登天子堂；将相本无种，男儿当自强”等诗句表现了科举制带来的社会变化。隋唐科举制还有一个高明之处，就在于在前朝制度的基础上吸收了两种选官方式的优点并进一步完善发展，适时而变，适应了时代选拔人才的需要，因此被后世一直沿用。

【设计意图】对选官制度进行溯源和对比，以历史时序的形式梳理选官制度的演变过程，落实对学生时空观念的培育。学生可以更直观地了解选官制度的演变，并且自主归纳出科举制的创新之处，培养学生的历史解释能力。

注重指导学生通过阅读教材获取有效信息，以利于学生落实基础知识；重点分析科举制的创新之处，并引导学生关注九品中正制前后期的变化和创新，帮助学生破除对九品中正制的误区，培养历史解释能力，为接下来的第二个问题——思考考试和评议这两种方式孰优孰劣做铺垫。设置合作讨论，课堂探究活动的实施充分凸显学生的主体地位。关于实行科举制的积极意义，袁行霈先生是这样概括的：“在前期，盛唐气象主要表现为：投身于社会和政治的热情，跃跃欲试的参与意识，强烈的自信自尊，昂扬奋发的精神面貌。”科举制是本课时的重点，通过材料辅助，引导学生多角度思考问题，重点突出科举制带来了奋发昂扬的精神风貌，以及人民对国家政治文明的高度认同。同时，通过展示范进中举图、秦桧跪像图和背诵唐诗，让学生直观感受科举制，加深学生对抽象的历史概念、结论的直观印象和理解，让历史更形象。通过分析，让学生明白考试和评议这两种方式各有优劣，形成思维冲突，引导学生多角度、全方位地认识历史问题，对科举制有更全面的了解。同时，理解制度的发展不是一蹴而就的，发展过程中既有对前朝制度的传承，也有根据实际情况的创新，这体现了政治文明认同的发展。在此过程中，学生的批判性思维得到了锻炼，学生的史料实证和唯物史观的核心素养也得到了发展和培育。

【任务二】认识中枢机构的继承与创新。

【关键问题】三省六部制在魏晋南北朝时期官制的基础上有何创新？

【问题设计】（1）根据唐朝中枢机构的运作，分析唐太宗提出的建议要经过哪些步骤才能真正推行。（2）从三省到三省六部再到政事堂（后改称“中书门下”），如何理解中枢机制的“变”与“不变”？

【教师分析】中枢机构的设置及运作对一个国家的治国理政来说极其重要，三省六部制并非唐朝首创，而是由魏晋南北朝时期的三省制发展而来的，反映出魏晋南北朝时期的民族交融，各政权、各民族之间的相互学习和借鉴对中枢机构的发展产生了极其重大的影响。中书省和门下省形成于三国时，目的在于分割和限制尚书省的权力，隋唐时通过延续魏晋南北朝的三省制并逐渐发展为三省六部制而实现了统治的稳定：中书省掌定旨出命，门下省掌审议封驳，尚书省主执行政令，权责分明，互相牵制。在唐朝，宰相的权力被分配在三省之中，和汉朝的宰相相比，唐朝的宰相权力被极大地削弱了，故钱穆先生在《国史大纲》中提到，在汉朝的宰相实行的是“领袖制”，而唐朝的宰相实行的是“委员制”。制度在发展过程中不断创新，统治者在不断探索中枢机构运行效率的最大化。但是无论怎么变，都是为皇权统治服务的，是君主专制中央集权不断加强的过程。而在这“变”与“不变”之间，也体现出历代统治者安邦定国的政治追求。

【设计意图】通过情景体验，激发学生的学习兴趣，并使学生能学以致用，自主挖掘三省六部制的创新之处。通过梳理隋唐中枢机构的历史发展脉络，落实基础知识，发展学生的时空观念这一核心素养；通过溯源与流变的整理，让学生了解三省六部制是在三省制的基础上发展起来的，是民族交融带来的积极影响；通过制度的变化过程让学生观察与思考其变化的特点及原因，有助于培养学生的逻辑思维能力，也有利于唯物史观素养的发展。

【任务三】认识赋税制度的变化。

【关键问题】两税法与租庸调制相比有何不同？如何客观评价两税法？

【材料呈现】

材料四　炎建议作两税法……户无主客，以现居为簿，人无丁中，以贫富为差。为行商者，在所州县税三十之一，使与居者均，无侥利。居人之税，秋、夏两征之。其租庸调、杂徭悉省。

——［宋］司马光主编《资治通鉴》卷226

材料五　奈何岁月久，贪吏得因循。浚我以求宠，敛索无冬春。织绢未成匹，缫丝未盈斤。里胥迫我纳，不许暂逡巡……昨日输残税，因窥官库门。缯帛如山积，丝絮似云屯。号为羡余物，随月献至尊。夺我身上暖，买尔眼前恩。进入琼林库，岁久化为尘。

——《白居易集》卷2《重赋》

【问题设计】（1）随着时间的推移，租庸调制出现了什么问题？根据材料四和材料五，分析两税法的创新之处。（2）分析材料五，归纳白居易对两税法的看法。（3）两税法取代租庸调制，这反映了什么问题？

【教师分析】均田制始自北魏，历朝多有变更。唐初为恢复生产、保证税收，在隋朝均田制的基础上进一步完善。均田制的实施，对唐初恢复和发展农业生产，促进劳动力与土地相结合，保证政府赋役来源，协调统治阶级内部矛盾起到了积极作用。隋唐赋税制度的变化是在继承魏晋赋税制度基础上，为适应统治者财政需要和社会发展需要的不断调整。唐朝中后期，土地兼并加剧，特别是安史之乱后，藩镇割据，战乱频繁，农民流亡，均田制被破坏殆尽，因此以人头为征收标准的租庸调制不能适应统治的需求，政府的财政收入受到严重影响，新的税收制度呼之欲出。两税法扩大了税源，简化了手续，增加了财政收入，挽救了唐朝中期以后的经济危机，稳定了唐朝政权的统治。两税法的创新实际上是政府对土地占有状况发生改变后的反应，从人丁转向了资产，顺应了历史发展的趋势，是满足现实需求的积极调整，有利于国家的发展。

【设计意图】厘清概念有助于学生比较租庸调制与两税法，通过对比两个赋税制度的不同并分析两税法的积极作用，培养学生历史解释的能力。通过阅读补充史料，学生获取历史信息的能力得到提高。引导学生多角度地、全方位地评价历史问题，有利于发展学生唯物史观、史料实证的核心素养。最后一问承接上一问，两税法的弊端那么明显，为何还能取代租庸调制？这引起了学生的思维冲突和思考的兴趣。通过思考两税法取代租庸调制背后的原因，培养学生透过现象看本质的能力，发展唯物史观的核心素养，培养学生历史思辨的能力。

【课堂小结】唐朝实现大一统后，仅用了九年就造就了“贞观之治”，并且接下来盛世不断。当历史照进现实，今天我们可以从隋唐的发展中汲取什么经验？制度建设关乎国家的稳定与发展，隋唐时期的制度创新既是隋唐盛世出现的重要原因，也是隋唐盛世的重要表现之一。通过学习我们可以发现，隋唐时期选官制度的变化，中枢机构的设置和运行机制的创新，赋税制度的调整，这些都反映了隋唐统治者的创新精神和高超的政治智慧。然而，这些推动隋唐盛世出现并对后世产生深远影响的制度又是建立在前朝，特别是魏晋南北朝时期各个北方政权已经建立的制度的基础上。民族交融推动了魏晋时期各民族、各政权之间的交往交流交融的不断发展，制度的相互学习和借鉴也不断深入。隋唐时期整个社会奋发昂扬的精神风貌就来自各民族交融的不断深入，统治者也具有了更广阔的胸襟和更奋发进取的政治追求。这些都带来了制度在继承基础上的不断调整和创新，推动了隋唐盛世的出现，也促进了我国政治认同的进一步发展。我们应该更好地借鉴历史发展的经验和教训，结合我国国情，走出我们自己的道路，早日实现中华民族伟大复兴。

【设计意图】历史联系现实，让学生学会将所学的历史知识结合现实，拉近与历史的距离，激发学生学习历史的兴趣，并且为实现中华民族伟大复兴建言献策，培育学生家国情怀的核心素养，实现立德树人的根本任务。

五、教学评价分析系统

（一）学业质量水平划分

水平1：能够通过阅读教材和研读史料，了解科举制、三省六部制、两税法三大制度的基本概念、相关内容、主要影响。（唯物史观、时空观念、史料实证）

水平2：运用唯物史观，通过研读教材和相关史料了解隋唐科举制、三省六部制、两税法三大制度的特征，能在对这三大制度进行特点分析时将史实与历史解释相结合；能对比科举制、察举制与九品中正制，租庸调制与两税法的异同，并尝试使用史料作为论据证明自己的观点。（唯物史观、时空观念、史料实证、历史解释）

水平3：能够运用特定的时间、空间、历史术语多角度分析三国两晋南北朝到隋唐时期三大制度发生变化的原因和趋势；通过对不同史料进行辨析，对三大制度变化创新的历史影响进行多角度阐述，形成更全面的历史解释能力。（唯物史观、时空观念、史料实证、历史解释）

水平4：通过对比三大制度的发展变化与创新，使学生认识民族交融对制度继承与创新的意义，增强民族认同感；通过了解当今我国在国家治理、制度创新上取得重大发展的相关成就，感悟我国国家治理的适时而变、灵活创新的智慧，激发学生的民族自豪感与国家认同感。

（二）学业质量水平测试

阅读材料，回答下列问题。

材料一　中国古代文官制度历史悠久、体系严密。特别是实行了1 300多年的科举制度，作为考选官员的形式在技术上已臻于完善，其体现的“公平竞争，择优录取”的精神深为当时欧洲各国所仰慕，并对西方近代文官制度的创立产生了巨大的影响。

——李俊清、刘建萍《中国传统文官制度及其特点》

材料二 中国社会文化的发展并非依一个平面而前进。骈文、八股、律诗、词曲、神品画，不是一般人有机会学习的。在中国要写得一篇响亮的文章或写得一手能上朝的好字，必须有闲钱、名师指导、十年寒窗等社会文化条件的支持才有希望。终年胼手胝足为孝敬肚皮而忙碌的一般农民，怎易到达这种地步……就“爬成功的阶梯（科举取士）”来说，如果要一个做过官的人（无论其起点是农民或士绅）脱下长衫与劳士为伍，同农民一样生活，他会感到难堪。

——摘编自殷海光《中国文化的展望》

（1）根据材料一并结合所学知识，概括中国古代文官制度的特点。

（2）根据材料一、材料二，分别指出两则材料对科举制关注焦点的不同。

（3）综合以上材料并结合所学知识，谈谈你从中国古代选官制度的发展过程中得到的启示。

【评价说明】

题号	答题思路	学业质量水平描述
（1）	从时间、发展程度、产生的影响三个角度概括中国古代文官制度的特点。	1-3 能够从所获得的史料中提取有关的信息。
（2）	在解决第（1）问的基础上，能够发现材料一主要从积极方面评价科举制，而材料二侧重于说明科举制的局限性。	1-3 能够从所获得的史料中提取有关的信息。 2-4 能够选择、组织和运用相关材料并使用相关历史术语，对具体史事做出解释。
（3）	在解决第（1）问和第（2）问的基础上，能够感悟“从积极处获得经验，从消极处获得教训”，从而得到启示。	2-2 能够将某一史事定位在特定的时间和空间框架下。 2-4 能够选择、组织和运用相关材料并使用相关历史术语，对具体史事做出解释。

参考答案

（1）特点：起源早，不断发展；技术成熟，制度完善；对后世影响深远。

（2）不同：材料一主要侧重说明科举制的积极意义，而材料二更侧重说明科举制的局限性和不公平性。

（3）启示：人才选拔要建立更客观公正的程序；要建立合理的人才流动和激励机制；应为人才发展提供有利的社会环境。

周滢滢 南宁市第一中学

课时教学设计 4

从中外交流视角看中华文明新辉煌

一、教学内容分析系统：课时教学主题的提炼

（一）提出的依据

1. 课标依据

新课标对本课时的课程内容要求："通过了解三国两晋南北朝政权更迭的历史脉络，隋唐时期封建社会的高度繁荣，认识三国两晋南北朝至隋唐时期的制度变化与创新、民族交融、区域开发和思想文化领域的新成就。"根据新课标要求，学生既要了解三国至隋唐时期的思想、文化、科技领域新成就的具体表现，也要理解文化发展所呈现的新特征及其原因和影响。

2. 教材依据

本课时对应的教材内容分为四个子目：儒学、道教与佛教的发展，文学艺术，科技和中外文化交流。子目之间既有并列关系又有因果关联。一方面，第一子目讲述儒学、道教与佛教的发展，三国时期佛教和道教的传播与兴盛，冲击了儒学的主流统治地位。在矛盾和冲突（对佛教抨击等）中，儒学吸收佛教和道教思想，并有了新发展；唐朝统治者实行三教并行政策也推动了儒释道的融合。第二、第三子目分别概述了三国和隋唐时期文学、书法、绘画、雕塑、舞蹈、科技的多元成就。第四子目讲述了以佛教等文化交流为主要内容的中外双向交流，既有外来佛教传入对中国的影响，又有佛教中国化等唐朝文化繁盛后对外的辐射作用。另一方面，外来思想的传入，丰富了三国至隋唐文化的内涵，使三国至隋唐思想呈现活跃和多元化的特点。社会思想的开放、多元，也为文学艺术科技的发展提供了开放的社会环境和思想基础，思想开放多元、文学艺术发展、科技成果领先等领域的繁荣发展又对世界文化的发展产生重要影响。

结合本单元教材第5课和第6课的内容，三国至隋唐时期，在政治上国家由分裂走向统一，社会经济在民族交融中不断发展，最后造就了隋唐盛世。第7课讲到隋唐制度的变化与创新，为隋唐盛世提供制度保障。民族交融和盛世发展，深刻影响了三国至隋唐时期的文化发展。

在跨单元联系上，三国至隋唐的文化衔接前一个单元的内容两汉文化。佛教的传入和道教的兴起都发生在两汉时期，儒学的正统地位在汉武帝时期得以确立。两汉的文学、科技和对外交流深刻影响了三国至隋唐时期文化领域的发展，同时也为下一单元提及的辽宋夏金元文化中的儒学复兴、文学艺术和科技发展奠定基础。由此可见，本课时介绍三国至隋唐文化在整个中国古代文化的发展过程中，起到承上启下的作用。

3. 学术依据

三国两晋南北朝时期的政权更迭、民族交融带来了思想领域活跃，科技成就突出，文学艺术各具特色。隋唐时期，随着国家统一、经济发展，在总结和继承魏晋南北朝以来的优秀文化成果，同时吸收当时国内外各民族文化精华的基础上，中华文化取得了辉煌的成就，形成了中华文化发展史上的一座新的高峰。吴宗国在《隋唐五代简史》中写道：唐文化“以其博大的内容，恢宏的气势，雍容华贵的风度，昂扬向上、坚定执着的进取精神，生动自然、兼容并蓄的开放性格，多种多样的表现形式和艳丽明快的色彩而具有其独特的魅力”。

中华文化在秦汉时期就已经随着中外交流的发展而向外传播，中华文明的辐射力因此也由先秦时期的中原地区到秦汉时期逐渐延伸到周边民族地区，到隋唐时期更是辐射到了东亚地区，隋唐时期中华文明在东方的轴心地位得到了进一步彰显。施展在《枢纽：3000年的中国》一书中指出，“所谓轴心文明，即在公元前800年到公元前200年之间的轴心时代出现的原生性文明。……很多轴心文明在历史过程中都丧失了自己的政治载体，但东亚的轴心文明却一直有中国作为其政治载体，并由此衍生出一系列历史效应”。正如许倬云指出的：“隋唐的中国是一个庞大国际网络的核心部分，形成一个无以为敌的大帝国。……中国是开放的，遂成为东亚文化经济与政治秩序的中心。”隋唐时期，中华文化在不断发展的中外交流中得以广泛外传，并深刻影响着亚洲各国，特别是东亚各国的政治、经济和文化面貌，中华文明作为东亚轴心文明的地位得到进一步提升。

（二）课时教学主题

三国至隋唐时期，在民族交融、中外交流的背景下，三国至隋唐时期的思想、文学艺术、科技取得了辉煌的成就。隋唐时期，中外文化交流的发展推动中华文化外传，隋唐成为东亚文化圈的核心，中华文明成为东亚轴心文明。结合以上对本课时核心知识与知识线索的梳理，我们将本课时的教学主题设定为“从中外交流视角看中华文明新辉煌”。

二、学情分析系统：初中与高中教学衔接分析

根据统编版初中教材，学生已在七年级学习过魏晋南北朝和隋唐文化的相关内容，对文化成就、中外交往等相关基础知识并不陌生。但是这些内容较为零散，并且没有进行深入分析。对于学生在初中阶段已学过的内容，教师主要落实知识框架的建构，历史发展脉络的梳理，使学生能在掌握初中零散知识的基础上，建立知识之间的逻辑关系，并在整体认识的基础上，分析文化成就产生的原因。

比较项目	初中课标		高中课标
	2011年版课标	2022年版课标	
课标中的课程内容要求	4. 三国两晋南北朝时期 知道祖冲之的数学成就，初步认识书法艺术。了解北方农业技术的成熟和农历。 5. 隋唐时期 以鉴真东渡、玄奘西行等史实为例，说明唐代中外文化交流的发展。 通过经济繁荣、开放的社会风气和唐诗的盛行，了解盛唐的社会气象。	1.4　三国两晋南北朝时期 通过了解三国两晋南北朝时期的科技和艺术成就，如祖冲之的数学成就，认识传统文化的继承与创新。 1.5　隋唐五代十国时期 了解科举制度创建、大运河开通、文成公主入藏、鉴真东渡、玄奘西行等史事，从制度、经济、文学艺术、民族交往、中外文化交流等方面认识隋唐王朝在世界历史上的重要地位。	1.4　三国两晋南北朝的民族交融与隋唐大一统的发展 通过了解三国两晋南北朝政权更迭的历史脉络，隋唐时期封建社会的高度繁荣，认识三国两晋南北朝至隋唐时期的制度变化与创新、民族交融、区域开发和思想文化领域的新成就。

比较项目	初中教材	高中教材
部分教材课时设置	《义务教育教科书　中国历史　七年级　上册》 第四单元　三国两晋南北朝时期：政权分立与民族交融 第20课　三国两晋南北朝时期的科技与文化 《义务教育教科书　中国历史　七年级　下册》 第一单元　隋唐时期：繁荣与开放的时代 第3课　“开元盛世” 第6课　隋唐时期的中外文化交流	《普通高中教科书　历史　必修　中外历史纲要（上）》 第二单元　三国两晋南北朝的民族交融与隋唐统一多民族封建国家的发展 第8课　三国至隋唐的文化

三、教学目标分析系统：课时核心目标及其分解

（一）课时核心目标

运用图片和史料对三国和隋唐的文学、书法、绘画、雕塑、思想发展有所了解；认识三国和隋唐文化的多元性与包容性特征；运用社会存在与社会意识的相互关系，理解三国至隋唐文化发展的原因，理解胡汉民族交融形成的唐文化对东亚、世界文化发展产生的重要影响，增强学生的民族自信心、自豪感和使命感。

（二）课时目标分解

1. 必备知识

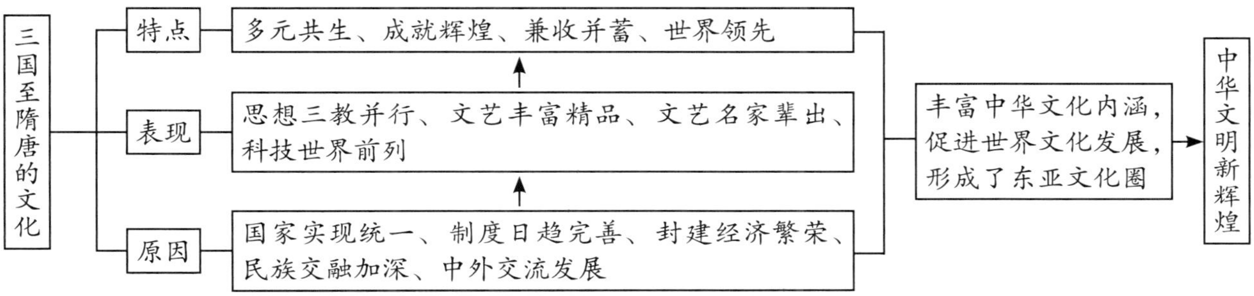

需了解佛教、道教的兴起，三教合归儒和三教并行；文学、书法、绘画、雕塑、音乐、舞蹈、科技的突出成就、中外交流的史实；三国至隋唐时期文化繁荣的特点、原因和影响。

2. 关键能力

(1)获取历史信息能力：通过阅读教材，梳理儒释道发展的过程，三国至隋唐时期文学、音乐、舞蹈、书法、绘画、科技繁荣的表现，以及中外文化交流的具体史实；学会从史料中获取历史信息，归纳其背后的历史现象，概括三国至隋唐时期文化发展的原因。

（2）历史思维能力：阅读材料，通过小组合作，从政治、经济、思想文化、对外交往、民族交融等方面多角度分析三国至隋唐文化发展的原因；通过认识三国至隋唐时期社会变化与文化发展的关系，了解社会存在与社会意识的辩证关系，培育学生唯物史观素养，培养学生的辩证思维能力与逻辑思维能力。

3. 核心价值

（1）理解盛唐文化气象是国家统一、经济繁荣、民族交融、中外交流等因素的综合体现，是盛唐时期开放包容的心态和政策助力的结果，有利于增强民族自信心。

（2）理解民族交融是双向的，汉族和少数民族在交往交流交融过程中，相互学习、消化、吸收对方优秀文化，最后形成了更具有竞争力的文化，帮助学生树立正确的民族观。

（3）认识中外交流也是双向的，盛唐本土文化是当时世界上一种较为先进的文化，这种先进文化的形成与外来文化有着重要关系。盛唐在向世界传播自己文化的同时，也在吸取和消化域外文化的有益成分，如宗教、音乐、舞蹈等，使自身不断得到新的营养，形成开放的国际视野和世界意识。

四、教学过程分析系统

课时教学设计4　从中外交流视角看中华文明新辉煌

【导入环节】通过观看舞蹈视频导入唐朝时的文化。

【材料呈现】

材料一 《龙门金刚》舞蹈视频片段。

【关键问题】《龙门金刚》的舞蹈表演美在哪里？

【教师分析】鸟鸣声中，霞光照亮了古老的龙门石窟。衣裾飘曳间，飞天自空中飘落，幻化分身无数。而她们背后，是河南的“镇省之宝”龙门石窟。飘逸的舞姿与大气庄严的佛像完美融合，折射出兼收并蓄、全面发展、盛唐大一统下的繁荣与气魄之美。“文明如水，润物无声”，每件文物都是历史的见证。尘封在岁月中的丝路遗珍，被突如其来的阳光唤醒，唐朝最炫时尚舞姿就这样从历史深处款款而来。让我们梦回大唐，再次感受盛唐文化之美。

【设计意图】利用社会热点话题和视频导入，激发学生的学习兴趣，将所学知识与社会热点话题相结合，激发学生学习动力，同时引出学习主题。

【任务一】感受三国至隋唐文化之美。

【关键问题】三国至隋唐文化呈现出什么特点？

【材料呈现】

材料二　见下图。

麦积山石窟东崖大佛（北朝）

龙门石窟卢舍那大佛（唐）

材料三　见下列材料。

胡旋女，胡旋女。心应弦，手应鼓。
弦鼓一声双袖举。回雪飘飖转蓬舞。
…………
胡旋女，出康居，徒劳东来万里余。
中原自有胡旋者，斗妙争能尔不如。
——［唐］白居易《胡旋女》

敦煌莫高窟壁画《胡旋舞》

材料四　阅读《女史箴图》（局部）、《全唐诗》、王羲之书法和相关的石窟壁画。

【问题设计】（1）对比两个时期的佛像，指出它们从容貌到服饰有何不同。这些不同说明了什么？（2）结合所学知识，概括三国至隋唐的文化有何特点。

【教师分析】（1）右边的龙门石窟卢舍那大佛，传说是根据武则天的容貌仪态雕刻的佛像，是龙门石窟中艺术水平最高、整体设计最严密、规模最大的一座造像，以神秘微笑著称，被国外游客誉为“东方蒙娜丽莎”“世界最美雕像”。当我们聚焦于龙门石窟卢舍那大佛佛像时，会想起麦积山上石窟佛像的微笑。从服饰上看，麦积山石窟东崖大佛衣衫单薄，龙门石窟卢舍那大佛的服饰趋于整齐；从容貌上看，麦积山石窟东崖大佛的表情各异、生动，高鼻宽肩、身躯健壮，具有明显的印度风格余韵；龙门石窟卢舍那大佛表情庄严、慈祥，丰满富丽，圆润庄严。服饰和容貌上的变化说明了佛像明显趋于中原化，见证了佛教的中国化，体现了儒家文化与佛教文化的相互交流与交融。（2）结合所学知识可知，这一时期的思想、文学、书法、绘画、雕塑、科技等领域共同描绘了多元共生、兼收并蓄、世界领先的文化盛景，对世界文化的发展产生了深远影响。

【设计意图】借助历史图片、诗歌等材料，让学生直观感受文化的魅力；通过对比，明确不同时期文化的差异，理解其中的继承性，整体认识三国至隋唐时期文化发展的特点，认识魏晋南北朝和隋唐时期文化具有多元性与包容性特征。

【任务二】探讨三国至隋唐文化取得辉煌成就的主要原因。

【关键问题】推动三国至隋唐时期文化取得辉煌成就的主要原因有哪些?

【材料呈现】

材料五　展示教材第49页的《唐朝对外主要交通路线示意图》。

材料六　李唐起自西陲，历事周隋，不唯政制多袭前代之旧，一切文物亦复不闻华夷，兼收并蓄。第七世纪以降之长安，几乎为一国际的都会，各种人民，各种宗教，无不可于长安得之……异族入居长安者多，于是长安胡化盛极一时，此种胡化大率为西域风之好尚：服饰、饮食、宫室、乐舞、绘画，竞事纷泊；其极社会各方面，隐约皆有所化，好之者盖不仅帝王及一二贵戚达官已也。

——向达《唐代长安与西域文明》

【教师分析】三国至隋唐文化的繁荣辉煌与其对世界的深远影响并非一蹴而就的，其原因既有对前朝成果的继承与发展，唐朝统治者对前朝制度的变革创新和开放包容的政策，也有经济繁荣、社会稳定的因素，还有辽阔疆域下各民族的交流交往交融和中外文化交流带来的多元文化的碰撞交融。可见，国家统一、制度创新、经济繁荣、民族交融、中外交流共同推动了文化的辉煌。当我们回望历史、观照现实，发现国家的统一、政治的清明、政策的得当、社会的安定、经济的发展、民族交融和中外交流程度等因素都成为文化迅速发展的主要因素。

【设计意图】通过阅读教材内容和相关史料，学生能够在史料探究中认识三国至隋唐时期文化发展的主要原因，培养学生获取史料有效信息的能力及历史解释能力。以三国至隋唐文化发展原因为例，引导学生运用唯物史观中社会存在与社会意识关系的基本观点来分析三国至隋唐文化发展的原因，培养学生的唯物史观。

【任务三】认识中华文明外传的重要影响。

【关键问题】三国至隋唐时期的中外文化交流给中国和世界带来了怎样的影响?

【材料呈现】

材料七　周边各国以中华文明为榜样，向隋唐派遣使者和留学生，积极学习并吸收中华文明的成果。中华典章制度、思想文学、生活方式和文化的观念形态深刻渗入日本、朝鲜和越南，最终以中华文明为基础、以汉字为表征形成了东亚文化圈。

——摘编自袁行霈、严文明等主编《中华文明史（第二卷）》

材料八　“唐”“唐人”“唐字”“唐言”“唐家”等海外至今流行的对中国以及与中国相关事物的惯称，生动形象地显示出唐文化在世界史上留下了巨大的、永不可磨灭的足迹。

——冯天瑜、何晓明、周积明《中华文化史》

【问题设计】（1）根据教材，梳理三国至隋唐时期中外文化交流的表现。（2）综合上述材料，概括三国至隋唐时期中外文化交流的特点及其影响。

【教师分析】三国至隋唐时期文化的开放、包容、繁荣和辉煌铸就了这一时期的文化魅力，特别是唐朝时期的周边各国积极派遣使者到中原学习，唐朝学者也到周边各国交流。中华典章制度、思想文学、生活方式和文化观念逐渐影响东亚各国的政治、经济、思想文化、社会生活。唐朝在不断吸收外来文化和向外传播文化的双向互动和交流中，丰富了中华文化的内涵与生命力，推动了以唐朝为中心的东亚文化圈的形成，对现今世界文化的发展和进步仍具有深远影响。

【设计意图】通过教材内容和相关史料，使学生在史料探究中认识三国至隋唐时期文化外传的主要影响，培养学生获取史料有效信息及历史解释的能力。通过多角度了解唐朝文化影响，提升学生的民族自信心，不断增强文化认同、民族认同和国家认同。用历史观照现实，引导学生学会用历史的眼光去理解现实，增强社会使命感。

【课堂小结】通过对三国至隋唐文化史的学习，我们从对三国至隋唐文化直观美的感受中理解了这一时期的文化具有多元共生、成就辉煌、兼收并蓄、领先世界的特点，从中外文化的频繁交流了解到中华文化的外传推动了东亚文化圈的形成，唐朝成为东亚文化圈的中心。这些都反映了这一时期中华文化的发展水平之高、影响之深远。而这些成就的取得得益于三国两晋南北朝时期民族交融的发展，以及隋唐时期国家的统一安定、经济的繁荣发展、民族交融不断深入等。随着对外开放的不断深入，我们更应该对传统文化、传统思想价值体系加以继承发展，在弘扬中华优秀传统文化的同时让传统文化为社会主义建设做出新贡献。

【设计意图】通过课堂小结对本课时的内容进行情感升华，通过对中华文化的辉煌成就及中华文化外传形成东亚文化圈，中华文明成为东亚轴心文明的相关历史发展脉络的梳理，引导学生提升文化自信和民族自信，不断增强文化认同、民族认同和国家认同。

五、教学评价分析系统

（一）学业质量水平划分

水平1：通过文献史料提取相关信息，了解三国至隋唐时期思想融通、文化并存、科技各彩、中外互动的基本史实；能够运用恰当的时间和空间表达方式来叙述文化成就；能够有条理地讲述三国至隋唐时期的文化成就的基本内容；通过了解三国至隋唐时期的文化成就，感受文化的精彩与魅力，培养民族自豪感。（时空观念、史料实证、历史解释）

水平2：能够从三国至隋唐时期文化成就的表现中提取核心信息，概括这一时期文化的开放性、多元性特点，对文化繁荣的原因、特点等问题提出自己的解释；了解中国古代文化发展繁荣与对外交流的关系；通过了解三国至隋唐时期的文化成就，感受文化的精彩与魅力，培养民族自豪感。（史料实证、历史解释、家国情怀）

水平3：能够用社会存在与社会意识的辩证关系理解隋唐文化发展的原因；能够辨析麦积山石窟佛像（北朝）和龙门石窟卢舍那大佛（唐朝）、敦煌莫高窟壁画《胡旋舞》，诗歌《胡旋女》，文献史料《中华文化史》等图片材料和文字材料都从不同角度体现和证明了三国至隋唐时期的文化发展及其特点，理解三国至隋唐时期的文化发展对唐朝、中国文化、世界文明的多维影响。（唯物史观、史料实证、历史解释）

水平4：能够用社会存在与社会意识的辩证关系来认识三国至隋唐时期的文化发展是国家统一、制度创新、经济繁荣、民族交融、中外交流共同推动的结果；能恰当结合《唐朝对外主要交通路线示意图》《唐代长安与西域文明》中的关键信息（“陆路海路交通线范围、疏密”“政制多袭前代”“兼收并蓄”“一国际的都会”“胡化盛极一时”）论述文化发展的原因，验证陈寅恪先生“李唐一族之所以崛兴，盖取塞外野蛮精悍之血，注入中原文化颓废之躯，旧染既除，新机重启，扩大恢张，遂能别创空前之世局”的观点。（唯物史观、史料实证、历史解释）

（二）学业质量水平测试

阅读材料，回答下列问题。

材料一 从东汉以至唐代，中国在政治上经历了分分合合，百姓深受战乱之苦。然而，这一时代也正是中国文化与外来文化剧烈激荡之时，冲击所及，又留下了许多个人可以发挥才智的空间。……在科学方面，致力于学术研究的人士也不会甘于解决实用问题，他们一样也努力从逻辑思维，演绎为抽象的观念。

——许倬云《万古江河：中国历史文化的转折与开展》

材料二 隋唐文化先是继承和发展了秦汉魏晋南北朝时期的文化，特别是继承并发展了西魏、北周和南朝梁、陈文化。例如西魏、北周诸帝吸收并弘扬中原的传统文化，主要社会思想学说，这是北周统一北齐的思想条件，也是其后隋文帝统一南北的思想前提……隋唐文化是各民族文化交融的产物，是中原文化吸收周边各族文化的精华并发扬光大的结果。因为隋炀帝和李唐皇帝都带有鲜卑族血统，他们推行民族交融政策，并连续几代实行华夏与各族文化兼容并蓄的文化政策。

——摘编自赵文润《略谈隋唐文化的渊源与特点》

（1）根据材料一并结合所学知识，列举唐朝时期的三项科技成就。

（2）根据材料二并结合所学知识，说明隋唐文化发展的原因。

【评价说明】

题号	答题思路	学业质量水平描述
（1）	从雕版印刷术、火药等相关成就回答唐朝时期的科技成就。	1-3 能够在解答某一历史问题时，尝试从多种渠道获取与其有关的材料；能够从所获得的史料中提取有关的信息。 1-4 能够说出重要历史现象的基本状况。
（2）	从继承前朝文化、民族交融、国家社会经济发展等不同角度回答隋唐文化发展的原因。	2-2 能够认识事物发生的来龙去脉，理解空间和环境因素对认识历史与现实的重要性。 2-4 能够选择、组织和运用相关材料并使用相关历史术语，对具体史事做出解释。

参考答案

（1）成就：使用雕版印刷术印刷佛经；火药用于军事；僧一行测算出地球子午线长度；孙思邈著《千金方》；唐高宗时期由国家颁行药典《唐本草》。

（2）原因：继承和发展了秦汉魏晋南北朝时期的文化；各民族交融；国家社会经济发展。

潘俊全 南宁市第三中学

丁小瑜 南宁市第八中学

扫码观看教学视频

单元案例三

三国两晋南北朝的民族交融与隋唐统一多民族封建国家的发展（二）

三国两晋南北朝整体上处于分裂状态，随后的隋唐时期则是统一时期，各方面都有非凡建树。表面上看，这两个时期的历史阶段特征有很大区别，实际上前后两者的内在联系密切，三国两晋南北朝时期的发展为隋唐盛世的出现奠定了基础。三国两晋南北朝时期江南地区的开发、制度建设、文化成就等方面都对隋唐的发展产生了深刻影响。

就中国历史而言，统一是主流和常态，本单元从这一认识出发，以钱穆、阎步克等学者的观点作为学术依据，以“从三国两晋南北朝时期的‘变态’到隋唐时期的‘常态’”这一大概念为教学主题，整合教学内容，设计了“乱中向治：三国两晋南北朝的政权更迭与民族交融”“治乱兴衰：从隋唐盛世到五代十国”“时移事易：隋唐制度的变化与创新”“交融创新：三国至隋唐的文化”四个课时的教学主题，在单元主题的教学中培养学生认识历史发展趋势的能力。

◎单元教学设计

从三国两晋南北朝时期的“变态”到隋唐时期的“常态”

一、教学内容分析系统：单元教学主题的提炼

（一）提出的依据

1. 课标依据

新课标对本单元的课程内容要求：通过了解三国两晋南北朝政权更迭的历史脉络，隋唐时期封建社会的高度繁荣，认识三国两晋南北朝至隋唐时期的制度变化与创新、民族交融、区域开发和思想文化领域的新成就。从新课标的课程内容要求表述看，“民族交融”与“大一统”是本单元的核心概念，有深刻的内在联系，如二者可以形成因果解释（现象性解释），互为因果。从具体要求看，隐含纵向和横向两条线索。纵向线索为三国两晋南北朝至隋唐分合更迭的历史脉络，横向线索为民族交融、区域开发、制度创新、思想文化等领域，两条线索相互交织。

2. 教材依据

教材中，本单元的标题是“三国两晋南北朝的民族交融与隋唐统一多民族封建国家的发展”，包括4个课时内容，依次为第5课《三国两晋南北朝的政权更迭与民族交融》、第6课《从隋唐盛世到五代十国》、第7课《隋唐制度的变化与创新》、第8课《三国至隋唐的文化》。

本单元的标题与新课标的表述基本一致，局部微调，将新课标中“大一统”的表述调整为“统一多民族封建国家”，可以据此确立“民族交融”和“大一统”两个核心概念。与新课标对比，教材多出了五代十国这段历史。这符合历史认知的传统，使得朝代更迭的历史脉络更加清晰、完整、系统。传统上，通常把“三国两晋南北朝”与“隋唐五代”视作前后相继的两个历史阶段，如王仲荦的中国断代史系列《魏晋南北朝史》和《隋唐五代史》。高中历史教材将两者放到同一个单元中，所以在教学中必须观照这两个时期之间的历史联系。

第5课、第6课按照政权更迭（历史分合更迭）演变次序展开介绍，同时包含了政治、经济方面的内容，但经济方面的内容偏少。第7课、第8课分别整合了两个阶段制度和文化的内容。教材编写充分体现了“通史＋专题”的编写思路。三国两晋南北朝时期各方面发展是隋唐盛世出现的前提和基础；隋唐盛世所表现出的政治、经济、民族、文化的全面兴盛，都是在前朝基础上发展起来的。

3. 学术依据

钱穆在《中国历史精神》一书中认为“就中国历史讲，政治一统是常态，多统是变态”“中国

历史，一统是常态，偶尔在多统政治下，始终还有一个要求一统的观念之存在”。

阎步克教授在《波峰与波谷：秦汉魏晋南北朝的政治文明》一书中使用了“变态”“常态”“回归”等概念来描述这一时期的历史，且对此进行了更翔实地阐释。他认为中国历史在发展过程中保持着若干基本特征，将其看成“常态”；“常态”是“动态”的，中国历史也蕴含着多种其他的可能性，经常发生各种各样的“变态”，表现出各种上下波动、左右摇摆、旁逸斜出，如相对于中央集权的割据分权、官僚政治的贵族政治、士大夫政治的军人政治，以及正统纲常名教的玄学、道教、佛教等“异端”因素。他还认为这一时期的历史可以参用“变态—回归”的叙述模式。从中国历史发展的历史惯性看，三国两晋南北朝的分裂动荡只是一种“乱世”现象，它理应回归“常态”，回归于历史发展的中轴线。隋唐大一统局面再度出现，是一种回归，是中国历史发展的常态，但“‘回归’是包含进化和发展的，而非全盘复旧”。

阎步克还论述了历史发展的连续性问题，认为“连续性”的提法，必然是就一个主体而言的。就中国古代发展史而言，历史变迁的主体是中国独特的制度与文化，“经济关系和经济形态虽然重要，但那不是中国历史‘连续性’的主体，而是一个作用于主体的影响因子”。

学者们的研究成果为确定本单元的教学主题提供了重要的学术依据。在大单元教学背景下，需要把这一历史时期的制度变化与创新、民族交融、江南开发、思想文化等内容跨越朝代体系联系起来进行考查，这样可以使历史的线索更加清晰。

（二）单元教学主题

教材中，本单元的标题为“三国两晋南北朝的民族交融与隋唐统一多民族封建国家的发展”，意在突出三国两晋南北朝“民族交融”和隋唐“统一多民族封建国家发展”两个时代特征。民族交融与大一统国家的发展不是某个历史时期的独特现象，而是一个连续的过程。三国两晋南北朝时期统一多民族封建国家继续向前发展，隋唐时期民族交融仍在继续并有所扩大。从历史连续性角度看，从三国两晋南北朝到隋唐是一个连续的发展过程，中间不存在中断或缺失。

基于以上分析，借用阎步克等学者的概念，本单元以“从三国两晋南北朝时期的‘变态’到隋唐时期的‘常态’”作为本单元的教学主题。值得注意的是，“变态”“常态”等词语是一种学术表达，教学中可以使用更贴近中学生的语言，以便于学生理解。

二、学情分析系统：初中与高中教学衔接分析

比较项目	初中课标		高中课标
	2011年版课标	2022年版课标	
课标中的课程内容要求	4. 三国两晋南北朝时期 知道赤壁之战和三国鼎立局面的形成。 知道两晋南北朝的更替，初步了解人口的南迁和江南地区的开发。通过北魏孝文帝改革，初步理解民族交往、交流、交融对中华民族发展的意义。	1.4　三国两晋南北朝时期 通过了解三国两晋南北朝时期的政权更迭和北魏孝文帝改革、人口迁徙和区域开发，认识这一时期民族交往交流交融的历史特点及其对中华民族发展的意义；通过了解这一时	1.4　三国两晋南北朝的民族交融与隋唐大一统的发展 通过了解三国两晋南北朝政权更迭的历史脉络，隋唐时期封建社会的高度繁荣，认识三国

续表

比较项目	初中课标		高中课标
	2011年版课标	2022年版课标	
课标中的课程内容要求	知道祖冲之的数学成就，初步认识书法艺术。了解北方农业技术的成熟和农历。 5. 隋唐时期 知道隋朝的统一，了解科举取士制度的创建和大运河的开通；知道隋朝灭亡的原因。 知道唐太宗和“贞观之治”，知道唐玄宗和“开元盛世”，初步认识唐朝兴盛的原因。 以文成公主入藏、鉴真东渡、玄奘西行等史实为例，说明唐代民族和睦与中外文化交流的发展。 通过经济繁荣、开放的社会风气和唐诗的盛行，了解盛唐的社会气象。 知道安史之乱导致唐朝由盛转衰；知道唐朝灭亡后五代十国的局面。	期的科技和艺术成就，如祖冲之的数学成就，认识传统文化的继承与创新。 1.5 隋唐五代十国时期 通过了解隋朝的兴亡、“贞观之治”与“开元盛世”，知道隋朝速亡和唐朝兴盛的原因；了解科举制度创建、大运河开通、文成公主入藏、鉴真东渡、玄奘西行等史事，从制度、经济、文学艺术、民族交往、中外文化交流等方面认识隋唐王朝在世界历史上的重要地位；通过了解“安史之乱”后藩镇割据和五代十国的局面，认识唐末五代的社会危机。	两晋南北朝至隋唐时期的制度变化与创新、民族交融、区域开发和思想文化领域的新成就。

比较项目	初中教材	高中教材
部分教材课时设置	《义务教育教科书 中国历史 七年级 上册》 第四单元 三国两晋南北朝时期：政权分立与民族交融 第16课 三国鼎立 第17课 西晋的短暂统一和北方各族的内迁 第18课 东晋南朝政治和江南地区开发 第19课 北朝政治和北方民族大交融 第20课 三国两晋南北朝时期的科技与文化 《义务教育教科书 中国历史 七年级 下册》 第一单元 隋唐时期：繁荣与开放的时代 第1课 隋朝统一与灭亡 第2课 唐朝建立与“贞观之治” 第3课 “开元盛世” 第4课 安史之乱与唐朝衰亡 第5课 隋唐时期的民族交往与交融 第6课 隋唐时期的中外文化交流 第7课 隋唐时期的科技与文化	《普通高中教科书 历史 必修 中外历史纲要（上）》 第二单元 三国两晋南北朝的民族交融与隋唐统一多民族封建国家的发展 第5课 三国两晋南北朝的政权更迭与民族交融 第6课 从隋唐盛世到五代十国 第7课 隋唐制度的变化与创新 第8课 三国至隋唐的文化

本单元的教学内容与初中七年级上册第四单元、初中七年级下册第一单元相对应，两个单元共设12个课时。就基础知识而言，初中、高中两个阶段之间没有明显区别，高中教材中的许多内容，在初中教材中已经出现。因此，高中历史教学重点不在于学生掌握多少基础知识，而在于如

何去认识和理解历史，提升学生的学科素养，使学生形成正确的历史观和价值观。就内容组织而言，初中教材将三国两晋南北朝时期和隋唐时期的内容分别设置了一个单元，分属于七年级上册和七年级下册，教学时要厘清两个阶段的时代特征。而高中教材却将这两个历史时期的内容整合到一个单元之中，教学中必然要考虑这两个时期的内在联系。

2022年版初中课标与2011年版初中课标相比，对初中阶段学生的历史学习提出了更高层次的要求，如要求“认识传统文化的继承与创新”“从制度、经济、文学艺术、民族交往、中外文化交流等方面认识隋唐王朝在世界历史上的重要地位”“认识唐末五代的社会危机”等。2022年版初中课标体现出与高中课标接轨的特征。2022年版初中课标启用后，在本单元的高中历史教学中，还需要进一步考虑初中与高中历史教学衔接的问题。要在知晓初中历史教学内容与教学实践的基础上，在大单元视角下设计高中历史教学。

三、教学目标分析系统：单元核心目标及其分解

（一）单元核心目标

在时空框架下把握三国南北朝至隋唐时期的政权更迭、区域开发、民族交融等重要的历史现象；通过北魏孝文帝改革、安史之乱等重大历史事件和北魏孝文帝、隋炀帝、唐太宗、唐玄宗等重要历史人物，理解这一时期发展进程中的变化与变迁、继承与发展，认识大一统是中国历史发展的基本趋势和规律；通过这一时期民族交融、统一多民族封建国家发展的史实，认识到中华民族历史是多民族共同缔造的。

（二）单元目标分解

1. 必备知识

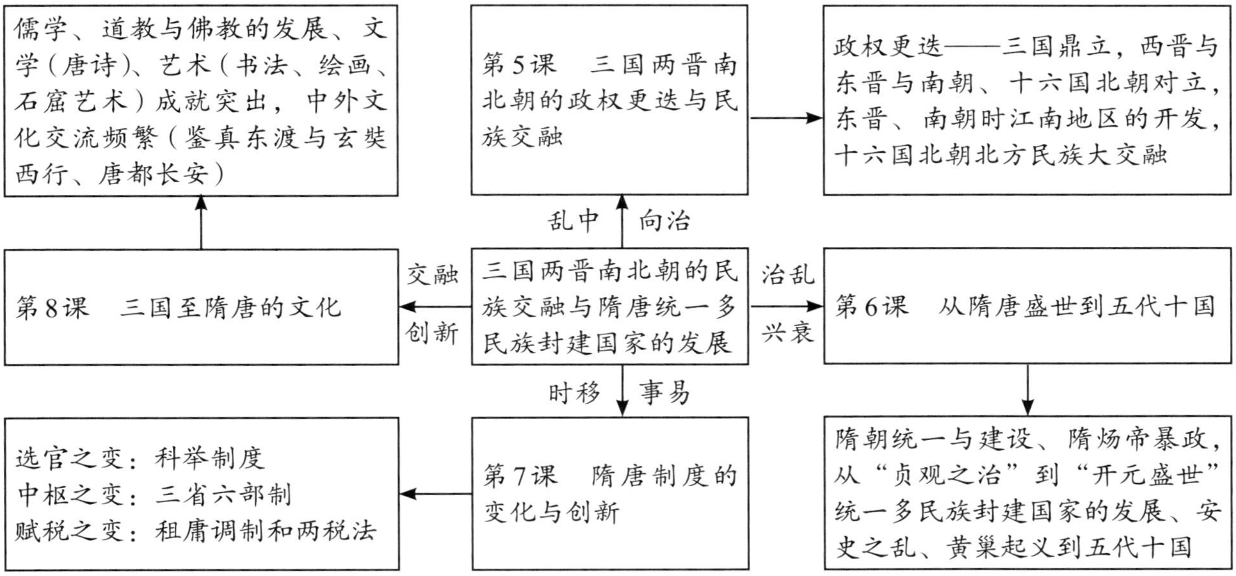

2. 关键能力

（1）获取历史信息能力：能够解读历史地图中的信息，知晓民族迁徙、分布及政权建立情况。

如阅读教材第31页《东晋十六国形势图》、第37页《唐朝前期形势和边疆各族分布图（669年）》，了解这一历史时期各少数民族迁徙、分布及政权的空间分布，并能结合时空变化来认识民族迁徙、分布变化对中国统一多民族封建国家发展的影响。

（2）历史阐释能力：能够解释三国两晋南北朝与隋唐两个阶段间的相互关系。如将东晋、南朝时期江南地区的开发与隋朝大运河开通两个知识点联系起来，从经济角度解释大运河开通的原因。能够运用唯物史观理论说明三国至隋唐文化繁荣的原因。如在第8课教学设计中，在了解三国至隋唐文化突出成就的基础上，引导学生探讨文化繁荣的原因，理解文化的发展有着深刻的、复杂的政治、经济、民族、对外交往等历史背景。

（3）辩证思维能力：能够全面认识北魏孝文帝改革的影响。如在第7课教学设计中，注重引导学生讨论分析“北魏孝文帝改革从长远来看有巨大的积极意义，但也在短时期内产生了明显的消极作用”，体会历史发展的复杂性和曲折性。

（4）逻辑思维能力：分析隋唐制度创新过程中相似的历史现象，洞察制度创新的历史规律。如在第7课教学设计中，注重引导学生关注制度创新主要发生在隋朝和唐朝前期的历史现象，从而认识到制度创新并不是突然发生的，而是需要一定的基础来理解三国两晋南北朝时期的发展与隋唐盛世之间的关系。

3. 核心价值

通过本单元的学习，理解三国至隋唐历史进程中的变化与延续、继承与发展，以及民族大交融情况，认识大一统是中国历史发展的基本趋势，各民族共同缔造了统一多民族封建国家，进而形成对国家的高度认同感、归属感；熟悉三国至隋唐发展的历史脉络，挖掘历史发展的细节，用长远眼光理解中国古代历史常态的动态性，能正确看待历史循环论，充分理解历史的螺旋式上升；通过科举制、三省六部制及两税法等，理解制度形成和变化背后的因素，认识制度应该根据时代的发展适时适当地变化与创新；认识三国至隋唐文化的繁荣离不开中华文化的自我更新与对异质文化的包容与吸收，由此树立正确的文化观；深刻体会中华文明的历史价值和现实意义，树立中华民族的文化自信。

四、教学过程分析系统

单元教学设计　从三国两晋南北朝时期的“变态”到隋唐时期的“常态”		
课题名称	**学习任务**	**关键问题**
课时教学设计1 乱中向治：三国两晋南北朝的政权更迭与民族交融	【任务一】感受乱局：探究三国两晋南北朝的政局演变。 【任务二】感悟变局：分析三国两晋南北朝的变化因子。 【任务三】探寻新局：认识三国两晋南北朝的发展趋势。	1. 三国两晋南北朝政局“乱”的历史表现有哪些？导致“乱”的根源是什么？ 2. 三国两晋南北朝时期的社会形态有什么变化？ 3. 如何看待这一时期“变局”与“新局”的关系？思考其对隋唐历史及中国历史发展的影响。

续表

单元教学设计　从三国两晋南北朝时期的“变态”到隋唐时期的“常态”		
课题名称	**学习任务**	**关键问题**
课时教学设计2 治乱兴衰：从隋唐盛世到五代十国	【任务一】治世乱世，历史轨迹：以时空定位明确阶段特征。 【任务二】治国有方，繁盛景象：从解读文本认识盛世局面。 【任务三】乱政失策，衰而不败：辩证分析治乱兴衰。	1. 隋唐时期和五代十国的阶段特征分别是什么？ 2. 隋唐盛世“盛”在何处？因何而“盛”？民族交融与盛世局面之间存在怎样的关系？ 3. 从安史之乱至五代十国，为何而“乱”？为何经历乱世，华夏文明仍衰而不败？
课时教学设计3 时移事易：隋唐制度的变化与创新	【任务一】梳理选官之变，发现选官之新。 【任务二】梳理中枢之变，探究中枢之新。 【任务三】梳理赋税之变，分析赋税之新。	1. 隋唐时期选官制度如何变？为何变？有何创新？ 2. 西汉到隋唐时期中央官制的演变过程是怎样的？为何而变？有何创新？ 3. 魏晋到唐朝的赋税制度是如何演变的？为何而变？有何创新？
课时教学设计4 交融创新：三国至隋唐的文化	【任务一】走向交融之世：知道三国至隋唐时期文化发展的时代背景。 【任务二】细看交融之态：认识三国至隋唐时期文化交流交融的成果。 【任务三】感悟交融之道：认识促进文化发展的宝贵历史经验。	1. 文化是特定时空的产物，三国至隋唐的文化产生在什么样的社会环境之中？ 2. 三国至隋唐的文化发展有何特征？哪些因素促成了文化的发展？ 3. 从三国至隋唐文化的发展中，我们得到了什么启示？

五、教学评价分析系统

（一）学业质量水平划分

水平1：了解三国至隋唐的历史分期方式，能够按时序梳理这一时期的历史分合更迭演变进程；掌握北魏孝文帝改革、“贞观之治”、“开元盛世”、安史之乱等历史事件或现象的基本情况，辩证认识这些历史现象；把握科举制、三省六部制、两税法等制度的演变概况，并将其放到三国至隋唐长时间段里进行理解和思考；了解这一时期思想文化领域的新成就，能够从唯物史观的角度，认识这一时期思想文化成就取得的原因。（时空观念、历史解释、唯物史观）

水平2：能够将北魏孝文帝改革、江南地区的开发、制度创新等史事置于特定的时间和空间框架下进行理解，并运用“贞观”“开元”等历史时间术语描述；把握科举制、三省六部制、两税法等制度演变的来龙去脉，认识三国两晋南北朝时期的制度发展为隋唐制度创新奠定基础；以这一时期思想文化领域的新成就为例，了解中国优秀文化遗产的主要内容，认识社会主义核心价值观的历史依据。（时空观念、历史解释、家国情怀）

水平3：从“三国两晋南北朝的民族交融与隋唐统一多民族封建国家的发展”史实中，把握中华民族多元一体的发展趋势；把握相关史事的时间、空间联系，并用特定的时间和空间术语对较长时段的史事加以描述和概述，如对北方民族交融、江南地区经济开发、从九品中正制到科举制以及佛教的本土化等问题做出解释；能准确使用“北魏孝文帝改革”“贞观之治”“开元盛世”“安史之乱”等历史术语，并认识到这一历史时期的社会发展情况；能运用唯物史观的基本原理解释三国至隋唐思想文化的发展。（时空观念、历史解释、唯物史观）

水平4：从生产力与生产关系、经济基础与上层建筑的辩证关系的角度理解这一时期的制度变迁、文化成就；能独立地依据教材知识内容，绘制三国至隋唐大单元时间轴，并进行说明；能够建立乡土历史文化资源与本单元内容之间的联系，把建设家乡与实现中华民族伟大复兴结合起来，树立为家乡繁荣、民族复兴贡献力量的志向。（唯物史观、时空观念、家国情怀）

（二）学业质量水平测试

阅读材料，回答下列问题。

材料　有人把魏晋南北朝时期看作是中国史上的黑暗时代，认为它一团漆黑，社会经济停滞不前。本人也曾受到过这个看法的影响。后来学习了世界历史，逐渐改变了这个看法。是的，在魏晋南北朝时期，自然经济占绝对统治地位，货币近于废弃，这是由于封建依附关系的加强而造成的，但不等于说这个社会就裹足不前了，这个社会的文化就不再向前发展了。相反，在这个时期，无论是经学思想、哲学思想、宗教思想，史学著作、地理学著作，文学创作、文学批评，绘画、书法、雕塑、音乐、舞蹈、杂技等，以及科学技术方面，都有重大的成就。魏晋南北朝时期文化上的成就，为以后唐宋时期文化的繁荣和发展准备了充分的条件。

——王仲荦《魏晋南北朝史·序言》

（1）根据材料，指出作者对魏晋南北朝时期看法的变化。导致这种变化出现的原因是什么？

（2）根据材料并结合所学知识，谈谈你对“把魏晋南北朝时期看作是中国史上的黑暗时代”这一观点的理解。

【评价说明】

题号	答题思路	学业质量水平描述
（1）	抓住“变化”这一提示词语，从材料中获取作者在两个不同时期的有关认识。不能摘抄材料原文，要有自己的提炼概括。	1–3　能够从所获得的史料中提取有关的信息。
（2）	辩证、全面地认识魏晋南北朝时期，既要看到“黑暗”的一面，也要看到各领域的突出成就。	2–4　能够分析有关的历史结论；能够选择、组织和运用相关材料并使用相关历史术语，对具体史事做出解释。

参考答案

（1）变化：开始认为魏晋南北朝是中国史上的黑暗时代，后来认为这一时期在思想文化领域取得了重大成就，并为唐宋文化的繁荣发展创造了条件。原因：学习世界历史，开阔了视野。

（2）理解：该观点看到了这一时期“黑暗”的一面，如国家分裂、社会动荡、战争不断，封建依附关系发展，商品经济发展缓慢。但这一时期出现了民族大交融的趋势，江南地区的经济得到持续开发，思想文化领域成就突出，这些为隋唐大一统及隋唐的繁荣发展奠定了基础。因此，该观点是片面的。

曹　伟　扬州大学附属中学

课时教学设计 1

乱中向治：三国两晋南北朝的政权更迭与民族交融

一、教学内容分析系统：课时教学主题的提炼

（一）提出的依据

1. 课标依据

新课标对本课时的课程内容要求：通过了解三国两晋南北朝政权更迭的历史脉络，认识三国两晋南北朝时期的制度变化与创新、民族交融、区域开发的新成就。

新课标中“三国两晋南北朝政权更迭的历史脉络”的表述，契合这一时期割据混战的历史现实，是“乱”的表现。而在此背景下出现的“制度变化与创新、民族交融、区域开发”等领域的新成就使乱世走向治世成为可能。因此，在本课时的教学设计中必须突出乱世的社会状况，以及由乱世走向治世的趋势。

结合本单元新课标中的将三国两晋南北朝与隋唐作为一个整体来叙述的逻辑，按照历史学的思维可知，本课时隐含的一条线索是由乱向治的历史走向。

2. 教材依据

本课时主要对应教材第5课《三国两晋南北朝的政权更迭与民族交融》的内容。三国两晋南北朝时期是国家分裂时期，但在分裂的动态演变中，呈现出民族交融的态势，孕育着乱世走向治世的新局面。因此这一时期的政治、经济、文化总体处于发展期，它上承秦汉，下启隋唐，为隋唐的大一统奠定基础。教材中的主体部分通过“三国与西晋”“东晋与南朝”“十六国与北朝”三个子目完成了对魏晋南北朝政权更迭的明线梳理，在第二个子目“东晋与南朝”中充分分析了南方经济开发如何促进民族交融，在第三个子目“十六国与北朝”的“学习聚焦”栏目特别强调了民族交融为统一全国准备了条件。结合第6课的内容可知，教材中隐含着从变乱中走向稳定和发展的暗线。

3. 学术依据

阎步克先生在《波峰与波谷：秦汉魏晋南北朝的政治文明》一书中讲道：“思考秦汉与魏晋南北朝历史，‘治’‘乱’的传统概念是有新的启示意义的。”他认为乱世的“某些特征性现象具有暂时性和过渡性”。

田余庆先生在《东晋门阀政治》中以东晋为切入口，认为“主流是皇权而非门阀政治。门阀政治只是皇权政治在东晋百年间的变态，是政治体制演变的回流”。

基于此，三国两晋南北朝时期种种“变态”可以归结为“乱”，而其终将回归为“常态”，即“治”。

（二）课时教学主题

基于上述分析可知，三国至隋唐时期，政权的频繁更迭，门阀士族的逐渐发展壮大，皇族的没落等，是背离历史主流的“乱”。但在此历程中，各民族政权的制度创新、江南地区的开发、民族交融、文化的互鉴等，又孕育出走向“治”的可能。故将本课时的教学主题确定为“乱中向治：三国两晋南北朝的政权更迭与民族交融”。

如何运用本课时的教学主题来推进课时教学？阎步克在《波峰与波谷：秦汉魏晋南北朝的政治文明》一书中说到，“常态就是皇帝专制、中央集权、官僚政治、儒家正统和士大夫政治”，他还认为“影响历史轨迹的经济、文化、政治、制度、民族，甚至环境等各种因素，它们各自有自身的律动”。为此，在推进教学时，首先要了解现象，即乱局，侧重于政权演变；其次，要从乱局中发现影响历史轨迹的因子，如政治、制度、经济、民族，即变局；最后，要挖掘变局中出现的“常态”标准的标志性变化要素（包含环境、政治、制度、经济、民族等），从而引导学生思考三国两晋南北朝时期的发展走向常态的可能性，即新局。

二、学情分析系统：初中与高中教学衔接分析

比较项目	初中课标		高中课标
	2011年版课标	2022年版课标	
课标中的课程内容要求	4. 三国两晋南北朝时期 知道赤壁之战和三国鼎立局面的形成。 知道两晋南北朝的更替，初步了解人口的南迁和江南地区的开发。通过北魏孝文帝改革，初步理解民族交往、交流、交融对中华民族发展的意义。	1.4　三国两晋南北朝时期 通过了解三国两晋南北朝时期的政权更迭和北魏孝文帝改革、人口迁徙和区域开发，认识这一时期民族交往交流交融的历史特点及其对中华民族发展的意义；通过了解这一时期的科技和艺术成就，如祖冲之的数学成就，认识传统文化的继承与创新。	1.4　三国两晋南北朝的民族交融与隋唐大一统的发展 通过了解三国两晋南北朝政权更迭的历史脉络，认识三国两晋南北朝时期的制度变化与创新、民族交融、区域开发的新成就。

比较项目	初中教材	高中教材
部分教材课时设置	《义务教育教科书　中国历史　七年级　上册》 第四单元　三国两晋南北朝时期：政权分立与民族交融 第16课　三国鼎立 第17课　西晋的短暂统一和北方各族的内迁 第18课　东晋南朝政治和江南地区开发 第19课　北朝政治和北方民族大交融	《普通高中教科书　历史　必修　中外历史纲要（上）》 第二单元　三国两晋南北朝的民族交融与隋唐统一多民族封建国家的发展 第5课　三国两晋南北朝的政权更迭与民族交融

初中历史教材根据学生的认知水平，力图构建简洁完整的知识体系。从内容的选择来看，其精选了最基本的史实；从呈现的方式来看，以故事为载体，以通俗生动的语言为工具。高中历史教材在初中阶段学习的基础上，以纲要形式梳理历史发展的脉络，言简意赅，更注重学生历史核心素养的培育和历史思维的养成。

三、教学目标分析系统：课时核心目标及其分解

（一）课时核心目标

通过对历史地图、表格、文献史料、历史遗迹与遗存的分析培养学生的时空观念素养、信息获取能力、历史解释能力；以唯物史观为指导，在梳理三国两晋南北朝时期政治、经济及民族关系变化等重要史实的基础上，探究这一时期的历史变局中所蕴含的历史发展趋向；运用历史逻辑思维，从魏晋南北朝的政治、经济、民族关系等方面的发展演变中感悟由乱到治的历史必然。

（二）课时目标分解

1. 必备知识

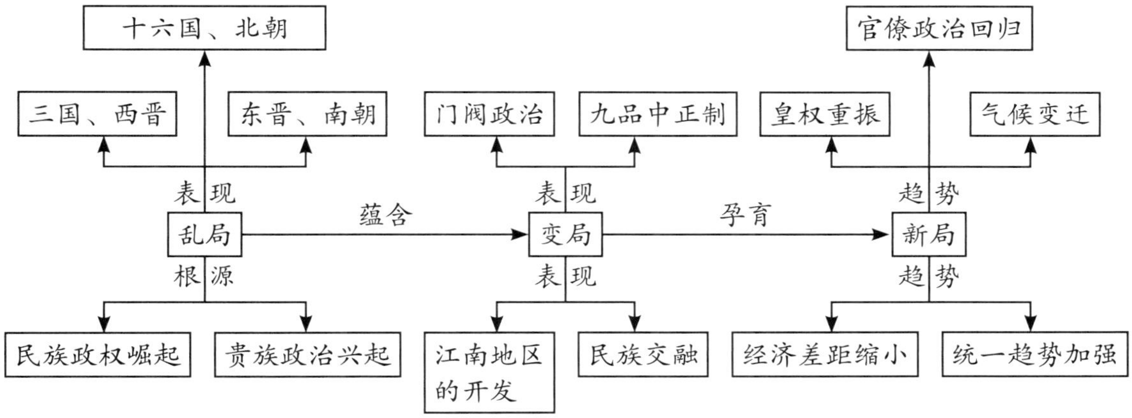

2. 关键能力

（1）获取历史信息能力：通过阅读历史地图、文献史料等，了解魏晋南北朝时期各民族政权的地理方位、疆域变迁，以及在此基础上理解江南地区的开发和民族的交融，从而为历史分析提供基础。

（2）历史阐释能力：在唯物史观的指导下，分析门阀政治、江南地区的开发、民族交融和文化互鉴对北朝、南朝及我国各族人民共同努力造就中华民族多元一体格局的影响，增强学生的民族自豪感和认同感。

（3）历史探究能力：通过对三国两晋南北朝时期政治、经济、民族关系的抽象概括，发现危机中的契机，感悟治乱兴衰的历史进步性，摆脱历史轮回的狭隘，培养学生的历史探究能力。

3. 核心价值

（1）理性看待民族交融过程的反复性，深刻理解民族交融的意义，理解中华民族多元一体格

局，形成包容、和谐的民族理念。

（2）熟悉三国两晋南北朝时期的发展脉络，挖掘历史发展的细节，用长远的眼光理解中国古代历史常态的动态性和非特指性，理解三国两晋南北朝在“多向偏移”后的回归和趋向，能正确看待历史循环论，充分理解历史的螺旋式上升。

（3）从三国两晋南北朝的政治、经济、民族关系等方面的发展演变中找寻民族发展轨迹，鉴往知来，提升历史学习的价值。

四、教学过程分析系统

课时教学设计1 乱中向治：三国两晋南北朝的政权更迭与民族交融

【导入环节】通过呈现材料导入本课时。

【材料呈现】

材料一

滚滚长江东逝水，浪花淘尽英雄。

是非成败转头空。

青山依旧在，几度夕阳红。

——《三国志通俗演义》开篇词《滚滚长江东逝水》

【教师分析】《临江仙·滚滚长江东逝水》是明朝文学家杨慎创作的一首词，明朝评书家毛宗纲把它引入《三国志通俗演义》，作为开篇词。这首词既描绘出英雄人物转瞬即逝的历史兴衰动态，也咏叹了宇宙永恒、江水不息、青山常在的常态。而这首词的动态变迁与常态内核较好地表现了三国两晋南北朝时期的历史特征。

【设计意图】先是构建教学情境，再从文学角度解读《临江仙·滚滚长江东适水》，以“滚滚长江东逝水，浪花淘尽英雄”来暗示时局的“乱”，以“青山依旧在”来暗示当时统治者的“治”，从而达到紧扣主题“由乱向治”的目的。

【任务一】感受乱局：探究三国两晋南北朝的政局演变。

【关键问题】三国两晋南北朝政局“乱”的历史表现有哪些？导致“乱”的根源是什么？

1. 自主感悟：动荡的乱象

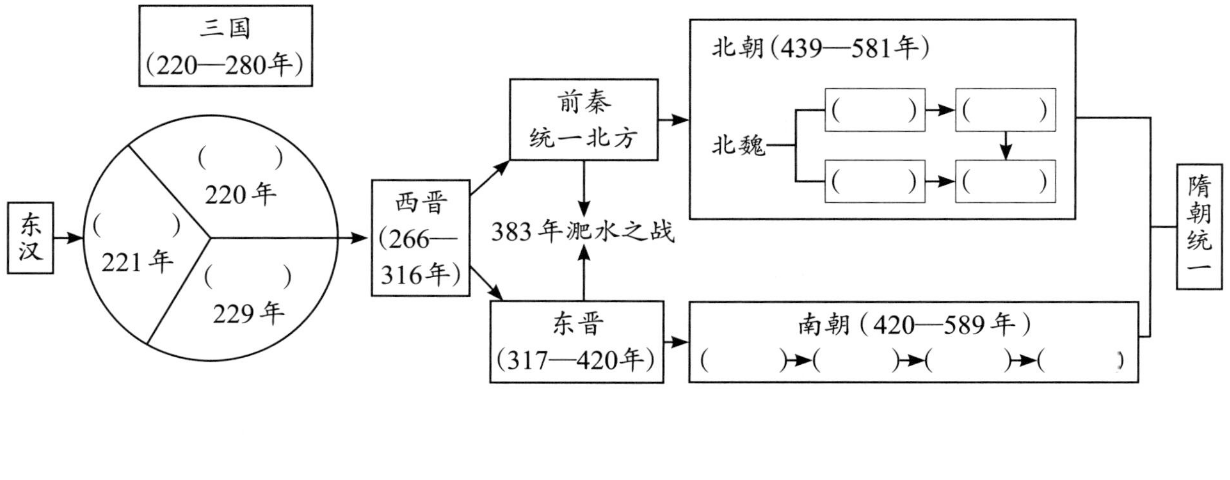

【问题设计】阅读教材第28页的《三国鼎立形势图（262年）》、第31页的《东晋十六国形势图》和第32页的《北齐、北周、陈对峙形势图（572年）》，完成上页的结构简图。

【教师分析】从三国至隋朝，近四百年的乱世，而这种"乱"的直观表现是频繁地改朝换代。

【设计意图】通过解读历史地图，增强感性认识，提升自主学习能力，培养时空定位能力。通过自主建构结构简图，培养知识再现能力，进一步培育学生的时空观念素养。

2. 自主探究：动荡的根源

【材料呈现】

材料二　东晋以后，北方的汉人大族据守坞堡，南方的汉人大族，统率移民，都拥有群众的力量，政府力量不能插手。另一方面，北方胡人移入中国，往往仍以部落为其组织的基本形式。部落豪帅大人，在定居后仍占有人口，称为"大族"。南方移民的行主，会转化为地方豪强……凡此诸种力量，分割了政府的统治权力，形成社会压过了国家的现象。

——许倬云《万古江河：中国历史文化的转折与开展》

【问题设计】根据以上材料，并结合教材第31页的《东晋十六国形势图》，分析从三国两晋到南北朝时期政局动荡、社会混乱的原因。

【教师分析】通过自主探究，结合教材中的《东晋十六国形势图》，能感受到这一时期的动荡，而动荡的最直观表现就是少数民族政权的不断崛起、消亡、吞并、分裂，并由此分析得出少数民族崛起是当时政局动荡、社会混乱的根源之一。此外，许倬云先生认为，无论在北方少数民族政权中，还是在中原王朝中，原来的君主专制和中央集权受到侵蚀，地方豪强兴起，分割了政府的统治权力，形成了地方势力强于中央的现象，从而形成皇权与贵族的共治，偏离了中国历史的主轴和常态，所以贵族政治的兴起也是当时社会动荡的根源之一，此为"变态"。

【设计意图】在感悟三国两晋南北朝时期社会动荡现象的基础上，给学生展示学者的研究成果，引导学生根据材料分析乱象产生的根源，培养学生史料解读和分析问题的能力。

【任务二】感悟变局：分析三国两晋南北朝的变化因子。

【关键问题】三国两晋南北朝时期的社会形态有什么变化?

【材料呈现】

材料三　东晋建立之初，高门士族琅邪（yá）王氏当权。其代表人物王导在朝中担任宰相，王敦统重兵坐镇长江中游，内外相应。司马睿即位接受百官朝贺时，甚至请王导与他并排上坐，王导坚决推辞，方才作罢，时称"王与马，共天下"。此后，颍川庾氏、谯国桓氏、陈郡谢氏、太原王氏等士族相继掌权。

——人民教育出版社《普通高中教科书　历史　必修　中外历史纲要（上）》

材料四　至于元嘉末……兵车勿用，民不外劳，役宽务简，氓庶繁息，至余粮栖亩，户不夜扃（jiōng），盖东西之极盛也……地广野丰，民勤本业，一岁或稔（rěn），则数郡忘饥……丝绵布帛之饶，覆衣天下。

——［南朝梁］沈约《宋书》

【问题设计】（1）根据材料三并结合所学知识，分析三国两晋南北朝时期与阎步克先生所说的“常态就是皇帝专制、中央集权、官僚政治、儒家正统和士大夫政治”中的“常态”有什么不同。（2）根据材料四并结合所学知识，概括南朝时江南地区经济得到迅速发展的原因（不得照抄材料）、表现，并分析其影响。

【教师分析】阎步克先生认为的“常态”是皇帝专制、中央集权等，但材料三中皇权旁落、士族专权，门阀政治可见一斑，严重背离皇帝专制、官僚政治。此为当时变局之一：政治形态变——门阀政治出现。

根据材料四可知，这一时期江南地区的土地被大量开垦，农作物品种增加，产量提高，手工业进步明显。这些变化得益于江南地区自然条件优越、长期的和平环境和北民南迁带来先进的生产技术、生产工具和输送大量劳动力。此为当时变局之二：经济发展变——江南地区得到开发。江南地区的开发最终加速经济重心南移，为南北对立奠定经济基础，也为隋唐的统一创造了条件。

【设计意图】一方面要充分利用教材资源，另一方面意在培养学生的唯物史观，使学生能理解经济基础决定上层建筑的原理，能分析出无论是北方豪强士族争权还是东晋与南朝偏安于东南一隅，必然要有经济的支撑，这个支撑的表现就是庄园经济和江南地区的开发。

【材料呈现】

材料五　这些州、郡、县的大小中正官大都由世家担任，他们的阶级本性决定了他们在品评人物时不看才德，主要看出身门第。他们甚至根据族谱决定取舍，而对寒门庶族则百般挑剔，拒之门外，以至于官僚队伍里形成“上品无寒门，下品无势族”的局面。

——摘编自胡平《试论科举对中国古代政治制度的影响》

材料六　北方游牧民族南下，进入中原农业区，必然为先进的社会所同化，这就是所谓的汉化……民族的同化是双向进行的，胡人汉化的同时，就是汉人胡化。所谓汉人胡化，是在长期的交流中，汉人在生产、生活中潜移默化地吸收了胡人的习俗。这种变化，从东汉末年已经开始，《后汉书·五行志》写道：“灵帝好胡服、胡帐、胡床、胡坐、胡饭、胡空侯（编者注：通“箜篌”）、胡笛、胡舞，京都贵戚皆竞为之。”

——摘编自樊树志《国史十六讲》

【问题设计】（1）根据材料五，分析魏晋南北朝时期官员选拔标准的变化及选官制度名称。（2）根据材料六，分析民族关系变化的特征及典型事例。

【教师分析】从材料五“品评人物时不看才德，主要看出身门第”“他们甚至根据族谱决定取舍”来看，此时已改变了西汉以来重品德才能的察举制，转而强调出身与门第，这有利于世家大族把持仕途，威胁到中央集权。此为当时变局之三：选官制度变——九品中正制盛行。

除了选官制度发生了变化，学生通过前面对乱局的学习，还可以分析出这一时期很多汉人南渡、胡人南下，在汉人和胡人的交替迁徙中，在留守北方的汉人与胡人的共处中，出现了当时变局之四：民族关系变——民族交融加强。阅读材料六可知，此时民族交融的特征是胡汉互化，典型事例是北魏孝文帝改革。

【设计意图】在这一任务中，通过政治形态、经济发展、选官制度、民族关系四个方面的变化来感悟乱局中的变局，所展示的内容是对政治、经济、民族关系的细化，是最基本的基础知识传授，所以任务二是在任务一大框架基础上的细化，主要意图是体现本课时的实用性，同时也为后续的“在变局中开新局”做铺垫。

【任务三】探寻新局：认识三国两晋南北朝的发展趋势。

【关键问题】如何看待这一时期“变局”与“新局”的关系？思考其对隋唐历史及中国历史发展的影响。

【材料呈现】

材料七　见下面的气候变化与人口变化图。

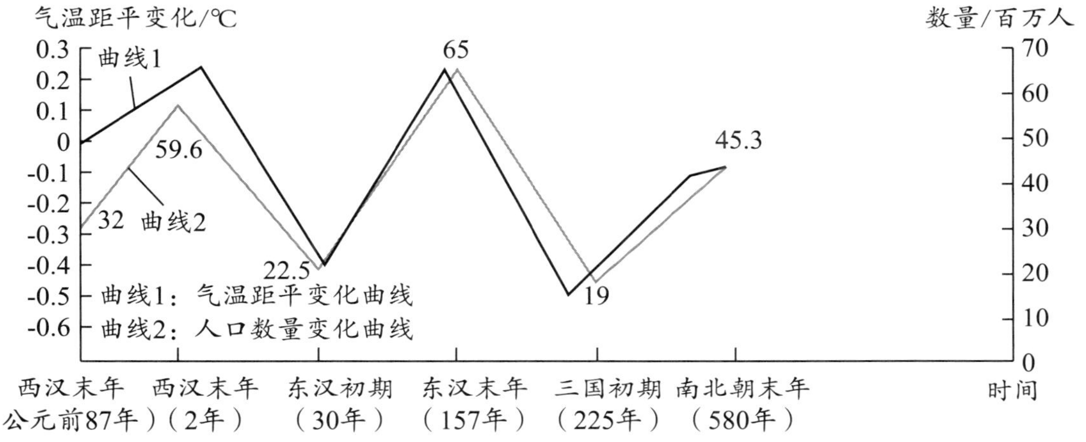

——摘编自王少泉、曹冬英《中国人口变迁曲线研究——基于公元前340年—公元2014年的数据》

材料八　太湖流域和钱塘江三角洲经济区迅速发展，逐渐成为东吴最重要的财富来源。为了把丰富的物资运达都城建业和江淮前线，必须开通一条连贯江浙地区的运河。

——王永平《东吴时期江浙地区社会经济述略》

材料九　凡此，可见南北边境交易规模之大和影响之深。魏分东、西后，“士人仍缘姻旧，私相贸易”，虽有禁令，但“犯者非一”，后来不得不放松。又如北齐“旧制，以淮禁不听，商贩辄度”。苏琼为徐州行台左丞，行徐州事后，听两淮通籴粮食，“遂得商估往还，彼此兼济，水陆之利，通于河北”。这种情况当然是促进统一的因素之一。

——严耀中《论魏晋南北朝的走向重新统一》

【问题设计】（1）根据材料七，分析气候变化与人口变化的趋势。（2）根据材料八、材料九并结合所学知识，分析材料描述的现象带来的影响。

【教师分析】钱穆说：“就中国历史来讲，政治一统是常态。”从材料七可知，有学者认为中原王朝的兴衰与气候变化有很大关系，在长时段中，平均气温偏高的时期往往会出现繁盛局面，也就是材料七中曲线1的波峰时期会出现繁盛局面，此时中国总人口的波峰随之出现，见曲线2。由此可以从一个侧面看出：气候的变化为王朝统一提供了可能性。但必须注意的是，虽然这两条曲线的相似度很高，但并非完全吻合，这表明气候变化并非中国总人口变化的唯一决定因素。

材料七是从环境角度分析其可能性，材料八和材料九从经济角度进行剖析。江南地区的开发，有利于南北经济差距的缩小，加强了南北经济交往，成为促进南北统一的因素。许倬云先生认为这是经济体系的整合，加强了文化秩序的内向聚合。

【设计意图】通过学习，学生学会使用不同的史料来寻找历史规律。同时，培养学生的长时段视野，帮助其理解分裂、动荡走向统一、稳定是历史的必然，从而培养学生历史探究能力。

【材料呈现】

材料十　到西魏宇文泰颁布新制，在用人上奉行唯贤是举，不限责荫。南朝梁武帝也改革了用人制度，重视学校教育。政府开设五馆，建立国学，各馆计由五经博士教授学生，学生各有数百人之多，在馆学生皆为寒门子弟，五馆的在学子弟可以直接应召秀才、孝廉和明经科考试。梁武帝还颁布诏书，强调不论士庶高低还是门第高下，只要考试合格，就可以选录为官。隋时虽置州郡、郡中正，但任职俱微，没有多大作用了。

——摘编自白钢主编《中国政治制度史》

【问题设计】阅读材料十并结合所学知识，归纳选官标准及方式的变化。这些变化带来了什么影响?

【教师分析】通过任务二的学习，学生已了解这一时期门阀士族政治的形成，为保障自己的特权，在官吏选拔上，更强调世家大族出身。但是到南北朝后期，选人标准由重视门第到逐渐放宽门第限制，从任人唯亲到任人唯贤；选官方式从举荐到考试取士。这些新变化，使得门阀制度逐渐衰落，选官向寒门子弟开放，为隋唐科举制的创设做准备，也为皇权的重振和官僚政治的回归做铺垫，为隋唐的统一准备了条件，这也是从“变态”走向“常态”的重要表现。

【材料呈现】

材料十一　文化冲突不仅意味着不同质文化的相互排斥、彼此冲突，而且蕴含着文化整合的前景。这是因为文化冲突通常导致冲突双方的原有心理结构受到冲击，原有文明特征受到破坏。双方不期自然而然地从对方吸收于己有用的文化质，从而在调整、适应的过程中趋于一体化，逐渐整合为一种新的文化体系。魏晋南北朝时期的胡、汉文化冲突便是在这样的彼此对立、排斥又彼此吸收、融合的冲突——整合的轨道上运行。

——周积明《魏晋南北朝时期的胡汉文化冲突》

【问题设计】阅读材料十一并结合所学知识，回答材料十一是从哪一角度看待民族交融的。这一时期民族交融的特点是什么？其带来了哪些影响?

【教师分析】材料十一是从思想文化史的角度来分析三国两晋南北朝在政治、经济、民族关系不断深化的基础上，如何形成新的文化共同体的，其特点是双向互动，从而不断强化文化认同，最终助推隋唐的统一。此为当时变局之五：统一趋势的加强。

【设计意图】首先，要强化对学生史料实证素养的培养。其次，要挖掘变局中出现的“常态”标准的标志性变化要素（包含环境、政治、制度、经济、民族等），回应阎步克先生的观点，从而引导学生思考三国两晋南北朝的发展走向常态的可能性，即新局。最后，为介绍隋唐治世做铺垫。

【课堂小结】当代学者阎步克在其《波峰与波谷：秦汉魏晋南北朝的政治文明》中说：“历史

长河的奔腾不息，中古时代帝国衰败低落，中国历史的其他一些可能性，得以显露出来，出现了较大幅度的政治波动和‘变态’……（但是）一旦条件具备人们就将着手寻求‘常态’。”历史的潮流浩浩荡荡，即使是乱世，也有不变的内核在引导着统一多民族封建国家的前行。

五、教学评价分析系统

（一）学业质量水平划分

水平1：能够辨识历史叙述中有关三国两晋南北朝时期不同的时间与空间表达方式，能够理解它们的意义；在叙述个别史事时能够有正确的时序观念和空间概念；在解答三国两晋南北朝时期的历史问题时，能够尝试从多种渠道获取相关的史料，学会区分这些史料类型，并能从中获取有关的信息；能够辨别不同资料中的历史解释，能够发现初中与高中教材中历史解释的异同；能在民族的交流互动中体悟中华文明兼容并包的特质和博大精深的意蕴，形成对家乡、民族、国家的认同感。（时空观念、史料实证、历史解释、家国情怀）

水平2：能够用唯物史观的基本观点和方法来学习和理解三国两晋南北朝的相关内容，认识这一时期的变化对国家走向统一的历史意义；能够准确描述三国两晋南北朝的时空变迁；能够对三国两晋南北朝时期的关键节点事件进行时空还原；能够从不同资料中寻找出有效史料，通过选择、组织和运用史料并使用相关的历史术语对门阀政治、选官制度、江南地区的经济开发、民族交融等提出自己的解释；能够理解和尊重不同民族的优秀文化传统，接受文明的多样性。（唯物史观、时空观念、史料实证、历史解释、家国情怀）

水平3：能够运用生产力与生产关系、经济基础与上层建筑的辩证关系来理解三国两晋南北朝时期江南地区经济的开发对南北经济平衡和走向统一的现实意义；能用特定的时间和空间术语对三国两晋南北朝时期的门阀政治、九品中正制、民族交融加以描述和概括；能依据不同类型的史料对北民南迁、门阀政治下皇权的重振、官僚政治的回归、民族的双向交融进行辩证思考，得出不同的历史解释；能在长时段上分析中华民族多元一体的形成过程，增强民族认同感。（唯物史观、史料实证、历史解释、家国情怀）

水平4：在唯物史观的指导下，能将三国两晋南北朝的相关内容置于具体的时间和空间框架下进行分析；能够选择恰当的时空尺度和史料对三国两晋南北朝的内容进行分析、综合、比较，在此基础上做出合理的解释；能在所学知识的基础上进行独立探究，并能恰当地运用材料对所探究问题进行论述；能够在已有史料的基础上，对三国两晋南北朝时期的气候、政治、经济、文化、民族关系进行科学阐述或者提出新的历史解释；能够从长时段出发对三国两晋南北朝时期王朝的更替有正确的认识；能够正确认识治乱兴衰的历史进步性和摆脱历史轮回的狭隘，理解历史的波浪式前进和螺旋式上升。（唯物史观、时空观念、史料实证、历史解释、家国情怀）

（二）学业质量水平测试

阅读下面材料，回答问题。

材料　北魏孝文帝改革从长远来看在发展北方经济和推动民族交融方面有重大意义，但在短期内也产生明显副作用。在改革中利益受损的一部分少数民族军人揭竿而起，导致北魏覆灭。北方民族交融的进程也受到一定程度的影响。

——赵剑锋等主编《新课标高中历史教学设计　中国古代史》

（1）阅读上述材料，简述胡汉互化过程中出现的现象并分析其本质。

（2）根据上述材料并结合所学知识，分析短时段和长时段下民族交融的结果，并谈谈你的认识。

【评价说明】

题号	答题思路	学业质量水平描述
（1）	先读懂材料，理解关键信息“副作用”“一定程度的影响”的含义。不能直接摘抄材料原文，需要自己提炼概括。	1-3　能够在解答某一历史问题时，尝试从多种渠道获取与其有关的材料；能够从所获得的史料中提取有关的信息。 2-3　能够认识不同类型的史料所具有的不同价值。
（2）	辩证、全面地认识魏晋南北朝，既要看到进步和顺应时代潮流的一面，也要看到反抗和排斥，理解历史的曲折性。	3-2　能够把握相关史事的时间、空间联系，运用特定的时间和空间术语对较长时段（如古代、近现代）、较大范围（如跨国家、跨地区）的史事加以概括和说明。

参考答案

（1）现象：少数民族在汉化过程中遇到一定的阻碍。本质：草原游牧民族与农业农耕民族文化心态的冲突。

（2）分析：短时段内会出现民族交融的反复；长时段内少数民族文化会向先进的中原文化学习，并逐渐汉化。认识：历史发展是复杂和曲折的。

夏志军　扬州市江都区邵伯高级中学

课时教学设计 2

治乱兴衰：从隋唐盛世到五代十国

一、教学内容分析系统：课时教学主题的提炼

（一）提出的依据

1. 课标依据

新课标对本课时的课程内容要求：通过了解隋唐时期封建社会的高度繁荣，认识隋唐时期的民族交融、区域开发的新成就。

第一，新课标中蕴含的核心概念是“民族交融”和“大一统”。三国两晋南北朝时期，北部、西部众多少数民族进入中原地区，与中原文化进行双向交流，为隋唐时期的大一统和经济文化繁荣奠定了基础。唐朝开拓了疆域，沿袭并创新了一系列制度，广采博取了周边与域外的文化，最终在民族交融的基础上形成了文化认同，“大一统”的唐朝具有强大的向心力、凝聚力。因此，在本课时教学设计中，“民族交融”和“大一统”是必须重视和精心设计教学的两个历史概念。

第二，新课标中本课时的时间范畴是隋唐时期及五代十国。隋唐结束了魏晋南北朝时期分裂割据的局面，进入了一个较长的大一统时期。其间，经济繁荣、社会安定、民族交融、国力强盛。但安史之乱后，唐朝由盛转衰，藩镇割据，社会动乱，最终出现五代十国分裂局面。因此，在教学设计中，要按照历史逻辑将隋唐至五代十国政权更迭的脉络勾勒出来，并探究其中的前因后果。

2. 教材依据

本课时的依据是教材第二单元第6课《从隋唐盛世到五代十国》。第6课讲述了从隋唐到五代十国的历史更迭，着重阐述了隋唐的繁荣与民族交融的内容。隋唐时期是中国古代社会的一个发展高峰，是统一多民族封建国家发展的一个重要阶段。因此，本课时是完成单元教学目标任务的重要部分。

第6课的第一子目是“隋朝兴亡”。隋朝重建了中央集权的封建统一帝国，经过隋文帝、隋炀帝两代帝王的发展，已然富庶强大，尤其是大运河的开通，沟通了南北方，为后来唐朝的发展提供了坚实的物质保障。

第二子目为“唐朝的繁荣与民族交融”。从唐太宗的“贞观之治”到唐玄宗的“开元盛世”，历代帝王励精图治、选贤任能、发展生产，同时中央政府与突厥、回纥、吐蕃、靺鞨等周边少数民族及政权交往交流交融，统一多民族封建国家得到进一步巩固，封建社会的又一个鼎盛局面得以出现。

第三子目为“安史之乱、黄巢起义和五代十国”。盛世之中也存在隐患，唐玄宗统治后期，国家出现外重内轻的局面，安史之乱后唐朝由盛转衰。唐朝后期，藩镇割据、宦官专权和朋党之争加剧，导致农民起义爆发，最终唐朝灭亡，中国进入五代十国分裂割据时期。

与上一版教材相比，现行使用的教材增加了五代十国的相关内容，尤其突出了后周世宗改革，这更利于学生把握这一时期历史发展的特征和主旋律。往前追溯，隋唐的统一是在秦汉统一基础上的进一步发展；往后观察，五代十国的分裂时期又孕育了统一因素。这一时期，似乎在“治世”与“乱世”之间交替，但仔细研究中国历史可知，统一多民族封建国家的发展是常态，皇权旁落、分裂动荡是非常态化。因此，在本课时的教学设计中，要通过了解历史上的治乱更替，把握历史发展规律，使学生明白统一多民族封建国家的发展是中国古代历史发展的主流。

3. 学术依据

从制度与统一多民族封建国家的发展继承上看，阎步克先生认为：“隋唐政治制度上承秦汉，同时又更上一层楼，像三省六部制、科举制、《唐律》等制度方面的重要成就所显示的那样，而魏晋南北朝的制度进步，就构成了汉唐间制度进化的阶梯和环节。是什么力量最终抑制了政治‘变态’，并使魏晋南北朝不仅仅呈现为一个曲折，同时也呈现为进化阶梯呢？是秦汉遗留下来的如下政治遗产：官僚组织及其行政传统，士人阶层及其文化传统，和中国皇帝顽强的专制意向。”秦汉时期的制度文化显示出巨大的惯性，使得帝国政治在经历了各种波动与变态之后，仍得以回归到“主轴”，回归到“常态”。

民族交融和大一统是中国历史发展的主流。从民族交融与大一统封建国家的关系来看，民族交融是推动隋唐统一多民族封建国家形成与发展的原因，也是隋唐盛世的表现之一。“东方农耕区域人群的活动与周边游牧、半农半牧区人群的活动彼此交织而相互渗透，互动中有博弈，冲撞中有交融，最终是以凝结而非分割的形式抟成为一个一统化的政治体。”隋唐时期，尤其是唐朝技术先进、文化昌盛、社会繁荣，对周边少数民族产生强大的向心力。

学者的研究成果为我们提供了确定本课时教学主题的学术理论依据。魏晋时期的民族交融为隋唐盛世奠定了基础，少数民族为边疆的开发做出了积极贡献。隋唐时期结束了魏晋南北朝的分裂割据状态，民族交融得到进一步发展，“大一统”国家得到进一步巩固。从安史之乱至五代十国，分裂割据是基本特征，但在分裂中却孕育着新的统一因素，推动中国历史继续回到“大一统”的主轴上。

（二）课时教学主题

隋唐至五代十国是中国历史上治乱兴衰的一个重要时期。隋朝至唐朝前期，整体上国家统一、经济繁荣、文化昌盛、民族交融，出现了盛世局面。唐朝中后期，内轻外重、朝政腐败，安史之乱使唐朝由盛转衰，最终分崩离析，出现五代十国分裂割据局面。但是，在分裂割据局面中又蕴含了新的统一的因素。

因此，本课时以“治乱兴衰：从隋唐盛世到五代十国”为主题，以“由治而兴”“由乱而衰”两个关键词为主线，勾勒出本课时历史演变的特征。

二、学情分析系统：初中与高中教学衔接分析

比较项目	初中课标		高中课标
	2011年版课标	2022年版课标	
课标中的课程内容要求	5. 隋唐时期 知道隋朝的统一，了解科举取士制度的创建和大运河的开通；知道隋朝灭亡的原因。 知道唐太宗和“贞观之治”，知道唐玄宗和“开元盛世”，初步认识唐朝兴盛的原因。 以文成公主入藏、鉴真东渡、玄奘西行等史实为例，说明唐代民族和睦与中外文化交流的发展。 通过经济繁荣、开放的社会风气和唐诗的盛行，了解盛唐的社会气象。 知道安史之乱导致唐朝由盛转衰；知道唐朝灭亡后五代十国的局面。	1.5　隋唐五代十国时期 通过了解隋朝的兴亡、“贞观之治”与“开元盛世”，知道隋朝速亡和唐朝兴盛的原因；了解大运河开通、文成公主入藏等史事，从经济、民族交往等方面认识隋唐王朝在世界历史上的重要地位；通过了解“安史之乱”后藩镇割据和五代十国的局面，认识唐末五代的社会危机。	1.4　三国两晋南北朝的民族交融与隋唐大一统的发展 通过了解隋唐时期封建社会的高度繁荣，认识隋唐时期的民族交融、区域开发的新成就。

比较项目	初中教材	高中教材
部分教材课时设置	《义务教育教科书　中国历史　七年级　下册》 第一单元　隋唐时期：繁荣与开放的时代 第1课　隋朝统一与灭亡 第2课　唐朝建立与“贞观之治” 第3课　“开元盛世” 第4课　安史之乱与唐朝衰亡 第5课　隋唐时期的民族交往与交融 第6课　隋唐时期的中外文化交流 第7课　隋唐时期的科技与文化	《普通高中教科书　历史　必修　中外历史纲要（上）》 第二单元　三国两晋南北朝的民族交融与隋唐统一多民族封建国家的发展 第6课　从隋唐盛世到五代十国

2011年版初中课标对学生能力的要求主要为识记和浅层理解。2022年版初中课标已与高中课标接轨，重视通过对必备知识的整体把握，培养学生的核心素养与能力。初中教材以一个单元7个课时，详细讲解隋唐历史。高中教材以纲要形式简单勾勒出隋唐国家统一到五代十国分裂割据的整个过程。高中历史教学在建构知识框架的基础上，着重梳理这一时期治乱兴衰的历史变迁，阐释了隋唐兴盛、民族交融的原因，尤其注重对学生的历史思维能力和学科核心素养的培养。

三、教学目标分析系统：课时核心目标及其分解

（一）课时核心目标

通过了解隋文帝、唐太宗、唐玄宗统治前期的开明统治，知道隋唐时期是统一多民族封建国家发展的重要阶段；能够分析并解释中国历史从“变态”回归“常态”的各种内在因素；能够从

历史发展大趋势上，理解和解释藩镇割据等现象属于中国历史发展主轴的“旁逸斜出”，从而深刻体悟大一统观念。

（二）课时目标分解

1. 必备知识

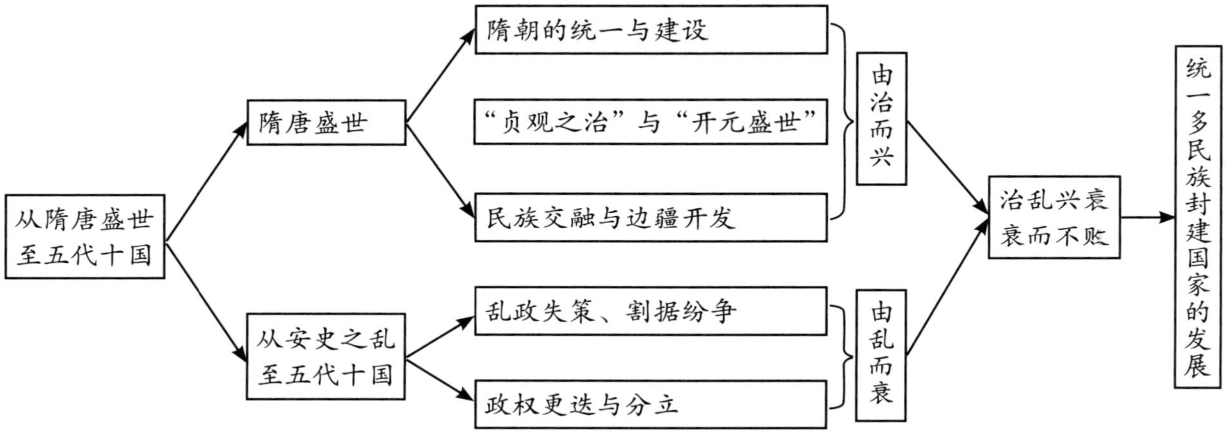

2. 关键能力

（1）获取历史信息能力：通过阅读材料，了解从隋唐到五代十国的基本史实。结合历史地图，了解唐朝疆域“四至”、周边少数民族政权更迭的情况。进一步整合文本信息，准确解读文本，形成对治世、乱世的初步认识。

（2）历史思维能力：能够就唐玄宗盛世统治时期中隐藏衰败因素、后周世宗统治时期分裂割据中孕育统一因素的局势进行辩证思考，感悟历史发展的内在因素。

（3）历史阐释能力：能够概述隋唐至五代十国这一时期“治兴”“乱衰”的表现，结合相关材料阐释“治兴”“乱衰”的原因。

（4）历史探究能力：通过绘制隋唐至五代十国历史分期图，探究历史发展的阶段特征。通过对盛唐气象的分析，探究唐朝虽亡，但统一是主流的原因。

3. 核心价值

（1）通过对本课时的学习，认识“大一统”是中国历史发展的基本趋势；通过挖掘唐朝与周边少数民族交融的史实，理解各民族共同缔造了统一多民族封建国家，进而形成对国家的高度认同感。

（2）通过拉长历史视距，挖掘历史细节，准确地理解中国古代历史的“治乱兴衰”，正确看待历史循环，充分理解历史螺旋式上升的发展规律。

（3）通过唐朝灭亡后，五代十国时期仍孕育着统一的趋势，从而认识到“大唐气象”之所以有征服人心的力量，关键在于中华文明具有包容性、延续性和整体性。

四、教学过程分析系统

课时教学设计2　治乱兴衰：从隋唐盛世到五代十国

【导入环节】通过呈现材料，导入本课时。

【材料呈现】

材料一　《帝范》一书是李世民一生执政经验的高度浓缩。他曾经这样告诉太子："饬躬阐政之道，皆在其中，朕一旦不讳，更无所言"……他对为政者的个人修养、选任和统御下属的学问，乃至经济民生、教育军事等家国事务都做出了非常有见地的解答。

——唐政《〈帝范〉：一代英主的执政总结》

【教师解读】唐太宗为了教育太子，专门撰写了《帝范》。阅读《帝范》有关内容，发现它其实也是对"贞观之治"的总结。

【设计意图】以故事导入，激发学生学习兴趣；呼应单元主题"从三国两晋南北朝时期的'变态'到隋唐时期的'常态'"和课时教学设计1的主题"乱中向治：三国两晋南北朝的政权更迭与民族交融"。

【任务一】治世乱世，历史轨迹：以时空定位明确阶段特征。

【关键问题】隋唐时期和五代十国的阶段特征分别是什么？

【材料呈现】

材料二　阅读教材第37页《唐朝前期形势和边疆各族分布图（669年）》，教材第38页《五代十国形势图（后周时期）》。

【问题设计】（1）在预习教材的基础上，画出从隋唐到五代十国的简略朝代更迭图，尝试把这一时期划分成为两个或三个阶段，并说明理由。（2）观察两幅地图，尝试说明唐朝前期疆域的"四至"和周边的少数民族分布情况；比较两幅地图，描述各自的阶段特征。

【教师分析】按照朝代划分，可以将把这一历史时期划分为三个阶段，即隋朝、唐朝和五代十国，还可以按照阶段特征划分成两个阶段。隋朝是一个统一的封建王朝；唐朝以安史之乱为界，前期统一、强盛，后期分裂、动荡；五代十国的特征是分裂割据。因此，可以将隋朝和唐朝前期的时代特征概括为隋唐盛世，将安史之乱到五代十国的时代特征概括为乱世。

观察唐朝地图：唐朝前期疆域的"四至"，东到安东都护府，西至安西都护府，北至黑水都护府，南至安南都护府。在西北、北部和东北存在突厥、回纥（后改称为"回鹘"）、靺鞨等少数民族。从地图信息可以直观地感受到唐朝前期的统一与强盛，统一多民族封建国家得到巩固和发展。观察后周时期地图，可以看出多个政权分立，因此五代十国（后周）的阶段特征是分裂割据。

【设计意图】学生通过梳理历史发展进程，绘制时间轴，直观地感受朝代更迭，可以更好地理解这一时期历史发展"由治而兴""由乱而衰"的大逻辑。同时，学生通过获取历史地图信息，了解唐朝疆域"四至"和周边的少数民族政权更迭的情况，有利于增强时空观念。另外，学生认识到周边少数民族与中原政权共存、相互交流交往交融的关系，这有利于他们更好地理解统一多民族封建国家的发展历程。

【任务二】治国有方，繁盛景象：从解读文本认识盛世局面。

【关键问题】隋唐盛世"盛"在何处？因何而"盛"？民族交融与盛世局面之间存在怎样的关系？

【材料呈现】

材料三　第六世纪末至第十世纪初，是隋唐（589—907年）统一时代。中国气候在第七世纪的中期变得和暖，650年、669年和678年的冬季，国都长安无雪无冰。

——摘编自竺可桢《中国近五千年来气候变迁的初步研究》

材料四　关陇集团是以宇文泰为首的西魏北周上层统治者组成的政治集团，集团的成员如陈寅恪先生所说，是“融治关陇胡汉民族之有武力才智者”，其人“入则为相，出则为将，自无文武分途之事”。

——摘编自黄永年《六至九世纪中国政治史》

材料五　贞观初，太宗谓侍臣曰：“为君之道，必须先存百姓。若损百姓以奉其身，犹割股以啖腹，腹饱而身毙。若安天下，必须先正其身，未有身正而影曲，上治而下乱者。”

——［唐］吴兢《贞观政要》

材料六　一心吸取经验和教训的唐高祖、唐太宗统治集团十分重视制度的建设……下大力气制定和颁布制度。唐朝制度堪称典范：中央和地方职官制度、科举制度、土地和赋税制度、军事制度等。唐后期诸种体制新旧的转换和替代，不仅因应了那个时代千变万化的社会局面，也参与塑造了那个局面并影响了以后的历朝历代。

——摘编自胡阿祥等《中国通史大师课》

【问题设计】（1）阅读教材相关内容，概括隋唐繁盛的表现，以及帝王治理得当的措施或行为，并思考两者之间的关联。（2）结合教材第37页《唐朝前期形势和边疆各族分布图（669年）》，描述唐朝政权与少数民族战与和的交流交融，认识到周边少数民族为祖国边疆地区的开发做出了重要贡献。（3）根据材料一至材料四，分析隋唐盛世的成因，思考帝王在历史发展中发挥了怎样的作用，由此理解英雄人物与时势的关系。

【教师分析】教材中提到，隋朝广建于长安、洛阳两都和各地的粮仓，宏伟壮丽的洛阳城，大运河的开通，都反映了隋朝经济繁荣、国力强盛；唐朝曲辕犁的改进与唐三彩先进的工艺，反映了唐朝农业与手工业的进步；国内外的贸易情况反映了商业的繁盛；《职贡图》则彰显了唐朝文化昌盛和强大的向心力。隋文帝、唐太宗、唐玄宗统治前期，国家政治清明，经济繁荣，文化昌盛，开明开放，是封建社会的治世典范。

这一时期的帝王大多励精图治。如隋文帝进行了一系列改革，初设三省制、科举制，推行均田制，广建粮仓；隋炀帝兴建洛阳城，开通大运河，完善科举制；唐太宗轻徭薄赋、劝课农桑、戒奢从简、知人善用、虚怀纳谏；唐玄宗选贤任能、改革吏治、发展生产、大兴文治、改革兵制；等等。这些措施促进了社会发展、经济繁荣，是治世出现的一个重要原因。

阅读历史地图与文献资料可知，在西北与北部，唐朝主要与突厥、回纥（后改称为“回鹘”）等周边少数民族交流交融。唐太宗时灭东突厥，周边各族首领尊奉唐太宗为“天可汗”；唐高宗时联合回纥灭西突厥，后设置安西都护府、北庭都护府，统辖天山南北地区。唐灭东突厥后，回纥南迁归唐，唐玄宗时册封其首领为怀仁可汗，后西迁，逐步与当地居民交融，发展为现在的维吾尔族。在西部，唐朝主要与吐蕃交流交融。吐蕃松赞干布向唐朝求婚，文成公主入藏，唐蕃和亲，促进了汉藏的友好关系与经济文化交流。9世纪前期，唐蕃会盟，此后唐蕃基本上友好相处。在东北，唐玄宗时靺鞨族粟末部强大起来，其首领大祚荣被封为渤海郡王。唐朝时周边少数民族在边疆建立政权，发展经济，加强与中原的经济文化交流，为祖国边疆的开发做出了积极贡献。民族交融推进大一统局面的形成，大一统局面下唐朝发达的政治经济文化又形成强大的凝聚力、向心力，牢牢吸引着各族人民。

恩格斯在分析历史发展原因时，提出“历史合力论”，即历史发展是多种因素共同作用的结果。根据材料，我们能够分析出，隋唐盛世局面的出现也是如此。有自然因素，如隋唐时期气候温暖湿润，有利于农耕文明的发展，为隋唐盛世的出现提供了客观基础；统治者的主观努力，如隋文帝、唐太宗、唐玄宗等在位时期，一定程度上都能心存百姓、轻徭薄赋、虚怀纳谏、任用贤能等；制度因素，如隋朝实行三省六部制、科举制等，唐朝进一步完善三省六部制、科举制，还实行均田制和租庸调制等，制度的建设和规范是政权建构与运作的基本保障，也是盛世的基本保障。唐朝在民族关系方面也有较大的突破，建立起了地跨长城南北，兼有游牧、农耕文明的大帝国。唐太宗被周边各族首领尊奉为“天可汗”，统一多民族封建国家得到进一步巩固与发展。

封建社会是人治社会，明君贤臣，如唐太宗，对历史发展和盛世局面的出现有直接的、巨大的作用；暴君佞臣，如隋炀帝，则会直接导致社会混乱、王朝颠覆。但是，不容置疑，人民群众是历史发展的根本推动者，历史发展的走势是多种因素综合作用的结果。

【设计意图】培养学生从教材中提取有效信息、分析和整合信息的能力。通过对材料的逐一阅读，有针对性地提高文献阅读能力和提炼历史信息的能力，培养学生的史料实证素养。理解历史发展是多种因素共同作用的结果，培养唯物史观。

【任务三】乱政失策，衰而不败：辩证分析治乱兴衰。

【关键问题】从安史之乱至五代十国，为何而“乱”？为何经历乱世，华夏文明仍衰而不败？

【材料呈现】

材料七　本来节度使只管军事防御，不与民政。只是后来身兼范阳、平卢两节度使的安禄山大受唐玄宗宠信，使之兼任河北道采访使，开了集军政、民政大权于一身，合方镇与道为一体的先例。安禄山正是凭藉（编者注：通“借”）这个有利背景而发动了武装叛乱。

——周振鹤《中央与地方关系史的一个侧面（上）——两千年地方政府层级变迁的分析》

材料八　阅读《翟那宁昏母康波蜜提墓志》中的志文（编者注：图片中的墓志是西域人用汉字书写的）。

材料九　受唐朝典范的震撼和呼唤，周边民族势力的自我觉醒和对权力的追求，随着唐廷的弱化而开始，并以唐朝的灭亡而立足。……朱温建梁，沙陀人李存勖打着复兴大唐王朝的旗号，与朱温反复较量，最终取而代之建立唐朝（编者注：史称后唐）。李存勖一切措施均仿照唐朝，秉承唐朝的法统与文化。与后唐对应的是南方九国之一的南唐，同样秉承唐朝之法统和文化，立国于江淮富饶之地，成为与北方各国并峙的实力强国。后周世宗柴荣上台后，雄心勃勃，决心“以十年开拓天下，十年养百姓，十年致太平”，雷厉风行，采取了一系列革除弊政的措施。

——摘编自胡阿祥等《中国通史大师课》

【问题设计】（1）阅读教材第37~38页“安史之乱、黄巢起义和五代十国”一目的内容，结合材料七概括唐朝衰败的原因和表现。（2）有学者认为唐朝虽灭亡，但“威望仍在，法统不坠”，结合材料八、材料九并运用所学知识对此进行解释。

【教师分析】唐朝后期出现“由乱到衰”的现象是多个因素共同导致的。教材中提到，唐玄宗后期沉湎于享乐、怠于政事、任人唯亲，朝政渐趋腐败。由于土地兼并，均田制被破坏，府兵制无法推行，募兵制出现，军镇兵力日趋强大。节度使集军政民政大权于一身，这是导致安史之乱的制度失策之一。节度使的出现，使军队本土化和民族势力区域化，形成藩镇割据局面，朋党之争、宦官专权、农民起义的爆发使原先大一统的唐朝分崩离析，最终灭亡，五代十国分裂割据局面出现。

随着中原文明向周边民族地区传播，周边民族势力受启蒙而觉醒，后建立政权，不断扩张。中原王朝与周边少数民族政权并立对峙，这是游牧文明与农耕文明渗透、博弈的必然结果。隋唐统一王朝虽然已经成为历史的烟云，但它们留下了丰厚的历史遗产和精神文化传统，其政治体制影响深远，特别是大一统的法统和观念成为中华文明的密码和基因。

中国古代大一统局面是“常态”，分裂割据局面是“变态”，在中国古代历史长河中，五代十国是最后一个分裂割据时期，大一统是中国古代历史发展的主旋律，五代十国是主旋律的“跳跃音符”、主轴的“旁逸斜出”，分裂割据时代也孕育着统一。

【设计意图】根据教材和有关材料，培养学生获取关键信息的能力和对历史事件或现象的辩证分析能力。材料八的图片是西域人用汉字书写的墓志，是汉族人民与周边各族人民文化交流交融的史料实证，与材料九形成了图文相互印证的关系。通过辩证思考，感悟历史发展的内在因素，培养学生对中华文明的认同感，让学生认识到中华文明的包容性和延续性，使学生初步理解统一多民族封建国家是中国古代历史发展的“常态”，分裂割据局面是“变态”，“变态”中孕育着统一的“常态”。

五、教学评价分析系统

（一）学业质量水平划分

水平1：知道大运河的开通、“贞观之治”、“开元盛世”、安史之乱等重要史事，了解隋唐至五代十国时期的历史分期；知道史料分为文献史料、图像史料、实物史料等多种类型；感悟唐朝文化对边疆各民族的凝聚力，培养积极的爱国主义情感。（时空观念、史料实证、家国情怀）

水平2：能够利用历史年表、历史地图对大运河的开通、“贞观之治”、“开元盛世”、安史之乱等重要史事及王朝更迭的历史变迁加以描述；通过阅读教材和有关材料，培养获取信息能力和进行历史阐释的能力，初步形成史料实证和历史解释的素养；初步形成开放包容的心态，学会尊重边疆地区各民族的文化传统和风俗习惯。（时空观念、史料实证、历史解释、家国情怀）

水平3：能够理解人民群众在历史发展中的重要作用；能够以“变态”“常态”为历史逻辑，在长时段、大视野中阐述大运河的开通、“贞观之治”、“开元盛世”、安史之乱、后周世宗改革等史事的内在关系；根据材料的不同维度，获取信息并进行历史阐释，提升史料实证和历史解释素养；感受“大唐气象”所具有的征服人心的力量，体会中华文明的包容性、延续性和整体性。（唯物史观、时空观念、史料实证、历史解释、家国情怀）

水平4：能够辩证地认识封建帝王对历史发展的作用，理解“人民群众是历史的创造者”；能够综合运用教材和有关材料，采用唯物史观的“历史合力论”，对“兴乱治衰”进行历史解释；能够认识中华民族多元一体的发展趋势。（唯物史观、历史解释、家国情怀）

（二）学业质量水平测试

阅读材料，回答下列各题。

材料　五代十国与前后的唐朝和宋朝相比，似乎是两个高峰之间的低谷，而且这段时期的归属似乎还存在争议，是往前走归到唐代，还是往后走归到宋代呢？唐史研究者往往把隋唐五代史作为一个完整的历史时期，而宋史研究者则认为五代两宋更符合历史发展的趋势。五代十国属于唐抑或属于宋，似乎是一个两难的问题，其实也是一个有趣的问题，这说明不同学者对这个时代有不同的历史定位，也留给人们无限的思考空间。

——胡阿祥等《中国通史大师课》

（1）有学者认为：中国古代“大一统”局面是“常态”，分裂割据局面是“变态”。请你运用“变态”与“常态”的历史逻辑，概括中国古代历史发展的主旋律。

（2）对五代十国的历史定位，唐史研究者和宋史研究者有不同的看法，请你结合有关史实加以阐释说明。

【评价说明】

题号	答题思路	学业质量水平描述
（1）	依据材料、教材两种不同信息来源，纵观中国古代历史，得出：统一多民族封建国家的发展是主流，分裂割据局面是短暂的，即使在分裂时期也存在统一因素。	1-3　能够在解答某一历史问题时，尝试从多种渠道获取与其有关的材料；能够从所获得的史料中提取有关的信息。 2-4　能够在叙述历史时把握历史发展的各种联系。
（2）	运用学者的“变态”与“常态”的历史逻辑，思考五代十国的历史定位；将五代十国局面的出现与唐藩镇割据相联系，解释唐史研究者的看法；将后周世宗改革清除五代积弊，与北宋结束分裂局面相联系，解释宋史研究者的看法。	1-3　能够在解答某一历史问题时，尝试从多种渠道获取与其有关的材料。 2-2　能够将某一史事定位在特定的时间和空间框架下。 2-3　能够在对史事与现实问题进行论述的过程中，尝试运用史料作为证据论证自己的观点。 2-4　能够分析有关的历史结论；能够选择、组织和运用相关材料并使用相关历史术语，对具体史事做出解释。

参考答案

（1）主旋律：在中国古代历史长河中，“大一统”是中国古代历史发展的主旋律。

（2）唐史研究者的看法：五代十国的国君原先大多是唐朝藩镇的节度使，因此五代十国一定程度上就是唐朝藩镇割据的延续。宋史研究者的看法：五代后周世宗改革，清除五代积弊，国力逐渐增强，为后世北宋结束分裂局面奠定了基础。

张玲俐　扬州大学附属中学东部分校

课时教学设计 3

时移事易：隋唐制度的变化与创新

一、教学内容分析系统：课时教学主题的提炼

（一）提出的依据

1. 课标依据

新课标对本课时的课程内容要求：认识三国两晋南北朝至隋唐时期的制度变化与创新。

其一，新课标有明确的时间范畴，即三国两晋南北朝至隋唐时期。三国两晋南北朝时期是国家分裂和民族交融时期，隋唐是国家统一和全面发展时期。从三国两晋南北朝到隋唐，历经战乱分裂的中国重归统一，在大一统的格局之下，隋唐重新建立起适应全新大一统格局和社会发展的皇权与官僚政治相结合的政治体制，与此相适应，其他各项制度也在不断地进行变革和创新。

其二，新课标蕴含的核心概念是“制度变化与创新”。制度是人类社会发展到一定阶段的产物，包括政治制度、经济制度、军事制度、法律制度、文化制度等。隋唐时期，政治的演进表现出了几个明显的特征：统一、整合、开明、开放、积极进取和勇于创新。这一时期的选官制度、中枢机构、赋税制度在前朝政治文明的基础上进行了改革和创新，从而在制度上更加完善。

2. 教材依据

本课时的教材依据是第二单元第7课《隋唐制度的变化与创新》。第7课讲述了从魏晋南北朝到隋唐时期的制度建设，但着墨更多的是隋唐时期制度的变化与创新。隋唐时期是中国又一个大一统时期，是中国古代制度发展的重要阶段，其制度建设起到承前启后的作用。第7课承载着实现单元教学目标任务的重中之重。

教材第7课主要讲述了隋唐在承袭前朝的基础上所进行的制度创新，具体表现在以下三个方面：一是选官制度。从汉朝的察举制到魏晋南北朝的九品中正制再到隋唐的科举制，地方的选官权收归中央，打破了门第出身的限制，相对公平公正，古代选官制度逐渐走向成熟与完善。二是中枢机构。隋唐的三省六部制取代秦汉的三公九卿制，加强了君权，提高了办事效率，中央决策和行政体系日臻完备，这是古代政治制度的重大创新。三是赋税制度。从魏晋的租调制到唐朝的租庸调制和两税法，赋税制度的变化反映出国家对农民的人身控制逐渐松弛。

综上所述，本课时通过探究隋唐制度变化的原因、制度创新的表现及其作用，能够让学生更好地理解隋唐制度应时而变，适时而动，变中呈新。

3. 学术依据

钱穆在《中国历史精神》一书中提出“就中国历史讲，政治一统是常态，多统是变态”，“偶而（编者注：尔）在多统政治下，始终还有一个要求一统的观念之存在”。

阎步克教授在《波峰与波谷：秦汉魏晋南北朝的政治文明》一书中使用了“变态”“常态”“回归”等语言来描述这一时期的历史。魏晋南北朝的分裂动荡只是一种“乱世”现象，它理应回归“常态”。隋唐大一统局面的再度出现，是一种回归，是中国历史发展的常态，但“‘回归’是包含进化和发展的，而非全盘复旧”。因此，隋唐时期回归“常态”后，制度不断调整和创新，适应时代发展要求。正如钱穆在《中国历代政治之得失》中所说的“政治制度是现实的，每一制度，必须针对现实，时时刻刻求其能变动适应”。

（二）课时教学主题

隋朝废除九品中正制，创立了影响中国一千多年的科举制，唐朝时继承并完善了科举制度。隋朝为统治一个庞大的国家，建立以皇帝为首的金字塔式的统治体系，确立了三省六部制，唐朝时完善了三省六部制。北魏创立租调制，唐初发展为租庸调制，唐中后期，租庸调制难以为继，逐渐被两税法取代。综观隋唐时期的制度变化，我们发现制度演变是时代发展的产物。基于此，将本课时教学主题确定为“时移事易：隋唐制度的变化与创新”。

二、学情分析系统：初中与高中教学衔接分析

从新课标的内容要求看，2011年版初中课标对学生能力的要求主要为识记和浅层的理解。2022年版初中新课标不仅提出了五大核心素养，而且明确提出了更高层次的要求，体现在掌握必备知识，培养关键能力与核心价值。例如隋唐时期的课程内容中，“科举制度创建、大运河开通、文成公主入藏、鉴真东渡、玄奘西行等史事”为必备知识，“认识隋唐王朝在世界历史上的重要地位”则为核心价值。2022年版初中课标极大地推动了初中历史教学朝着培育核心素养方向发展，这也给我们初高中教学衔接提出了新的任务和要求。

比较项目	初中课标		高中课标
	2011年版课标	2022年版课标	
课标中的课程内容要求	5. 隋唐时期 知道隋朝的统一，了解科举取士制度的创建和大运河的开通；知道隋朝灭亡的原因。 知道唐太宗和“贞观之治”，知道唐玄宗和“开元盛世”，初步认识唐朝兴盛的原因。	1.5　隋唐五代十国时期 通过了解隋朝的兴亡、“贞观之治”与“开元盛世”，知道隋朝速亡和唐朝兴盛的原因；了解科举制度创建、大运河开通、文成公主入藏、鉴真东渡、玄奘西行等史事，从制度、经济、文学艺术、民族交往、中外文化交流等方面认识隋唐王朝在世界历史上的重要地位。	1.4　三国两晋南北朝的民族交融与隋唐大一统的发展 认识三国两晋南北朝至隋唐时期的制度变化与创新。

比较项目	初中教材	高中教材
部分教材课时设置	《义务教育教科书　中国历史　七年级　下册》 第一单元　隋唐时期：繁荣与开放的时代 第1课　隋朝统一与灭亡 第2课　唐朝建立与“贞观之治” 第3课　“开元盛世”	《普通高中教科书　历史　必修　中外历史纲要（上）》 第二单元　三国两晋南北朝的民族交融与隋唐统一多民族封建国家的发展 第7课　隋唐制度的变化与创新

三、教学目标分析系统：课时核心目标及其分解

（一）课时核心目标

知道从三国两晋南北朝到隋唐时期制度的变化，能够说明隋唐时期制度的创新之处及在历史上的作用；能够建构历史发展的前后联系，探寻历史发展变化的原因及其规律；能够分析时代变迁与制度演进之间的关系，理解制度演进是时代变迁的产物，同时对时代发展有促进作用。

（二）课时目标分解

1. 必备知识

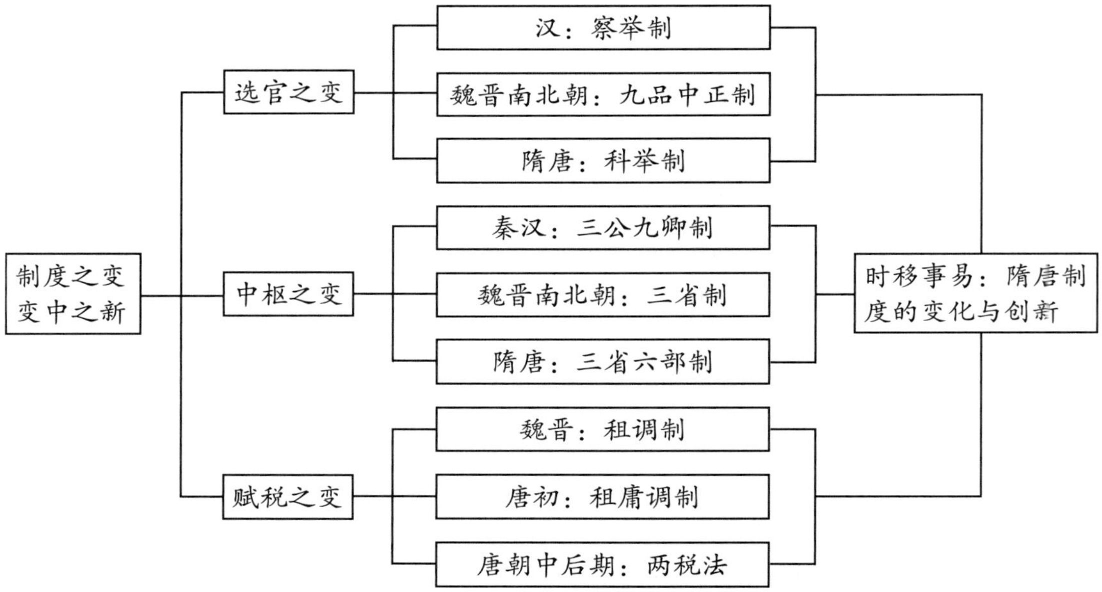

2. 关键能力

（1）获取历史信息能力：通过历史图片、文字史料与教材文本，能够全面获取隋唐选官制度、三省六部制、赋税制度的有关信息，了解其建立的背景、核心内容及历史影响。

（2）历史思维能力：通过分析科举制、三省六部制、两税法的利弊得失，培养辩证思维能力。

（3）历史阐释能力：能够从纵向上用时间轴梳理和阐释科举制、三省六部制、赋税制度的历史变化；能够从社会发展上横向探究和阐释制度变化的历史原因及经济、政治、思想文化之间的

互动关系。

（4）历史探究能力：将魏晋到隋唐时期的政治制度放在更宏大的历史时空背景下，探究制度变化的原因，以及变化过程中呈现的新特征，提高探究历史问题的能力。

3. 核心价值

通过本课时的学习，学生能够把握不同时期制度的变化，理解制度形成和变化背后的原因，辩证地认识各项制度的作用和影响，认识到制度应该根据时代的发展而变化与创新，进而发现历史发展的趋势与规律，形成正确的历史观，培养历史思维能力。

四、教学过程分析系统

课时教学设计3　时移事易：隋唐制度的变化与创新

【导入环节】通过问题设计导入本课时。

【关键问题】怎么理解“时移事易”？请列举古代正反两个事例。

【教师分析】“时移事易”是指随着时光推移，世事随之改变。“时移事易”是本课时的主题词，要让学生知道不同时期制度的变化，理解制度形成和变化背后的原因，认识制度应该根据时代的发展而变化与创新。

【设计意图】通过解释主题词，引导学生讲故事，激发学生学习的兴趣，使其更好地理解“时移事易”。结合本课时的内容，开门见山地点出本课时的主题和立意：时代在发展，制度要因时而变，不断调整，与时俱进。

【任务一】梳理选官之变，发现选官之新。

【关键问题】隋唐时期选官制度如何变？为何变？有何创新？

【学生活动】（1）让学生以时间轴的方式手绘古代选官制度的演变。（包含选官标准）（2）阅读教材第40页“历史纵横”中关于九品中正制产生的原因，探讨曹魏为何不再实行察举制。

【教师分析】不同时期采用不同的选官制度，从西周时期的世官制、战国时期的军功爵制到汉朝的察举制和魏晋南北朝的九品中正制，都是适应当时社会发展而不断调整的产物。汉朝的察举制由地方官自下而上向朝廷举荐人才，注重被举者的德才。汉末社会动荡，世家大族垄断选官，干扰人才选拔，乡里清议失去了社会基础。曹魏时期，朝廷为了选拔优秀人才，将选官权收归中央，实行九品中正制，既适应时代变化，又实现了加强中央集权的目的。

九品中正制在实行初期确实为国家选才发挥了积极作用，但到西晋时期，九品中正制的选官标准不再是德才兼备，门第成为选官的唯一标准，社会上出现了“上品无寒门，下品无势族”的情况。这时的九品中正制不仅不利于加强皇权，也不利于加强中央集权。随着寒门子弟在朝中占据更高品阶的官位，士族在朝中的影响力逐渐降低，维护其特权的九品中正制就走到了尽头。这时，科举制就应运而生。

隋唐以后，科举制成为中国官员选拔的重要制度。隋朝创立科举制，唐朝继承和完善科举制。唐太宗、武则天、唐玄宗进一步补充和发展了科举制，使科举制成为较为完备的人才选拔制度。

【设计意图】通过时间轴梳理历代选官制度的变化，凸显了选官制度的演变趋势，直观地显示了隋唐选官制度的变化，培养学生梳理历史发展脉络、概括历史事件发展趋势的能力。

【材料呈现】

材料一 隋唐时期，从统治阶层内部的关系来看，庶族中小地主的经济实力不断增强，他们积极要求参政，希冀通过某种形式改变自己卑微的政治地位。魏晋南北朝以来形成的士族豪门阶层，经过了社会剧烈变化，其经济实力和政治地位受到明显的减弱和下降。……统一中央集权官僚体制的确立，一方面需要进一步遏制地方割据势力，加强皇权，另一方面急需一大批高素质的官吏充实到政府各级行政机构之中去，从而使政令畅通，官僚机构得以正常运转，以实现进一步巩固中央集权的目的。

——刘景云、杨林等《图说科举制度》

材料二 隋唐时代的科举制一扫积弊，让所有的士子都可以“怀牒”自举，不需要经过地方世族豪门的推荐和评定。这项制度，不仅使对官员的选拔有了一个确定的标准（考试成绩），使参政机会更加公正，而且还开拓了社会人才资源，扩展了人才流动的空间，使政治更为透明、公开。

——摘编自王小甫等《创新与再造——隋唐至明中叶的政治文明》

材料三 进士科始于隋大业中，盛于贞观、永徽之际。缙绅虽位极人臣，不由进士者终不为美……其推重谓之“白衣公卿”，又曰“一品白衫”。其艰难谓之“三十老明经，五十少进士”……其有老死于文场者，亦所无恨。故有诗云：“太宗皇帝真长策，赚得英雄尽白头！”

——王定保《唐摭言》卷1《散序进士》

材料四 科举考试的利弊和影响是重大而复杂的。它既有维护统一与普及文化的作用，又有压抑个性与阻碍科技的后果；既有澄清吏治与鼓励向学的一面，也有做官第一与片面应试的一面。

——摘编自刘海峰《重评科举制度——废科举百年反思》

【问题设计】（1）根据材料一，概括隋唐实行科举制的原因。（2）根据材料二并结合所学知识，分析科举制的创新之处。（3）根据材料三、材料四并结合所学知识，谈谈科举制对中国历代王朝统治有什么影响。

【教师分析】社会经济的发展为供养大批脱离生产的官僚队伍提供了物质保障，于是，为进一步巩固中央集权，吸纳寒门俊才进入官僚阶层，彻底改变世家大族垄断官位的状况，迎合地主经济发展的选官制度——科举制应运而生。科举制是在士族门阀庄园经济衰落、庶族地主经济发展的历史背景下，为适应加强中央集权的政治需要而产生的。科举制与其他选官制度相比较，其创新之处在于具有集权性、公平性、公开性。科举制扩大了统治基础，提高了官员的文化素质，加强了中央集权；促进了社会阶层的流动，缓和了社会矛盾；推动读书风尚的发展，促进了社会重学风气的形成；体现了相对的社会公平，促进了社会的发展。但是，科举制的选拔标准单一，压抑个性，以儒学作为考试内容，忽视了技能的发展。从长远来看，科举考试将人的思想严重禁锢，阻碍了社会的进步与转型。

【设计意图】通过史料解读，理解科举制从根本上说是社会经济发展到一定阶段的产物，科举制是应时代要求而产生的选官制度。引导学生根据材料并结合所学知识，获取相关的历史信息，发现科举制的创新之处，引导学生辩证地分析科举制的利弊，学会全面客观地看待问题，培养学生的唯物史观。

【任务二】梳理中枢之变，探究中枢之新。

【关键问题】西汉到隋唐时期中央官制的演变过程是怎样的？为何而变？有何创新？

【学生活动】阅读教材中的相关材料，梳理西汉到隋唐时期中央官制的演变历程。

【材料呈现】

材料五　皇权与相权的矛盾在于皇权的至高无上不能容忍相权的显赫地位，这正是中央官僚领导体制由三公九卿制向三省六部制演变的关键所在。从东汉后期起，一些豪强大族的势力迅速发展，到这一时期形成了一批高门望族。他们占有大量的土地，控制着许多的农民，形成地方上的割据势力，从而威胁到皇权。世家大族在皇权衰落时，世袭垄断各种特权，在政治、经济、社会等各方面拥有特殊优越的地位，他们的实力非常的强大，影响甚至制约了皇权对重大军政的最后决策，从而威胁到皇权。

——摘编自韩国磐《略论由汉至唐三省六部制的形成》

材料六　阅读教材第42页的《唐朝三省位置图》。

【问题设计】（1）根据材料五，概括隋唐时期确立和完善三省六部制的原因。（2）根据材料六并结合所学知识，分析相较于秦朝中央官制，三省六部制有哪些新的发展及作用。

【教师分析】西汉前期继承了秦朝的三公九卿制。汉武帝时设立中朝，丞相权力被削弱，中朝成为国家中枢机构。西汉晚期，中朝尚书权力大增，尚书组织从机构到人员有了很大的发展。东汉建立后，仍实行三公九卿制，但东汉后期，尚书台已成为行政中枢所在，三公的权力被大大削弱。魏晋南北朝时形成三省制。隋朝统一全国后，顺应社会生产力发展的要求，实行了一些政治改革，地主经济得到进一步的发展，经济的发展反过来又推动政治改革，促使中小地主势力能较为顺利地登上了政治舞台，从而扩大了地主阶级的统治基础。在这样的时代背景下，隋朝在官僚机构的建制方面做出了重大改革，确立了三省六部制。唐初统治者致力于国家制度建设，在隋朝制度的基础上完善了三省六部制，为唐朝前期的持续发展繁荣提供了政治制度上的保障。

三省的职权分工明确，又彼此制约，这是三省六部制的特点。三省六部制也有不足之处，那就是效率较低下。如果各个部门之间出现严重的分歧，政令就难以顺利地贯彻和执行。为了解决这个问题，唐朝在门下省设立了政事堂专门议事。开元年间，迁政事堂到中书省，后又将政事堂改名为中书门下。三省集思广益，有利于减少皇帝独断造成的决策失误；三省职权分工明确，有利于提高办事效率；三省分割相权，避免权臣独揽大权，有利于加强皇权。

【设计意图】三省六部制是本课时的重点内容之一，运用史料分析三省六部制形成的原因，培养学生解读信息的能力，理解三省六部制的确立是国家统一以后，地主经济发展，加强君主专制的需要。学生通过结合三省的设置，掌握三省六部的职能分工和创新之处，思考三省六部制的实质。

【任务三】梳理赋税之变，分析赋税之新。

【关键问题】魏晋到唐朝的赋税制度是如何演变的？为何而变？有何创新？

【学生活动】阅读教材中的相关材料，梳理魏晋到唐时期赋税制度的演变历程。

【材料呈现】

材料七 玄宗之末，版籍浸坏，多非其实。及至德兵起，所在赋敛，迫趣取办，无复常准。赋敛之司增数而莫相统摄，各随意增科，自立色目，新故相仍，不知纪极。民富者丁多，率为官为僧以免课役，而贫者丁多无所伏匿，故上户优而下户劳。吏因缘蚕食，旬输月送，不胜困弊，率皆逃徙为浮户……

材料八 先计州县每岁所应费用及上供之数而赋于人，量出以制入。户无主客，以现居为簿，人无丁中，以贫富为差。为行商者，在所州县税三十之一，使与居者均，无侥利。居人之税，秋、夏两征之。其租庸调、杂徭悉省。

——材料七、材料八均摘自［宋］司马光等《资治通鉴》卷266

材料九 每州各取大历中一年科率钱谷数最多者，便为两税定额，此乃采非法之权令以为经制，总无名之暴赋以立恒规。

——［唐］陆贽《翰苑集》

材料十 国家定两税，本意在忧人。厥初防其淫，明敕内外臣：税外加一物，皆以枉法论。奈何岁月久，贪吏得因循。浚我以求宠，敛索无冬春。

——［唐］白居易《白居易集》卷2《重赋》

【问题设计】（1）根据材料七，概括唐朝后期实行两税法的背景。（2）根据材料八并结合所学知识，分析两税法的创新之处。（3）根据材料九、材料十并结合所学知识，谈谈你对两税法利弊的认识。

【教师分析】税收是中国古代政府财政收入的主要来源。魏晋到隋唐时期的赋税制度，有租调制、租庸调制、两税法。不论是租调制还是租庸调制，都建立在均田制的基础上，因此，要理解租调制和租庸调制，必须先了解均田制。北魏孝文帝改革，颁布均田令，实行租调制。均田制下国家对分配的土地拥有所有权，而受田农民则获得对这些土地的使用权。到了唐初，租调制发展为租庸调制。这一赋税制度能够保证农民有较充分的生产时间，而且能够给政府带来财政收入。

然而，均田制的实施有很大的不稳定性。天宝年间，土地兼并现象严重，均田制被破坏，租庸调制无法维持。加上安史之乱后军费增加，各地方统治者乱收杂税，赋税制度的改革势在必行。为解决财政困难，780年，唐德宗接受宰相杨炎的建议，实行两税法。

两税法，一年分夏季和秋季两次纳税。两税法统一税制，简化了征收名目，扩大了收税对象，增加了政府财政收入。两税法是中国古代赋税制度的重要变革，改变了自战国以来以人丁为主的赋税制度，减轻了政府对农民的人身控制。但两税法也有不少弊端，如税外加征，这使人民负担逐渐加重。

【设计意图】帮助学生梳理魏晋到唐朝时期赋税制度的变化，强化学生对赋税制度变化的认识，培养学生的时空观念。运用史料阅读和对比分析，得出两税法的创新之处，培养学生史料阅读、历史解释的能力。利用教材第43页“探究与拓展”中的“问题探究”分析两税法的利弊，培育学生史料实证、历史解释及唯物史观的核心素养，进而对事物形成正确、全面、客观的认识。

【课堂小结】结合课堂板书进行课堂小结：正因为有制度方面的不断变化与创新，才成就了历史上的隋唐盛世。

五、教学评价分析系统

（一）学业质量水平划分

水平1：能够知道从汉到隋唐选官制度的变化与特定的时间、空间之间的联系，掌握科举制创立和发展的史实，认识科举制在历史上的作用；通过汉至唐中枢机构的变化，掌握三省六部的职能、分工，概括三省六部的运行及其意义，知道三省六部制是古代政治制度的重大创新；了解魏晋到唐赋税制度的变化，归纳概括两税法实行的原因、内容、特点及创新意义。（时空观念、历史解释、史料实证）

水平2：能够利用历史图片和史料对三国两晋南北朝至隋唐时期制度的变化与创新加以描述；能够从史料中提取信息，尝试运用材料作为证据论证自己的观点（比如在理解材料的基础上分析科举制的特点及作用，归纳三省六部制的特点及影响，总结两税法的特点及影响）；能够在具体的时空背景下分析制度变化的原因，并且能够辩证地认识各项制度的作用和影响。（史料实证、时空观念、唯物史观、历史解释）

水平3：在唯物史观指导下，能够运用生产力与生产关系、经济基础与上层建筑关系的理论，理解制度的发展变化；能够运用史料对制度变化的原因进行概括及说明（比如科举制是在士族门阀庄园经济衰落、庶族地主经济发展的历史背景下，为了适应加强中央集权的政治需要而产生的）；能够运用文字史料与教材阐释科举制、三省六部制、两税法的创新之处；能够从唯物史观角度辩证分析科举制、三省六部制、两税法的影响，认识到这三项制度的利弊；能够理解制度形成和变化背后的原因，认识制度应该根据时代的发展而变化与创新。（唯物史观、历史解释、史料实证、家国情怀）

水平4：在对隋唐制度变化与创新进行分析的过程中，能够将制度的实施置于具体的时空框架下，认识制度应该根据时代的发展而变化与创新，进而发现历史发展的趋势与规律，形成正确的历史观，培养历史思维能力。（唯物史观、历史解释、史料实证、家国情怀）

（二）学业质量水平测试

阅读材料，回答下列问题。

材料一　随着南北朝以来经济的发展，中小地主与富裕农民的数量日益增多，他们要求打破门阀士族的限制，在政治上得到发展。这一要求与隋朝打击豪强地主，加强中央集权的政策是相符合的。因此，魏晋以来为豪强地主所操纵的选拔官僚的“九品中正制”，就在隋文帝时被废除了。

——摘编自白寿彝总主编《中国通史》

材料二　隋唐开始的科举始终将儒家经典作为考试的主要内容。自隋唐以后，各代“大小之官，悉听吏部；纤介之迹（编者注：官员大大小小的行为），皆属考功”。科举选官制度，使一些本来无立锥之地的平民书生，通过科场也得以晋身于官僚、贵族的行列。这样一来，在社会的等级阶层之间，也就必然会出现等级中的升降，甚至贵贱间的对流，这种流动性又同时为那些原来既非官僚，也不是地主的人步入官僚队伍，提供了可能性。

——摘编自胡平《试论科举对中国古代政治制度的影响》

（1）根据材料一并结合所学知识，概括隋文帝废除九品中正制的原因。

（2）根据材料二并结合所学知识，概括分析科举制度对中国古代政治的影响。

【评价说明】

题号	答题思路	学业质量水平描述
（1）	根据材料“随着南北朝以来经济的发展，中小地主与富裕农民的数量日益增多”“打击豪强地主，加强中央集权”等信息归纳隋文帝废除九品中正制的经济、政治原因，并结合所学知识概括出九品中正制的弊端。	1–3 能够在解答某一历史问题时，尝试从多种渠道获取与其有关的材料；能够从所获得的史料中提取有关的信息。
（2）	根据材料“科举始终将儒家经典作为考试的主要内容”“大小之官，悉听吏部”“在社会的等级阶层之间，就必然出现等级中的升降，甚至贵贱间的对流，这种流动性同时为那些原来既非官僚，也不是地主的人步入官僚队伍，提供了可能性”等信息辩证分析科举制度对中国古代政治的积极影响和消极影响，培养学生的辩证思维能力。	2–1 能够理解唯物史观是科学的历史观。 2–4 能够选择、组织和运用相关材料并使用相关历史术语，对具体史事做出解释。

参考答案

（1）原因：经济的迅速发展，推动庶族地主要求获得政治权利；九品中正制的弊端日益暴露；打击豪强势力、加强中央集权的需要。

（2）影响：提高了官员的文化素质；有益于社会重学风气的形成；加强了中央集权；打破了特权垄断，扩大了统治基础（或官吏来源）；但选拔标准单一，严重禁锢了人们的思想，阻碍了社会转型。

邓　惠　江苏省扬州中学

课时教学设计 4

交融创新：三国至隋唐的文化

一、教学内容分析系统：课时教学主题的提炼

（一）提出的依据

1. 课标依据

新课标对本课时的课程内容要求：认识三国两晋南北朝至隋唐时期的思想文化领域的新成就。“三国至隋唐”是本课时的时空范畴，实际上包括两个阶段，即三国两晋南北朝的分裂阶段和隋唐大一统阶段。一般认为，这两个阶段之间的关系是矛盾的对立与统一关系，分裂时期的民族交融、区域开发有利于大一统时代的到来。思想文化的发展有历史的阶段性，但更是一个渐进的、长期的过程，将三国至隋唐时期看成一个完整的阶段，更容易理解和学习。本课时的核心内容是“思想文化领域的新成就”，就其历史逻辑而言，了解三国两晋南北朝政权更迭的历史脉络，理解隋唐时期封建社会的高度繁荣，是认识这一时期思想文化领域新成就的前提和基础。

2. 教材依据

本课时的内容对应教材四个子目的内容，四个子目为并列关系，教材选择了能代表这一时期文化发展的最高成就和最能体现时代特色的内容。

在思想领域，儒学吸收了道教和佛教思想，有了新发展；道教兴起于东汉末年，并逐步与儒家思想相结合，成为统治者的统治工具；佛教自东汉传入，逐渐被中国化且影响广泛，给社会带来了危害。儒学、道教和佛教三者相互影响，呈多元特征，但儒学的主流地位相对突出。教材在导入部分设置了佛教传入中国的历史情境，辅以《白马寺》的图片，弥补了正文叙史的不足。玄学是魏晋思想的重要组成部分，能够体现这一时期的思想特征，但较难理解，第一子目的“历史纵横”，对魏晋玄学产生的社会原因、主要思想内容及表现进行简介，作为正文的补充。从学习要求上看，不需要掌握，了解即可。

在文学领域，三国两晋南北朝时期的文学成就承上启下，地位独特，教材选取了具有代表性的建安文学、陶渊明田园诗、南朝骈文、南北朝民歌等文学形式。唐朝是文学发展的高峰，李白和杜甫的作品代表了唐诗的最高成就。第二子目的“史料阅读”讲述了元稹和白居易的诗歌，旨在说明当时唐诗的发展成就及其产生的巨大影响。

在艺术领域，书法、绘画、石窟雕塑艺术代表这一时期艺术的最高水平。教材选取了多幅图片，旨在培养学生的艺术鉴赏能力。《杨大眼造像记》和《姨母帖》分别是碑和帖的代表，体现了

北朝的雄健和南朝的秀美。颜真卿的《多宝塔感应碑》和柳公权的《金刚经碑》是唐朝楷书的典范，怀素的《自叙帖》是草书艺术的杰作。《洛神赋图》和《送子天王图》是“以形写神”的代表作。《龙门石窟宾阳中洞的佛像》是北魏晚期“秀骨轻像”的典型代表，反映了佛教中国化的成果。《胡旋舞》是民族交融的见证，但篇幅有限，只能在辅文（图片和图注）中展现，不作为学习要求。

教材着重列举了文学艺术的成果，对其背景和影响的介绍相对较少，也没有交代流变历程，因此高一学生容易陷入知识误区，可能会困于具体史实的识记。教材第47页的“思考点”为教学点明教学目标，培育学生唯物史观和历史解释核心素养，学生通过学习文学艺术的成果，分析魏晋南北朝至隋唐时期文艺成就达到高峰的原因，从而认识社会存在对社会意识的影响。

在科技领域，魏晋南北朝时期在诸多方面取得新成果，隋唐时期科技走在世界前列。教材介绍了数学、农学、地理学、建筑、雕版印刷、火药、天文、医学等方面的成就。图片《雕版印刷〈金刚经〉卷子》证明了唐朝文化和科技的鼎盛。

在中外文化交流领域，教材重点介绍了以佛教传播为媒介的中外文化交流；简要介绍了唐都城长安和港口城市广州、泉州的对外交流情况；以《唐朝对外主要交通路线示意图》说明了唐朝对外交通的发达及与域外经济文化交流之广。这一子目的“思考点”旨在探讨中国文化对周边国家的影响。而在“问题探究”中，则用史料呈现了唐朝文化艺术领域所受到的域外文化的影响，作为正文的延伸拓展。至于文化交流与传播方面更多详尽的内容，在《普通高中教科书　历史　选择性必修3　文化交流与传播》中有具体讲述。

3. 学术依据

从文化的发展原因上看，三国两晋南北朝时期社会动荡、政权更迭、国家分裂，但同时也是民族大交融、经济文化大发展的时期。“魏晋南北朝时代民族新分子之羼杂，只引起了中国社会秩序之新调整，宗教新信仰之传入，只扩大了中国思想领域之新疆界。在中国文化史里，只见有吸收、交融、扩大，不见有分裂、斗争与消灭。”隋唐时期，国家统一，经济繁荣，国力强盛，为文化繁荣奠定基础。“唐代的艺术在书法、绘画、石刻等领域都取得前所未有的成绩，其中既有对南北朝文化的继承发展，也有对域外文化的吸收、融合与创新。”

从文化的特质上看，魏晋南北朝时期，人们逐渐追求个性发展，“无拘无束地凭借着自己的个性、思想、学识来设计自己的理想模式，而迷惘与追寻、困惑与探索相混杂的心态，外来文化同民族文化的冲突交融又与之交织纠缠在一起”，但这也是人们觉醒的时代，“对人自身的认真思考，对人本体的全面探索，对精神意境的追求和对理想人格的塑造便构成了思想界的主流”。

从文化的发展阶段上看，“魏晋南北朝是一个变动转型的时代，是一个披荆斩棘的耕耘期，而不是丰收的季节。政治动荡、社会分裂给其发展以多方面的制约，故其所达到的文化高度，远远不能和隋唐相提并论。但是，隋唐文化发达的基本条件，却是在魏晋南北朝时代形成的”。

学者们的研究成果为本课时的教学主题提供了重要学术依据，教学必须从三国至隋唐这一特定的时代出发来认识文化发展的背景及其内容特质。

（二）课时教学主题

魏晋南北朝时期，民族交融加速，封建经济继续发展，江南地区得到开发，这为当时文化的发展奠定了基础。中原文化在吸收外来文化、少数民族文化的基础上实现了自我更新，成为国家走向统一的精神纽带。隋唐经济发展、政局稳定、对外开放，继续推动文化交融并走向创新。结合以上知识线索，将本课时的教学主题确定为“交融创新：三国至隋唐的文化”。

二、学情分析系统：初中与高中教学衔接分析

学生在七年级时已经对魏晋南北朝时期的科技、书法、绘画、石窟雕塑、唐代诗歌、中外交流有初步了解。高中教材增加了儒学、道教与佛教的发展，隋唐科技，建安文学，田园诗，骈文，南北朝民歌等内容。在学习要求上，不但增加知识容量，而且更加注重能力要求的提高。在梳理历史脉络的基础上，引导学生透过文化成就的表现去认识其社会发展的背景，探讨文化繁荣的原因，认识三国至隋唐时期思想文化发展的特征，从而感悟文化传承与创新的力量，理解不同民族、地区文化的交流、借鉴和交融是文化创新的发展路径，帮助学生树立正确的文化观。

<table>
<tr><th rowspan="2">比较项目</th><th colspan="2">初中课标</th><th rowspan="2">高中课标</th></tr>
<tr><th>2011年版课标</th><th>2022年版课标</th></tr>
<tr><td>课标中的课程内容要求</td><td>4. 三国两晋南北朝时期
知道祖冲之的数学成就，初步认识书法艺术。了解北方农业技术的成熟和农历。
5. 隋唐时期
以文成公主入藏、鉴真东渡、玄奘西行等史实为例，说明唐代民族和睦与中外文化交流的发展。
通过经济繁荣、开放的社会风气和唐诗的盛行，了解盛唐的社会气象。</td><td>1.4　三国两晋南北朝时期
通过了解这一时期的科技和艺术成就，如祖冲之的数学成就，认识传统文化的继承与创新。
1.5　隋唐五代十国时期
了解文成公主入藏、鉴真东渡、玄奘西行等史事，从文学艺术、中外文化交流等方面认识隋唐王朝在世界历史上的重要地位。</td><td>1.4　三国两晋南北朝的民族交融与隋唐大一统的发展
认识三国两晋南北朝至隋唐时期的思想文化领域的新成就。</td></tr>
</table>

<table>
<tr><th>比较项目</th><th>初中教材</th><th>高中教材</th></tr>
<tr><td rowspan="2">部分教材课时设置</td><td>《义务教育教科书　中国历史　七年级　上册》
第四单元　三国两晋南北朝时期：政权分立与民族交融
第20课　三国两晋南北朝时期的科技与文化</td><td rowspan="2">《普通高中教科书　历史　必修　中外历史纲要（上）》
第二单元　三国两晋南北朝的民族交融与隋唐统一多民族封建国家的发展
第8课　三国至隋唐的文化</td></tr>
<tr><td>《义务教育教科书　中国历史　七年级　下册》
第一单元　隋唐时期：繁荣与开放的时代
第6课　隋唐时期的中外文化交流
第7课　隋唐时期的科技与文化</td></tr>
</table>

三、教学目标分析系统：课时核心目标及其分解

（一）课时核心目标

梳理三国至隋唐时期儒学、道教和佛教的发展，以及文学艺术、科技和中外文化交流等重要

文化现象，在时空框架内分析诸多文化现象的特征及其成因，认识文化的交融创新及其影响，从文化发展的视角理解统一多民族封建国家的发展，感受中国传统文化的魅力。

（二）课时目标分解

1. 必备知识

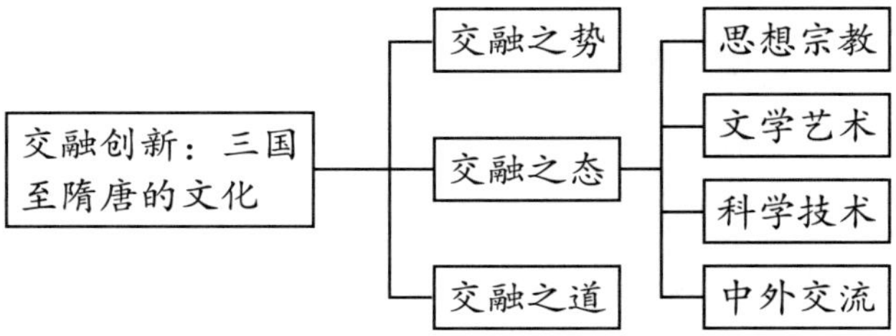

2. 关键能力

（1）获取历史信息能力：引导学生阅读教材，梳理三国至隋唐时期的思想和宗教、文学艺术、科技及中外文化交流的相关史实，让学生学会用表格整理归纳这一时期的文化新成就。

（2）历史思维能力：用历史地图展示魏晋南北朝时期的分裂割据和人口流动情况，引导学生认识文化发展的特定时空背景，培养其时空观念；结合史料和教材，引导学生分析佛教在中国广泛传播的多方面影响，培养其辩证思维能力。

（3）历史阐释能力：利用图片展示这一时期的文学作品、书法作品、石窟佛像，引导学生欣赏文艺作品，提升其鉴赏和审美能力；通过图片对比，认识多元的艺术风格及其融合。

（4）历史探究能力：利用教材第47页“思考点”，组织学生讨论分析魏晋南北朝和隋唐时期文艺成就达到高峰的原因。结合教材第49页《唐朝对外主要交通路线示意图》和史料，在具体的时空背景中探讨中国文化的对外影响。

3. 核心价值

（1）通过了解三国至隋唐的文化新成就及其对外影响，感受优秀传统文化的魅力，增强对中华文化的认同感，体会中华文化的历史价值和现实意义，树立中华民族的文化自豪感。

（2）通过对三国至隋唐的文化发展原因的探究，认识文化的发展离不开社会环境，离不开对异质文化的包容与吸收，由此树立正确的文化发展观。

四、教学过程分析系统

课时教学设计4　交融创新：三国至隋唐的文化

【导入环节】通过呈现材料导入本课时。

【材料呈现】

材料一　建武四年（497年），（南齐张融）病卒，遗令建白旐无旒，不设祭，令人捉麈尾登屋复魂。曰：“吾生平所善，自当陵云一笑。三千买棺，无制新衾。左手执孝经、老子，右手执小品法华经。妾二人哀事毕，各遣还家。”

——［唐］李延寿《南史·张融列传》

【问题设计】南齐人张融生前立下遗嘱，要求入殓的时候自己左手拿《孝经》《老子》，右手拿着小品《法华经》。这反映了怎样的观念？这种观念形成的时代背景是什么？

【教师分析】《孝经》和《老子》分别是儒家和道家的典籍，小品《法华经》则是佛教的经卷，遗嘱说明了儒学、佛教、道教思想共同影响了张融，这反映了魏晋南北朝时期儒学、佛教、道教思想融合的迹象。

【设计意图】引导学生从解读历史现象入手，认识这一时期的文化特征，引入本课时的教学主题。

【任务一】走向交融之世：知道三国至隋唐时期文化发展的时代背景。

【关键问题】文化是特定时空的产物，三国至隋唐的文化产生在什么样的社会环境之中？

【材料呈现】

材料二　阅读地图材料:《魏晋南北朝分裂割据图》和《五胡乱华》图。

材料三　西晋王朝的灭亡，造成中原人口的大迁徙。流民的去向大致有三：第一是大规模向南方移动，数量以百万计。第二是向东北地区转移，大量士人托庇于鲜卑慕容氏，帮助燕国强盛起来。第三是向西北迁徙，特别是在凉州一带建立起汉人政权，造就西北河西地区文化的进步和发展。

——龚书铎主编，韩昇分册主编《中国文化发展史：魏晋南北朝卷》

材料四　唐朝与300多个国家和地区保持友好往来，来到唐朝的使者、商人、艺人等络绎不绝。

——李庆新《唐代广州贸易与岭南经济社会变迁》

【问题设计】三国至隋唐的社会环境有何特征？这些特征为什么有利于文化的发展？

【教师分析】历史唯物主义认为，文化的发展离不开不同文化之间的交流交融，具有特殊时代精神的文化不是机械地由政治、经济因素而产生。文化的交融大多以两种基本形式展开：和平交融与暴力冲突。不管哪一种形式，最终都会走向文化的融合。分裂的魏晋南北朝和统一的隋唐有共同的特征，具体表现为它们都具备有利于文化交融的社会氛围。魏晋南北朝时期，少数民族的内迁和中原人口向南方及边疆地区的大迁徙是促成文化传播的重要因素。人口的迁徙促成了民族的交融，三国至隋唐时期取得的文化领域新成就都能够在民族交融前所未有的成功中寻找到动力。唐朝的对外开放有利于人口的国际流动，外来文化大量涌入是这一时期文化发展的显著特点，也是唐文化走向繁荣的保障。

【设计意图】要引导学生从记忆文化“是什么”转变为学习文化“为什么”，必须首先引导学生走进历史现场。通过地图和示意图让学生认识文化产生的特定时空，用中原人口大迁徙这则史料补充教材叙史之不足，让学生更全面地认识中国境内人口流动和民族交融的双向性；用唐朝对外开放的史料说明人口的国际流动。由此，学生可以更好地认识到，三国至隋唐是一个有利于文化交融的时代，为接下来了解文化成就及其特质打下了良好的基础。

【任务二】细看交融之态：认识三国至隋唐时期文化交流交融的成果。

【关键问题】三国至隋唐的文化发展有何特征？哪些因素促成了文化的发展？

1. 思想宗教

【材料呈现】

材料五 道教所关心的，是社稷荣衰、战争胜负、命运穷达、人生贫富等社会现实问题。佛教与人们欲求脱离苦海的愿望产生共鸣，僧人们还吸取道家的道术，关心人们的现世利益……

——摘编自卜宪群《中国通史》

【问题设计】魏晋南北朝时期，为什么佛教、道教能迅速发展？儒学、佛教、道教思想发展呈现怎样的趋势？北周等朝代的统治者为何要"灭佛"？

【教师分析】董仲舒用"天人感应"理论构建了汉代的统治思想体系，强调个体对整体的认同。东汉王朝的覆亡，引发了对个体生命价值的重视。早期的"竹林七贤"用乖张的行为，对黑暗的政治进行批判，但内心仍坚守儒家，他们所要摈弃的是压抑个性、阻碍个人发展的虚伪说教。主流文化秩序的崩塌，政局动荡，人民颠沛流离，这种情况下人们需要精神上的一种寄托，所以佛教和道教在这个时期得到迅速发展。但无论是佛教还是道教，都没能真正取代儒家成为主流思想。这是因为寺院经济阻碍国家赋税徭役的发展；出世态度有悖于儒家伦理纲常；佛教、道教都不能适应乱世枭雄争霸的需要。佛教自传入中国之初就表现出经典翻译与思想理论表述上对中国传统文化的依附和妥协，试图与儒家伦理观念相融通，以适应中国文化状况。名画《虎溪三笑图》中的人物处于东晋时期，但"虎溪三笑"之说却流行于唐宋之际，反映出了这一时期三教思想走向融合的趋势。

【设计意图】通过阅读教材和史料，让学生认识到佛教和道教思想传播的时代因素。思想史理论性较强，但利用历史细节，可以激发学生的兴趣，引导学生思考故事背后的历史表现，培养学生的历史解释能力。由此，学生能够认识到，思想的多元共存乃至走向融合的趋势都是在特殊的社会背景下完成的。

2. 文学艺术

【材料呈现】

材料六 阅读北朝民歌《敕勒歌》、南朝民歌《西洲曲》。

材料七 阅读教材第46~47页的相关图片：《杨大眼造像记》、《姨母帖》（摹本）、《多宝塔感应碑》、《金刚经碑》、龙门石窟宾阳中洞的佛像、敦煌莫高窟壁画《胡旋舞》。

材料八 诗人们在五言诗、七言诗的创作中，积累了运用声律、对偶、用典等方面的成功经验，并已尝试写作短小体制的诗歌（或四句或八句），为律诗、绝句的出现准备了必要条件。

——摘编自何楠《概论魏晋南北朝文学》

材料九 南北朝时期中国佛教艺术是完成了本土化的第一个进程，在这个进程中体现出中国传统艺术对外来艺术的巨大融合和改造能力。

——袁行霈、严文明等主编《中华文明史（第二卷）》

材料十 由于大一统文化组织拥有国家所鼎助的雄厚的财力、人力和物力，又能借政权之力，充分吸收民间传统的智慧，从而得以克服个体科学研究所面临的势单力薄、孤立无援等一系列实际困难，创造了突出的文化成果。

——冯天瑜、何晓明、周积明《中华文化史》

【问题设计】(1)三国至隋唐时期的文学艺术有何特征？（2)佛教在中国的传播对艺术产生了哪些影响？文学艺术为什么会在唐朝走向繁盛？

【教师分析】民歌是南北朝文学的代表，最能体现南北分裂的特征。南歌和北歌总体上有以下不同：在情感表现上，南歌婉转缠绵，北歌直率粗犷；在语言风格上，南歌文辞华美，手法巧妙，北歌质朴刚健。魏晋南北朝时期，各种书体均已形成完整的体系，到隋唐时融汇南朝的秀美和北朝的雄健，创造出新的风格。石窟艺术是佛教在中国传播的结果，本身也反映了佛教中国化的过程，胡旋舞是中外文化交融的表现。唐诗是隋唐文化的瑰宝，是在继承前代优秀诗歌文化的基础上发展起来的。

文学、书法、雕塑、绘画均从佛教文化中汲取到了营养。魏晋南北朝时期的文化多元包容、开放交融的趋势为隋唐文化的全面繁荣奠定了基础。大一统时代强大的政治经济实力，是隋唐文化全面繁荣的保障。

【设计意图】通过直观的作品展示和解读，让学生学会欣赏美，同时渗透审美教育，培养其艺术鉴赏能力，让学生感受到中华优秀传统文化的魅力，增强文化自信。在辨别不同艺术风格的同时，能够加深对特定历史时期文化特质及其成因的理解，认识到民族的交融、中外文化的交融、儒释道三教的圆融，构成了中古时期文化发展的底色。基于唯物史观的培养，着重让学生全面了解某一时期政治、经济、文化的发展状况和互相联系，从文化交流的角度探讨文化发展的整体性、多元性、继承性和内在发展逻辑。

3. 科学技术

【材料呈现】

材料十一　作为不同文化之间交流的媒介，在数量庞大的佛经中，包含了大量的科学技术信息。作为文化交流最活跃的主体，中外僧人既是佛学理论丰富的信仰者，也是各种知识的拥有者，在译经弘法的过程中，在佛教私学教育中扮演了重要的角色，客观上为科学的交流和传播发挥了重要的作用。

——李小花《魏晋南北朝时期佛教对科学的影响》

材料十二　舍本逐末，贤哲所非；日富岁贫，饥寒之渐，故商贾之事，阙而不录。

——［北魏］贾思勰《齐民要术·序》

【问题设计】魏晋南北朝时期的科学技术在诸多领域取得了新成果，到隋唐时期就走在了世界前列。那么，这一时期的科技发展有何特征？

【教师分析】佛教吸收早期印度科技知识，在教义中形成了一系列对天文术数的探索和理论。魏晋南北朝时期，随着佛经传入，大量外来科技知识被介绍到中国，众多拥有科技知识的僧人充当了促进中外知识交流的角色。道教被儒学主流文化拒绝的传统知识也在中外交流互动中被重新发掘出来。这一时期的科技杰出成就的特点在于中外文化交流开阔了中国人的科技视野，外来科技知识，推动了中国科技进步，丰富了中国科学成果。隋唐时社会各方面高度繁荣，政治稳定、经济发展、文化包容等都推动了科技发展，且各种要素互相影响。中国古代的科技都注重实用性，为农业经济和农业社会的发展服务。贾思勰生活在北朝，目睹了北魏以前长期的分裂割据局面，深感农业对强国富民的重要性与迫切性。他强调农业生产要遵循自然规律，强调以农为本，限制工商。

【设计意图】首先，让学生初步认识魏晋至隋唐时期的科技新成就。其次，引导学生阅读史料，认识佛教对科学技术的影响，从文化交流的视角分析科技发展的原因。最后，引导学生认识到科技发展不仅不能脱离现实，还要服务于现实。

4. 中外交流

【材料呈现】

材料十三 在今天的世界上，围绕宗教问题，以血还血、以牙还牙的暴力冲突此起彼伏。在这种情况下唯有佛教，而且是东亚的佛教一直远离争斗，成为和平的象征。每当我想到我们正享受着佛教带来的莫大的恩惠之时，都觉得应该重新审视隋唐佛教所具有的意义，正是隋唐的佛教给东亚地区带来了共同的精神基础。

——［日本］气贺泽保规《绚烂的世界帝国：隋唐时代》

【问题设计】阅读材料并结合教材第49页的《唐朝对外主要交通路线示意图》，思考隋唐时期中外文化交流有何特点，中华文化对周边国家产生哪些影响。

【教师分析】交流地域范围广，与欧洲、中亚、西亚及南亚通过陆路或海路发生联系；交流内容广泛，涉及物质文明、精神文明领域；佛教在中外文化交流中占有特殊地位。中外佛教的交流既有西域高僧到中原传经，也有中国僧人沿丝绸之路到天竺取经，还有中国僧人到周边国家传教、周边国家到中国取经，如东晋的法显、唐朝的高僧玄奘以及鉴真六次东渡日本传教。在与外界不断交流与传播文化的过程中，中华文化扮演了文化“中转站”和交流“增强器”的双重角色。唐朝时期中外文化交流频繁，周边各国以中华文化为榜样，通过向隋唐派遣使者和留学生等方式，积极学习并吸收中华文化成果。中华典章制度、思想文学、生活方式和文化观念等深刻渗入日本、朝鲜和越南，最终形成了以中华文明为基础、以汉字为表征的中华文化圈。

【设计意图】通过介绍唐朝文化输出，突出唐朝文化对周边国家尤其是东亚诸国的辐射效应，使学生感受到唐朝强盛繁荣的国力和开放自信的态度，培养学生的家国情怀。

【任务三】感悟交融之道：认识促进文化发展的宝贵历史经验。

【关键问题】从三国至隋唐文化的发展中，我们得到了什么启示？

【材料呈现】

材料十四 文明因交流而多彩，文明因互鉴而丰富。文明交流互鉴，是推动人类文明进步和世界和平发展的重要动力……历史告诉我们，只有交流互鉴，一种文明才能充满生命力。

——习近平《文明交流互鉴是推动人类文明进步和世界和平发展的重要动力》

【问题设计】从三国至隋唐文化的发展中，我们得到了什么启示？

【教师分析】文化交流是促使文化变迁的重要方式。当前，信息传播技术和交通方式日益多元和发达，不同文化间的联系日益紧密，文化交流更加普遍。在全球化趋势加速发展的背景之下，全球文化交流发展的同时，传统文化也被重新发掘和更新完善，催生了更为丰富多彩的文化风貌。三国至隋唐时期是中国古代文化交流发展的一大高峰，文化发展不仅影响中国本土文化的发展，还对周边国家的文化发展产生了重大影响。这就要求我们要积极弘扬优秀传统文化，能够批判继承、兼收并蓄，树立文化自信，形成正确的文化发展理念，吸收一切有利的文化因素来发展自身，助力中国梦的实现。

【设计意图】古今结合，联系现实，将优秀传统文化对现实的作用及给人们带来的启示表现出来，将正确对待传统文化的态度表达出来，使学生有贴近现实生活的感受，更好地感悟文化的精神和魅力。

【课堂小结】文化不仅具有排他性，还具有整合性。魏晋南北朝是乱世，是分裂的时代，但并不是文化停滞不前的时代。在这种相互冲突和颉颃中，反而使得各民族文化相互吸收、相互交融，逐渐趋于一体化。正如学者冯天瑜所说："魏晋南北朝的多元文化激荡，终至推出气度恢宏、史诗般壮丽的隋唐文化时代。"

五、教学评价分析系统

（一）学业质量水平划分

水平1：通过史料研读，了解三国至隋唐时期的主要文化成就，感受这一时期文化的发展和新变化；认识隋唐文化在当时世界的领先地位，初步形成正确的文化观，树立文化自信。（史料实证、历史解释、家国情怀）

水平2：能够理解空间和环境因素对认识历史与现实的重要性，在唯物史观指导下，探究三国至隋唐文化高度发展的表现、原因及影响，认识这一时期文化发展的新特征。能够通过本课时的学习，深刻体会中华民族多元一体发展趋势，树立我国自古以来是统一多民族封建国家的文化观，理解认同中华优秀文化。（唯物史观、时空观念、史料实证、历史解释、家国情怀）

水平3：能够把握相关史事的时间、空间联系，并用特定的时间和空间术语对较长时段的史事加以描述和概括，如对佛教的中国本土化做出解释。能够利用不同类型的史料，对所探究的问题进行互证，如利用文艺作品资源和史学著作材料，理解这一时期文化成就的特征，培养审美能力。能够运用社会意识和社会存在的辩证关系理论来理解文化与社会环境的关系，能够正确认识文化交融的历史必然性。（唯物史观、时空观念、史料实证、历史解释、家国情怀）

水平4：通过本课时的学习，在唯物史观的指导下，能够在占有不同类型史料的基础上，结合所学知识，运用社会意识和社会存在的辩证关系理论来理解文化与社会环境的关系。能够根据中华文化多姿多彩、具有多样性的特点，把握中华文化多元一体的发展趋势。能够树立正确的文化观，为实现中华民族伟大复兴做出自己应有的贡献。（唯物史观、史料实证、历史解释、家国情怀）

（二）学业质量水平测试

阅读下面材料，回答问题。

材料一　大约从东汉后期开始，特别是到了魏晋南北朝时期，传统儒家经学的衰落，玄学的兴起，导致文学的自觉和艺术的自觉。先秦两汉时期的艺术物品，尽管其中蕴含着人们对美的追求，但为艺术而艺术、为欣赏而创作的艺术品并不多见。而东汉后期至魏晋南北朝时期则出现了专为欣赏而创作的书法作品以及书法理论，产生了像王羲之这样的书法大家；出现了文人创作的绘画和绘画理论，产生了像顾恺之这样的绘画大师。这种自觉艺术一经出现，便对中国后世艺术的发展与繁荣产生了深远影响，因而具有划时代的意义。

——袁行霈、严文明等主编《中华文明史（第二卷）》

材料二 可以说，绘画虽有很古的历史；但绘画的自觉，绘画的艺术自律性的完成，却不能不说是自魏晋时代开始。

——徐复观《中国艺术精神》

（1）根据材料一并结合所学知识，概括致使东汉后期至魏晋南北朝时期出现“这种自觉艺术”的社会人文环境特征。

（2）根据材料一并结合所学知识，谈谈你对材料二观点的理解。

【评价说明】

题号	答题思路	学业质量水平描述
（1）	根据材料一“传统儒家经学的衰落，玄学的兴起”归纳；结合时代背景，从佛教和道教的传播、多民族文化的交融等角度作答。	1–3 能够从所获得的史料中提取有关的信息。 2–2 能够将某一史事定位在特定的时间和空间框架下。 2–4 能够在叙述历史时把握历史发展的各种联系。
（2）	根据材料二提炼概括观点，得出“绘画的自觉”始于魏晋时代。在时空框架内，结合材料一对“对美的追求”“为艺术而艺术”“为欣赏而创作”“出现了文人创作的绘画和绘画理论，产生了像顾恺之这样的绘画大师”“对中国后世艺术的发展与繁荣产生了深远影响”等观点进行说明。	1–3 能够从所获得的史料中提取有关的信息。 2–4 能够选择、组织和运用相关材料并使用相关历史术语，对具体史事做出解释。

参考答案

（1）特征：传统儒家经学的衰落，玄学兴起；佛教和道教传播；多民族文化交融。

（2）理解：魏晋时代的绘画不同于先秦两汉时期，其追求审美价值，为艺术而艺术，为欣赏而创作；出现了文人创作的绘画和绘画理论，产生了像顾恺之这样的绘画大师，完成了绘画由实用到自觉的历史性跨越；对后世绘画艺术的繁荣发展影响深远。

张朝民 扬州市江都区仙城中学

单元案例四

三国两晋南北朝的民族交融与隋唐统一多民族封建国家的发展(三)

三国两晋南北朝时期，社会长期动荡，政权更迭频繁，但民族交往、交流频繁，这为隋唐盛世的到来奠定了基础。隋唐时期，国力强盛，民族往来频繁，政治制度、文化等方面对后世影响深远。本单元以三国两晋南北朝至隋唐时期的“变”与“不变”为教学主题，围绕统一多民族封建国家这一“不变”的历史发展趋势，深度整合教材的相关知识，依托这一时期政治、经济、民族、思想文化领域发生的新“变化”等一系列史实，引导学生建立结构化知识体系。通过本单元学习，在政治立场和思想观念方面，让学生深刻了解中华民族多元一体的格局，从而增强学生对中华民族的认同感，厚植爱国主义情怀，自觉维护民族团结和国家统一，维护国家尊严和民族利益，铸牢中华民族共同体意识；通过中华文化圈等具体内容，让学生认同中华文化，并积极弘扬中华优秀传统文化；在世界观和方法论方面，引导学生从辩证唯物主义的角度，对史料进行全面细致的分析，坚持用联系、发展、矛盾的观点观察和分析问题，善于透过现象看本质。此外，引导学生运用历史唯物主义的观点、方法观察分析社会历史现象，正确认识社会发展规律。

◎单元教学设计

三国两晋南北朝至隋唐时期的“变”与“不变”

一、教学内容分析系统：单元学习主题的提炼

（一）提出的依据

1. 课标依据

本单元结合《普通高中教科书 历史 必修 中外历史纲要（上）》和统编版普通高中历史选择性必修课程教材的相关内容，从纵向和横向两个角度，对课标中的课程内容要求进行了梳理。

教材	课标中的课程要求内容
《普通高中教科书 历史 必修 中外历史纲要（上）》	1.4 三国两晋南北朝的民族交融与隋唐大一统的发展：通过了解三国两晋南北朝政权更迭的历史脉络，隋唐时期封建社会的高度繁荣，认识三国两晋南北朝至隋唐时期的制度变化与创新、民族交融、区域开发和思想文化领域的新成就。
《普通高中教科书 历史 选择性必修1 国家制度与社会治理》	1.1 政治体制：通过宰相制度和地方行政层级管理的变化，认识自秦起君主专制中央集权政治体制的演变线索。
	1.2 官员的选拔与管理：了解中国古代官员选拔方式的更迭过程和不同阶段的特征，知道中央集权体制下古代中国的官员考核和监察制度。
	1.3 法律与教化：知道自西汉起历代王朝法律、礼教并用的统治手段。
	1.4 民族关系与国家关系：了解中国古代的民族政策和边疆管理制度，认识中国作为统一多民族国家的发展历程，以及中国古代处理对外关系的体制。
	1.5 货币与税收：了解中外历史上货币发行和使用情况；了解中国古代赋税制度的演变。
	1.6 基层治理与社会保障：了解中国古代以赋役征发为首要目的的户籍制度，以及有代表性的基层管理组织；知道中国古代王朝在社会救济和优抚方面采取的重要措施。
《普通高中教科书 历史 选择性必修2 经济与社会生活》	2.1 食物生产与社会生活：知道古代不同地区的食物生产及其对社会生活的影响。
	2.2 生产工具与劳作方式：了解劳动在社会生产中的作用，以及历史上劳动工具和主要劳作方式的变化。
	2.3 商业贸易与日常生活：了解商业贸易的起源和古代的商贸活动与贸易通道；知道货币、信贷、商业契约等在日常生活中的角色。

续表

教材	课标中的课程要求内容
《普通高中教科书　历史　选择性必修2　经济与社会生活》	2.4　村落、城镇与居住环境：了解人类居住条件的变迁及各地民居的差异及其特征；了解古代的村落、集镇和城市形成的原因及影响。
	2.5　交通与社会变迁：了解古代的水陆交通建设及主要交通工具。
	2.6　医疗与公共卫生：知道古代历史上疫病的流行与影响；了解中医药的主要成就。
《普通高中教科书　历史　选择性必修3　文化交流与传播》	3.1　源远流长的中华文化：了解中华优秀传统文化的内涵；从人类文明发展和世界文化交流的角度，认识中华优秀传统文化的特点和价值，认识中华文化的世界意义。
	3.3　人口迁徙与文化认同：通过了解历史上跨洲、跨国家、跨地区不同规模的人口迁徙，以及移民所面临的机遇与挑战，认识在迁徙与融入当地社会过程中出现的文化认同。
	3.4　商路、贸易与文化交流：了解不同时代、不同类型商路的开辟。

通过对历史课标中课程内容要求的梳理，我们发现，“变化”“发展”“演变”等词语出现的频率较高，这反映了三国两晋南北朝至隋唐时期的历史，既具备统一多民族封建国家发展的延续性，又在政治、经济、思想文化、民族等方面变化明显。这一时期中央行政制度逐渐完备，对后世王朝产生了深远的影响；科举制取代九品中正制，中国古代选官制度逐渐走向成熟和完善；汉族与边疆内迁各民族从冲突到和平交往，民族往来频繁，走向民族交融；水陆交通网络发达，陆上和海上丝绸之路得到发展，增强中外文化交流，推动中华文化走向世界。

2. 教材依据

《普通高中教科书　历史　必修　中外历史纲要（上）》第二单元《三国两晋南北朝的民族交融与隋唐统一多民族封建国家的发展》，主要采用通史形式进行历史叙述，第5课、第6课梳理了三国两晋南北朝至隋唐时期的政权更迭过程与重要历史事件，第7课、第8课则分别从制度变化与创新、文化发展等角度展开分析。《普通高中教科书　历史　选择性必修1　国家制度与社会治理》叙述了三国两晋南北朝到隋唐时期的三省六部制、科举制、中华法系、租庸调制、两税法及民族关系等相关内容；《普通高中教科书　历史　选择性必修2　经济与社会生活》《普通高中教科书　历史　选择性必修3　文化交流与传播》则主要叙述了唐朝商业变化、唐朝海上和陆上丝绸之路的商业贸易及文化交流、中华文化圈等相关史实。

（二）单元教学主题

三国两晋南北朝至隋唐时期在统一多民族封建国家这一不变的大趋势下，政治、经济、民族、思想文化领域发生了很多新变化，既体现了统一多民族封建国家发展的延续性，又体现了中华文明的创新性。因此，本单元结合必修教材与选择性必修教材的相关内容，以“三国两晋南北朝至隋唐时期的‘变’与‘不变’”为教学主题。

二、学情分析系统：必修内容与选择性必修内容的衔接分析

比较项目	课标中的必修内容	课标中的选择性必修内容
课标中的课程内容要求	1. 了解隋唐时期封建社会的高度繁荣。	2.1 食物生产与社会生活：知道古代不同地区的食物生产及其对社会生活的影响。 2.2 生产工具与劳作方式：了解劳动在社会生产中的作用，以及历史上劳动工具和主要劳作方式的变化。 2.3 商业贸易与日常生活：了解商业贸易的起源和古代的商贸活动与贸易通道；知道货币、信贷、商业契约等在日常生活中的角色。
	2. 认识三国两晋南北朝至隋唐时期的制度变化与创新的新成就。	1.1 政治体制：通过宰相制度和地方行政层级管理的变化，认识自秦起君主专制中央集权政治体制的演变线索。 1.2 官员的选拔与管理：了解中国古代官员选拔方式的更迭过程和不同阶段的特征，知道中央集权体制下古代中国的官员考核和监察制度。 1.5 货币与税收：了解中外历史上货币发行和使用情况；了解中国古代赋税制度的演变。
	3. 认识三国两晋南北朝至隋唐时期的民族交融的新成就。	1.4 民族关系与国家关系：了解中国古代的民族政策和边疆管理制度，认识口国作为统一多民族国家的发展历程。 3.3 人口迁徙与文化认同：通过了解历史上跨洲、跨国家、跨地区不同规模的人口迁徙，以及移民所面临的机遇与挑战，认识在迁徙与融入当地社会过程中出现的文化认同。
	4. 认识三国两晋南北朝至隋唐时期区域开发的新成就。	2.5 交通与社会变迁：了解古代的水陆交通建设及主要交通工具。
	5. 认识三国两晋南北朝至隋唐时期思想文化领域的新成就。	2.6 医疗与公共卫生：知道古代历史上疫病的流行与影响；了解中医药的主要成就。 3.1 源远流长的中华文化：了解中华优秀传统文化的内涵；从人类文明发展和世界文化交流的角度，认识中华优秀传统文化的特点和价值，认识中华文化的世界意义。
	—	1.3 法律与教化：知道自西汉起历代王朝法律、礼教并用的统治手段。

续表

比较项目	课标中的必修内容	课标中的选择性必修内容
课标中的课程内容要求	—	1.6　基层治理与社会保障：了解中国古代以赋役征发为首要目的的户籍制度，以及有代表性的基层管理组织；知道中国古代王朝在社会救济和优抚方面采取的重要措施。
		2.4　村落、城镇与居住环境：了解人类居住条件的变迁及各地民居的差异及其特征；了解古代的村落、集镇和城市形成的原因及影响。
		1.4　民族关系与国家关系：认识中国古代处理对外关系的体制。 3.4　商路、贸易与文化交流：了解不同时代、不同类型商路的开辟。

<table>
<tr><td rowspan="2">部分教材课时设置</td><td colspan="3">《普通高中教科书　历史　必修　中外历史纲要（上）》
第二单元　三国两晋南北朝的民族交融与隋唐统一多民族封建国家的发展
第5课　三国两晋南北朝的政权更迭与民族交融
第6课　从隋唐盛世到五代十国
第7课　隋唐制度的变化与创新
第8课　三国至隋唐的文化</td></tr>
<tr><td>《普通高中教科书　历史　选择性必修1　国家制度与社会治理》
第一单元　政治制度
第1课　中国古代政治制度的形成与发展
第4课　中国历代变法和改革
第二单元　官员的选拔与管理
第5课　中国古代官员的选拔与管理
第三单元　法律与教化
第8课　中国古代的法治与教化
第四单元　民族关系与国家关系
第11课　中国古代的民族关系与对外交往
第五单元　货币与赋税制度
第15课　货币的使用与世界货币体系的形成
第16课　中国赋税制度的演变
第六单元　基层治理与社会保障
第17课　中国古代的户籍制度与社会治理</td><td>《普通高中教科书　历史　选择性必修2　经济与社会生活》
第一单元　食物生产与社会生活
第1课　从食物采集到食物生产
第二单元　生产工具与劳作方式
第4课　古代的生产工具与劳作
第三单元　商业贸易与日常生活
第7课　古代的商业贸易
第四单元　村落、城镇与居住环境
第10课　古代的村落、集镇和城市
第五单元　交通与社会变迁
第12课　水陆交通的变迁
第六单元　医疗与公共卫生
第14课　历史上的疫病与医学成就</td><td>《普通高中教科书　历史　选择性必修3　文化交流与传播》
第一单元　源远流长的中华文化
第1课　中华优秀传统文化的内涵与特点
第2课　中华文化的世界意义
第三单元　人口迁徙、文化交融与认同
第6课　古代人类的迁徙和区域文化的形成
第四单元　商路、贸易与文化交流
第9课　古代的商路、贸易与文化交流</td></tr>
</table>

本单元是为选学历史的同学进行第一轮复习而设计的，结合学生应掌握的必修与选择性必修所学的内容来看，学生学习三国两晋南北朝至隋唐时期的相关内容后，对于这一时期的特征会有比较宏观的认知，但学生可能会受“教材本位”的影响，对必修与选择性必修的内容并未实现真正的融合。因此，在这第一轮复习中，应帮助学生建立结构化的知识体系，围绕大概念形成历史认识，以学生为主体培养他们的核心素养。

三、教学目标分析系统：单元核心目标及其分解

（一）单元核心目标

本单元设计导读课、自读课、探究课三类课型，引导学生在宏观上把握这一时期历史发展脉络，理解三国两晋南北朝至隋唐时期在统一多民族封建国家这一“不变”的大趋势下，政治、经济、民族、思想文化领域发生的新变化，认识这一时期的历史地位，理解历史发展是统一性与阶段性的统一。

（二）单元目标分解

1. 学生将知道

（1）三国两晋南北朝至隋唐五代十国时期政权更迭的脉络。

（2）三国两晋南北朝至隋唐五代十国时期的重要事件：①三国两晋南北朝时期少数民族内迁与北民南迁；②北魏孝文帝改革；③隋朝兴亡与唐朝从繁荣走向衰落；④唐朝民族交融；⑤选官制度；⑥三省六部制；⑦赋税制度；⑧儒学、道教与佛教的发展；⑨文学艺术与科技成就；⑩中外文化交流。

2. 学生将理解

（1）三国两晋南北朝时期各政权的政治建设、民族交融、经济发展和思想文化成就均为隋唐时期大一统的盛世局面奠定了基础。其中包括：①三国两晋南北朝至隋唐时期民族交融的原因、表现及价值；②三国两晋南北朝至隋唐时期制度之间的内在联系与演变原因；③三国两晋南北朝至隋唐时期的思想文化成就与时代特征相呼应；④魏晋时期江南地区的开发与隋唐大运河的开通、统一多民族封建国家之间的关系。

（2）历史发展虽然具有曲折性，但统一多民族封建国家始终是中国历史的主流。

3. 学生将能做

（1）查找和使用相关资源，筛选主要和次要资源，获取有效历史信息。

（2）运用排序、分类等方法分析历史现象的因果关系；通过对比的方式对历史现象进行概括，并做出合理的推断和解释。

（3）围绕“民族交融”“统一多民族封建国家”等大概念，开展研究性学习。

四、教学过程分析系统

单元教学设计　三国两晋南北朝至隋唐时期的“变”与“不变”		
课题名称	**学习任务**	**关键问题**
课时教学设计1　导读课：整体感知三国两晋南北朝至隋唐时期的历史发展脉络	【任务一】初建时空观念：结合本单元的重大历史事件，绘制三国两晋南北朝至隋唐时期的时空轴。 【任务二】梳理基础知识：归纳三国两晋南北朝至隋唐时期的基本史实。 【任务三】概括阶段特征：归纳三国两晋南北朝至隋唐时期的阶段特征。 【任务四】梳理单元线索：根据阶段特征，提炼本单元的核心概念，绘制思维导图。	1. 三国两晋南北朝至隋唐时期政权更迭的历史发展脉络是怎样的？ 2. 补充三国两晋南北朝至隋唐时期的基本史实。 3. 三国两晋南北朝至隋唐时期的阶段特征有哪些？
课时教学设计2　自读课：认识三国两晋南北朝至隋唐时期的新成就与新变化	【任务一】分析三国两晋南北朝至隋唐时期政治上的新特点。 【任务二】分析三国两晋南北朝至隋唐时期民族关系的新趋势。 【任务三】说明三国两晋南北朝至隋唐时期封建经济发展的新变化。 【任务四】理解三国两晋南北朝时期与隋唐时期的文化新特征。 【任务五】浸润核心价值：反思与收获。	1. 三国两晋南北朝至隋唐时期君主专制中央集权是否得到加强？ 2. 三国两晋南北朝至隋唐时期各民族之间的关系是否更加融洽？ 3. 经济区域的扩大与经济制度的变革对经济发展有何影响？ 4. 在民族关系和对外关系发展的背景下，这一时期的文化出现了哪些新特征？ 5. 将自读过程中遇到的疑难困惑写下来，或者记录学习中获得的灵感和感悟。
课时教学设计3　探究课：探究三国两晋南北朝至隋唐时期的“变”与“不变”	【任务一】新机重启：感悟中华民族多元一体视野下的“民族交融”。 【任务二】气象万千：认识制度改革反映理性与高效的“政治新态”。 【任务三】江南春早：认识政治动荡与民族交融中的“经济新生”。 【任务四】气势恢宏：体悟民族交融和对外交往浸润下的“文化多元”。	1. 三国两晋南北朝至隋唐时期的民族交融对隋唐盛世的出现产生了哪些影响？ 2. 三国两晋南北朝的政权更迭与隋唐盛世的出现有什么关系？制度创新与盛世局面是怎样的关系？ 3. 三国两晋南北朝至隋唐时期经济新变化出现的原因及影响是什么？ 4. 三国两晋南北朝至隋唐时期民族关系与对外交往的发展对文化繁荣的发展产生了怎样的影响？

【学法指导】

1. 学生学习时需关注这两个阶段的历史联系：一是三国两晋南北朝时期各方面发展是隋唐盛世出现的前提和基础；二是隋唐盛世所表现出的政治、经济、民族、思想文化全面兴盛，是在前朝基础上发展起来的。

2. 本单元共分为四个课时：其中课时教学设计1的导读课为0.5个课时，课时教学设计2的自读课为1.5个课时，课时教学设计3的探究课为1个课时。

3. 学生学习时需依据学案上的任务和教师提供的相关史料，进行史料研读、问题探究。

五、教学评价分析系统

（一）学业质量水平划分

水平1：能够结合历史地图、大事年表从时空观念的视角整体感知本单元内容；能够结合单元线索梳理本单元内容，找出本单元核心概念；能够结合单元导语从整体上建构三国两晋南北朝至隋唐时期历史发展的前后联系。（时空观念、史料实证、历史解释）

水平2：能够通过自主学习初步掌握本单元的关键任务；能够运用所学知识解决民族交融、大一统、多元文化等主题下的史料问题；能够有针对性地去查找资料，进行史料研读、问题探究。（史料实证、历史解释）

水平3：能够借助历史图片及地图，从时空观念的角度初步体会三国两晋南北朝到隋唐时期的“变”与“不变”；能够通过史料分析，探究这一时期民族交融加强的原因及影响，体会中华民族多元一体的发展趋势；能够通过学习三省六部制等政治制度，厘清制度的来龙去脉，感悟统治者进行社会治理的政治智慧。（时空观念、史料实证、历史解释）

水平4：能够总结归纳三国两晋南北朝至隋唐时期的“变”与“不变”，认识统一多民族封建国家的巩固与发展是历史的大趋势；能够以古鉴今，总结从1949年中华人民共和国成立以来，我国在政治、经济领域的“变”与“不变”，分析两者之间的辩证关系，认识时代赋予当代青年的使命和责任。（唯物史观、时空观念、史料实证、历史解释、家国情怀）

（二）学业质量水平测试

下表是某历史兴趣小组搜集到的关于魏晋南北朝和唐朝的史料。阅读材料，回答问题。

①	北魏后期，门下省已经有了封驳的权限，这为后来隋唐的政治制度形成奠定了基础。 ——摘编自［日本］洼添庆文《魏晋南北朝官僚制研究》
②	由于均田制是经过北魏平城时代近一个世纪实践的检验而逐渐完善的，它能够适应历经民族大交融浪潮冲刷的北方复杂的社会状况……东魏、北齐、西魏、北周及此后的隋唐也都施行过均田制。 ——摘编自李凭《制度史研究应重视民族关系：魏晋南北朝时期制度史研究之浅见》
③	（唐玄宗）谓曰“国家旧与突厥和好之时，蕃汉非常快活。甲兵休息，互市交通，国家买突厥马、羊，突厥将国家采帛，彼此丰足，皆有便宜。” ——［宋］王钦若等编修《册府元龟》卷980《外臣部·通好》
④	唐朝的儒学典籍如《毛诗》《礼记》等一再被吐蕃“求取”。 ——姚爱琴《论中国历史上民族关系的主流》
⑤	 吐鲁番阿斯塔那古墓出土的屏风绢画《仕女图》，该仕女头枝回鹘高髻，身着唐代妇女典型时装。 ——摘编自程旭《唐墓壁画中周边民族文化因素及其反映的民族关系》

（1）根据上述材料，为该兴趣小组拟定一个研究主题，并说明研究这一主题的意义。

（2）结合所学知识，根据材料提供的角度为该主题拟定一个研究提纲。（要求：角度全面，层次清晰，逻辑严密，表述清楚。）

【评价说明】

题号	答题思路	学业质量水平描述
（1）	阅读材料，提取材料中的关键信息，并对信息进行分类、归纳、整理，如①少数民族政权的制度创新为隋唐政治制度的形成奠定了基础；②均田制适应了民族交融浪潮下北方复杂的社会状况，被隋唐王朝采用；③从少数民族与中原王朝之间的贸易角度进行阐释；④从文化交流角度阐释汉族与少数民族之间的交流；⑤从社会生活习俗的角度阐释民族之间的交流。	1–3　能够从所获得的史料中提取有关的信息。 2–3　能够在对史事与现实问题进行论述的过程中，尝试运用史料作为证据论证自己的观点。 2–4　能够在叙述历史时把握历史发展的各种联系。 2–5　能够发现历史上认同家乡、民族、国家的事例。 3–4　能够选择、组织和运用相关材料并使用相关历史术语，在正确的历史观和方法论的指导下，对系列史事做出解释。
（2）	材料①至材料⑤分别从政治、经济、思想文化、社会生活的角度阐释民族交融与发展这一主题，因此联系所学知识，列举与之相应的史实进行回答即可。	3–4　能够选择、组织和运用相关材料并使用相关历史术语，在正确的历史观和方法论的指导下，对系列史事做出解释。 4–3　能够在辨别史料作者意图的基础上利用史料。 4–4　能够在正确的历史观和方法论的指导下，全面、客观地论述历史和现实问题。 4–5　能够把握中华民族多元一体的发展趋势，形成正确的世界观、人生观、价值观和历史观。

参考答案

（1）研究主题：魏晋南北朝和唐朝时期各民族的交融与发展。意义：有助于了解中国古代的民族关系；通过探究、深化理解各民族间的交流互补，推动中国统一多民族封建国家的发展（或中华民族是各民族共同缔造的）；增强对中华民族的认同感；对完善当今的民族政策有一定的借鉴意义。

（2）提纲示例：

①政治方面：制度创新，比如三省六部制；完善管理制度，比如设置行政机构；民族政策多样化，比如会盟、册封、和亲等。

②经济方面：土地制度创新，比如均田制；商业贸易发展，比如互市。

③思想文化方面：儒学的传播；华夏认同观念的加强。

④社会生活方面：通婚杂居；语言交流；服饰交流；姓氏变化。

宋绍霞　肥城市教育科学研究中心

课时教学设计 1

导读课：整体感知三国两晋南北朝至隋唐时期的历史发展脉络

一、教学内容分析系统：课时教学主题的提炼

本单元涉及的学习内容主要包括《普通高中教科书　历史　必修　中外历史纲要（上）》第二单元第5~8课，《普通高中教科书　历史　选择性必修1　国家制度与社会治理》第一单元“政治制度”中的第1课《中国古代政治制度的形成与发展》、第四单元“民族关系与国家关系”中的第11课《中国古代的民族关系与对外交往》、第五单元“货币与赋税制度”中的第16课《中国赋税制度的演变》等。本单元以三国两晋南北朝至隋唐时期的时间顺序来建构知识脉络，从制度变化与创新、民族交融、区域开发及思想文化等四个方面进行展开。从纵向来看，这一时期经历了从分裂走向统一的过程，三国两晋南北朝时期各政权的制度建设、民族交融、经济发展和思想文化成就均为隋唐时期大一统的盛世局面奠定了基础；从横向来看，制度变化与创新、民族交融、区域开发及思想文化新成就是这一时期突出的时代特色。通过对三国两晋南北朝至隋唐时期的政治、经济、民族及思想文化发展变化进行全面的梳理，可以更好地认识历史发展变化的深层原因和内在联系，引导学生形成正确的历史观、民族观、国家观和文化观。

本单元涉及的内容较多，知识线索较为复杂，因此将本课时的教学主题确定为：“导读课：整体感知三国两晋南北朝至隋唐时期的历史发展脉络”。

二、学情分析系统：必修内容与选择性必修内容衔接分析

本课时是为选学历史的同学进行第一轮复习而设计的。这时学生的基础知识已经比较完备，对于这一时期的特征有比较宏观的认知。但本单元的内容打破了必修内容与选择性必修内容之间的界限，知识量增加，知识线索较为复杂，增加了学生的学习负担。因此，通过设计本课时的教学内容，可以让学生整体掌握三国两晋南北朝至隋唐时期的重要史实，并将这些史实定位在特定的时间与空间框架下。通过本课时的学习，让学生逐步学会以必修内容为基础框架、以选择性必修内容为参考角度，绘制历史图表，归纳知识，梳理历史发展脉络。

三、教学目标分析系统：课时核心目标及其分解

（一）课时核心目标

整体感知三国两晋南北朝至隋唐时期政权更迭的历史发展脉络，归纳基本史实，提炼出反映

这一时期阶段特征的核心概念，培养学生的时空观念。

（二）课时目标分解

1. 学生将知道

（1）三国两晋南北朝至隋唐五代十国时期政权更迭的脉络。

（2）三国两晋南北朝至隋唐五代十国时期在政治制度、选官制度、民族关系、法治与教化、赋税制度、户籍制度、社会经济发展与区域开发、思想、文学、艺术、科技、对外交流等方面的基本史实。

2. 学生将理解：三国两晋南北朝至隋唐时期的阶段特征。

3. 学生将能做

（1）绘制这一时期政权更迭的时空轴及反映这一时期历史发展变化的思维导图。

（2）提炼出反映这一时期阶段特征的核心概念。

四、教学过程分析系统

课时教学设计 1　导读课：整体感知三国两晋南北朝至隋唐时期的历史发展脉络

【导入环节】通过呈现材料，导入本课时。

【材料呈现】历史，是关于人类社会发展具体过程及其规律的科学，时间性和空间性是历史学科的两个基本特征。通过“时间性”，我们能够从时间的角度，梳理历史演化的过程，按照历史事件发生的先后顺序来探讨历史事件之间的因果关系。通过“空间性”，我们能够从空间的角度探寻人类活动的轨迹。围绕“时间”与“空间”，我们进行本课时的学习。

【任务一】初建时空观念：结合本单元的重大历史事件，绘制三国两晋南北朝至隋唐时期的时空轴。

【关键问题】三国两晋南北朝至隋唐时期政权更迭的历史发展脉络是怎样的？

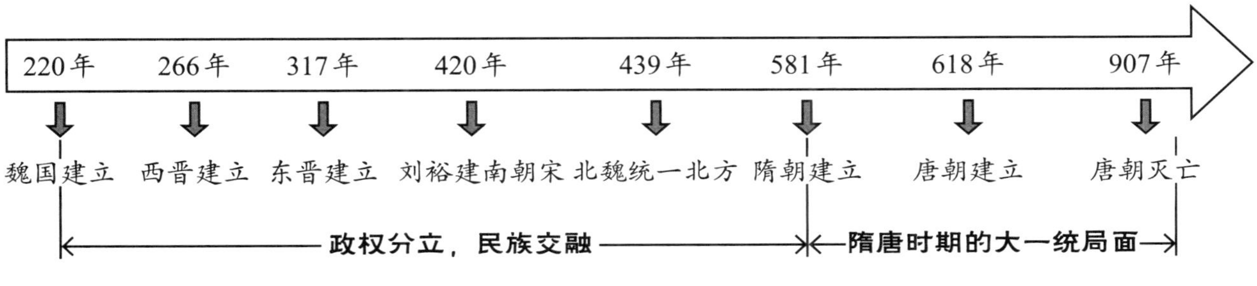

【设计意图】学生结合必修的相关内容，绘制时空轴，初步建立时空观念。

【任务二】梳理基础知识：归纳三国两晋南北朝至隋唐时期的基本史实。

【关键问题】补充三国两晋南北朝至隋唐时期的基本史实。

比较项目	三国两晋南北朝时期	隋唐时期
政治制度		
选官制度		

续表

比较项目	三国两晋南北朝时期	隋唐时期
民族关系		
法治与教化		
赋税制度		
户籍制度		
社会经济发展与区域开发		
思想		
文学艺术		
科技		
对外交流		

【设计意图】引导学生认真阅读教材，掌握必备知识，达成基础性目标，构建比较牢固的基础。

【任务三】概括阶段特征：归纳三国两晋南北朝至隋唐时期的阶段特征。

【关键问题】三国两晋南北朝至隋唐时期的阶段特征有哪些？

【教师分析】在政治上，三国两晋南北朝时期国家分裂、社会动荡，多个民族政权并立，士族制度形成并发展，但分裂中孕育着统一的趋势；隋唐时期国家统一、政局稳定，三省六部制和科举制进一步强化了君主专制中央集权，出现盛世局面，唐朝后期出现藩镇割据的局面。

在经济上，三国两晋南北朝时期北方农耕经济遭到破坏，随着北民南迁，江南地区的经济得到开发；隋唐时期经济政策调整，生产工具得到改进，封建经济空前繁荣。

在思想文化上，三国两晋南北朝时期以数学和农学等为代表的科技继续领先世界，佛教广泛传播，这一时期思想活跃，文学艺术发展承上启下、丰富多彩；隋唐时期佛教、道教冲击儒学的正统地位，呈现“三教合归儒”的趋势，唐朝中期韩愈提出复兴儒学，巩固儒学主流思想的统治地位；三国两晋南北朝时期的科学技术在诸多领域取得新成果，隋唐时期科技领先世界，文化繁荣，形成了中华文化圈。

在民族关系上，三国两晋南北朝时期民族交融进一步发展，为统一多民族封建国家的发展奠定基础；唐朝时期，统治者实行比较开明的民族政策，统一的多民族封建国家得到进一步发展。

在对外关系上，唐朝实行比较开放的对外政策，中外经济、文化交流频繁。

【设计意图】任务一中仅列出三国两晋南北朝至隋唐时期部分政权更替的信息，任务二梳理了三国两晋南北朝至隋唐时期政治、经济、思想文化、民族关系、对外交往等方面的基本史实，任务三旨在引导学生在梳理三国两晋南北朝至隋唐基本史实的基础上，总结这一时期的阶段特征。通过时空坐标轴与阶段特征，让学生对本单元知识进行整体建构。

【任务四】梳理单元线索：根据阶段特征，提炼本单元的核心概念，绘制思维导图。

【教师分析】根据阶段特征，本单元的核心概念包括：政权的更迭与交替、民族交往交流交融、制度的变化与创新、经济的恢复与发展、文化的交流与发展。结合前面三个任务，可以绘制如下页的思维导图。

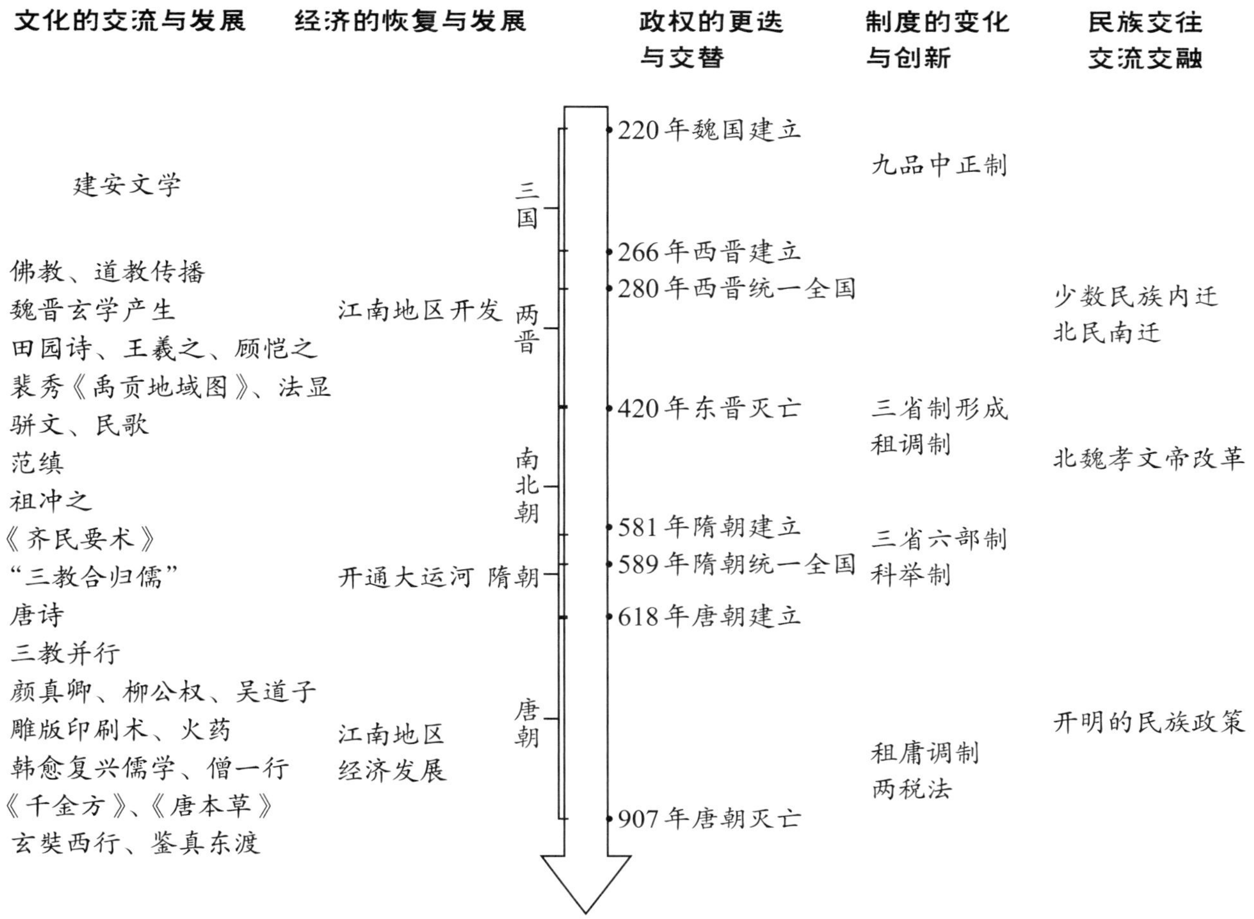

三国两晋南北朝至隋唐时期发展脉络思维导图

【设计意图】通过本课时的教学设计，帮助学生梳理主干知识，形成本单元内容的整体认识；通过呈现思维导图，让学生能够在此基础上进一步完善知识框架；通过完善这一思维导图，让学生运用历史图表方式，采用小组合作等形式，建立时空观念的同时，初步提炼本课时的教学主题。

五、教学评价分析系统

水平1：学生能够了解三国两晋南北朝至隋唐时期的分期方式，能够绘制这一时期的历史时空轴，能够有条理地讲述三国两晋南北朝至隋唐时期的重大历史事件和重要历史现象。（时空观念、历史解释）

水平2：学生能够将具体史实定位在三国两晋南北朝至隋唐时期的时空轴下，能够在叙述三国两晋南北朝至隋唐的史实时把握历史发展的各种联系，知道这一时期的阶段特征。（时空观念、历史解释）

水平3：学生能够运用特定的历史时空术语对三国两晋南北朝至隋唐的史实进行概括说明，能够提炼反映这一时期发展的核心概念，并能做出初步历史解释。（时空观念、历史解释）

刘玉强　肥城市第三中学

课时教学设计 2

自读课：认识三国两晋南北朝至隋唐时期的新成就与新变化

一、教学内容分析系统：课时教学主题的提炼

学生依据教材和教师提供的相关材料，认识三国两晋南北朝至隋唐时期的新成就与新变化。通过对教材的分析，我们将“新成就与新变化”分解为四个部分，一是围绕政权更迭与制度创新，分析政治上的新特点；二是分析三国两晋南北朝至隋唐时期民族关系变化的新趋势；三是说明三国两晋南北朝至隋唐时期封建经济发展的新变化；四是了解三国两晋南北朝至隋唐时期的文化新成就。

本课时的教学设计为自读课，以期充分发挥学生的主体地位。本课时的教学设计主要采用“解决应用性问题—体验创新性问题—浸润核心价值”的模式开展教学。首先，教师利用教材中的辅助内容，如历史地图、图片、“史料阅读”、“历史纵横”、“问题探究”、“学习聚焦”等充分挖掘信息，创设情境，引导学生用知识解决应用性问题；其次，根据本课时教学主题“新成就与新变化”设计应用性问题，关注学生的问题解决能力，明确学生的最近发展区；最后，让学生在学案上写出自读过程中遇到的疑难困惑，或者记录学习中获得的灵感和感悟。

二、学情分析系统：必修内容与选择性必修内容衔接

学生在必修内容的学习中，已经大致了解了三国两晋南北朝至隋唐时期政治制度、民族关系、经济发展及思想文化方面的新变化与新成就。通过本课时的学习，在政治制度与民族关系方面，结合选择性必修1第5课《中国古代官员的选拔与管理》了解这一时期官员选拔、管理制度的更迭与不同时期的特征，结合选择性必修1第8课《中国古代的法治与教化》了解这一时期法治、礼教并用的统治手段，结合选择性必修1第11课《中国古代的民族关系与对外交往》了解这一时期的民族政策与边疆管理制度，认识这一时期在统一多民族封建国家巩固发展的作用，结合选择性必修1第16课《中国赋税制度的演变》认识这一时期赋税制度演变的发展趋势；在经济方面，结合选择性必修2的内容，如第4课《古代的生产工具与劳作》、第7课《古代的商业贸易》、第10课《古代的村落、集镇和城市》、第12课《水路交通的变迁》等认识这一时期经济与社会生活发生的显著变化；在文化方面，结合选择性必修3的内容，如第2课《中华文化的世界意义》、第9课《古代的商路、贸易与文化交流》等认识这一时期中华文化圈、物质、技术和文化等方面的交流。围绕主题“认识三国两晋南北朝至隋唐时期的新成就与新变化”，一方面，通过展示表格、文字、历史图片、教材内容，创设情境，帮助学生进一步了解三国两晋南北朝在政治、经济、文化、民

族关系方面的内容；另一方面，通过帮助学生研读不同类型的史料，培育学生的历史核心素养。

三、教学目标分析系统：课时核心目标及其分解

（一）课时核心目标

通过阅读教材相关史料，进一步认识三国两晋南北朝至隋唐时期的制度创新、民族关系、封建经济发展与文化新成就，培育学生的史料实证和历史解释核心素养。

（二）课时目标分解

1. 学生将知道

（1）三国两晋南北朝至隋唐五代十国时期君主专制中央集权的发展演变。

（2）三国两晋南北朝至隋唐时期各民族之间关系的发展演变。

（3）经济区域的扩大与经济制度的变革对经济发展的影响。

（4）从民族关系和对外关系角度，概括这一时期的文化特征。

2. 学生将理解

（1）三国两晋南北朝时期在分裂之中也蕴含了统一的新因素及五代十国政权分裂的原因。

（2）民族交融与统一多民族封建国家的关系。

（3）江南地区开发和多种经济经营方式的发展，促使唐朝农耕经济不断繁荣。

（4）三国两晋南北朝时期的文化带有分裂割据的烙印及盛唐文化的开放性与包容性。

3. 学生将能做

（1）能够利用不同类型史料的长处，对所探究的问题进行互证。

（2）能够选择、组织和运用相关材料并使用相关历史术语，在正确的历史观和方法论的指导下，对系列史事做出解释。

（3）能够在正确的历史观和方法论的指导下，全面、客观地论述历史和现实问题。

（4）能够表现出对历史的反思，从历史中汲取经验教训，能够将历史学习所得与家乡、民族和国家的发展繁荣结合起来，立志为新时代中国特色社会主义建设、中华民族伟大复兴做出自己的贡献。

四、教学过程分析系统

课时教学设计2　自读课：认识三国两晋南北朝至隋唐时期的新成就与新变化

【导入环节】“学者如登山焉，动而益高……”下面是几组进阶式的学习任务，请大家按照要求，独立完成学习任务。

【任务一】分析三国两晋南北朝至隋唐时期政治上的新特点。

【关键问题】三国两晋南北朝至隋唐时期君主专制中央集权是否得到加强？

【活动一】阅读教材第28页《三国鼎立形势图（262年）》、第31页《东晋十六国形势图》、第32页《北齐、北周、陈对峙形势图（572年）》、第37页《唐朝前期形势和边疆各族分布图（669年）》、第38页《五代十国形势图（后周时期）》、第38页“史料阅读”。

【问题设计】（1）根据各时期地图，绘制三国两晋南北朝政权变更示意图，并结合示意图，指出三国两晋南北朝至隋唐时期的历史发展趋势。（2）阅读教材第38页的“史料阅读”，并结合所学知识，从政治角度分析导致出现五代十国分裂局面的原因。

【教师分析】根据自主绘制的政权变更示意图，能非常清晰地看到三国两晋南北朝时期政权的更迭与分立，但是在分裂之中也蕴含了统一的新因素。到隋唐时期，国家统一得以实现，结束了分裂局面，统一多民族封建国家得到发展。但唐朝后期，因为藩镇割据、宦官专权、朋党之争，导致阶级矛盾激化，再次出现割据、分裂局面，形成地方割据势力。

【设计意图】培养学生时空观念，引导学生通过分析图表得出结论，引导学生阅读史料，从史料中提取有效信息，对五代十国分裂局面出现的政治原因做出历史解释。

【活动二】阅读教材相关内容并思考问题。

【问题设计】（1）阅读教材第41页“学思之窗”、第41页《西安大雁塔唐朝进士题名帖》，分析其史料类型，并说明其史料价值。（2）阅读教材第42页《唐朝三省位置图》，指出三省的布局特点，并分析形成这种特点的主要原因。

【教师分析】第（1）问中的“学思之窗”的内容引自《唐摭言》，属于文献史料。该作品是唐末五代时期的王定保写的一部古代文言轶事小说集，虽是文学作品，但其内容涉及隋唐时期科举制的发展历程与影响，具有较强的主观色彩，在使用时要与其他史料相互印证。《西安大雁塔唐朝进士题名帖》属于实物史料，题名帖中涉及科举考试科目——进士，具有较高的史料价值。因此，这两则材料充分说明了隋唐时期选官制度方面的变化——科举制。

第（2）问中的三省位置图表明，中书省与门下省分别位于太极宫（皇宫）内南侧的西边、东边，尚书省则距离皇宫较远，但仍居于皇城中心位置。结合三省六部制的相关内容可知，中书省是草拟诏令的机构，门下省是审核诏令的机构，二者设在皇帝寝居临朝的太极宫，有利于皇帝意志的上传下达；尚书省是执行机构，与其他政府机构设在宫城之南的皇城中，则有利于皇帝诏令的执行。综上可知，唐朝三省的位置布局适应了加强专制皇权、分割相权的需要。

【设计意图】培育学生史料实证、历史解释的核心素养，通过展示文献、实物等不同类型的史料，引导学生在材料中提取有效的信息，培养史料意识；针对不同的历史解释，学生能够在唯物史观指导下，全面、客观地论述历史问题。

【任务二】分析三国两晋南北朝至隋唐时期民族关系的新趋势。

【关键问题】三国两晋南北朝至隋唐时期各民族之间的关系是否更加融洽？

【活动三】阅读教材中与民族关系有关的内容和材料一。

材料一　盖帝（孝文帝）优于文学，恶本俗之陋，欲以华风变之，故不惮为此举也。然国势之衰，实始于此。

——［清］赵翼《廿二史札记》

【问题设计】（1）阅读教材，搜集教材中关于民族关系的史料，并对其进行说明。在此基础上，分析民族关系的新趋势是什么。（2）阅读教材中关于北魏孝文帝改革的内容，结合材料一，谈谈你对北魏孝文帝改革的认识。

【教师分析】第（1）问，要注意对史料与史实进行区分，对选择的史料结合相关的史实进行论证，如教材第28页《四川成都武侯祠》的相关史实为蜀汉定都成都，蜀国加强对南方少数民族的治理；第29页“‘晋归义羌侯’印文”、《西晋末年内迁少数民族分布与北方流民南迁示意图》的相关史实为少数民族内迁、北民南迁；第31页的“十六国统治者族属表”的相关史实为十六国政权采用中原模式的国号；第32页“史料阅读”、第33页“问题探究”相关史实为北魏孝文帝改革；第36页的“历史纵横”、《交河故城》、《职贡图》和第37页的《唐蕃会盟碑》《唐朝前期形势和边疆各族分布图（669年）》等反映了唐朝处理民族关系的史实。通过这些史料充分说明三国两晋南北朝至隋唐时期，汉族与边疆民族逐步走向民族交融的史实。

第（2）问，北魏孝文帝改革顺应了北方民族交往交流交融的历史趋势，大大缓和了民族矛盾，为以后北方统一南方及隋唐盛世的出现打下了基础。同时，改革措施中的过分汉化，激化了鲜卑族的内部矛盾，例如学习士族制度使北魏出现一个特权阶层，他们重文轻武，迅速腐败、僵化，而北魏的大批军功贵族被排除在一等高门之外，从而造成鲜卑族的分裂。此外，北魏推行的汉化政策，多是学习中原王朝的繁文缛节，改变了本民族的武勇之风，进一步削弱了军事力量，使其失去了统治的根基；盲目照搬中原王朝的做法，放弃了本民族的历史传统，使鲜卑族人民无法适应，导致人民的反抗，国势最终衰退。

【设计意图】本题主要培育学生史料实证的历史学科素养，让学生将教材作为史料，培养学生收集并解读史料，从而得出历史结论的能力。同时，通过北魏孝文帝改革的评价，引导学生掌握唯物史观的评价方法。

【任务三】说明三国两晋南北朝至隋唐时期封建经济发展的新变化。

【关键问题】经济区域的扩大与经济制度的变革对经济发展有何影响？

【活动四】阅读教材相关内容与材料二、材料三，思考问题。

【材料呈现】

材料二　都下佛寺五百余，穷极宏丽。僧尼十余万，资产丰沃。所在郡县，不可胜言。

——［唐］李延寿《南史·郭祖深传》

材料三　根据材料研究显示：晋代南郡太守孔灵符在永兴的庄园有田265顷（一顷约等于66 666.67平方米），东晋太傅王导在钟山的庄园有田80余顷，南朝名士张孝秀在寻阳匡山的庄园有田数十顷，义兴太守韦载在江乘白山的庄园有田十余顷。

——摘编自朱绍侯等主编《中国古代史》

【问题设计】（1）阅读教材第30页的“学思之窗”及材料二、材料三，指出三国两晋南北朝时期社会经济的主要特点。（2）阅读第34页“学思之窗”、第35页“历史纵横”、第35页《敦煌莫高窟壁画唐朝牛耕图中的曲辕犁》，指出隋唐时期经济发展的新变化。

【教师分析】第（1）问，通过分析材料与教材内容可知，三国两晋南北朝时期，江南地区经济得到迅速开发，士族庄园经济和寺院经济占有重要地位。由于士族享有特权，佛教盛行，士族庄园经济、寺院经济膨胀。这一时期，战乱频仍，社会精壮劳动力的损失极大。庄园经济恶性膨胀，大量隐匿农户，封建国家与地主、寺院对土地和劳动力的争夺就非常剧烈。

第（2）问，隋朝大运河贯通南北，促进了南北方的经济、文化交流和运河沿岸城市的发展，有利于民族交融，维护国家统一，巩固中央集权。隋唐时期，农业耕作技术、耕作方式有所革新，图片《敦煌莫高窟壁画唐朝牛耕图中的曲辕犁》就体现了先进的犁耕技术推广到边疆地区。

【设计意图】通过分析史料，理解三国两晋南北朝至隋唐时期经济发展的新变化；认识到三国两晋南北朝时期江南地区得到开发，并发展了多种经济经营方式；理解唐朝盛世下，农耕经济不断繁荣。

【活动五】阅读教材相关内容及材料四，并思考问题。

【材料呈现】

材料四 两税法开始了中国赋税发展史的又一个新阶段。这个阶段田赋制度主要表现出以下两个基本特点：第一，资产税开始取代人丁税；第二，货币税逐渐取代实物税。这一取代过程虽然经过多次反复，但在中国封建社会后期却一直贯彻着，是田赋制度发展的一个趋势。

——张守军《中国古代的赋税与劳役》

【问题设计】（1）阅读教材第42页的《唐朝怀集庸调银饼》、第43页的“史料阅读”，指出唐朝赋税制度的变化，并分析两者之间的关系。（2）阅读第43页“史料阅读”“问题探究”与材料四，以两税法为例，说明对制度评判的原则。

【教师分析】第（1）问，《唐朝怀集庸调银饼》和“史料阅读”的内容反映了唐朝赋税制度从租庸调制到两税法的转变。通过分析“史料阅读”中两税法的背景可知，由于户口册被破坏，户籍失实，安史之乱后，政府财政困难，迫切需要改革；赋税混乱，税收名目繁多，租庸调制难以为继，农民负担较重，逃亡人口较多，土地买卖和兼并之风盛行，政府直接控制的土地减少，均田制无法推行等。唐朝中期，改行两税法。因此，租庸调制向两税法转变。

第（2）问，根据对两税法的不同评价，认识到制度的评判一般都遵循一定的原则：既要放在当时的背景去评判，又要站在当今视角去评判；既要看到积极的一面，又要看到其局限性。两税法的实施是为了解决当时赋税制度（租庸调制）的弊端，其内容体现出资产税取代人丁税、货币税逐渐取代实物税的发展趋势，简化了税目，增加了财政收入，减轻了政府对农民的人身控制，具有非常积极的意义。此外，两税法反映了中国古代赋税制度发展的趋势，对后世产生了深远的影响。局限性主要指制度在执行中并没有达到预期的效果，出现贿赂成风、征赋混乱的社会问题。

【任务四】理解三国两晋南北朝时期与隋唐时期的文化新特征。

【关键问题】在民族关系和对外关系发展的背景下，这一时期的文化出现了哪些新特征？

【活动六】阅读教材第45页的“历史纵横”，第46页的“史料阅读”、龙门石刻北魏《杨大眼造像记》、王羲之《姨母帖》（摹本），第47页的颜真卿《多宝塔感应碑》、柳公权《金刚经碑》、怀素《自叙帖》、顾恺之《洛神赋图》（摹本）、《龙门石窟宾阳中洞的佛像》、敦煌莫高窟壁画《胡旋舞》，第48页的雕版印刷《金刚经》卷子以及材料五与材料六。

【材料呈现】

材料五 相对独立的区域文化格局在中原王朝衰落的情况下纷纷出现；剧烈的人口流动，不仅产生了新的文化因素，而且完成了传统文化的重新分野；中外文化交流的双向性构成了交相辉映的文化碰撞画面。多元文化的激荡交融，使各种不同内涵的文化互相吸纳逐步走向统一，政治上的统一最终得以实现，中华民族以全新的精神面貌，为高度文明的继续发展奠定了基础。

——摘编自朱和平、白贵一《魏晋南北朝的文化特征及其历史影响》

材料六　所谓“唐型文化”，是一种相对开放、外倾、色调热烈的文化类型。李白的诗、张旭的狂草、吴道子的画，无不喷涌奔腾着昂扬的生命活力。昭陵古雕中雄壮健伟、神采飞扬的“八骏”，透露出大气盘旋的民族自信。

——摘编自张岱年等《中国文化概论》

【问题设计】（1）概括材料五中三国两晋南北朝时期的文化特征，并选取关于三国两晋南北朝时期的历史素材，结合所学知识进行阐述。（2）选取关于隋唐时期的历史素材，对材料六中的观点进行解释。

【教师分析】第（1）问，通过分析材料五可知，三国两晋南北朝时期的文化带有分裂割据的烙印。如南北民歌风格迥异；外来佛教及其艺术存在南北差异，南方重佛理，北方重形迹，南方佛教艺术多源于寺院，北方佛教艺术多由信徒主导创作等。此外，三国两晋南北朝时期的文化体现了民族交融的特色。重要的文化成就来自不同民族优秀分子的创造，具有代表性的文化成就体现了不同民族的风格。此外，三国两晋南北朝时期思想领域异常活跃。道教官方化，佞佛与反佛斗争激烈，玄学一度盛行，儒释道三教开始出现合流的迹象。尤其是佛教，经历了传入中国后迅速发展的时期，在南北方的政治、经济领域中扮演了重要角色，文学艺术无不打上佛教的烙印。根据教材内容可知，三国两晋南北朝时期的科技成就突出。如祖冲之对圆周率的计算、贾思勰的《齐民要术》、郦道元的《水经注》等。从三国两晋南北朝与隋唐文化的关系角度看，三国两晋南北朝时期文化的发展，具有承上启下的意义，为隋唐文化的繁荣昌盛奠定了基础。

第（2）问，材料明确提出了盛唐文化特色在于开放，敦煌壁画、盛唐诗歌体现了唐朝艳丽明快的色彩。唐朝绘画中的世俗人物大多高大不凡，大有压倒诸天菩萨的不凡气概；唐朝书法风格创新，生动自然，体现了唐朝人的自信。洛阳龙门石窟是盛唐文化典雅秀美、雍容华贵的集中体现。

【设计意图】注重培育学生史料实证的核心素养。通过了解三国两晋南北朝至隋唐时期的文化新成就，体会魏晋时期、隋唐时期不同的文化特征，培养学生的家国情怀。

【任务五】浸润核心价值：反思与收获。

【关键问题】将自读过程中遇到的疑难困惑写下来，或者记录下学习中获得的灵感和感悟。

【课堂小结】通过设计问题，让学生在思考中发现问题；通过自读课中学生对问题的解决，提升学生的探究能力；让学生将困惑写下来，为后面的探究课提供保障。

五、教学评价分析系统

（一）学业质量水平划分

水平1：学生能够识别历史地图中的信息，如任务一中的政权变更示意图、三省位置图，任务二中的内迁少数民族与北方流民南迁示意图；能够知道史料分为多种类型，并且能够从所获得的史

料中提取有关信息，如任务一中关于科举制的史料类型，如任务二、任务三、任务四中对材料信息的提取。（历史解释、史料实证）

水平2：能够认识不同类型的史料所具备的史料价值；能够在对历史问题进行论证的过程中运用史料作为证据论证自己的观点，如任务二中对自己找到的关于民族关系的史料进行证明；能够区分历史事实与历史解释，如任务二中在搜集民族关系史实时，要合理区分史实与结论。（历史解释、史料实证）

水平3：能够在探究特定历史问题时，自主地搜集有关史料；能够对史料进行整理与辨析，并判断其价值；能利用不同类型史料的长处，对所探究的问题进行互证，如任务一中科举制、任务二中搜集关于民族关系的史料；能够分辨不同的历史解释，尝试从多方面说明导致出现这些不同解释的原因并加以评析，如对任务二中北魏孝文帝改革、任务三中两税法、任务四中“盛唐开放的文化特征”的解释和评析。（史料实证、历史解释）

水平4：能够史论结合、实事求是地论述问题，如任务四中结合史实阐述三国两晋南北朝时期的文化特征等；能够根据相关材料，运用正确的方法，独立绘制相关图表，并加以说明，如任务一中绘制政权变更示意图，并说明政治的发展趋势；在评述历史过程中，能够对材料进行恰当地取舍，如任务二中关于民族关系下的民族交融发展趋势、任务三中的隋朝大运河作用；能够在正确的历史观和方法论的指导下，全面、客观地论述历史和现实问题，如任务二中对北魏孝文帝改革的认识与任务三对两税法的评价。（唯物史观、史料实证、历史解释、时空观念）

（二）学业质量水平测试

阅读下面材料，回答问题。

记载唐朝食物的部分材料

序号	内容
①	白居易《寄胡饼与杨万州》：“胡麻饼样学京都，面脆油香新出炉。”
②	《刘宾客嘉话录》：“刘宴入朝，见卖蒸胡饼之处，买啗之。”
③	《旧唐书》：高力士“于京城西北截沣水作碾，并转五轮，日碾麦三百斛。”
④	唐朝小说《任氏传》：郑六在长安升平坊，天未亮，“门旁有胡人鬻饼之舍，方张灯炽炉”。
⑤	杜佑在《通典》中记载：开元年间“天下无贵物，两京米斗不至二十文，面三十二文”。
⑥	《唐大和上东征传》：鉴真第二次东渡前在扬州购入的补给中有“干胡饼二车”。
⑦	吐鲁番出土的文献《唐于阗某寺支用簿》：“雇李□伍斗半面胡饼脚八十文。买果子二百卅五文，沽酒□。”
⑧	日本僧人圆仁在《入唐求法巡礼行记》中记载：“（会昌元年正月）六日，立春节。赐胡饼、寺粥。时行胡饼，俗家皆然。”
⑨	吐鲁番阿斯塔那唐墓出土的直径19.5厘米的薄饼（图甲）；201号墓出土的炊事女群俑（图乙），再现了舂粮、簸糠、推磨、擀面等的过程。
⑩	莫高窟第159窟的唐朝壁画（图丙），胡饼位于供桌左上角。

甲

乙

丙

（1）举例说明以上材料包括哪些类型的史料。

（2）提炼一个研究主题，运用三则以上的史料加以阐释。

【评价说明】

题号	答题思路	学业质量水平描述
（1）	结合所学知识，从史料存在形式与史料表现形式对材料进行分析。	1-3　能够知道史料分为文献史料、图像史料、实物史料、口述史料等多种类型。
（2）	根据材料提炼主题，如序号①、序号⑥、序号⑨从地域角度看胡饼在唐朝的流行；如序号②、序号④、序号⑧从胡饼流行反映唐朝的社会风貌。	1-3　能够从所获得的史料中提取有关的信息。 3-3　能够利用不同类型史料的长处，对所探究的问题进行互证。 3-4　能够选择、组织和运用相关材料并使用相关历史术语，在正确的历史观和方法论的指导下，对系列史事做出解释。 4-4　能够在独立探究历史问题时，在尽可能占有史料的基础上，尝试验证以往的说法或提出新的解释。

参考答案

（1）文献史料：如史书《旧唐书》《通典》，日记《入唐求法巡礼行记》，账簿《唐于阗某寺支用簿》等。实物史料：如吐鲁番阿斯塔那唐墓出土的薄饼和炊事女群俑。图像史料：如莫高窟的壁画。

（2）【示例一】研究主题：从地域角度看胡饼在唐朝的流行。

阐释：唐朝国家统一，疆域拓展，民族往来和对外交流活跃。白居易《寄胡饼与杨万州》的诗句，说明胡饼在长安流行并影响到其他地区；《唐大和上东征传》反映了胡饼在南方城市扬州也较为常见；吐鲁番出土的文献《唐于阗某寺支用簿》、莫高窟壁画等，体现出胡饼在西北丝绸之路上比较盛行。以上不同类型的史料互相印证，能够说明胡饼在唐朝的广大疆域内颇为流行。

【示例二】研究主题：胡饼流行反映唐朝的社会风貌。

阐释：唐朝国家统一，社会经济繁荣，民族往来频繁，对外交流活跃。唐朝小说《任氏传》的记载，表明都城长安有胡人经营的胡饼铺；白居易和《刘宾客嘉话录》的诗句，反映了胡饼被唐朝官员所接受；日本僧人《入唐求法巡礼行记》的记载，说明当时僧俗百姓普遍食用胡饼。以上不同角度的史料互相印证，能够说明胡饼作为异域食品在唐朝社会的不同阶层流行，反映了唐朝民族交融、多元并包的社会风貌。

刘玉强　肥城市第三中学

课时教学设计3

探究课：探究三国两晋南北朝至隋唐时期的“变”与“不变”

一、教学内容分析系统：课时学习主题的提炼

三国两晋南北朝时期国家分裂、政权更迭，到隋唐时期，统一多民族封建国家得到发展，时代的变迁造就了文化的多元特征。魏晋南北朝时期，民族交融加速，江南地区得到开发，为文化的发展奠定了基础。中原文化在吸收外来文化、少数民族文化的基础上实现了自我更新，成为国家走向统一的精神纽带。隋唐时期经济发展、政局稳定，对外开放加快，继续推动了文化交融并走向创新。各族人民在交往交流交融中加深了中华文化认同，共同创造了辉煌灿烂的文化，构成了统一多民族封建国家发展过程中不变的主题。

三国两晋南北朝时期是民族交融的第一个高峰，分裂中孕育着统一的因素。五胡内迁，尤其是北方地区各民族的交往交流交融，为中华民族的发展注入了新的血液和动力，为隋唐时期开明的民族政策和统一多民族封建国家的繁荣发展奠定了民族基础。唐朝统治者实行的开明民族政策更是推动了唐朝与边疆地区的和平交往。这不仅促进了边疆地区的开发和疆域的拓展，还持续推动了统一多民族封建国家的巩固与发展。因此，民族交融和大一统是中国古代历史发展的主旋律。

隋唐时期的制度创新是建立在三国两晋南北朝已有制度之上的。科举制体现出中国古代选官制度的成熟，三省六部制是中国古代中央行政制度的高峰，两税法是中国古代税制改革的一大里程碑。三国两晋南北朝至隋唐时期的选官制度、中枢权力机构和赋税制度的变化，是在特定时空背景下统治者所做出的政治决策，也是统治者国家治理能力的体现。在变化中治理，在实践中创新，在创新中走向盛世。变化的最终归属依然是走向不变，走向民族交融和大一统的历史发展主旋律。

基于以上几点，将本课时的教学主题确定为“探究课：探究三国两晋南北朝至隋唐时期的‘变’与‘不变’”。从“民族交融”“政治新态”“经济新生”“文化多元”四个视角进行探究，找出其中蕴含的“变”与“不变”。

二、学情分析系统：必修内容与选择性必修内容衔接分析

本课时是为选学历史的同学进行第一轮复习而设计的。在学习此内容之前，学生已经初步具备历史比较、分析的能力，基本形成了主动学习的意识，能够在教师的组织下进行小组交流、协作讨论等活动，但自主学习探究的能力还有待提高，需要教师不断地指导与培养。与此同时，在

教学过程中要注意思维和能力的衔接，从直观、鲜活、有趣、动情的角度出发，通过巧妙的设计达到历史思维的升华。

三、学习目标分析系统：课时核心目标及其分解

（一）课时核心目标

通过本课时的学习，让学生深刻认识到统一多民族封建国家的巩固和发展是历史发展的大趋势，以及中华民族多元一体的发展趋势，铸牢中华民族共同体意识。通过对政治制度变迁的分析，让学生认识到制度应该因时而变，适时变通，在变中求新，进而发现历史发展的趋势与规律，形成正确的历史观。通过分析中华文化源远流长、中华文化圈等内容，让学生形成对中华文化的认同，进而弘扬中华优秀传统文化。在世界观和方法论方面，坚持以唯物史观为指导，通过史料实证和历史解释，增强学生的文化认同、民族认同、国家认同，引导学生树立正确的文化观、民族观、国家观、历史观。

（二）课时目标分解

1. 学生将知道

（1）三国两晋南北朝至隋唐时期的民族交融对隋唐盛世的出现所产生的影响。

（2）三国两晋南北朝的政权更迭与隋唐盛世出现的关系。

（3）制度创新与盛世局面的关系。

（4）三国两晋南北朝至隋唐时期经济新变化出现的原因及影响。

（5）三国两晋南北朝至隋唐时期民族关系与对外交往的发展对文化繁荣的影响。

2. 学生将理解

（1）中华民族多元一体视野下的“民族交融”。

（2）制度改革反映理性与高效的“政治新态”。

（3）政治动荡与民族交融中的“经济新生”。

3. 学生将能做

（1）能够在对历史和现实问题进行独立探究的过程中，将其置于具体的时空框架下。

（2）能够恰当地运用史料对所探究问题进行论述，能够符合规范地引用史料。

（3）能够在正确的历史观和方法论的指导下，全面、客观地论述历史和现实问题。

（4）能够表现出对历史的反思，从历史中汲取经验教训，能够将历史学习所得与家乡、民族和国家的发展繁荣结合起来，立志为新时代中国特色社会主义建设、中华民族伟大复兴做出自己的贡献。

四、教学过程分析系统

课时教学设计3　探究课：探究三国两晋南北朝至隋唐时期的“变”与“不变”

【导入环节】通过呈现材料，导入本课时。

【材料呈现】

材料一 播放视频《历史与现实的对话：盛世大唐与当代中国的文化共鸣》。

【教师分析】《历史与现实的对话：盛世大唐与当代中国的文化共鸣》这个视频让我们感受到从古至今，时代在变迁，但盛世中华未变。本课时要研究的教学主题与“变化”相关，进而探讨三国两晋南北朝至隋唐时期的“变”与“不变”。

【设计意图】引发学生对历史变迁的学习兴趣，切入本课时的教学主题。引导学生思考这一历史时期的“变”与“不变”，即在不断变化的各种现象中找到历史发展的大趋势。

【任务一】新机重启：感悟中华民族多元一体视野下的“民族交融”。

【关键问题】三国两晋南北朝至隋唐时期的民族交融对隋唐盛世的出现产生了哪些影响？

【材料呈现】

材料二 中国古代气温变化曲线图。

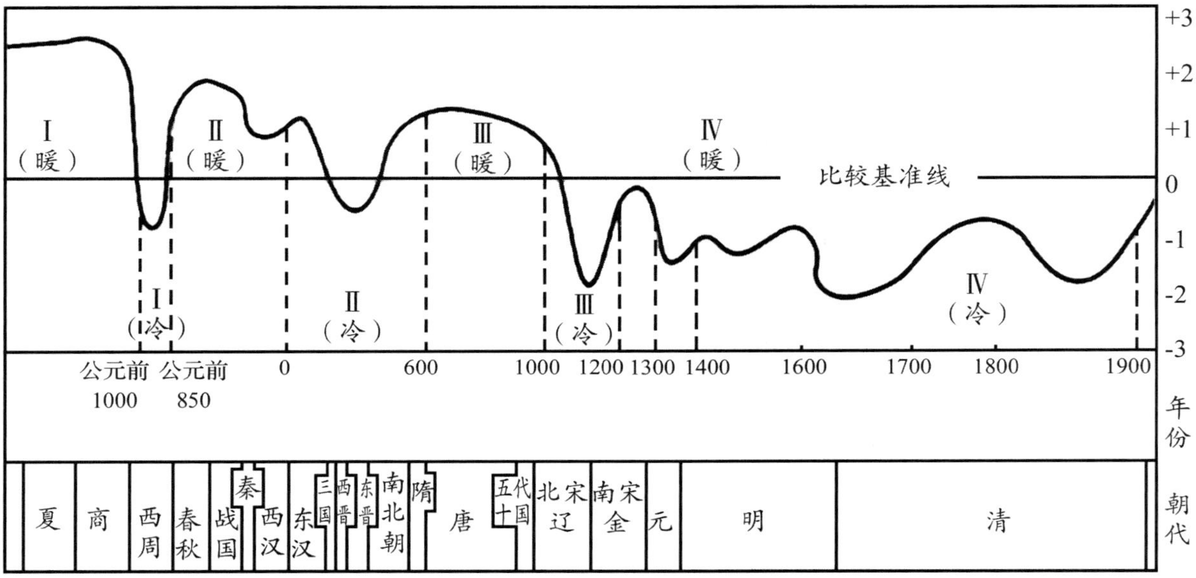

材料三 东汉末年以来，各地封建军阀长期混战，中原地区人口大量死亡，生产遭到严重破坏，三国及西晋统治者为补充兵源、发展生产，鼓励甚至强制少数民族入迁……晋武帝在位时，仅匈奴入塞者就有三十万左右。

——庄金秋《两晋与北方民族政权关系研究》

材料四 刘元海，新兴匈奴人，冒顿之后也。……汉高祖以宗女为公主，以妻冒顿，约为兄弟，故其子孙遂冒姓刘氏……幼好学，师事上党崔游，习《毛诗》《京氏易》《马氏尚书》，尤好《春秋左氏传》《孙吴兵法》，略皆诵之，《史》《汉》《诸子》，无不综览。

——［唐］房玄龄等《晋书》

材料五 魏主下诏，以为：“北人谓土为拓、后为跋，魏之先出于黄帝，以土德王，故为拓跋氏。夫土者，黄中之色，万物之元也；宜改姓元氏。诸功臣旧族自代来者，姓或重复，皆改之。”

——［宋］司马迁《资治通鉴》

材料六 自古皆贵中华，贱夷狄，朕独爱之如一。

——［宋］司马迁《资治通鉴》

【问题设计】根据以上材料并结合所学知识，分小组讨论分析这一时期民族交融程度加强的原因及影响，并推举代表总结讨论结果。

【教师分析】这一时期民族关系发生了巨大变化，但总体趋势是民族交融程度不断加强。以上材料从气候变化、军阀混战、各民族之间通婚、统治者的主动改革及政治家的胸怀等角度说明了三国两晋南北朝至隋唐时期民族交融速度加快的原因。陈寅恪先生在《李唐氏族之推测后记》中说道："李唐一族之所以崛兴，盖取塞外野蛮精悍之血，注入中原文化颓废之躯，旧染既除，新机重启，扩大恢张，遂能别创空前之世局。"从三国两晋南北朝至隋唐时期，北方少数民族与中原汉族、南方少数民族与南迁的中原汉族不断交往交流交融，形成了全国范围的民族大交融。在此过程中，中华民族共同体意识进一步增强，民族认同不断强化，促进了唐朝盛世局面的出现。我们可以从习近平总书记在2019年全国民族团结进步表彰大会上的讲话来认识"中华民族共同体"这一概念——"各族人民亲如一家，是中华民族伟大复兴必定要实现的根本保证。实现中华民族伟大复兴的中国梦，就要以铸牢中华民族共同体意识为主线，把民族团结进步事业作为基础性事业抓好……坚持共同团结奋斗、共同繁荣发展，促进各民族像石榴籽一样紧紧拥抱在一起，推动中华民族走向包容性更强、凝聚力更大的命运共同体。"正是这些交往交流使各民族在衣食住行方面不同程度地相互吸收、相互促进，推动了边疆地区的开发，促进了中原与边疆地区的经济交流和文化发展，从而促进了中华民族的发展，增强了中华民族的凝聚力，共同构成中华民族共同体，才形成了如今中华民族多元一体共同发展的盛世局面。

【设计意图】本环节主要进行的是学生的合作探究及展示活动，小组推举代表上台展示分析民族交融加强的原因；通过生生合作的方式解决教学重难点问题，体现了学生的主体地位，有利于激发学生学习的兴趣和主动性，培养学生分工协作的团队精神和综合能力。

【任务二】气象万千：认识制度改革反映理性与高效的"政治新态"。

【关键问题一】三国两晋南北朝的政权更迭与隋唐盛世的出现有什么关系？

【材料呈现】

材料七

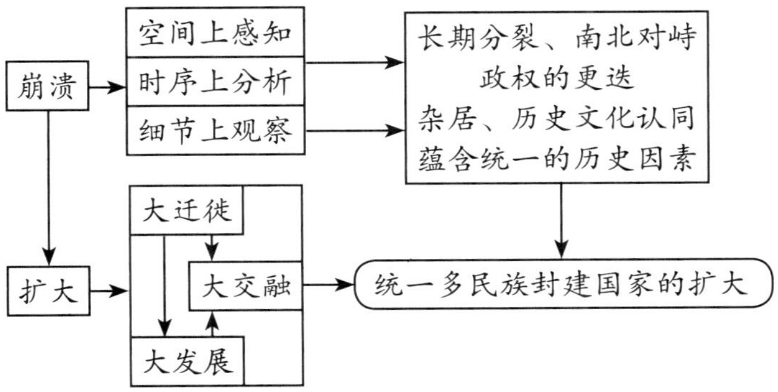

——据［日本］川本芳昭的《中华的崩溃与扩大：魏晋南北朝》绘制

【问题设计】根据材料并结合所学知识，提炼出一个观点，并予以分析说明，要求观点明确、逻辑合理、表述清晰。

【教师分析】三国两晋南北朝时期，上承秦汉、下启隋唐，虽是分裂时期，但对统一多民族封建国家的发展有其独特作用。三国两晋南北朝时期国家分裂、政局动荡，人民渴望统一。北方少数民族内迁，在推动政权更迭的同时，各民族杂居生活，促进了民族交融，这有利于多民族国家的统一。北魏孝文帝改革推行汉制、发展经济，迁都洛阳、移风易俗，北方经济获得发展，各民族交融加强，为隋唐的统一奠定了基础。与此同时，中原地区人口大量南迁，促进了江南地区的开发，也促进了南北方地区的民族交融，推动了统一多民族国家的发展。总之，秦汉建立并巩固的统一多民族封建国家在三国两晋南北朝时期已然“崩溃”，然而，在“崩溃”的背后，是各民族的不断交流交往交融，蕴含了走向统一的历史文化因素。

分裂和统一是一对矛盾的共同体，这一时期尽管国家大分裂、社会大动荡，但也曾出现过短暂或局部的统一。国家分裂推动民族交融，民族交融也促进了统一的实现和社会的进步，促使唐朝前期出现盛世局面，统一多民族封建国家得到进一步巩固和发展。总之，三国两晋南北朝，上承秦汉、下启隋唐，推动了统一多民族封建国家的发展。

【设计意图】利用思维导图及所学知识，准确概括时代的主要特征，培养时空观念及获取有效信息、分析概括的关键能力，认识三国两晋南北朝的局部统一为隋唐统一多民族封建国家的出现奠定了政治基础，进而理解历史的发展是一个渐进的、长期的过程。

【关键问题二】制度创新与盛世局面是怎样的关系？

【材料呈现】

材料八　魏晋以后的九品中正制度，把觅取人才的标准，无形中限制在门第的小范围内，这便大错了。唐代针对此弊，改成自由竞选……更不需中央九品中正评定，把进仕之门扩大打开，经由各人各自到地方政府报名，参加中央之考试。这制度，大体来说，较以前是进步的。

——摘编自钱穆《中国历代政治得失》

材料九　科举之善，在能破朋党之私……前此选举，皆权在举之之人，士有应举之才，而举不之及，夫固无如之何。既可（科举）……不能应试者，有司虽欲徇私举之而不得。苟能应试，终必有若干人可以获举也。此实选举之官徇私舞弊之限制……

——吕思勉《中国制度史　下》

材料十　中枢机构变化的走势，是由皇帝与官僚机构、官僚队伍的矛盾决定的：皇帝一方面要设置得力的办事机构，需要赋予它权力；一方面担心掌握权力的大臣权势日高，威胁到皇权，因此要另设亲信机构予以制约。中枢机构权力分立的格局，正是出于相互制衡的考虑。

——邓小南《中国古代政治与文化·第十六讲·规范与制约：文官制度的完善(3)》讲稿

材料十一　炎疾其敝，乃请为“两税法”以一其制……户无主客，以见（编者注：通“现”）居为簿；人无丁中，以贫富为差。不居处而行商者，在所州县税三十之一，度所取与居者均，使无侥利。居人之税，秋夏两入之，俗有不便者三之。其租、庸、杂徭悉省……

——［宋］欧阳修等《新唐书·杨炎列传》

【问题设计】(1)根据材料八、材料九并结合所学知识，分析从汉朝到唐朝选官制度的演变趋势。(2)根据材料十并结合所学知识，概述唐太宗时期完善中枢机构的施行过程，并与秦朝中央官制相比较，说明三省六部制有哪些新的发展及作用。(3)根据材料十一并结合所学知识，从唯物史观的角度说明唐朝赋税制度演变的实质。(4)为以上三个问题设计一个共同的主题，并分析其价值。

【教师分析】通过材料八、材料九，我们认识到相比汉朝的察举制和魏晋时期的九品中正制，科举制有利于破除结党营私之弊，打破世家大族垄断官场的特权，即打破门第界限，促进社会阶层流动。同时，科举制还促进了官员文化素质的提高，扩大了统治基础，加强了中央集权。

通过对材料十的分析，相比之前的各项制度，三省职权分工明确，有利于提高办事效率；三省分割相权，避免权臣独揽大权，有利于加强皇权，使得中央决策和行政体系日臻完善。三省六部制是中国政治制度的重大变革，对此后历朝产生了深远影响。

通过材料十一，对比唐朝实行的两种税收制度，征税标准从以人丁为主变为以土地和财产为主，反映了政府减轻对农民人身的控制；征税项目从多个名目变为以户税和田税为主，体现了税收名目的简化。这两个变化有利于减轻人民负担，缓和社会矛盾。征税对象从农民扩大到不分主客农商，一律纳税，这有利于扩大税收来源，保证了国家的财政收入。唐朝赋税制度由租庸调制转变为两税法，实质是生产关系的调整，体现了上层建筑适应经济基础的发展规律。

以上内容都体现了制度的变革与创新是为了提高社会治理的效率，反映了行政的理性化趋势，这是中国古代政治日趋成熟的表现。制度的变革与创新是中国古代大一统国家发展与壮大的保障，隋唐的制度创新主要体现在：选官制度上，总体上呈现从贵族政治到官僚政治的发展趋势；中央官制上，三省六部制大大强化了皇权，是古代中枢官制发展的一个高峰；赋税制度上，从租庸调制到两税法，反映了政府减轻对农民的人身控制，是中国古代税制改革的一大里程碑。如果说民族交融是隋唐盛世出现的外因，那么这一时期制度上的变化与创新则可以看作其内因。

【设计意图】对于以上问题，学生可以通过展示自主学习成果，教师适时进行指导。通过问题探究，学生在对史料的分析、对真实情境的体验，以及对自身基础知识梳理的基础上，最终得出这一时期的制度是变化与创新的，这种变化体现出社会治理越来越理性。

【任务三】江南春早：认识政治动荡与民族交融中的“经济新生”。

【关键问题】三国两晋南北朝至隋唐时期经济新变化出现的原因及影响是什么？

【材料呈现】

材料十二　楚越之地，地广人希（编者注：通“稀”），饭稻羹鱼，或火耕而水耨……无积聚而多贫。

——［汉］司马迁《史记·货殖列传》

材料十三　江南……地广野丰，民勤本业，一岁或稔（编者注：庄稼成熟），则数郡忘饥……丝绵布帛之饶，覆衣天下。

——［南朝梁］沈约《宋书》

材料十四　自晋宋以来，号洛阳为荒土，此中谓长江以北尽是夷狄。昨至洛阳，始知衣冠士族并在中原。礼仪富盛，人物殷阜……

——杨衒之《洛阳伽蓝记》

材料十五 （两晋）时海内大乱，独江东差（编者注：比较）安，中国士民避乱者多南渡江。

——［宋］司马光《资治通鉴》

材料十六 南北朝后期，南北双方关系出现了明显的变化……尽管全国尚未实现统一，但北人不再因民族压迫而南流，各地对统一文化的认同感也日趋增强。

——袁行霈、严文明等主编《中华文明史（第三卷）》

材料十七 今自九河外，复有淇汴（编者注：隋朝大运河），北通涿郡之渔商，南运江都之转输，其为利也博哉！

——［唐］皮日休《汴河铭》

【问题设计】根据以上材料信息，确立一个研究主题，并说明所选材料对研究该主题的价值。

【教师分析】以上材料的主题可以确立为“三国两晋南北朝至隋唐时期的‘江南新生’”。《史记》是汉代司马迁所著，《宋书》中的“宋”是指东晋之后南朝的第一个政权。江南地区在汉代时“地广人希（编者注：通‘稀’）”，东晋后则“地广野丰”；汉代“火耕而水耨”，东晋后“数郡忘饥”，农业生产力提高；汉代“多贫”，东晋后则用了一个“饶”字，“饶”是富裕的意思。这些变化充分体现了江南地区在这一时期得到开发、经济得到发展。在开发江南地区的过程中，少数民族逐渐与汉族交融。北魏孝文帝改革推动了北方的发展，使得北方经济繁荣，文化昌盛，“衣冠士族并在中原”。这体现了南方对北方的认可，南北双方的交流更加频繁。南北朝后期，尽管全国尚未实现统一，但各地对统一文化的认同感日趋强烈，实现统一是大势所趋。最终，隋朝结束了自西晋灭亡以来，国家分裂、政权分立的局面，中国再次进入统一的盛世。这些都反映了各民族的交往交流交融促进了经济的发展及社会的进步，为盛世的出现奠定了基础。到了隋唐时期，经济重心加速南移，大运河沟通了南北，更加促进了南方社会经济的繁荣发展。历史发展虽然具有曲折性，但统一多民族国家的巩固与发展始终是中国历史发展的主旋律。

【设计意图】通过三国两晋南北朝至隋唐经济新变化的分析，培养学生从教材及史料中提取有效信息、分析和整合信息的能力，并通过分析历史曲折发展的路径来寻找变化中孕育的“不变”趋势，培育史料实证和历史解释的核心素养。

【任务四】气势恢宏：体悟民族交融和对外交往浸润下的“文化多元”。

【关键问题】三国两晋南北朝至隋唐时期民族关系与对外交往的发展对文化繁荣的发展产生了怎样的影响？

【材料呈现】

材料十八 孝文帝在位时，北魏统治面临着严峻考验。鲜卑族拓跋部进入中原封建政治、经济、文化发达地区，落后的鲜卑统治方式与中原地区的先进生产方式之间的不和谐，使北魏内部各种社会矛盾日益尖锐。……随着汉文化的熏陶渐染及对北魏政权面临形势的了解，加上冯太后的着意培养，孝文帝以高度的热情实行封建化改革。

——摘编自姚红艳《浅析孝文帝汉化改革态度确立的过程》

材料十九　唐代的艺术，取得了前所未有的辉煌成就，其中既有对于南北朝文化的继承与发展，也有对域外文化的吸收、融合与创新。

——摘编自袁行霈、严文明等主编《中华文明史（第三卷）》

材料二十　文明必须通过交融才能发展，没有交融就没有文明……在文明的产生中交融既重要，在文明的发展中交融则更重要。

——钱乘旦《“文明的冲突?”——与亨廷顿先生对话》

【问题设计】根据以上材料，任选其中一个角度，自拟一个论题，并运用所学知识加以论证，要求观点明确，史论结合，表述清晰。

【教师分析】三国两晋南北朝至隋唐时期的文化在民族交往交流交融及对外关系不断发展中逐渐走向辉煌，并具有鲜明的时代特征。许多学者都深刻认识到多元文化之间的接触、碰撞、相互学习和相互吸收会形成文明进步的巨大动力，如钱乘旦认为交融在文明的产生和发展中很重要，应该尊重文明的多样性并相互交流学习。自三国两晋南北朝以来，内迁的北方少数民族与汉族、南方少数民族与南迁的汉族不断交往交流交融，形成了全国范围的民族大交融，创造了辉煌灿烂的民族文化，最终形成了中华民族多元一体的格局。唐朝前期出现盛世局面，中外文化交流频繁，唐朝文化对周边国家产生重大影响，以中国儒家文化为核心的中华文化圈逐渐形成。新罗、日本等国家向唐朝派遣了许多使节和留学生，这些使节和留学生归国后，在文字、思想与宗教、社会与习俗、城市与建筑、科技、制度等方面向中国学习，促进本国社会文化不断进步。因此，不同文明之间相互学习借鉴，互通有无，是促进人类社会发展进步的正确道路，也是一个国家、一个民族“不变”的永恒追求。

【设计意图】通过对“文明的碰撞与交融”进行主题式探究与分析，培养学生从教材及史料中提取有效信息、分析和整合信息的能力，使学生认识到不同文明之间相互学习借鉴，互通有无，是能够促进人类社会发展进步的正确道路；通过史料实证来深化学生对中华民族多元一体格局、中华文化圈的认识，了解这一时期中外交流的盛况，以及中国文化对周边国家的影响，提升民族自豪感和自信心，进而分析出其背后隐含的“不变”的价值追求，培育史料实证和历史解释的核心素养。

【课堂小结】本课时通过分析民族交融背景下国家由分裂走向统一并出现隋唐盛世的历史发展脉络，进而增强学生的国家认同、民族认同与文化认同。由分裂走向统一，政权在更迭，这是变的，但统一的趋势是不变的，国家走向富强、盛世是不变的，这属于国家认同。制度是在创新的，这种变化体现出社会治理越来越理性；各民族之间有战有和，通过交往交流交融增强了民族认同感。同时，文化认同在文化交流发展中得到了加强。统一多民族封建国家的发展是中华民族历史发展的主流。各民族共同开拓了中国的辽阔疆域，在交流交往交融中形成了中华民族多元一体的格局。统一多民族国家的不断发展，有利于增强中华民族共同体意识，有利于创造辉煌灿烂的民族文化，有利于实现中华民族伟大复兴。

【问题设计】总结三国两晋南北朝至隋唐时期的“变”与“不变”。

【教师分析】

“变”：	1. 政权更迭	“不变”：	1. 统一趋势
	2. 制度创新		2. 理性治理
	3. 经济南移		3. 经济繁盛
	4. 文化交流		4. 文化认同
	5. 民族交融		5. 民族认同

【设计意图】通过小结，将诸多内容联系起来，构建起清晰、完整、系统的认知结构，便于学生理解，也便于学生构建历史发展的前后联系，探寻历史发展变化的原因及其规律。同时，学生围绕学习主题，在情境中探究问题，由现象到本质，通过问题进阶、层层递进，完成对知识的建构，并在小组合作探究中达到培育核心素养的目标。

五、教学评价分析系统

（一）学业质量水平划分

水平1：从三国两晋南北朝至隋唐时期“变”与“不变”的史料探究中，认识统一多民族封建国家的巩固与发展是历史发展的大趋势；能够运用所学知识分析史料，探究这一时期民族交融速度加快的原因及影响；能厘清制度创新的来龙去脉，把握经济发展趋势，体会统治者在社会治理上的政治智慧；能够运用唯物史观解释这一时期思想文化成就取得的原因。（唯物史观、时空观念、史料实证、历史解释）

水平2：能够总结归纳三国两晋南北朝至隋唐时期的“变”与“不变”，把握中华民族多元一体的发展趋势；能够以古鉴今，总结1949年中华人民共和国成立以来，政治、经济领域的“变”与“不变”，分析两者之间的辩证关系，认识时代赋予当代青年的使命和责任。（唯物史观、时空观念、史料实证、历史解释、家国情怀）

水平3：针对三国两晋南北朝至隋唐时期在政治、经济与思想文化中“变”与“不变”的相关内容，利用不同类型史料的长处，对所探究的问题进行互证，并尝试从来源、性质和目的等多方面，说明导致这些不同的原因并加以评析；能够把握中华民族多元一体的发展趋势，形成正确的世界观、人生观、价值观和历史观。（唯物史观、历史解释、史料实证、家国情怀）

水平4：对于三国两晋南北朝至隋唐时期在政治、经济与思想文化中“变”与“不变”的相关内容，能够选择恰当的时空尺度对其进行分析、综合、比较，并在此基础上做出合理的论述，且在评述这一时期的“变”与“不变”时，能够对材料进行适当地取舍；在对历史和现实问题进行探究的过程中，能够恰当地运用史料对所探究问题进行论述；能够在正确的历史观和方法论的指导下，全面、客观地论述这一问题，从而能够表现出对历史的反思，从历史中汲取经验教训，更全面、客观地认识历史问题。（唯物史观、史料实证、时空观念、历史解释）

（二）学业质量水平测试

实现“大一统”国家治理是古代中国历代统治者不懈追求的主题。阅读材料，回答下列问题。

材料一　汉武帝强化中央集权，至东汉末，全国百余郡，实施统一制度、法令。通过察举制度的实施，构建起研习儒经、崇尚教化、执行统一政策的士大夫官僚队伍。汉朝盛时“编户齐民”有5 900多万人，儒家倡导的忠义孝悌等伦理，成为民众日常行为的规范。汉朝境内的百姓，不复以“燕人”“齐人”“秦人”相区别，而是“某郡某县”人，他们虽方言有异，却使用着统一的不因语言差异而改变的文字。经历两汉四个多世纪的统治，统一的观念深入人心，“书同文、车同轨、人同伦”，在先秦以来华夏交融的基础上，汉朝境内的人们逐渐被称为“汉人”。

——摘编自《汉书》《后汉书》等

材料二　唐朝边疆地区有突厥、回纥、吐蕃、南诏、渤海等地方政权……贞观十四年(640年)，文成公主入藏；景龙四年（710年），金城公主入藏；唐蕃之间还数次会盟。南诏的13个王中有10人经唐朝加封，南诏王曾多次遣子弟入唐学习。唐朝的边疆管理机构主要是大都护府、都督府、羁縻州……都督府都督、羁縻州刺史由各民族首领担任，由大都护府直接管辖，上统于中央政府。

——摘编自人民教育出版社《普通高中教科书　历史　选择性必修1　国家制度与社会治理》

（1）根据材料一并结合所学知识，列举汉朝国家治理的措施，并分析这些措施对中国历史的意义。

（2）根据材料二并结合所学知识，概括唐朝开明民族政策的表现方式并分析其影响。

【评价说明】

题号	答题思路	学业质量水平描述
（1）	从“大一统”的角度回答汉朝国家治理的措施；通过分析国家治理的措施，认识其对中国历史发展的意义；从疆域确立、民族认同、价值观认同等全方位认识大一统。	1–3　能够在解答某一历史问题时，尝试从多种渠道获取与其有关的材料；能够从所获得的史料中提取有关的信息。 1–5　能够发现历史上认同家乡、民族、国家的事例，知道中外优秀文化遗产的主要内容，认识社会主义核心价值观的历史依据，具有对祖国和人民的深情大爱。
（2）	将时空定位在唐朝时期的民族关系，概括唐朝开明民族政策的表现方式；通过分析唐朝开明民族政策的表现方式来认识唐朝时期国家治理对统一多民族封建国家发展的推动作用。	1–3　能够在解答某一历史问题时，尝试从多种渠道获取与其有关的材料；能够从所获得的史料中提取有关的信息。 2–4　能够选择、组织和运用相关材料并使用相关历史术语，对具体史事做出解释。

参考答案

（1）措施：实现国家统一，强化中央集权；制定统一的法律；建立起统一有效的行政管理制度；实现文字统一、思想统一；强调教育、教化和伦理规范的作用；对各地区民众同等对待。意义：确立了中国的基本疆域；强化了民族认同；形成了追求统一的价值观；创立了中国古代治国理政的基本模式。

（2）表现方式：战争、设置机构、册封、和亲、会盟。影响：加强了中央对边疆的管理；推动了与边疆各民族的和平交往，各民族逐步走向交融；推动了统一多民族封建国家的发展；有利于祖国边疆地区的开发和疆域的拓展。

刘静华　肥城市第二高级中学

单元案例五

辽宋夏金多民族政权的并立与元朝的统一

扫码观看教学视频

从辽宋夏金多民族政权并立到元朝的统一，是中华民族多元一体格局的重要发展时期。本单元以“从多元交融发展到大一统”这一大概念为教学主题，通过引领学生探究两宋的政治、军事、经济、社会、文化的发展新变化，认识辽夏金元少数民族政权的建立发展、相关制度的建设及元朝统一产生的深远影响，理解辽宋夏金元时期各民族在更大范围内交融和政治、经济、文化与社会等方面的发展新变化趋势，对以后统一多民族封建国家的巩固与发展产生深远影响这一时代主题特征，进而深化对中华民族多元一体发展趋势的认识，形成正确的国家观、民族观和对中华民族的认同感，并且在历史学科核心素养培养过程中，让学生养成具有历史学特征的“求真精神、贯通意识和批判思维”的史学品格。

◎单元教学设计

从多元交融发展到大一统

一、教学内容分析系统：单元教学主题的提炼

（一）提出的依据

1. 课标依据

新课标对本单元的课程内容要求：通过了解两宋的政治和军事，认识这一时期在政治、经济、文化与社会等方面的新变化；通过了解辽夏金元诸政权的建立、发展和相关制度建设，认识北方少数民族政权在统一多民族封建国家发展中的重要作用。从课程内容要求可以看出，本单元的主旨是在唯物史观指导下，通过了解两宋的政治、军事、经济、社会、文化及辽夏金元少数民族政权的建立、发展和相关制度建设，认识到这一时期各民族在更大范围内交融和政治、经济、文化与社会等方面的发展新变化，体现出对以后统一多民族封建国家的巩固与发展产生深远的影响这一时代主题特征；认识北方少数民族政权在统一多民族封建国家发展中的重要作用，从而更深刻地认识中华民族多元一体的历史发展趋势，培养学生树立我国自古以来就是统一多民族国家的国家观、民族观和文化观，形成对国家的认同感和正确的国家观，形成对中华民族的认同感和正确的民族观。

2. 教材依据

教材第三单元的标题是“辽宋夏金多民族政权的并立与元朝的统一”。其下编3个课时内容，依次为《两宋的政治和军事》《辽夏金元的统治》《辽宋夏金元的经济、社会与文化》。教材单元导语厘清了本单元学习主题线索，其核心主题是：两宋政治、经济、文化与社会等方面的发展新变化；各民族之间政治、经济、文化联系更为持久和稳定，呈现出互相交融的趋势。而从各课时内容编排来看，每节课的主题与单元大主题都有着内在的逻辑关系，即紧紧围绕这一时期民族交融与社会发展的新变化，对统一的多民族封建国家的巩固与发展产生深远影响的“从多元交融发展到大一统”这一单元主题而展开。

本单元的学习要点，一是了解两宋的政治、军事、经济、文化与社会发展情况，理解认识两宋政治、经济、文化与社会等方面的发展新变化；二是了解辽夏金元诸政权的建立、发展和制度建设，理解认识北方少数民族政权在统一多民族封建国家发展中的重要作用。本单元的教学重难点：第一，了解宋初强化中央集权举措的背景、内容、特点及影响，理解它们之间的内在逻辑关系；第二，了解宋朝商品经济繁荣产生的社会影响和宋朝理学兴起的原因和主要内容，理解认识

理学对中华文明发展产生的深远影响；第三，了解北方少数民族政权制度建设的特点，认识北方少数民族政权在统一多民族封建国家发展中的重要作用；第四，了解元朝统一及行省制度产生的深远影响，认识中华民族多元一体的历史发展趋势。

3. 学术依据

李华瑞在《宋夏关系史》中指出："10—13世纪中国历史是继春秋战国、魏晋南北朝之后的第三次大分裂时期，辽、宋、西夏、金等政权相继对立并存，这些政权虽在政治、军事上是对立的，但经济文化却紧密相连，互相补充，是中华民族形成极为重要的时期。"

费孝通主编的《中华民族多元一体格局》一书中指出，中华民族共同性的形成及其发展，经历了长期的历史过程。中华民族共同性的形成和发展，有两个最主要的原因：第一，中国是世界上的一个文明古国，中国的历史是中国境内的各民族共同缔造的，自秦汉以来的两千多年当中，中国是一个统一的多民族国家，中国境内各民族之间一直存在着政治、经济、文化上密切的联系和交流，并进而形成了互相依存、互相促进、共同发展的关系。因此，汉族与少数民族在物质文明与精神文明方面是有许多共同点的。第二，移民和民族交融促进了经济文化的交流，起到了相互学习、相互补充的作用。

朱汉国、何成刚主编的《新版课程标准解析与教学指导　高中历史》一书指出，根据内藤湖南的"唐宋变革说"，由唐入宋，中国社会主要发生了以下变化。第一，政治上的变化。第二，经济上的变化。第三，学术和文学的变化。到了宋朝，学者用个人见解对旧的经典做新的解释，成为一时风尚。第四，美术和音乐的变化。宋朝以后，随着杂剧的流行，通俗艺术兴盛，品位较古代的音乐下降，迎合了市民阶层的需要。

上述学者的研究成果，为确定"从多元交融发展到大一统"这一时代主题特征，提供了重要的史论依据和广阔的史学视野。由此可见，辽宋夏金元时期，"从多元交融发展到大一统"主题的确立，是有着丰富的史料和公认的学术研究成果作为支撑的。

（二）单元教学主题

辽宋夏金元是继三国两晋南北朝之后又一个北方少数民族活跃的时期，经历了北宋与辽、西夏的对峙，南宋与金、西夏的并立到元朝统一这三个阶段。在多元文化碰撞与交融、国家从政权并立到逐步走向统一的历史进程中，宋朝的中央集权不断强化、社会经济高度繁荣以及学术文化取得了突出成就，这都体现了两宋政治、经济、文化与社会等方面的发展新变化；辽夏金元少数民族政权的建立、发展和相关制度建设及元朝统一产生的深远影响，反映出与这一时期爆发的各民族交战相比，各民族之间政治、经济、文化联系更为持久和稳定，呈现出互相交融并得到发展的趋势，凸显了这一时期"从多元交融发展到大一统"对以后统一多民族封建国家的巩固与发展产生深远影响这一时代主题特征，反映了中华民族多元一体的历史发展趋势。结合以上对本单元核心知识与知识线索的梳理，本单元的教学主题确定为"从多元交融发展到大一统"。

二、学情分析系统：初中与高中教学衔接分析

比较项目	初中课标		高中课标
	2011年版课标	2022年版课标	
课标中的课程内容要求	6. 宋元时期 知道北宋的建立，了解宋朝重文轻武的特点。 知道辽、西夏与北宋的对峙局面；了解女真族的崛起，知道金灭辽及北宋；知道岳飞抗金的事迹和南宋偏安。 知道宋代南方经济的发展，理解中国古代经济重心的南移。 知道成吉思汗的崛起以及蒙古军灭亡夏、金和南宋；知道元朝的统一。通过宣政院管辖西藏，知道西藏在元代正式纳入中国版图。 知道宋元时期商业贸易的繁荣；了解宋元时期的都市生活和宋词、元曲的流行。 通过活字印刷术的发明以及指南针、火药的应用和外传，认识四大发明对世界文明发展的贡献。	1.6　辽宋夏金元时期 认识北宋面临的新形势，了解辽、宋、西夏的并立与北宋强化中央集权和重文轻武的政策；通过了解宋金之战、南宋偏安和南方地区的经济繁荣，知道中国古代经济重心的进一步南移；通过了解蒙古兴起和元朝统一，设立行省、宣政院等制度，知道西藏在元代正式纳入中国版图，理解元朝统一对中华民族进一步交融的重要意义；通过了解这一时期的城市和商业发展、科技创新、文学艺术成就和对外交流，认识宋元时期繁荣的经济、文化在中国历史上的重要地位；通过岳飞、文天祥等人的英雄事迹，体会中华民族英勇不屈的精神；通过印刷术、指南针、火药的应用和外传，认识中国古代的重要发明对世界文明发展的贡献。	1.5　辽宋夏金多民族政权并立与元朝的统一 通过了解两宋的政治和军事，认识这一时期在政治、经济、文化与社会等方面的新变化；通过了解辽夏金元诸政权的建立、发展和相关制度建设，认识北方少数民族政权在统一多民族封建国家发展中的重要作用。

比较项目	初中教材	高中教材
部分教材课时设置	《义务教育教科书　中国历史　七年级　下册》 第二单元　辽宋夏金元时期：民族关系发展和社会变化 第8课　北宋的政治 第9课　辽、西夏与北宋并立 第10课　金与南宋对峙 第11课　元朝的建立与统一 第12课　辽宋夏金元时期经济的繁荣 第13课　辽宋夏金元时期的对外交流 第14课　辽宋夏金元时期的科技与文化	《普通高中教科书　历史　必修　中外历史纲要（上）》 第三单元　辽宋夏金多民族政权的并立与元朝的统一 第9课　两宋的政治和军事 第10课　辽夏金元的统治 第11课　辽宋夏金元的经济、社会与文化

从初中课标课程内容要求和教材课时设置看，高一阶段的学生通过对七年级下册第二单元的学习，对这一单元的“点—线”基础知识与历史发展时序的基本线索有一定了解，并掌握了一定的学习历史的基本方法、技能。同时，2022年版初中课标的课程基本理念、课程目标、课程内容及学业质量水平要求等内容都强调了对学生学科核心素养的培养，体现了初中与高中历史课程的衔接。但基于初中课标和教材内容的突出特点是强调历史的时序性，在内容上采用的是“点—线”结合的呈现方式，加之初中课标学业质量水平要求的程度及初中学生认知水平等因素的影响，学

生对辽宋夏金元时期复杂的历史时空架构下的较长时段历史发展“点—线—面”脉络的深化认识，对体现这一时段的各民族“从多元交融发展到大一统”时代主题特征的理解认识，对宋朝中央集权加强、宋朝理学兴起及辽夏金元民族政权制度建设等重要历史的背景、措施、影响之间的内在逻辑关系的理解，以及进一步拓宽历史视野、强化历史思维与提高历史学科核心素养等方面仍有待提高。基于此，本单元在单元、课时设计上将会严格依据高中课标及学生的具体学情，通过完整、准确地把握本单元课程内容要求及学科核心素养、学业质量水平要求，采用大单元主题教学方式，在引导学生构建辽宋夏金元清晰系统的“点—线—面”基础知识脉络下，学生能够充分理解认识辽宋夏金元时期“从多元交融发展到大一统”对统一多民族封建国家巩固和发展产生深远影响这一时代主题特征。在教学设计过程中，通过有效整合课程资源、精心选择史料，围绕本单元主题的丰富历史情境开展以问题为主导的史料研习课堂教学活动，引导学生带着问题意识和证据意识对本阶段历史知识进行深度探究学习，将学生历史学科的关键能力和核心素养落到课堂实处、细处。

三、教学目标分析系统：单元核心目标及其分解

（一）单元核心目标

在唯物史观指导下，通过了解宋朝中央集权的加强、王安石变法、商品经济繁荣的影响、宋朝理学兴起及其影响，认识这一时期政治、经济、文化与社会等方面的发展新变化；通过梳理辽夏金民族政权的建立发展到元朝统一时空历程和相关制度建设的史实，理解其凸显这一时期民族多元交融发展的特点，认识北方少数民族政权在统一多民族封建国家发展中的重要作用，进一步深化对中华民族多元一体发展趋势的认识。

（二）单元目标分解

1. 必备知识

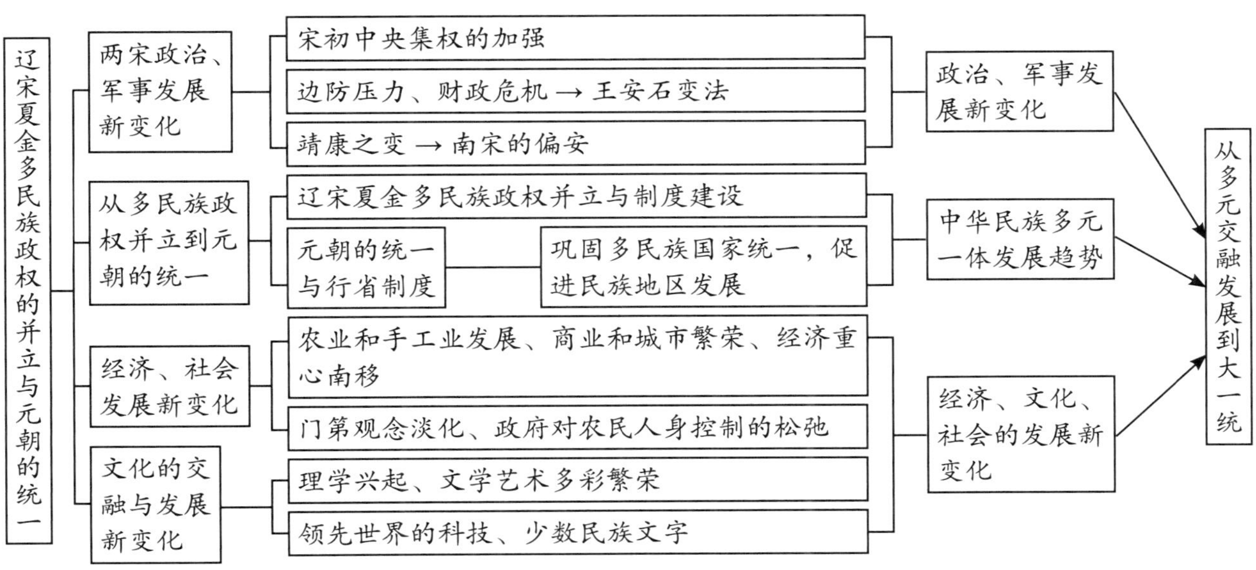

2. 关键能力

（1）获取历史信息能力：引导学生课前利用互联网搜集、整理反映宋朝社会经济高度发展、科技文化领先世界的文物、影像史料，让学生切身感受宋元时期经济、科技文化成就在世界的领先地位，帮助学生掌握获取、整理、辨析史料的基本方法，使学生学会从多种渠道获取相关史料，并能够选择、运用所搜集的相关史料，运用归纳、概括、比较等思维方法对这一时期的成就进行诠释和表述。

（2）历史阐释能力：引导学生运用疆域图和时间轴，叙述辽宋夏金元时期从民族政权并立到逐步统一的历史发展进程的时空脉络；引导学生将辽宋夏金元的政权建立、制度建设、边疆开发和民族交融置于这一时空背景下进行分析；尤其要引导学生解释元朝统一及其巩固统一的措施所带来的深远影响，让学生深刻认识到北方少数民族政权在统一多民族封建国家发展中的重要作用，并说明这一时期历史进程中的变化与延续、继承与发展，为中华民族多元一体格局的形成奠定坚实基础。由此培养学生准确掌握历史时序、将历史事物置于特定历史环境下进行解释的能力，培养学生运用唯物史观的基本观点、方法揭示我国统一多民族封建国家历史发展进程的历史阐释能力。

（3）逻辑思维能力：通过运用大事年表、疆域图及相关史料，引导学生了解宋初强化中央集权的背景，引导学生理解宋初统治者强化中央集权的措施实质上是吸取唐末、五代十国社会动荡历史教训的结果；通过创设问题情境，引导学生分析宋初强化中央集权措施的特点及影响，理解这些措施与时代背景及这些措施对宋朝政治、军事的发展新变化、对周边少数民族政权产生影响的内在逻辑关系，从而培养学生在唯物史观指导下，恰当地运用史料并从史料中提取相关的信息进行分析、比较的能力，能够合理解释历史现象和认识事物本质的内在逻辑关系。

（4）历史思维能力：通过创设问题情境，引导学生分析宋初强化中央集权措施的积极影响与消极影响；引导学生分析宋与辽、西夏、金和议的影响；引导学生结合时代背景和王安石变法的措施、特点全面评价变法成败的原因，从而培养学生在探究历史问题时，在唯物史观指导下，将历史事物置于特定的历史环境下，对史料进行整理和辨析，能够利用不同类型的史料，对所探究的问题进行互证，形成全面、客观、辩证评价历史人物、历史事件的能力。

（5）历史探究能力：通过引导学生分组合作搜集整理史料，借助历史文献的研究成果，探究这一时期少数民族政权在制度建设、开发巩固边疆、促进民族交融和传播中华文明方面做出的贡献；引导学生发现借助史料来解释历史与初中历史学习存在深度上的差异，理解认识与民族战争相比，各民族之间呈现的是更为持久稳定的民族交融发展趋势，深刻认识北方少数民族政权在统一多民族封建国家发展中所做出的贡献，从而培养学生科学解释历史现象、发现和论证历史问题的能力。

3. 核心价值

从辽宋夏金多民族政权并立到元朝统一，是中华民族多元一体格局的重要发展时期。通过本单元的学习，理解认识辽宋夏金元时期各民族在更大范围内的交融和政治、经济、文化与社会等方面出现发展新变化的趋势，及其对以后统一多民族封建国家的巩固与发展产生深远影响这一时代主题特征；理解宋朝社会的进步发展与北方少数民族政权建设在统一多民族封建国家发展中所起的重要作用，进而深化对中华民族多元一体发展趋势的认识，让学生形成正确的国家观、民族观和对中华民族的认同感，认同中华优秀传统文化，培育和践行社会主义核心价值观。同时，在培养历史学科核心素养的过程中，让学生深刻领悟具有历史学特征的“求真精神、贯通意识和批判思维”的史学品格。

四、教学过程分析系统

单元教学设计　从多元交融发展到大一统		
课题名称	**学习任务**	**关键问题**
课时教学设计1　辽宋夏金元时期文化的交融与发展新变化	【任务一】儒学复兴背景下的思想发展新变化：探究理学兴起的原因及影响。 【任务二】城市经济繁荣背景下的文学艺术发展新变化：感受宋元时期文学艺术的多彩繁荣。 【任务三】多元一体背景下的科技发展新变化：了解宋元时期领先世界的科技成就。 【任务四】民族交融背景下文字发展的新变化：了解少数民族文字的创制及意义。	1. 分析宋朝理学兴起的原因、内涵、特点及产生的影响。 2. 分析辽宋夏金元时期文学艺术发展新变化的表现，并简析其原因。 3. 分析辽宋夏金元时期科技发展的原因，评述印刷术发明对中华文化发展的影响。 4. 辽宋夏金元时期的文字出现了哪些变化？说明辽宋夏金元时期文字发展新变化的意义。
课时教学设计2　两宋政治、军事发展新变化	【任务一】中央与地方斗争下的政治新变化：分析宋初强化中央集权的原因、措施、特点及影响。 【任务二】财政与边防压力下的军事新变化：梳理北宋面临的与以往不同的边防压力与财政危机。 【任务三】积贫积弱下的中期变革：客观全面评价王安石变法成败。 【任务四】南渡前后的政局变动：时空上把握宋朝政局之变动。	1. 指出宋太祖有针对性地实施强化中央集权举措的原因，简析宋初强化中央集权措施的特点及带来的影响。 2. 北宋面临哪些边防压力？评析北宋应对边防压力的“和议”之举带来的影响。 3. 结合王安石变法的背景、措施，分析王安石变法无法挽救北宋统治危机的原因。 4. 通过了解靖康之变、南宋偏安的史实，理解岳飞抗金得到人民爱戴的原因。
课时教学设计3　中华民族多元一体发展趋势	【任务一】辽阔疆域的开发：梳理从多民族政权并立到国家统一的时空脉络。 【任务二】政治制度的交融发展：比较分析少数民族政权制度的建设及特点。 【任务三】多元一体的发展趋势：认识元朝统一与行省制度的深远影响。	1. 梳理辽宋夏金多民族政权并立到元朝统一历史进程的时空脉络，说明北方少数民族政权对中国疆域开拓的贡献。 2. 概括少数民族政权制度建设的共同特点，评述北方少数民族政权在统一多民族封建国家发展中的作用。 3. 结合元朝统一和行省制度对后世产生的影响，谈谈对这一时期的历史推动中华民族多元一体格局发展趋势的认识。

续表

单元教学设计　从多元交融发展到大一统		
课题名称	学习任务	关键问题
课时教学设计4　辽宋夏金元时期经济、社会发展新变化	【任务一】技术突破下的经济发展新变化：了解宋元农业、手工业的新发展。 【任务二】商品生产推动下的经济发展新变化：感受宋元商业和城市的高度繁荣。 【任务三】重心南移后的经济发展新变化：探究经济重心的变化与影响。 【任务四】门第观念淡化下的社会发展新变化：分析社会结构、观念的变化及原因。	1. 概述宋元时期经济发展新变化的表现。 2. 梳理经济重心南移历程，简析我国经济重心南移的影响。 3. 指出宋元时期社会发展新变化的表现，谈谈宋元社会发展新变化与政治、经济、文化发展新变化的内在逻辑关系。 4. 为什么说民族政权并立形势下，宋元时期的经济高度繁荣是各民族之间经济交往持久稳定的结果，并体现了中华文明多元一体发展趋势？

五、教学评价分析系统

（一）学业质量水平划分

水平1：能够通过历史疆域图、文献史料，了解宋初强化中央集权与王安石变法的背景、措施及作用，认识宋朝政治、军事的发展新变化。能够通过历史疆域图、文献史料，了解辽、西夏、金、元少数民族政权建立、更替与制度建设的基本史实，认识北方少数民族政权在统一多民族封建国家发展中的重要作用，体会中华民族多元一体历史发展趋势。能够通过史料了解辽宋夏金元时期经济、科技文化发展新变化的表现，感受宋元时期经济、文化发展新变化及其在当时世界的领先地位，认识人民群众在历史上的作用，增强民族自豪感。（唯物史观、时空观念、史料实证、历史解释、家国情怀）

水平2：在唯物史观指导下，能够将史事定位在特定的时间和空间框架下，运用史料作为证据论证自己的观点。通过历史疆域图、文献史料，了解宋初强化中央集权和王安石变法的原因、措施、特点、影响，并理解它们之间的内在逻辑关系，认识宋朝政治、军事的发展新变化。能够通过历史疆域图和时间轴，梳理叙述从辽宋夏金多民族政权并立到元朝统一这一历史进程的时空脉络，了解北方少数民族政权对中国疆域开拓的贡献。能够运用不同类型的史料，并使用相关历史术语，阐释少数民族政权制度建设的特点及影响，认识北方少数民族政权在统一多民族封建国家发展中的重要作用，理解这一时期民族交融的特征，理解中华民族多元一体的历史发展趋势，理解空间和环境因素对认识历史与现实的重要性。能够运用历史疆域图及不同类型的史料，在唯物史观指导下，探究民族政权并立形势下宋元经济、文化高度发展的表现、原因及影响，认识宋元时期政治、经济、文化与社会等方面发展新变化的特征。能够通过学习本单元的内容，深刻体会中华民族多元一体发展趋势，树立我国自古以来是统一多民族国家的国家观、民族观和文化观，理解认同社会主义核心价值观和中华优秀文化。（唯物史观、史料实证、历史解释、时空观念、家国情怀）

水平3：能够把握史事的时空联系，利用不同类型史料对所探究的问题进行描述、概括及说明（如通过描述宋朝强化中央集权的背景与措施、影响的内在逻辑关系，说明宋朝政治、军事的发展新变化）；通过概述少数民族政权制度建设的特点及影响，说明北方少数民族政权在统一多民族封建国家发展中的重要作用；通过阐释经济重心南移、理学兴起及文学艺术丰富多彩的原因与影响，说明宋元时期经济、文化和社会的发展新变化。能够通过学习本单元的内容，理解认识辽宋夏金元时期“从多元交融发展到大一统”这一历史阶段特征，认识各民族的政治经济文化发展与交融是推动统一多民族封建国家发展的动力，深刻体会中华民族多元一体发展趋势，树立正确的国家观、民族观和文化观，培育和践行社会主义核心价值观。（唯物史观、时空观念、史料实证、历史解释、家国情怀）

水平4：通过学习本单元的内容，在唯物史观的基本观点、方法指导下，能够在尽可能占有史料的基础上，恰当地运用史料、单元所学知识并结合现实，对这一单元主题“从多元交融发展到大一统”进行独立的论述，深刻体会中华民族多元一体发展趋势，树立正确的国家观、民族观和文化观，培育和践行社会主义核心价值观，为实现中华民族伟大复兴做出自己的贡献。（唯物史观、史料实证、历史解释、家国情怀）

（二）学业质量水平测试

阅读下列材料，回答问题。

材料一　自契丹侵取燕、蓟以北，拓跋自得灵、夏以西，其间所生豪英，皆为其用。得中国土地，役中国人力，称中国位号，仿中国官属，任中国贤才，读中国书籍，用中国车服，行中国法令。是二敌（编者注：辽、西夏）所为，皆与中国等。

——［南宋］李焘《续资治通鉴长编》

材料二　其官分文武班，曰中书，曰枢密，曰三司，曰御史台……曰蕃学，曰汉学。自中书令、宰相、枢使、大夫、侍中、太尉已下，皆分命蕃汉人为之。……夏之境土，方二万余里，其设官之制，多与宋同。朝贺之仪，杂用唐、宋，而乐之器与曲则唐也。

——［元］脱脱等撰《宋史·列传·外国二》

材料三　中国的历史是中国境内的各民族共同缔造的，自秦汉以来的两千多年当中，中国是一个统一的多民族国家，中国境内各民族之间一直存在着政治、经济、文化上密切的联系和交流，并进而形成了互相依存、互相促进、共同发展的关系。因此，汉族与少数民族在物质文明与精神文明方面是有许多共同点的。

——费孝通主编《中华民族多元一体格局》

（1）根据材料一并结合所学知识，概括辽、西夏少数民族政权采取的统治措施。

（2）根据材料一、材料二并结合所学知识，简析辽、西夏、金少数民族政权制度建设的共同特点。

（3）根据上述材料并结合所学知识，评述北方少数民族政权在统一多民族国家发展进程中的作用。

【评价说明】

题号	答题思路	学业质量水平描述
（1）	本题设问旨在考查评价学生从所获得的材料中提取有关信息并进行概括解释的能力，以进一步加深对辽、西夏、金少数民族政权制度建设的了解，培养学生的史料实证和历史解释核心素养。学生在本课时学习的基础上，带着问题去阅读材料，即可得出与该设问相关的有效信息：任用汉族人才，采用汉族政治制度，接受汉族文化等。	1–3 能够从所获得的史料中提取有关的信息。 2–2 能够将某一史事定位在特定的时间和空间框架下。 2–4 能够选择、组织和运用相关材料并使用相关历史术语，对具体史事做出解释。
（2）	本题设问旨在考查评价学生运用文献史料作为证据论证解释自己观点的史料研习的学习能力。学生在获取材料一、材料二相关信息的基础上，再结合对少数民族政权制度建设与唐宋制度比较和分析及制度本身独特之处的理解，即可阐述辽、西夏、金少数民族政权制度建设的共同特点：接受、推行汉制；因俗而治，制度具有创新性；政治制度具有延续性。	2–3 能够认识不同类型的史料所具有的不同价值；能够在对史事与现实问题进行论述的过程中，尝试运用史料作为证据论证自己的观点。 2–4 能够选择、组织和运用相关材料并使用相关历史术语，对具体史事做出解释。
（3）	本题设问旨在考查评价学生在唯物史观指导下，尝试运用史料作为证据，史论结合、实事求是地评述历史与现实问题的能力和素养。学生在获取材料一、材料二中，辽、西夏、金少数民族政权制度建设的措施及特点的基础上，结合本课时所学知识，即可理解这是这一时期政治多元、民族交融的体现，认识到中国历史是各民族共同缔造的，从而理解认识并正确评述北方少数民族政权在统一多民族封建国家发展中的重要作用，突出表现为：促进中国疆域开拓；进一步促进民族交融；促进少数民族封建化进程；推动中华民族多元一体发展。	2–3 能够在对史事与现实问题进行论述的过程中，尝试运用史料作为证据论证自己的观点。 3–1 能够从经济基础与上层建筑的辩证关系来理解历史上的发展变化和社会形态的演变过程；能够史论结合、实事求是地论述历史与现实问题。 3–4 能够选择、组织和运用相关材料并使用相关历史术语，在正确的历史观和方法论的指导下，对系列史事做出解释。 4–5 能够把握中华民族多元一体的发展趋势，形成正确的世界观、人生观、价值观和历史观。

参考答案

（1）措施：任用汉族人才；采用汉族政治制度；接受汉族文化等。

（2）共同特点：接受、推行汉制；因俗而治，制度具有创新性；政治制度具有延续性。

（3）作用：促进中国疆域开拓；进一步促进民族交融；促进少数民族封建化进程；推动中华民族多元一体发展。

时　玲　贺州市教育科学研究所

课时教学设计

辽宋夏金元时期文化的交融与发展新变化

一、教学内容分析系统：课时教学主题的提炼

（一）提出的依据

1. 课标依据

新课标对本课时的课程内容要求：认识两宋文化方面的新变化，认识北方少数民族政权在统一多民族封建国家发展中的重要作用。

首先，根据本课时的课程内容要求，通过了解辽宋夏金元时期的文化成就，认识这一时期文化的发展新变化；通过了解少数民族政权文化建设，认识各民族文化的交融及北方少数民族政权在统一多民族封建国家发展中为中华文化发展做出的贡献。

其次，新课标的核心内容是“文化方面的新变化”。在辽宋夏金元这个特定的时空范畴内，这一时期的文化与之前时段的文化相比就有了不一样的阶段特征。在辽宋夏金元时期，儒学发展到了一个新的理论高度，文学艺术繁荣发展并走向世俗化、平民化，科技领先世界并推动中华文化的传播与传承，少数民族创造了本民族文字，体现了这一时期文化的交融与发展新变化特征。

最后，从中华文化的发展历史进程来看，辽宋夏金元时期是文化交融的重要发展时期。这一时期，汉文化在发展过程中逐渐传播影响到其他民族地区，以及少数民族对中华文化发展起重要作用，促使汉族与少数民族逐渐形成共同的国家观、民族观、文化观、价值观。正是这些共同的文化价值认同，使得各民族文化凝聚成一个有机的文化共同体——中华文化，体现了中华文化多元一体的发展趋势。

2. 教材依据

本课时对应教材第11课《辽宋夏金元的经济、社会与文化》的内容，其中文化方面的内容有“儒学的复兴”“文学艺术和科技”两个子目。本课时的整体结构是从思想、文学艺术、科技的角度展示辽宋夏金元时期在文化方面取得的突出成就。通过了解理学、宋词、元曲、话本、书法、绘画及科技的情况，可以了解汉文化与北方少数民族文化繁荣发展的表现，从而认识这一时期文化的发展新变化，认识北方少数民族政权为中华文化发展做出的贡献，深刻理解这一时期文化的交融与发展新变化的特征。由此可见，本课时的“辽宋夏金元时期文化的交融与发展新变化”的教学主题，与体现中华民族多元一体发展趋势的单元大主题“从多元交融发展到大一统”，存在内在的逻辑关系，而课时各子目的内容编排也是紧紧围绕“辽宋夏金元时期文化的交融与发展新

变化”的课时教学主题而展开的。

本课时的知识结构与教材第三单元各课存在着内在的逻辑关系，也凸显了本单元辽宋夏金元时期“从多元交融发展到大一统”主题特征。其一，分析辽宋夏金元时期文化交融与发展新变化出现的原因需涉及与本课时有联系的单元相关课时知识点，比如，第9课关于北宋强化中央集权措施、第10课关于北方少数民族政权制度建设、第11课关于宋元印刷业与商品经济繁荣等，这说明本课时与教材第三单元各课存在着内在的逻辑关系，共同体现了本单元辽宋夏金元时期“从多元交融发展到大一统”主题特征。其二，本课时的相关内容为下一单元明清时期思想文化领域发展新变化出现的原因提供了多个研究角度，因而本课时在中华文化发展史上起着承上启下的作用。

3. 学术依据

费孝通主编的《中华民族多元一体格局》一书中指出：“中国的统一，实际上是中国农牧两大类民族的统一，中华民族文化同一性的形成，从总体上看也是农牧两大类民族文化的交融结合，多样性与同一性的辩证统一。这种特性在隋唐与辽金两宋时期得到了显著的发展。”

日本学者内藤湖南在《中国史通论（上）》一书中指出，这一时期在学术文艺的性质上，也发生了显著的变化。在文学上，由具有贵族形式的东西，变为平民的自由的东西。在绘画领域，手卷开始盛行，虽然不能说是属于庶民的东西，但它可以使得那些从平民出身的官吏，在流寓生活中，便于携带，在途中欣赏。德国著名历史学家傅海波和英国著名汉学家崔瑞德共同主编的《剑桥中国辽西夏金元史》一书中的前言也指出，“多元文化的构成及其相互影响，是10—14世纪中国历史的显著特征”。

上述中外学者的研究成果为确定本课时的教学主题“辽宋夏金元时期文化的交融与发展新变化”，提供了重要的史论依据和广阔的史学视野。根据学者的研究，辽宋夏金元时期文化不断交融且发生显著变化，取得突出成就，并在这些发展新变化中体现中华文化多元一体发展趋势。由此可知，“辽宋夏金元时期文化的交融与发展新变化”主题的确定有着丰富的史料和公认的学术研究成果作为支撑。

（二）课时教学主题

辽宋夏金元时期儒学主流地位进一步巩固，且儒学成为官方尊崇的思想，发展到了一个新的理论高度，在发展、传播的过程中对各方面都产生了深远的影响，使得少数民族与汉族逐渐形成共同的国家观、民族观、文化观、价值观；文学艺术多彩繁荣，并走向世俗化、平民化；科技领先世界，推动中华文化的传播与传承。在文化的交融与发展新变化中，这一时期的文化呈现出汉文化与少数民族文化多元蓬勃发展的特征，同时各族文化逐渐凝聚成一个文化共同体，即中华文化。结合以上对本课时核心知识与线索的梳理，将本课时的教学主题确定为“辽宋夏金元时期文化的交融与发展新变化”。

二、学情分析系统：初中与高中教学衔接分析

比较项目	初中课标		高中课标
	2011年版课标	2022年版课标	
课标中的课程内容要求	6. 宋元时期 了解宋词、元曲的流行。 通过活字印刷术的发明以及指南针、火药的应用和外传，认识四大发明对世界文明发展的贡献。	1.6　辽宋夏金元时期 通过了解这一时期科技创新、文学艺术成就和对外交流，认识宋元时期繁荣的文化在中国历史上的重要地位；通过印刷术、指南针、火药的应用和外传，认识中国古代的重要发明对世界文明发展的贡献。	1.5　辽宋夏金元多民族政权并立与元朝的统一 认识两宋文化方面的新变化；认识北方少数民族政权在统一多民族封建国家发展中的重要作用。

比较项目	初中教材	高中教材
部分教材课时设置	《义务教育教科书　中国历史　七年级　下册》 第二单元　辽宋夏金元时期：民族关系发展和社会变化 第12课　辽宋夏金元时期经济的繁荣 第13课　辽宋夏金元时期的对外交流 第14课　辽宋夏金元时期的科技与文化	《普通高中教科书　历史　必修　中外历史纲要（上）》 第三单元　辽宋夏金多民族政权的并立与元朝的统一 第11课　辽宋夏金元的经济、社会与文化

在教材七年级下册第二单元第12课、第13课详细介绍了宋元时期的宋词、元曲、活字印刷术、指南针等方面的“点—线”基础知识，学生已初步了解辽宋夏金元时期文化的发展情况，并掌握了一定的学习历史的基本方法、技能。但由于初中教材内容采用的是“点—线”结合的呈现方式，侧重对基础知识的了解，不要求从整体上把握这一时期的文化发展特征，并且没有涉及理学等内容，加之初中课标学业质量水平要求的程度及初中学生认知水平等方面的局限，学生在宋元时期文化的交融与发展新变化主题特征的认识及历史学科核心素养的培养等方面仍有待提高，对北方少数民族政权为中华文化发展做出的重要贡献、中华文化多元一体发展趋势的理解需要深化。在这一课时的教学过程中，开展以问题为导向的史料研习课堂教学活动，以进一步培养发展学生的历史学科核心素养。

三、教学目标分析系统：课时核心目标及其分解

（一）课时核心目标

在民族交融视角下，了解辽宋夏金元时期思想、文学艺术、科技、文字等文化发展新变化的原因、表现、影响，认识汉族与少数民族对中华文化发展做出了重要贡献，理解这一时期文化交融与发展新变化的特征，深刻体会中华文化多元一体发展趋势，从而形成对中华文化的认同感和自豪感。

（二）课时目标分解

1. 必备知识

- 辽宋夏金元时期文化的交融与发展新变化
  - 思想发展之新变化
    - 理学兴起背景
      - 儒学僵化、佛道冲击
      - 社会制度、思想混乱
    - 理学的内涵
      - 世界本源、儒家伦理道德
      - 格物致知
    - 理学的特点
      - 吸收佛道思想
      - 思辨化、理论化
    - 理学的影响
      - 汉族与少数民族逐渐形成共同文化价值取向
      - 成为官学、思想多元一体
  - 文学艺术发展之新变化
    - 多彩繁荣的原因
      - 经济繁荣、民族交融
    - 表现
      - 宋词、元曲、白话小说、山水画
    - 变化
      - 世俗化、平民化
  - 科技发展之新变化
    - 成就
      - 领先世界
    - 作用
      - 文化交流交融
  - 文化的交融与发展之新变化
    - 文字多元
      - 以汉字为主，同时使用多种文字
    - 作用
      - 文化交融、经济发展
- → 中华文化多元一体发展趋势

2. 关键能力

（1）获取历史信息能力：指导学生通过互联网搜集宋元时期少数民族的诗词及科技领先世界的文物史料，概述辽宋夏金元时期文学艺术、科技繁荣情况，让学生切身感受宋元时期科技文化在世界上的领先地位，学会从多种渠道获取相关史料，并能够选择、运用所搜集的相关史料，运用归纳、概括方法对这一时期的成就进行诠释和表述。

（2）历史思维能力：通过创设问题情境，引导学生分析理学兴起的背景、特点、影响及文学艺术、科技、文字发展新变化的原因、影响，并理解它们之间的内在逻辑关系，理解这一时期文化的交融与发展新变化特征，强化学生的逻辑思维能力；运用唯物史观探究理学对中国历史发展的双重作用，能够认识文化交融推动了这一时期文化的发展新变化，而文化的发展新变化又进一步推动了文化的交融，提升学生的辩证思维能力。

（3）历史阐释能力：引导学生将辽宋夏金元时期文化的发展新变化成因置于民族政权并立、商品经济繁荣发展的特定历史背景下进行解释，培养学生运用唯物史观的基本观点、方法揭示辽宋夏金元时期文化交融与发展新变化特征的历史阐释能力。

（4）历史探究能力：引导学生依托史料，将理学、科技、文学艺术、文字的发展新变化置于民族交融的视角中进行深入探究，深入理解认识辽宋夏金元时期文化的交融与发展新变化，体会中华文化多元一体发展趋势。

3. 核心价值

在唯物史观指导下，通过了解辽宋夏金元时期文化取得的成就，认识辽宋夏金元时期文化交融与发展新变化的特征；通过了解少数民族政权的文化建设，认识北方少数民族政权在统一多民族封建国家发展中为中华文化发展做出的重要贡献，认识中华文化的发展是各民族共同推动的；深刻理解中华文化多元一体发展趋势，培养学生树立我国自古以来就是统一多民族国家的国家观、民族观和文化观，形成对中华文化的认同感和自豪感。

四、教学过程分析系统

课时教学设计　辽宋夏金元时期文化的交融与发展新变化

【导入环节】通过呈现材料，导入本课时。

【材料呈现】

材料一　地图材料：展示教材第54页《辽、北宋、西夏形势图（1111年）》和第56页《金、南宋、西夏形势图（1142年）》。

【教师分析】辽宋夏金时期是民族政权并立、民族交融的时代，在这样特殊的时代背景之下，这一时期的文化会呈现怎样的发展状态？让我们一起走进辽宋夏金元时期的文化，探究这一时期的文化呈现出的交融与发展新变化特征。

【设计意图】根据学生所学的历史知识提问，建立新旧知识的链接，降低本课时知识的理解难度；引导学生将辽宋夏金元时期文化的发展新变化置于特定历史背景下进行阐释，激发学生的学习探究兴趣，培养学生的历史阐释能力和历史逻辑思维能力。

【任务一】儒学复兴背景下的思想发展新变化：探究理学兴起的原因及影响。

【关键问题】分析宋代理学兴起的原因、内涵、特点及产生的影响。

【材料呈现】

材料二　唐末五代以来，由于连年的割据与战乱，政教弛废，儒学衰微，儒家的价值体系受到巨大冲击，社会出现了严重的伦理危机："君君、臣臣、父父、子子之道乖，而宗庙、朝廷、人鬼皆失其序。""礼乐崩坏，三纲五常之道绝，而先王之制度文章扫地而尽于是矣！"等级制度已经松弛，宗法制度遭废弃，儒家的传统价值观念呈全面崩溃之势，整个社会呈现出一种失范无序的状态。

——《中国思想史》编写组《中国思想史》

【问题设计】理学是在怎样的历史背景下兴起的？

【学生活动一】根据《辽、北宋、西夏形势图（1111年）》和《金、南宋、西夏形势图（1142年）》，将前面所学知识运用至本课时。

【教师分析】从政治角度分析，历经唐末五代十国长期的割据与战乱，社会秩序混乱，儒家的价值体系受到巨大破坏，不利于宋朝君主专制中央集权的建立，统治者希望统一思想以加强君主集权。两宋时期民族政权并立对峙，宋朝面临着严重的边防危机，这种生存危机使得士人十分关心国家命运，力图挖掘儒家经典的思想内涵，强调学术为现实服务。宋朝推行崇文抑武的方针和科举制，形成了相对宽松的文化环境和浓厚的重学风气，有利于思想发展。从经济方面来看，商品经济繁荣发展，等级门第观念淡化，形成了奢侈、拜金等不良社会风气，冲击了儒家传统的价值观念。从思想文化方面来看，传统的儒学日益僵化，不再适应时代的需要；佛道盛行冲击了儒学的正统地位，而儒学也借机吸收佛道思想而获得新发展，多元思想活跃不利于宋朝政治的稳定和加强君主集权。

【设计意图】运用地图材料《辽、北宋、西夏形势图（1111年）》、《金、南宋、西夏形势图（1142年）》和相关文字史料来引导学生将理学的形成放在特定时空下分析，建立起新旧知识的内在联系，培养学生时空观念、逻辑思维能力；培养学生运用唯物史观的基本观点、方法，揭示理学在特定历史背景下兴起所体现的思想之发展新变化的历史阐释能力。

【材料呈现】

材料三　物物皆有理。如火之所以热，水之所以寒，至于君臣、父子间皆是理。

——［北宋］程颢、程颐《河南程氏遗书》卷19《伊川先生语五》

材料四　在认识论上，朱熹提出“格物致知”论。格物，即接近、接触、了解社会事物和自然之物，穷尽事物中的天理，使物中之理完全被感知、被承认。致知，即充分运用自我认识能力，达到承认天理的最终目的。

——摘编自齐涛主编《中国通史教程：古代卷》

【问题设计】解释理学的内涵、特点。

【教师分析】理学家认为，宇宙源于理，理是万事万物的起源，是世界的本源。具体来说，在自然界，理是自然法则、自然规律；在人类社会，理是包括三纲五常在内的儒家伦理道德。理学家将儒家伦理道德与自然之理合二为一，把儒家伦理道德上升到了“天理”的高度，儒家的伦理道德就变成客观存在，是天地要求人们去遵守的天理，如不遵守就天理不容。理学家认为人生应“存天理，灭人欲”，即通过道德的修养来克服过度欲望，遵循儒家伦理道德，达到“圣人”的精神境界；要“格物致知”，通过深刻探究万事万物，才能认识、把握“天理”。结合程朱理学兴起的背景、内涵可知，程朱理学与此前的儒学相比，突出特点是理学吸收了佛道思想，形成了系统的理论，更加注重抽象思维，更加理论化、思辨化。

【设计意图】通过创设问题情境，引导学生分析理学的内涵、特点，理解它们之间的内在逻辑关系，理解这体现了这一时期文化发展新变化的特征，培养学生历史阐释的逻辑思维能力。

【材料呈现】

材料五　在朱熹等人的影响下，南宋有相当多的通俗教育读本，如《劝孝文》《劝学文》《劝农文》《谕俗文》等。这些读物都是将理学思想世俗化，劝导民众遵循长幼有序、男女有别、恪守本分等生活理念。《三字经》更典型，几乎家喻户晓。

——任世江《高中历史必修课程专题解析》

材料六　1313年颁诏并在其后的两年中首次实行的新考试制度，显然有利于理学家的观点。考试科目重经学而轻文学。它还指定朱熹集注的《四书》为所有参试者的标准用书，并以朱熹和其他宋儒注释的《五经》为汉人参试者增试科目的标准用书。这一变化有助于确定理学的国家正统学说地位，具有超出元代本身的历史意义，并被后来的明、清两代基本沿袭下来。

——［德国］傅海波、［英国］崔瑞德《剑桥中国辽西夏金元史》

【问题设计】如何看待理学对中国社会发展产生的影响？

【教师分析】从材料五可知理学逐渐由上层知识分子走向下层民众，落实到每个人的世俗生活中，使得不同阶层的人们逐渐形成共同的文化价值观。材料六反映元朝统治者把程朱理学定为官学，理学得到更加广泛的传播，促使思想出现了一体化趋势。同时，由于少数民族统治者的尊崇，理学在少数民族中得到不断传播，促进了汉族与少数民族的交流交往交融，使得汉族与少数民族逐渐形成共同的民族观、文化观、价值观，推动了中华文化多元一体化趋势的发展。但理学也存在着消极的影响，比如理学的传播，使尊卑贵贱观念深入人心，禁锢了人民的思想；贞节观荼害了众多女子。

【设计意图】创设问题情境，引导学生全面评价理学兴起对中国社会发展产生的深远影响，理解理学兴起的原因、内涵、特点及影响之间的内在逻辑关系，理解理学兴起体现了这一时期文化的交融与新变化特征及中华文化多元一体发展趋势；培养学生对中华文化的认同感，提升学生的辩证思维能力、历史阐释能力，培育学生的唯物史观、史料实证、历史解释、家国情怀等学科核心素养。

【任务二】城市经济繁荣背景下的文学艺术发展新变化：感受宋元时期文学艺术的多彩繁荣。

【关键问题】分析辽宋夏金元时期文学艺术发展新变化的表现，并简析其原因。

【材料呈现】

材料七　在宋代，相应于当时工商业的发展和市民阶层的相当壮大，新的文艺形式也随之而产生。从宋代开始，在文学上，有一个与过去非常显著的不同，即文学已不是只为皇帝、官僚和士大夫阶级服务，并且也为平民服务（其实发轫于唐代），即为商人、差吏和士兵、城市手工业者和平民服务。市民文学或平民文学已在开始发展起来（农民文学不在内，他们另有民歌和传说等，以后还有地方戏）。在这时期中，中国文学的中心移到词、散曲、说书（说话）、鼓词、弹词、小说和戏曲等。

——邓广铭《邓广铭全集　第6卷》

【问题设计】指出辽宋夏金元时期文学发展新变化的表现，并简析其原因。

【学生活动二】学生课前利用互联网搜集宋词、元曲，尤其是少数民族的代表作品，感受少数民族诗词的风采，并运用表格梳理辽宋夏金元时期文学艺术发展的基本情况，指出辽宋夏金元时期文学发展新变化的表现；学生根据材料并结合所学知识，分析辽宋夏金元时期文学出现发展新变化的原因。

【教师分析】辽宋夏金元时期出现了新的文学形式，文学形式丰富多彩；文学服务对象扩大，走向世俗化、平民化；文学中心发生转移。变化原因：商品经济发达，城市经济繁荣发展，市民阶层的壮大，需要适合市民阶层娱乐消遣的文学；科举制的推行使得社会形成浓厚的重学风气；印刷术的发展，使得书籍的成本降低，文化进一步普及；民族交往密切，在文化上互相交流交融，丰富了文学形式。

【设计意图】学生自主搜集、整理反映辽宋夏金元时期文学艺术发展情况的代表作品及相关史料，指出这一时期文学艺术发展新变化的表现，培养学生获取、整合及解读信息的能力；将这一时期文学发展新变化的原因放在特定时空下进行分析，从而更好地理解社会存在决定社会意识的唯物史观。通过搜集这一时期少数民族的诗词，认识北方少数民族也传承和发展了中华文化，推动了中华文化多元一体发展。

【任务三】多元一体背景下的科技发展新变化：了解宋元时期领先世界的科技成就。

【关键问题】分析辽宋夏金元时期科技发展的原因，评述印刷术发明对中华文化发展的影响。

【材料呈现】

材料八 西夏吸收了中原地区的活字印刷技术，不避简朴粗疏，使泥活字印刷有了较多的实践机会，留存下多种泥活字的重要实物……西夏在继承中创新，成功地开创并熟练地应用了木活字印刷。这就将过去所定木活字印刷发明的时间提前了一个多世纪，改写了木活字印刷史。

——史金波《西夏对中国印刷史的重要贡献》

【问题设计】辽宋夏金元时期的印刷术为什么会取得突破性发展？评述印刷术发明对中华文化发展的影响。

【学生活动三】学生课前观看电视纪录片《南宋》第6集《发明时代》的相关内容，利用互联网搜集、整理反映辽宋夏金元时期科技领先世界的文物史料，并用表格概括归纳宋元科技成就。在教师引导下，学生解读材料，评述印刷术发明对中华文化发展的影响。

【教师分析】商品经济繁荣，市民阶层不断壮大，加上科举制促成了普遍持久的读书风尚，书籍需求量大大增加；民族之间不断交流交往交融，对前人的技术进行继承创新。印刷术的发展使得大量书籍得以印刷和传播，使得儒学和科学技术传播到了其他民族地区乃至全世界，促进了不同民族的交流交往交融。

【设计意图】通过自主搜集、整理反映辽宋夏金元时期科技领先世界的文物史料，了解辽宋夏金元时期的科技繁荣发展，并有多项成就领先世界，培养学生获取历史信息的能力，增强学生的文化自信心和民族自豪感。

【任务四】民族交融背景下文字发展的新变化：了解少数民族文字的创制及意义。

【关键问题】辽宋夏金元时期的文字出现了哪些变化？说明辽宋夏金元时期文字发展新变化的意义。

【材料呈现】

材料九 党项人发行的钱币上铸有汉文和西夏文两种文字。金的纸币上印刷的完全是汉文，上面并没有女真文字。元代铸造的钱币是用汉文来表示的，但其拼写用的是八思巴文字，元代的纸币也是如此。

——［德国］傅海波、［英国］崔瑞德《剑桥中国辽西夏金元史》

【学生活动四】学生解读教材，分析西夏文佛经、畏兀儿文字、元朝八思巴改制藏文字母、文献史料，指出辽宋夏金元时期文字出现变化的表现及发展新变化的意义。

【教师分析】少数民族政权模仿汉字字形创造了本民族的文字，文字类型增多；少数民族创造本民族文字，并翻译汉族的著作，推动了本民族教育、文化事业的发展，促进了汉族与少数民族的文化交流交融；钱币上铸有汉文与少数民族文字，有利于汉族与少数民族经济的交流，推动经济的发展与社会的进步。

【设计意图】通过文物图片、文献史料，认识少数民族文字的创造丰富了中国的文字类型，促进各民族文化的交融，体现了中华文化多元一体的发展趋势，培育学生的史料实证、历史解释、家国情怀等学科素养。

【课时小结】辽宋夏金元时期，中国文化多元繁荣发展，科技领先世界，汉文化与少数民族文化在交融的过程中逐渐形成一个文化共同体——中华文化，各族人民也逐渐形成了共同的文化认同，使得中华文化成为中华民族凝聚力的重要源泉。随着时代的发展，今天我们也有共同的文化认同、共同的价值取向，那就是社会主义核心价值观。正是在社会主义核心价值观的引导下，56个民族能够互相包容、团结一心，为实现中华民族伟大复兴的中国梦而做出新的更大贡献。

五、教学评价分析系统

（一）学业质量水平划分

水平1：能够通过历史地图、文献史料、影像资料，了解辽宋夏金元时期思想、文学艺术、科技、文字发展新变化的原因、表现、影响，感受宋元时期文化的发展新变化及其在当时世界的领先地位，认识这些成就是由各民族人民共同创造的，树立民族自信心和自豪感。（时空观念、史料实证、家国情怀）

水平2：在唯物史观指导下，能够运用历史地图、文献史料、影像资料来分析宋元时期思想、文学艺术、科技、文字发展新变化的原因、表现、影响及其内在的逻辑关系，理解宋元时期文化的交融与新变化特征，认识北方少数民族政权推动了中华文化的发展。通过本课时的学习，能够理解辽宋夏金元时期的文化发展新变化，对以后统一多民族封建国家的巩固与发展产生深远的影响，体会中华文化多元一体发展趋势，树立我国自古以来是统一多民族国家的国家观、民族观与文化观。（唯物史观、时空观念、史料实证、历史解释、家国情怀）

水平3：能够把握史事的时空联系，能够利用不同类型史料对所探究的问题进行概括、论证，如通过了解少数民族诗词、印刷术，说明北方少数民族政权对中华文化发展的重要作用；通过阐释理学兴起、文学艺术多彩繁荣、科技领先世界的原因和影响，说明宋元时期文化的交融与发展新变化。能够认识各民族的文化交融是推动统一多民族封建国家向前发展的动力之一，深刻认识中华文化多元一体发展趋势，尊重各民族文化和文明的多样性，树立正确的国家观、民族观和文化观，培育和践行社会主义核心价值观。（时空观念、史料实证、历史解释、家国情怀）

水平4：通过本课时的学习，能够在占有史料的基础上，恰当地运用史料及本课时所学知识，对本课时主题“辽宋夏金元时期文化的交融与发展新变化”进行独立论述，在学习过程中能够深刻认同各民族的文化交融是推动统一多民族封建国家向前发展的动力之一，认同中华文化多元一体发展趋势，尊重各民族文化和文明的多样性，树立正确的国家观、民族观和文化观，培育和践行社会主义核心价值观。（唯物史观、史料实证、历史解释、家国情怀）

（二）学业质量水平测试

阅读材料，回答下列各题。

材料一　唐末五代以来，由于连年的割据与战乱，政教废弛，儒学衰微，儒家的价值体系受到巨大冲击，社会出现了严重的伦理危机……魏晋以来佛道文化的不断发展也对儒家的价值观念产生挑战。不少人信崇佛道的出世哲学，追求超世脱俗、飘逸仙隐，蔑视社会生活中君臣、父子、夫妇等种种现实伦理关系，游离于儒家纲常名教之外。

——摘编自《中国思想史》编写组《中国思想史》

材料二 自朱熹评注的儒家经典成为文职人员考试的根据以后，这一新儒学构成了帝国官方的正统观念，直至19世纪后期。其结果是用理性的补充和对原理的阐述加强了不断增长的社会僵化。这十分有利于无可比拟的中国文明的持续性，但其代价是形成了一种与外界所有的独创性和新观念相反的、显得荒谬可笑的循规守旧。

——［美国］斯塔夫里阿诺斯《全球通史：1500年以前的世界》

（1）根据材料一并结合所学知识，概括指出程朱理学兴起的背景。

（2）根据材料一、材料二并结合所学知识，评述程朱理学对中国社会发展产生的影响。

【评价说明】

题号	答题思路	学业质量水平描述
（1）	本题设问旨在考查评价学生在唯物史观指导下，从所获得的材料中提取有关信息并进行概括解释的能力，以进一步加深对程朱理学兴起原因及其内涵、特点形成的理解，培育学生的唯物史观、时空观念、史料实证和历史解释核心素养。学生在学习本课时的基础上，带着问题去阅读材料，即可从政治、思想、社会等角度概括程朱理学兴起的历史背景。	1–3 能够从所获得的史料中提取有关的信息。 2–1 能够知道经济基础与上层建筑之间的辩证关系；能够理解唯物史观是科学的历史观。 2–2 能够将某一史事定位在特定的时间和空间框架下；能够认识事物发生的来龙去脉，理解空间和环境因素对认识历史与现实的重要性。 2–4 能够选择、组织和运用相关材料并使用相关历史术语，对具体史事做出解释。
（2）	本题设问旨在考查评价学生在唯物史观指导下，尝试运用史料作为证据，史论结合、实事求是地评述历史与现实问题的能力与素养。学生在获取材料一的理学兴起背景及材料二对理学影响评价等信息的基础上，结合本课时对理学影响进行史料研习的学习所得，即可全面评述理学的影响。	2–3 能够在对史事与现实问题进行论述的过程中，尝试运用史料作为证据论证自己的观点。 3–4 能够选择、组织和运用相关材料并使用相关历史术语，在正确的历史观和方法论的指导下，对系列史事做出解释。 4–5 能够把握中华民族多元一体的发展趋势，以及世界历史发展的进步历程，形成正确的世界观、人生观、价值观和历史观；能够将历史学习所得与家乡、民族和国家的发展繁荣结合起来，立志为新时代中国特色社会主义建设、中华民族伟大复兴做出自己的贡献。

参考答案

（1）历史背景：民族政权并立对峙；政教废弛，儒学衰微；佛道盛行；社会缺乏共同的价值理想；强化中央集权的需要。

（2）影响：理学成为科举考试的依据；成为官方正统学说；对维护君主专制制度起了重要作用；有助于中国文明的延续；后期理学日益僵化，压制思想进步。

廖玉梅 钟山县第三高级中学
时 玲 贺州市教育科学研究所

单元案例六

明清中国版图的奠定与面临的挑战（一）

扫码观看教学视频

明清时期，伴随着君主专制的空前强化，统一多民族国家趋于稳固，现代中国版图基本奠定，经济、文化和科技等方面也得到新发展。同时，明清时期，中国也面临政治腐败、人口膨胀、农民起义、殖民势力东来等一系列挑战。本单元以“明清统一多民族封建国家的发展与挑战”这一大概念为教学主题，围绕明清时期专制强化、版图奠定、国家巩固、经济文化发展及面临的挑战等史实，通过梳理明清时期政治形态的变化和经略边疆的举措，让学生理解明清时期政治制度的发展和国家版图奠定的意义。依据教材中的正文、图片、“历史纵横”等栏目内容和史料，让学生了解在这一历史时期的世界背景下，明清经济文化的发展与面临的挑战。通过本单元主题教学，可以培养学生的家国情怀，拓宽学生的国际视野。

◎单元教学设计

明清统一多民族封建国家的发展与挑战

一、教学内容分析系统：单元教学主题的提出

（一）提出的依据

1. 课标依据

新课标对本单元的课程内容要求是：通过了解明清时期统一全国和经略边疆的相关举措，知道南海诸岛、台湾及其包括钓鱼岛在内的附属岛屿是中国版图一部分，认识这一时期统一多民族国家版图奠定的重要意义；了解明清时期社会经济、思想文化的重要变化；通过了解明清时期封建专制的发展、世界的变化对中国的影响，认识中国社会面临的危机。新课标中提到了“版图奠定”“经济、思想文化的重要变化”“明清时期封建专制的发展”“面临的危机”几个关键信息。通过政治形态的变化发展，明清时期君主专制得以强化。明清时期政府采取了一系列举措加强对边疆的管理，国家版图得到进一步开拓和巩固，统一多民族封建国家更趋稳固。这一时期的中国，在社会经济、思想文化等方面出现了许多重大变化。但与此同时，统治者故步自封，拒绝扩大对外交流，关闭了与世界交流的大门。此外，这一时期还出现了政治腐败、人口膨胀、人地矛盾、贫富矛盾、农民起义、殖民势力东来等问题，面临一系列的挑战。通过分析可知，新课标意在凸显统一多民族封建国家面临的发展与挑战。

2. 教材依据

本单元讲述封建时代晚期明、清两个王朝的历史，《普通高中教科书　教师教学用书　历史　必修　中外历史纲要（上）》对教材第四单元导语的分析是“第一部分简要叙述了明清（鸦片战争前）时期历史发展的基本特征，重点突出本时期专制强化、国家巩固、版图奠定，以及经济、文化发展等几个要点；同时强调在新航路开辟、世界形势变化大背景下，明清社会逐渐暴露出的危机和潜在的问题”。从教师用书对单元导语的分析，我们可以看出，导语中突出的几个要点正是明清统一多民族封建国家发展的具体表现，几个要点之间存在逻辑关系，即在封建专制强化的前提下，统一多民族封建国家趋于稳固，国家版图得以奠定，经济文化也得到发展。但这一时期世界形势发生了巨大变化，新航路的开辟，世界各地的联系逐渐加强；而在中国，由于受传统经济结构和专制体制的束缚，生产力的发展日益受到阻碍，封建统治者采取重农抑商和闭关锁国的政策，压制和阻碍了社会的进步和转型，为近代中国的落后挨打埋下了伏笔。

教材第四单元分为3个课时，第12课《从明朝建立到清军入关》和第13课《清朝前中期的鼎盛与危机》主要讲君主专制不断加强，对外政策逐渐保守和现代中国版图基本奠定；第14课《明至清中叶的经济与文化》主要讲明清时期经济、文化的发展和面临的挑战。从内容来看，这3课时都体现了“明清统一多民族封建国家的发展与挑战”的鲜明主题。

根据教材第四单元的教学主题“明清中国版图的奠定与面临的挑战”可知，本单元教学设计主要突出“版图的奠定”与“面临的挑战”两个要点。“版图的奠定”体现了明清时期封建君主专制经过发展，得到空前强化，并通过统一全国和经略边疆的举措进行了有效的统治，基本奠定了现代中国的版图；而“面临的挑战”则是明清时期的中国出现了许多重大的社会变化，这些变化在新航路开辟、西方殖民势力东来的国际大背景下，给当时的中国带来了一系列的危机和挑战。

3. 学术依据

翦伯赞、白寿彝、吕思勉、范文澜、马克垚等历史学家对明清时期的历史有较为详细的研究，在他们的研究著作中都充分肯定了明清时期统一多民族封建国家得到发展与巩固，同时论述了明清时期所面临的各种挑战。如李世愉、王政尧在《中国大通史　清（1644—1840）上》指出：“清政府成功地处理了北部、西北和西南边疆兄弟民族的关系……也就是成功地处理了中央和地方的关系。中国各民族之间的关系进一步发展了，兄弟民族间相互融合的过程加速了。统一的多民族国家是在清政府统治下最终完成的，中国的神圣版图是在清朝得到确立的。”

马克垚主编的《世界文明史》中提到：“19世纪初以前，中国的疆域和传统的政治制度，以及以中国为中心的朝贡体制下东亚经济贸易共同体都曾发展到极致。‘康乾盛世’的社会经济也有长足发展。但由于清政府的极端专制统治，特别是对文化思想的钳制，以及统治集团对正在兴起的西方世界无知，闭关锁国，坐失良机，中华‘盛世’之下酝酿着严重的内、外危机。”翦伯赞在《中国史纲要》中指出，鸦片战争前四五十年中，清朝政治日趋腐败，官吏贪污成风，财政支绌，军备废弛，国势衰弱。同时，土地兼并剧烈、地主剥削加重，造成许多农民破产流亡，社会危机愈益严重。而西方资本主义的发展和向东方的殖民扩张，使古老的中国遭到空前严重的挑战和冲击。

这些史学研究成果为我们确定本单元的教学主题提供了重要的学术依据。根据历史学家的研究可知，自秦汉以后的历史，是中国统一多民族封建国家不断发展完善的历史。明清之际，封建专制达到顶峰，制度建设、版图扩张、外交政策、边疆治理、经济结构、思想文化科技等方面均有创新和发展，统一多民族封建国家得到进一步巩固和发展。但由于封建传统的闭锁，这一时期的中国面临了一系列的挑战，与处于大航海时代的世界上其他国家相比渐渐落伍。

（二）单元教学主题

统一是中华民族历史发展的主流。明清之际，君主专制不断强化，我国形成了一个以汉族为主体的，包括满族、蒙古族、回族、藏族、维吾尔族等少数民族在内的大家庭，各族人民之间的经济、文化联系不断加强，边疆地区得到安定巩固，文学艺术取得很大成就，统一多民族封建国家得到进一步巩固和发展。同时，由于西方殖民势力东来对边疆地区的侵扰和明清时期社会矛盾的激化，明清时期的中国在发展中也面临前所未有的挑战。因此，本单元教学主题确定为“明清统一多民族封建国家的发展与挑战”。

二、学情分析系统：初中与高中教学衔接分析

1. 初中与高中单元课标、教材比较

比较项目	初中课标		高中课标
	2011年版课标	2022年版课标	
课标中的课程内容要求	7. 明清时期（至鸦片战争前） 知道明朝的建立。通过皇权的强化和“八股取士”，初步理解皇帝专权的弊端。 了解郑和下西洋的航海壮举；知道戚继光的抗倭斗争。 通过明长城和北京城的建筑，体会古代人民的智慧和创造力。 知道《本草纲目》《天工开物》《农政全书》等名著，了解明代科技的成就及影响。 了解李自成起义推翻明朝；知道满族入主中原。 了解郑成功收复台湾和清朝在台湾的建制；知道册封达赖和班禅与设置驻藏大臣；知道西北边疆的巩固。认识台湾、西藏、新疆是中国不可分割的一部分。 通过清朝经济发展和人口增长的事实，了解清朝前期的兴盛。 通过军机处的设置与文化专制措施，认识君主专制在清代的极端强化。 以《红楼梦》和京剧为例，了解清代文学艺术的成就和特色。 通过清代中期以来的腐败现象和闭关锁国政策，了解中国开始落后于世界发展潮流。	1.7 明清时期（至鸦片战争前） 通过了解明清时期加强皇权的举措，初步认识君主专制带来的社会弊端；通过了解明清时期的经济改革和全球性经济互动，初步认识这一阶段中国经济发展的内因和外因；通过郑和下西洋、戚继光抗倭等史事，了解明朝的对外关系；通过了解郑成功收复台湾、清朝在台湾的建制、册封达赖和班禅以及设置驻藏大臣等中央政权在边疆地区的各种举措，认识西藏地区、新疆地区、南海诸岛、台湾及其包括钓鱼岛在内的附属岛屿是中国的领土，理解统一多民族国家版图奠定的重要意义；通过了解《本草纲目》《天工开物》《农政全书》，认识明朝的科技成就及其影响；通过了解小说、戏曲的繁荣，知道明清时期文学艺术的特色；通过明末李自成起义，清中叶以来的政治腐败、故步自封和19世纪的国际局势，认识当时中国社会面临的严重危机。	1.6 明至清中叶中国版图的奠定、封建专制的发展与社会变动 通过了解明清时期统一全国和经略边疆的相关举措，知道南海诸岛、台湾及其包括钓鱼岛在内的附属岛屿是中国版图一部分，认识这一时期统一多民族国家版图奠定的重要意义；了解明清时期社会经济、思想文化的重要变化；通过了解明清时期封建专制的发展、世界的变化对中国的影响，认识中国社会面临的危机。

比较项目	初中教材	高中教材
部分教材课时设置	《义务教育教科书 中国历史 七年级 下册》 第三单元 明清时期（至鸦片战争前）：统一多民族封建国家的巩固与发展 第15课 明朝的统治 第16课 明朝的对外关系 第17课 明朝的灭亡和清朝的建立 第18课 清朝的边疆治理 第19课 清朝君主专制的强化 第20课 明清时期社会经济的发展 第21课 明清时期的科技与文化	《普通高中教科书 历史 必修 中外历史纲要（上）》 第四单元 明清中国版图的奠定与面临的挑战 第12课 从明朝建立到清军入关 第13课 清朝前中期的鼎盛与危机 第14课 明至清中叶的经济与文化

从课程标准的要求看，2011年版初中课标从知识与能力、过程与方法、情感态度与价值观三维目标的角度对学生提出了要求，要求学生在学习和积累历史知识的同时感知历史，对历史的发展形成初步的认识。例如关于“明清中国版图的奠定”这个重点内容，2011年版初中课标是“了解郑成功收复台湾和清朝在台湾的建制；知道册封达赖和班禅与设置驻藏大臣；知道西北边疆的巩固。认识台湾、西藏、新疆是中国不可分割的一部分”。通过“了解”“知道”“认识”等行为动词的表述可知，2011年版初中课标在能力方面侧重于识记、理解，尤其是识记层面。2022年版初中课标提出了与高中一样的要求，更侧重培育学生的历史学科核心素养，提出了比2011年版初中课标更高层次的要求，如“通过了解郑成功收复台湾、清朝在台湾的建制、册封达赖和班禅以及设置驻藏大臣等中央政权在边疆地区的各种举措，认识西藏地区、新疆地区、南海诸岛、台湾及其包括钓鱼岛在内的附属岛屿是中国的领土，理解统一多民族国家版图奠定的重要意义”。可见2022年版初中课标在2011年版初中课标的基础上，加强了与高中课标的衔接，体现了学习目标的连续性和进阶性。而高中课标在能力要求方面更注重理解和应用，侧重培养学生通过材料获取历史信息的能力，主要通过对历史事实的分析、综合、比较、归纳、概括等认知活动，培养学生的历史思维和解决问题的能力。这要求教师在分析这一单元课程内容结构的基础上，从有利于发展学生核心素养的角度对教学内容进行有效整合，运用“明清统一多民族封建国家的发展与挑战”这一单元主题整合教学内容，开展基于单元主题学习整合的教学活动，引导学生建构合理的知识体系，使学生认识这一时期在政治、经济、文化等多方面的发展与面临的挑战。

从教材内容来看，初中教材七年级下册第三单元“明清时期（至鸦片战争前）：统一多民族封建国家的巩固与发展”共有8个课时，高中历史教材第四单元“明清中国版图的奠定与面临的挑战”共有3个课时。通过对比分析教材内容可知，初中教材对历史过程、历史人物和历史事件写得比较具体详细，课程内容也相对较多；高中教材侧重对背景、原因与影响的分析，与初中教材相比概括性更强，在初中教材内容的基础上进行了相应的拓展和深化。

2. 学情分析

经过初中三年的学习，高一学生储备了一定的历史基础知识，但知识储备较为零散，没有形成逻辑体系。如在政治制度方面，学生对明朝的建立、朱元璋强化皇权、清朝的建立、军机处的设立和文字狱等事件有一定的了解，但没有深入理解明清时期君主专制强化所带来的双重影响；在对外关系和边疆管理方面，学生对郑和下西洋、戚继光抗倭、郑成功收复台湾、清朝对西藏和西北边疆的管辖等内容有一定的认识，但对这一时期明清中国版图奠定的意义与面临的挑战还不理解；在经济、思想文化方面，学生对明清时期农业、手工业和商业的发展和科技与文学的发展有了初步的认识，但对这一时期经济的发展与迟滞、思想领域变化的原因还没有形成系统认识。

因此，在教学中，对于学生在初中学过的主干知识，要引导学生形成逻辑体系；对于一些影响历史脉络，但学生没学过的主干知识要重点讲授，注意初中与高中知识的衔接，重视史实之间的逻辑关系，并在历史发展规律的学习中培育学生的家国情怀。

三、教学目标分析系统：课时核心目标及其分解

（一）课时核心目标

梳理明清时期政治形态变化的基本史实，认识明清时期政治制度的变化对社会发展的影响，辩证地看待明清时期封建专制的发展和制度创新；梳理明清时期将边疆地区纳入版图和面临边疆危机的史实，认识中国版图奠定的意义，增强主权意识、国防意识和海权意识；理解明至清中叶的社会经济、文化、思想等领域的发展变化，并对变化的原因做出合理解释；通过了解明清时期面临政治腐败、人口膨胀、农民起义、殖民势力东来等一系列的挑战，从历史中汲取经验教训，更全面、客观地认识现实社会问题，树立解放思想、开拓进取的意识。

（二）课时目标分解

1. 必备知识

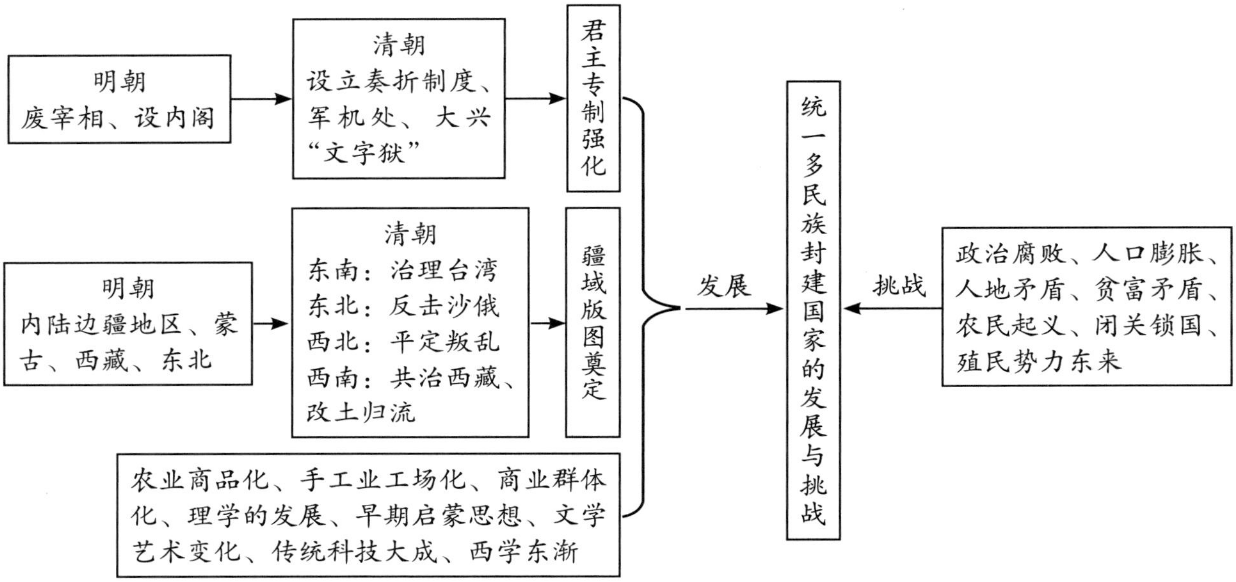

2. 关键能力

（1）获取历史信息能力：能够通过梳理明清时期政治形态变化和边疆地区纳入版图的基本史实，认识明清时期政治制度的发展和国家版图奠定的意义；能够通过对教材中的正文、图片、“历史纵横”等栏目内容和史料阅读获取历史信息，了解在这一历史时期的世界背景下，明清经济文化的发展与面临的挑战。

（2）历史探究能力：能够结合明清时期经略边疆的举措，通过观察明清时期疆域图，并与现今的中华人民共和国地图进行比较，认识清朝基本奠定现代中国版图的史实，并深入理解清朝奠定统一多民族封建国家版图的重要意义。

（3）历史思维能力：能够运用唯物史观分析明清时期君主专制强化的外在表现和内在本质，对明清时期君主专制强化的影响形成全面、客观的认识；能够结合明清时期君主专制的发展，运用生产力与生产关系、经济基础与上层建筑关系的理论，认识政治、经济与文化之间的辩证关系。

（4）历史阐释能力：能够阐释清朝君主专制的强化与清朝版图的奠定、经济文化的发展、面

临的挑战之间的关系；能够理解明至清中叶的社会经济、文化、思想等领域的发展变化，并对变化的原因做出合理的解释。

3. 核心价值

（1）通过了解明清时期经略边疆、巩固统一多民族封建国家的措施，认识这一时期统一多民族封建国家版图奠定的重要意义，增强主权意识、国防意识和海权意识，树立中华民族多元一体的家国情怀。

（2）通过学习明清时期的思想文化成就，增强民族文化认同感。

（3）引导学生在世界背景下思考明清时期面临的挑战，在世界中看中国，培育世界视野，从历史中汲取经验教训，树立解放思想、开拓进取的意识。

四、教学过程分析系统

单元教学主题　明清统一多民族封建国家的发展与挑战		
课题名称	**学习任务**	**关键问题**
课时教学设计1　明清时期政治制度的发展与面临的挑战	【任务一】洪武废相：认识明朝政治制度的变化与危机。 【任务二】康乾盛世：辩证分析康雍乾时期的君主专制。 【任务三】双重挑战：认识专制统治面临的内外危机。	1. 明朝加强君主专制的措施有哪些？专制皇权的强化又带来哪些危机？ 2. 清朝君主专制的加强对中国社会产生了怎样的影响？ 3. 明清时期的统治在盛世之下隐藏着哪些危机？这一时期的盛衰变化给我们带来哪些启示？
课时教学设计2　明清疆域治理的兴与危	【任务一】从“守抚四疆”到“帝基摇坠”：探析明朝经略边疆的举措及危机。 【任务二】“恩威并施”与“因俗而治”：认识清朝经略边疆的举措、特点及疆域奠定的意义。 【任务三】从“西洋万里”到“闭关锁国”：分析明清时期海上交通的发展与海洋政策的变化。	1. 明朝经略边疆的举措、特点和影响是什么？ 2. 清朝采取哪些措施来开拓和巩固疆域？清朝国家疆域的奠定有何重要意义？ 3. 明清时期发生由开海到“禁海”政策变化的原因有哪些？

五、教学评价分析系统

（一）学业质量水平划分

水平1： 能够了解明清政治形态变化的基本史实；能够通过时间线索梳理相关史实，运用历史地图，了解明清时期统一全国、经略边疆的举措，认识中国版图基本奠定的意义；能够对明清时期社会变化加以分析，能够形成对明清时期思想、文化、科技等方面所取得的成就的认同，树立文化自信。（唯物史观、时空观念、史料实证、历史解释、家国情怀）

水平2： 能够认识示意图和文献资料所具有的不同价值；能够利用史料，尤其是历史地图，对明清时期统一全国、经略边疆的举措加以描述；能够尝试运用史料作为证据论证自己的观点；

能够选择、组织和运用相关史料并使用相关历史术语，就明清时期社会变化的原因提出自己的解释，并能够在叙述中将史实陈述与历史解释结合起来；能够通过本单元的学习，增强对中国古代文明成就的认同感，形成积极进取的人生态度和健全人格。（时空观念、史料实证、历史解释、家国情怀）

水平3：能够从唯物史观的角度，看待明清时期君主专制的强化对中国社会发展的促进与阻碍的双重作用；能够运用生产力与生产关系、经济基础与上层建筑关系的理论，理解明清时期社会的发展变化与面临挑战的辩证关系，能够认识这些变化是这一时期世界变化的组成部分；能够把握相关史事的时间、空间联系，并用特定的时间和空间术语对较长的史事加以描述和概括；能够利用不同类型的史料，对所探究的问题进行互证，形成对这些问题更全面、客观的解释；能够分辨材料中对明清时期社会面临的挑战的不同历史解释，尝试从多方面说明导致这些不同解释的原因并加以评析；能够结合14—17世纪世界历史发展的趋势，分析明清时期社会的变化和面临的挑战，形成正确的世界观和历史观。（唯物史观、时空观念、史料实证、历史解释、家国情怀）

水平4：在对明清时期版图的奠定进行分析的过程中，能将其置于具体的时空框架下，能够选择恰当的时空尺度对其进行分析、综合、比较，并在此基础上做出合理的解释；在对明清时期社会变化的问题进行独立探究的过程中，能够恰当地运用史料对所探究的问题进行论述；能够在尽可能占有史料的基础上，尝试验证以往的说法或提出新的解释；能够在学习过程中表现出对明清时期社会变化与挑战的反思，从历史中汲取经验教训，更全面、客观地认识现实社会问题；能够在对历史的叙述中体现出正确的世界观、人生观、价值观和历史观。（时空观念、历史解释、史料实证）

（二）学业质量水平测试

清朝重视对边疆地区的管理。阅读下列材料，回答问题。

材料一　长期以来，中原王朝在西南各民族聚居区实行土司制度。土司又称土官，指由当地民族首领世袭担任的宣慰使、知府、知州等职务。虽然土司承袭在形式上必须经过中央批准，并承担缴纳赋税、出兵助战等义务，但还是具有一定的割据性。自雍正时起，清政府在西南大规模推行“改土归流”政策，逐步取消土司世袭制度，任命有任期、可调动的流官，随之进行清查户口、丈量土地、核实赋税等工作。

——人民教育出版社《普通高中教科书　历史　必修　中外历史纲要（上）》

材料二　郑成功逝世以后，以郑经为首的郑氏集团企图分裂祖国实现台湾的独立，这对中华民族长远发展是不利的，康熙帝顺应人民要求，经过长期努力最终实现了台湾的回归，为国家统一做出了不朽的贡献……施琅文武双全，具有良好的政治头脑和领导能力，精通海战。在施琅被任命为福建水师提督的时候，有些朝廷官员在背后议论他，但是康熙帝仍坚持重用他。

——摘编自姜伟星、孙红、赵伟《清康熙帝统一台湾的政治策略考证》

材料三　清朝前期，在“修其教而不易其俗，齐其政而不易其宜”思想指导下，根据边疆与内地不同的情况采取了不同的治理方式。在东北地区，以八旗制度管理满族，以姓长制度管理当地少数民族，以盟旗制度管理东蒙古人民；在北部的蒙古地区实行盟旗制度；在新疆维吾尔族地区实行改制的伯克制度；在西藏实行驻藏大臣与西藏宗教领袖联合管理的政教合一的制度。这些多元化的边疆管理体制在清朝前期对维护边疆稳定和边疆发展起到重要作用。

——摘编自陈跃《“因俗而治”与边疆内地一体化——中国古代王朝治边政策的双重变奏》

（1）根据材料一，指出清朝初年治理西南地区措施的变化。

（2）根据材料一并结合所学知识，归纳改土归流带来的积极影响。

（3）根据材料二，分析清朝能够成功收复台湾的原因。

（4）根据材料三，提炼出一个主题，并结合所学知识加以阐述。

【评价说明】

题号	答题思路	学业质量水平描述
（1）	从材料“清政府在西南大规模推行‘改土归流’政策，逐步取消土司世袭制度”提取有效信息，知道清朝初年治理西南地区措施的变化是由实行土司制度到改土归流。	1–2　能够知道认识史事要考虑到历史地理的状况。 1–3　能够从所获得的史料中提取有关的信息。
（2）	在解决第（1）问相关问题基础上，根据材料并结合所学知识，从政治、经济、文化等方面归纳改土归流带来的积极影响。	2–2　能够将某一史事定位在特定的时间和空间框架下。 2–4　能够选择、组织和运用相关材料并使用相关历史术语，对具体史事做出解释。 2–5　能够发现历史上认同家乡、民族、国家的事例，知道中外优秀文化遗产的主要内容，认识社会主义核心价值观的历史依据，具有对祖国和人民的深情大爱。
（3）	根据所学知识和材料所给出的信息，从统一顺应了历史发展潮流、符合人民要求和康熙帝善于用人等方面分析清王朝能够成功收复台湾的原因。	2–1　能够理解唯物史观是科学的历史观。 2–4　能够选择、组织和运用相关材料并使用相关历史术语，对具体史事做出解释。 3–1　理解人民群众在历史发展中的重要作用。
（4）	在解决第（1）、（2）、（3）问的相关问题基础上，将时空定位在清朝前期对边疆地区实行多元化管理，提炼出如清朝前期实施因地制宜的边疆政策等主题。	2–2　能够将某一史事定位在特定的时间和空间框架下。 2–4　能够选择、组织和运用相关材料并使用相关历史术语，对具体史事做出解释。 4–2　能够选择恰当的时空尺度对其进行分析、综合、比较，在此基础上做出合理的论述。

参考答案

（1）变化：推行改土归流，取消土司世袭制度，任命有任期、可调动的流官；强化管理，进行清查户口、丈量土地、核实赋税等工作。

（2）积极影响：加强了中央对边疆地区的政治控制；有利于边疆地区经济的开发与进步；有利于儒家文化在边疆地区的传播。

（3）原因：统一顺应了历史发展潮流；海峡两岸人民渴望统一；康熙帝善于用人，支持施琅。

（4）主题：多元化的边疆管理体制对维护边疆稳定和边疆发展起到重要作用。阐述：略。

范治宏　河池市教育科学研究所

课时教学设计 1

明清时期政治制度的发展与面临的挑战

一、教学内容分析系统：课时教学主题的提炼

（一）提出的依据

1. 课标依据

新课标对本课时的课程内容要求是："通过了解明清时期封建专制的发展、世界的变化对中国的影响，认识中国社会面临的危机。"这就要求根据教材和史料，归纳明清时期君主专制强化的史实和过程，分析其对中国社会产生的影响，培养学生运用唯物史观认识历史的能力。同时，通过对同一时期世界的变化与中国进行比较分析，让学生认识到这一阶段中国社会面临的危机，即中国已经开始落后于世界历史发展的潮流。

2. 教材依据

教材第四单元用《从明朝建立到清军入关》《清朝前中期的鼎盛与危机》《明至清中叶的经济与文化》3课，分别讲述了明朝政治制度的变化、海上交通与沿海形势、内陆边疆与明清易代；康雍乾时期的君主专制、疆域的奠定、统治危机的初显；社会经济的发展与局限、思想领域的变化、小说与戏曲、科技等内容。根据大单元教学设计理念，对本单元的教材内容进行整合，以"明清统一多民族封建国家的发展与挑战"这一大概念为教学单元主题，进行教学设计。其中，把"明朝政治制度的变化"、"明清易代"、"康雍乾时期的君主专制"和"统治危机的初显"四部分内容整合为本单元教学设计第一个课时的内容，并把这一课时的教学主题设定为"明清时期政治制度的发展与面临的挑战"。

3. 学术依据

吴于廑、齐世荣主编的《世界史·古代史编（下卷）》指出，"朱元璋为加强皇权而精心设计出的开国规模，使明初封建专制主义中央集权达到了历史上前所未有的程度……打击了豪强地主的势力……有利于社会稳定和生产恢复，但也招致了不少社会恶果。明朝专制主义的淫威在当时和以后对人民的束缚和毒害都十分严重""自15世纪中叶开始，明代封建统治已暴露出重重矛盾和危机。阶级矛盾激化，农民起义频繁不断"。钱穆在《中国历代政治得失》中指出："明代是中国近代史的开始时期，同时也是世界近代史的开始时期……可惜的是西方历史这一阶段是进步的，而中国这一阶段则退步了，至少就政治制度来讲，是大大退步了。"由此可见，明清时期君主专制的强化，虽加强了专制主义中央集权，但却使中国开始落后于世界历史发展的潮流。

（二）课时教学主题

基于以上分析，本课时的教学主题为“明清时期政治制度的发展与面临的挑战”。明清时期，中国政治制度得以发展，内阁制、奏折制的实行及军机处的设置，让高度权威的帝制形成了高效的组织动员能力及执行力，实现了国家的有效治理。同时，政治的稳定、经济的繁荣、疆域的开拓和巩固，也有利于统一多民族封建国家的发展。但正是由于政府的专制统治，统治者采取闭关锁国政策，使中华“盛世”酝酿着严重的内外危机。而西方资本主义的发展及殖民扩张，使古老的中国遭受空前严重的挑战与冲击。

二、学情分析系统：初中与高中教学衔接分析

比较项目	初中课标		高中课标
	2011年版课标	2022年版课标	
课标中的课程内容要求	7.　明清时期（至鸦片战争前） 知道明朝的建立。通过皇权的强化和“八股取士”，初步理解皇帝专权的弊端。 通过军机处的设置与文化专制措施，认识君主专制在清代的极端强化。 通过清代中期以来的腐败现象和闭关锁国政策，了解中国开始落后于世界发展潮流。	1.7　明清时期（至鸦片战争前） 通过了解明清时期加强皇权的举措，初步认识君主专制带来的社会弊端。 通过明末李自成起义，清中叶以来的政治腐败、故步自封和19世纪的国际局势，认识当时中国社会面临的严重危机。	1.6　明至清中叶中国版图的奠定、封建专制的发展与社会变动 通过了解明清时期封建专制的发展、世界的变化对中国的影响，认识中国社会面临的危机。

比较项目	初中教材	高中教材
部分教材课时设置	《义务教育教科书　中国历史　七年级　下册》 第三单元　明清时期（至鸦片战争前）：统一多民族封建国家的巩固与发展 第15课　明朝的统治 第17课　明朝的灭亡和清朝的建立 第19课　清朝君主专制的强化	《普通高中教科书　历史　必修　中外历史纲要（上）》 第四单元　明清中国版图的奠定与面临的挑战 第12课　从明朝建立到清军入关

根据对初中教材设置的分析，可知学生在初中时已经通过七年级下册第三单元学习了本课时的相关知识。从2022年版初中课标对这一内容的要求看，初中与高中课标对学生学科素养的培养层次是不同的，初中课标对学生能力的要求还停留在识记和初步理解的层次。高一学生在初中时虽然已经具备一定的历史理解能力和解释能力，但这种能力还是比较零散浅层的，故而在学习上要达到高中课标的要求会有一定的难度。教师需要结合学生的实际认知逐层推进教学，例如首先要从明清时期政治制度的发展史实理解君主专制加强的特点及影响，然后再在这个基础上结合中西方形势对比来理解明清政治制度面临的挑战。2022年版初中课标与高中课标接轨，明确提出了比2011年版初中课标更高层次的要求，这体现在更重视通过学生对必备知识的整体把握，培养学生的关键能力，提升学生的核心价值。例如2022年版初中课标对本课时的要求为“通过了解明清

时期加强皇权的举措，初步认识君主专制带来的社会弊端。通过明末李自成起义，清中叶以来的政治腐败、故步自封和19世纪的国际局势，认识当时中国社会面临的严重危机”，也就是要求学生经过初中阶段的学习后，具备一定的知识整合能力，促进关键能力的提升和核心价值的发展。那么，在这一课时的教学中，教师应该把教学重点放在明清政治制度带来的影响以及中西方对比后给我们的启示上，培养学生从历史中汲取经验教训，更全面、客观地认识现实社会问题，树立解放思想、开拓进取的意识。

三、教学目标分析系统：课时核心目标及其分解

（一）课时核心目标

梳理明朝设内阁、清朝设立军机处等史实，区分君主专制制度在明清时期的发展特点，通过阅读史料认识君主专制制度的加强对中国社会发展的影响，培养学生辩证分析历史问题的能力，从生产力和生产关系、经济基础和上层建筑关系的角度，理解明清时期政治制度的特点；客观地评价明清时期政治制度的影响，了解明清社会面临的政治腐败、人口膨胀、农民起义、殖民势力东来等一系列挑战，从历史中汲取经验教训，更全面、客观地认识现实社会问题，树立解放思想、开拓进取的意识。

（二）课时目标分解

1. 必备知识

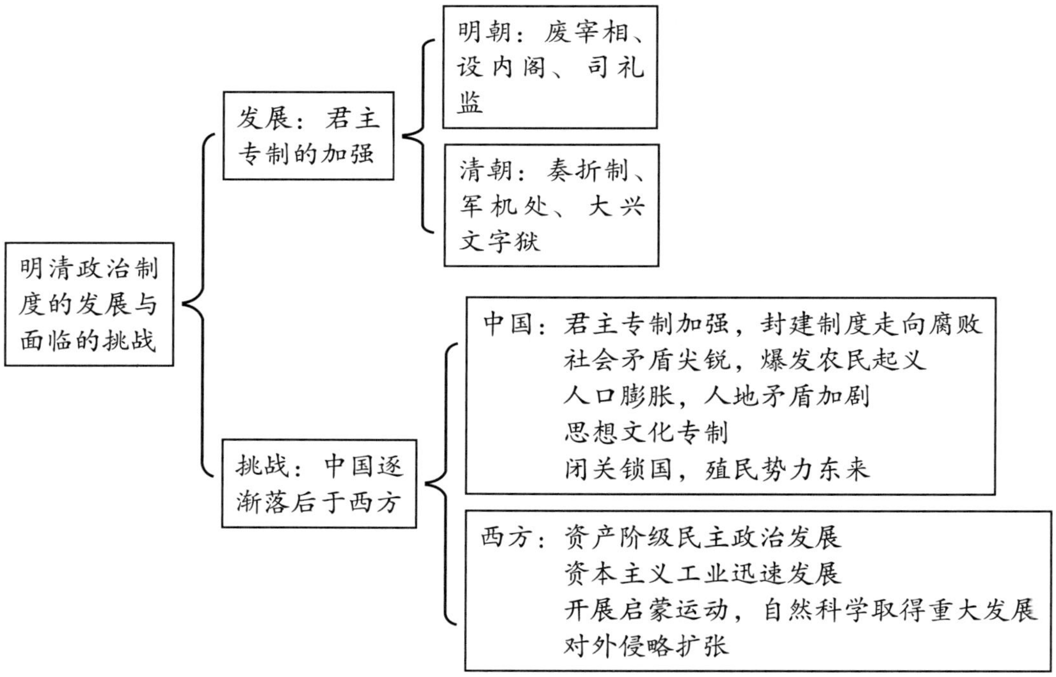

2. 关键能力

（1）获取历史信息能力：通过梳理明清时期君主专制加强的基本史实，了解明清时期政治制度的发展；能够通过教材中的正文、图片、“历史纵横”等栏目的内容和阅读史料获取历史信息，

了解这一历史时期的世界背景下明清时期政治制度的发展与面临的挑战，培养学生阅读及提取有效信息的能力。

（2）历史探究能力：通过分析明清时期封建专制的发展与世界历史的变化，探究其对中国社会的影响及中国社会面临的危机，培养学生的历史探究能力。

（3）历史思维能力：能够运用唯物史观分析明清时期君主专制强化的外在表现和内在本质，对明清时期君主专制强化的影响形成全面、客观的认识；能够结合明清时期君主专制的发展，运用生产力与生产关系、经济基础与上层建筑关系的理论，认识政治、经济与文化之间的辩证关系。

（4）历史阐释能力：能够阐释明清君主专制的强化与面临的挑战之间的关系，并对其中变化的原因做出合理的解释。

3. 核心价值

通过学习，让学生认识到明清时期君主专制制度的强化对中国产生了许多消极影响，这一制度已经不适应当时社会发展的趋势，导致中国开始落后于世界发展潮流，从而培养学生的时空观念、忧国忧民及居安思危的家国情怀，帮助学生树立正确、科学的民族观、国家观、历史观和世界意识。

四、教学过程分析系统

课时教学设计1　明清时期政治制度的发展与面临的挑战

【导入环节】以材料呈现的方式导入，让学生初步了解明朝政治制度的形成与发展。

【材料呈现】

材料一　元氏之有天下，固由世祖之雄武，而其亡也，由委任权臣，上下蒙蔽故也。今礼所言不得隔越中书奏事，此正元之大弊。人君不能躬览庶政，故大臣得以专权自恣。

——《明太祖实录》

【教师分析】宰相制度确立于秦始皇时期，汉时丞相与天子坐而论道，相权与皇权的矛盾日益暴露出来。历代王朝为了加强中央集权，采取措施削弱宰相的权力。到明朝时，朱元璋认为元朝灭亡的重要原因在于“人君不能躬览庶政，故大臣得以专权自恣”，即如果皇帝不能亲自处理国家事务，就容易使大臣专权，导致皇帝权力不稳，政局动荡。那么，洪武之治是如何进行政治制度改革的，明清盛世的背后又面临着怎样的危机？

【设计意图】以材料直接导入，以知识承上启下，从制度史角度认识宰相制的存废问题，让学生明白国家制度建设是一个随着社会发展不断完善的过程。同时，让学生认识到这也是我国封建制度走向衰落的一个表现，培养学生的时空观念、唯物史观。

【任务一】洪武废相：认识明朝政治制度的变化与危机。

【关键问题】明朝加强君主专制的措施有哪些？专制皇权的强化又带来哪些危机？

【材料呈现】

材料二　朱元璋说：“自古三公论道，六卿分职，并不曾设立丞相。自秦始置丞相，不旋踵而亡。汉、唐、宋因之，虽有贤相，然其间所用者多有小人，专权乱政。”他进一步说，宰相“病及于国君者，其故在擅专威福而致是欤？抑君怠政而有此欤？”而黄宗羲则认为，明朝“无善治，自高皇帝（明太祖）罢丞相始也”。

——摘编自韦庆远、柏桦《中国官制史》

【问题设计】（1）明太祖为什么要废除宰相？（2）黄宗羲主要从哪些角度批评废宰相之举？

【教师分析】明朝初期政治制度方面或多或少地保留了元朝的痕迹，比如在中央设立了中书省，左右丞相统领六部，掌管全国地方行政事务，但也正是元朝的这种体制，又将权力集中在丞相身上。明太祖鉴于元朝丞相权势过重，妨碍皇权的高度集中，不利于国家长治久安，主张废除宰相制度。而黄宗羲在《明夷待访录》中说“有明之无善治，自高皇帝罢丞相始也”，他认为废相后明朝皇权无人制衡，虽然明朝的皇帝们再也不担心自己的大权旁落，但这也使他们将怠政发挥到了极致，最终导致国家崩坏。可见，从宰相到无相，是一个皇权不断加强专制的过程，也是我国专制主义中央集权制发展的一个历史必然。

【设计意图】据材料探讨废除宰相制的原因与实质，培养学生的史料分析能力。

【材料呈现】

材料三　自洪武十七年（1384年）9月14日至21日，先后8日间，内外诸司送到皇宫里的章奏，共有1 160件……共计有3 291件事……远从秦始皇帝时，早已把天平称着公文，兀自天天看到深夜不得息，何况到明代？

——摘编自钱穆《中国历代政治得失》

材料四　（明朝）国家并未正式与阁臣以大权，阁臣之弄权者，皆不免以不光明手段得之。此乃“权臣”，非大臣。

——钱穆《国史大纲》

【问题设计】（1）依据材料并结合所学知识，思考明太祖为什么要设立内阁。（2）通过与宰相制度的对比，概括内阁制度的特点。

【教师分析】在我国封建社会，宰相在中央集权制度内部虽然可以辅佐皇帝，帮助皇帝处理政务、决策机要，但也可能因权力过重而削弱君权，形成君权与相权的矛盾。明太祖废除宰相制度，固然可以解决君权与相权的矛盾，但必然导致皇帝的负担加重，且军国大事均由皇帝个人裁决，难免出现偏颇、草率。正如朱元璋所说：“朕尝思之，人主以一身统御天下，不可无辅臣。”为了缓解这一压力，朱元璋废除宰相不久后，便设置了“四辅官”。明成祖即位后，为了更好地强化皇权，设立内阁。内阁制度不是宰相制度的恢复，内阁不是法定的中央一级的行政机构或决策机构，只是为皇帝提供顾问的内侍机构，内阁是君主专制强化的产物。

【设计意图】通过小组合作探究，结合所学知识及材料，理解分析内阁的特点，培养学生比较、分析、解读材料的能力。

【材料呈现】

材料五　司礼监设立于洪武年间，最初不过是为皇帝生活起居服务的宦官系统的一个管理机构。洪武十七年（1384年）还铸造铁牌，悬置宫门，明令“内臣不得干预政事，犯者斩”。

——摘编自韩考权《明朝权力分配探析》

材料六　自瑾以后，司礼监遂专掌机密，凡进御章奏及降敕批疏，无有不经其出纳者。

——［清］赵翼《廿二史札记》

材料七　内阁和司礼监对于皇权来讲，内阁是“外内阁”，而司礼监是“内内阁”。两者……同是皇权的附属物，皇权……在不同情况下，转移对两者的倾向重心，以充分发挥它们的统治功能。

——李洵《下学集》

【问题设计】（1）司礼监权力的变化带来了什么影响？（2）在明朝中后期的政治运作中，内阁、司礼监、皇帝三者之间的关系说明了什么实质问题？

【教师分析】朱元璋吸取了历朝历代的管理经验，在司礼监建立之初，明朝注意防范宦官干政，因此宦官的权力受到了严格的限制。但到了明朝中后期，由宦官掌控的司礼监对政局的影响越来越大，拥有代行批红的权力，成为内廷中权力最高的机构。当司礼监权力大肆膨胀时，连明朝的内阁都要受其制约。内阁（秘书机构）通过票拟权控制朝政，司礼监（内廷宦官机构）通过批红干预政事，形成了“内外相维”的双轨制。双方权力的大小由皇帝与其关系的密切和信任程度而定，内阁和司礼监之间互为限制，君主专制逐渐加强。客观上讲，这种纷争对皇帝来说是有利的，但君主专制的强化也暗藏危机。随着争斗程度的逐渐加深，阁臣之间、内阁和宦官之间党同伐异，而皇帝又多无能，不能掌控局面，最终导致了国势日衰、清军入关、明清易代。

【设计意图】通过补充有关史料，让学生能够全面理解明朝君主专制强化的内容，同时培养学生解读历史信息和归纳历史信息的能力；结合教材和材料内容绘制结构图，增强学生的时空观念，培养学生的唯物史观和透过现象看本质的能力。

【任务二】康乾盛世：辩证分析康雍乾时期的君主专制。

【关键问题】清朝君主专制的加强对中国社会产生了怎样的影响？

【学生活动】学生动手制作明朝奏事过程示意图，了解清朝奏折制。

【材料呈现】

材料八　军机处撰拟的谕旨诏令不经过内阁，而直接由军机处密封，经驿马递送给各地方督抚，称为“廷寄”，直接交给中央各部院的称为“交片”，各地方的奏折也不经内阁而直接交军机处。

——白寿彝总主编《中国通史》

材料九　机务及用兵皆军机大臣承旨，天子无日不与（军机）大臣相见，无论宦寺不得参，即承旨诸臣（编者注：军机大臣），亦只供传述缮撰，而不能稍有赞画于其间也。

——［清］赵翼《檐曝杂记·军机处》

材料十　世宗尝微服游于市，就一书肆翻阅书籍，时微风拂拂，吹书页上下不已。一书生见状，即高吟曰：“清风不识字，何必来翻书。”世宗以为讥讽也，旋下诏杀之。

——［清］徐珂《清稗类钞·狱讼类八》

【教师分析】通过对比明朝奏事过程示意图和清朝奏折制，我们可以看出康雍乾时期奏折制度具有效率高、保密性强等特点，在一定程度上提高了决策效率，强化了对官僚机构的控制，使大臣们相互牵制，进而加强皇权。但密折制度是一种鼓励告密的制度，这种制度使得官员内部人人自危，不敢越雷池一步，这实际上扼杀了许多官员的创造性。军机处的设置使议政三大臣会议名存实亡并最终被取消，使皇帝具有至高无上的权威，君主专制达到顶峰。文字狱禁锢思想，摧残文化和人才，严重阻碍了中国社会发展和进步，是文化专制的体现。辩证来说，从纵向上看，清王朝在历朝历代基础上将君主专制发展到了新高度，并通过积极的民族政策推动统一多民族封建国家的巩固与发展，促进康乾盛世的出现；从横向上看，清朝中期以后逐渐落后于世界潮流，面临严重的内外危机。

【设计意图】通过图示构史与比较法，分析康雍乾时期奏折制度的特点及作用，培养学生比较分析历史的能力。了解清朝中枢秘书机构的改革经过，认识军机处设置的作用，感受封建君主专制发展所潜伏的危机。

【任务三】双重挑战：认识专制统治面临的内外危机。

【关键问题】明清时期的统治在盛世之下隐藏着哪些危机？这一时期的盛衰变化给我们带来哪些启示？

【材料呈现】

材料十一　18世纪，是人类历史的重大转折点。英国经历了工业革命的全过程，工农业产值几百倍、成千倍地增加，物质财富滚滚而来，源源不绝。而这个世纪政治文明的进步并不慢于物质文明。1748年，孟德斯鸠发表了名著《论法的精神》；1776年，美国宣布独立；1789年，法国爆发资产阶级大革命；1795年，华盛顿宣布拒绝担任第三任总统，完善了美国的民主政体。

——摘编自张宏杰《饥饿的盛世：乾隆时代的得与失》

材料十二　天理教攻打皇宫被镇压后，嘉庆帝下《罪己诏》通告全国，其中说：

猝于九月十五日，变生肘腋，祸起萧墙。天理教逆匪七十余众，犯禁门，入大内，戕害兵役……突遭此变，实不可解，总缘德凉愆（qiān）积，唯自责耳。然变起一时，祸积有日。当今大弊，在“因循怠玩”四字，实中外之所同。朕虽再三告诫，舌敝唇焦，奈诸臣未能领会，悠忽为政，以致酿成汉、唐、宋、明未有之事……

——《清仁宗实录》卷274嘉庆十八年（1813年）九月庚辰

【问题设计】（1）从政治、经济、文化、外交四个方面比较中西方社会发展的差异。（2）思考明清政权面临的内外危机及其给我们的启示。

【教师分析】当康熙、雍正、乾隆三位帝王正在强化封建体制，营造中国最后一个封建盛世时，西方却发生了一系列改天换地的伟大革命：早期资产阶级革命的爆发和民主制度的确立，科学革命的兴起以及工业革命的开展，使得西方社会迅速地脱离传统的发展路线，迈入文明进程。面对中西方截然不同的发展态势，中国封建统治者却固守封建制度，做着“天朝上国”的美梦，加强对人们的思想控制，使得人们缺乏对科学技术的探索。同时，贪污腐败使得清朝内部危机加剧，社会矛盾尖锐；清朝实行闭关锁国，使中国逐步落后于世界潮流，未能跟上资本主义的发展机遇，错失了顺应时代潮流、走向世界、追赶西方的机会，使中国逐渐走向落后。所以我们一定要增强忧患意识，认识到自己的责任和使命，坚持对外开放政策不变，重视科学技术，善于学习和创新。

【**设计意图**】通过补充材料，培养学生提炼信息的能力；通过中西对比，帮助学生直观感受中西方社会发展的不同走向，理解明清统治之下的社会已是落日余晖；通过教师引导，帮助学生认识到居安思危、改革创新的重要性，培养学生的家国情怀。

五、教学评价分析系统

（一）学业质量水平划分

水平1：能够了解明清强化君主专制的基本史实和过程，如废宰相、设内阁、司礼监、奏折制度和军机处等；能够了解同一时期世界的发展趋势及明清社会危机显现的表现。（唯物史观、时空观念、史料实证、历史解释、家国情怀）

水平2：能够理解明清君主专制的强化对中国社会产生的影响；能够把握相关历史事件的时间、空间联系，并用特定的时间和空间术语对历史事件加以描述和概括；能够认识到康乾盛世背后的社会危机。（唯物史观、时空观念、史料实证、历史解释、家国情怀）

水平3：能够理解明清君主专制的强化对中国社会产生的影响；能够把握相关历史事件的时间、空间联系，并用特定的时间和空间术语对历史事件加以描述和概括；认识到君主专制制度的强化是导致明清时期中国开始落后于世界潮流的原因之一，形成世界意识，增强忧患意识；能够认识到康乾盛世背后的社会危机，并能够根据材料表达出自己的理解。（唯物史观、时空观念、史料实证、历史解释、家国情怀）

水平4：能够恰当地运用史料，对明清君主专制的强化和康乾盛世及其背后的危机开展独立研究，表达出自己的见解，并从历史中汲取经验教训，从而更全面、客观地认识现实社会问题，更好地帮助学生形成正确的世界观、人生观、价值观和历史观。（唯物史观、时空观念、史料实证、历史解释、家国情怀）

（二）学业质量水平测试

阅读材料，回答问题。

材料一　永乐二年（1404年），禁民下海。时福建濒塘海居民，私载海舡，交通外国，因以为寇，郡县以闻。遂下令禁民间海船。

——《明太宗实录》卷27

材料二　顺治十八年（1661年），清政府颁布“迁海令”，将北起山东南至广东的沿海居民内迁五十里，“将所有沿海船只悉行烧毁，寸板不许下水。凡溪河，竖椿（编者注：通“桩”）栅。货物不许越界，时刻瞭望，违者死无赦”。

——摘编自［清］江日昇《台湾外记》卷5

材料三　闭关锁国、故步自封是清朝对外政策的基本特征。自清中叶开始，清朝实行限制贸易政策，在海上只有广州一口对外通商，在陆上则有恰克图与外国通商……限制贸易政策的实施，给中国社会带来很大的消极作用。它不仅没有起到民族自卫和抵制侵略的作用，反而使中国失去对外贸易的主动权和机遇，使中国人眼光受到局限，中外经济文化的交流基本断绝，更拉大了中国与世界的距离。

——摘编自张岂之主编《中国历史十五讲》

（1）请根据上述材料概括明清时期对外政策的相似之处，并说明实行这些政策的原因。

（2）根据材料三，概括当时对外政策的消极影响。

【评价说明】

题号	答题思路	学业质量水平描述
（1）	根据材料一“遂下令禁民间海船”，材料二“颁布‘迁海令’”“寸板不许下水”“货物不许越界”等信息，可以得出明清时期对外政策的共同点是都不允许民间船只出海，禁止海外贸易。 根据材料一“因以为寇”可以得出明朝实行海禁政策的主要目的是防范倭寇。 根据材料二清政府颁布的“迁海令”，可知清朝实行闭关锁国政策的重要原因是阻止居民与沿海反清势力联系。	1-3 能够从所获得的史料中提取有关的信息。 1-3 能够在解答某一历史问题时，尝试从多种渠道获取与其有关的材料。
（2）	根据材料三“不仅没有起到民族自卫和抵制侵略的作用，反而使中国失去对外贸易的主动权和机遇”，可知这些政策不利于中外经济文化交流。	2-2 能够将某一史事定位在特定的时间和空间框架下。 2-4 能够选择、组织和运用相关材料并使用相关历史术语，对具体史事做出解释。

参考答案

（1）相似之处：明清时期对外政策的共同点都是不允许民间船只出海，禁止海外贸易。原因：明朝实行海禁政策的主要目的是防范倭寇；清朝实行闭关锁国政策的重要原因是阻止居民与沿海反清势力联系。

（2）消极影响：使中国失去对外贸易的主动权和机遇，不利于中外经济文化交流。

谢晓丹 河池市第二高级中学

课时教学设计 2

明清疆域治理的兴与危

一、教学内容分析系统：课时教学主题的提炼

（一）提出的依据

1. 课标依据

新课标对本课时的课程内容要求是：通过了解明清时期统一全国和经略边疆的相关举措，知道南海诸岛、台湾及其包含钓鱼岛在内的附属岛屿是中国版图一部分，认识这一时期统一多民族国家版图奠定的重要意义；通过了解明清时期世界的变化对中国的影响，认识中国社会面临的危机。

本单元教学设计的主题是“明清统一多民族封建国家的发展与挑战”，本课时主题的拟定突出“版图的奠定”“危机”与之呼应，通过探析明清统治者疆域治理的举措、特点、影响等，从历史的角度认识中国的国情，形成对国家的认同感和正确的民族观、国家观。认识到随着倭寇和西方殖民者成为中国海防的新问题，中国在发展的同时伴随着危机。

2. 教材依据

本单元拟定的主题是“明清统一多民族封建国家的发展与挑战”，其中教材第13课中“疆域的奠定”这一子目的内容是统一多民族封建国家发展里程碑式的事件。疆域的奠定不是一蹴而就的，这就可以把第12课第三个子目中的“内陆边疆”与第13课第二个子目“疆域的奠定”整合起来，使时序完整、逻辑性更强，避免学生知识学习的零碎化。第12课第二个子目“海上交通与沿海形势”讲述的是郑和下西洋，以及倭寇、西方殖民者成为中国海防新问题的内容，与本单元主题相关。

由此可见，对教材知识进行整合后，内容安排由内及外，既体现了中国的发展，又点到了面临的危机，即可形成本课时的教学主题“明清疆域治理的兴与危”。

3. 学术依据

关于中国疆域变迁方面的研究，在顾颉刚、马大正、葛剑雄等学者所撰写的多部研究专著中均有肯定明清版图奠定的意义的阐述，如葛剑雄在《中国历代疆域的变迁》中指出：“中国能够在2 000多年前就形成了广阔的疆域，中国的疆域能够稳定地延续下来，统一的中国疆域最终出现在18世纪中叶并且由清朝实现，这些都不是偶然的……历代统治者，尤其是清朝统治者顺应历史潮流，实行了正确的政策。”马大正在《中国边疆经略史》中说道：“清王朝在元、明两代基础上实现了新的全国大一统……基本上形成了现今疆域的范围……14—16世纪，东南沿海一带经常受到

海盗集团的烧杀掠夺，即倭寇之患……1624年，荷兰人入侵台湾……上述边海防之患虽然还只是发生在局部地区，但这些来自海外的入侵已是一个明确的危险信号。”这些学者在肯定明清统治者奠定中国版图的贡献的同时，也指出了倭寇对中国东南沿海的侵扰和新航路的开辟后，西方殖民者给中国海防带来新的危机。

综上，本课时的教学设计以“明清疆域治理的兴与危”为主题，适当补充材料，以辅助教学设计。

（二）课时教学主题

结合以上对本课时核心知识与对知识线索的梳理，我们将本课时的教学主题设定为“明清疆域治理的兴与危”：针对内陆和边疆的形势，明清统治者实施了稳定统治和巩固版图的相关举措，促进了统一多民族封建国家的发展，基本奠定了现代中国的版图，体现了明清疆域治理“兴”的时代特征；明中后期倭寇和西方殖民者入侵成为中国海防的新问题，体现了明清疆域治理“危”的时代特征。

二、学情分析系统：初中与高中教学衔接分析

比较项目	2011年版初中课标	2022年版初中课标	高中课标
课标中的课程内容要求	7.明清时期（至鸦片战争前） 了解郑和下西洋的航海壮举；知道戚继光的抗倭斗争。 了解郑成功收复台湾和清朝在台湾的建制；知道册封达赖和班禅与设置驻藏大臣；知道西北边疆的巩固。认识台湾、西藏、新疆是中国不可分割的一部分。	1.7 明清时期（至鸦片战争前） 通过郑和下西洋、戚继光抗倭等史事，了解明朝的对外关系；通过了解郑成功收复台湾、清朝在台湾的建制、册封达赖和班禅以及设置驻藏大臣等中央政权在边疆地区的各种举措，认识西藏地区、新疆地区、南海诸岛、台湾及其包括钓鱼岛在内的附属岛屿是中国的领土，理解统一多民族国家版图奠定的重要意义；通过19世纪的国际局势，认识当时中国社会面临的严重危机。	1.6 明至清中叶中国版图的奠定、封建专制的发展与社会变动 通过了解明清时期统一全国和经略边疆的相关举措，知道南海诸岛、台湾及其包括钓鱼岛在内的附属岛屿是中国版图一部分，认识这一时期统一多民族国家版图奠定的重要意义；通过了解明清时期世界的变化对中国的影响，认识中国社会面临的危机。

比较项目	初中教材	高中教材
部分教材课时设置	《义务教育教科书 中国历史 七年级 下册》 第三单元 明清时期（至鸦片战争前）：统一多民族封建国家的巩固与发展 第16课 明朝的对外关系 第18课 清朝的边疆治理	《普通高中教科书 历史 必修 中外历史纲要（上）》 第四单元 明清中国版图的奠定与面临的挑战 第12课 从明朝建立到清军入关 第13课 清朝前中期的鼎盛与危机

从教材内容来看，初中教材对郑和下西洋、戚继光抗倭、清朝统一多民族国家的巩固和发展等内容的叙述比高中教材要详细，学生对这些内容已有了一定的了解，但还没有学习关于明清统治者疆域治理的特点、海权意识的反思、“海禁”和闭关锁国政策等内容。因此，在教学过程中，

教师可以要求学生以图表的形式对基本史实进行相应整理，并结合初中与高中课程标准的衔接情况，制订新的学习任务，在增长知识的同时，发展学生的核心素养。

从课程标准的要求看，2022年版初中课程标准提出了比2011年版初中课标更高层次的能力要求，并与高中课程标准接轨，这体现在更重视培养学生的关键能力和核心价值的要求上。所以，高中阶段的教学要在大单元教学的引领下，把课程教学重点放在明清疆域治理的特点和实行“海禁”、闭关锁国政策的原因及其影响上，重视历史事件之间的逻辑关系，并让学生在认识历史发展规律的基础上培育学生的主权意识、海权意识和家国情怀。

三、教学目标分析系统：课时核心目标及其分解

（一）课时核心目标

通过探析明清疆域治理的举措、特点和影响，理解中国统一多民族封建国家是历史发展的结果，增强民族认同感。通过让学生思考明清由开海到“禁海”政策变化的原因，能够阐述政策变化带来的影响，培养学生的辩证思维。

（二）课时目标分解

1. 必备知识

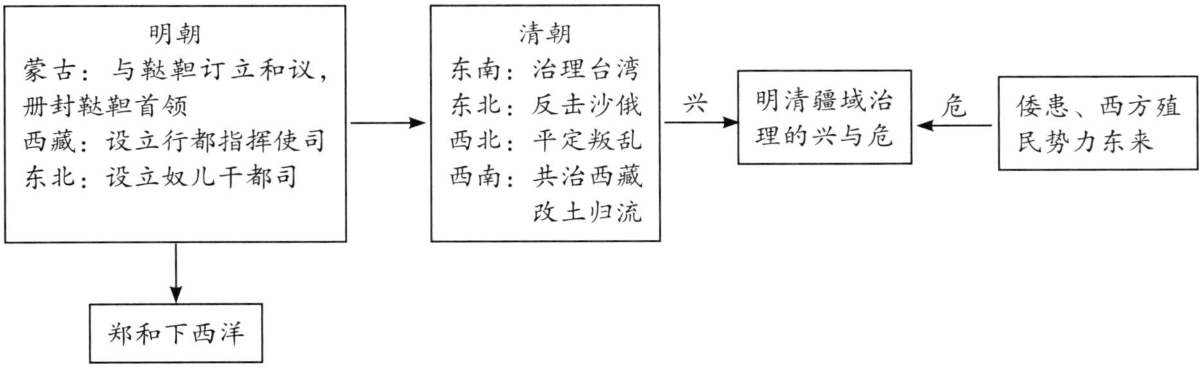

2. 关键能力

（1）历史探究能力：能够通过学习相关历史资料提出问题，设计悬念，认识明清民族关系、对外关系的特点及其影响。

（2）历史阐释能力：能够通过学习本课时，认识明清疆域奠定和统治危机的史实，对其中的成因提出自己的解释，在史料的基础上概括明清时期的时代特征。

（3）批判性思维和辩证思维能力：通过对明清“海禁”、闭关锁国政策的探究学习，认识到统治者制定和实施的政策对一个国家内政外交的双重影响。

3. 核心价值

通过讲授清朝时期，政府专设理藩院掌管蒙古族、藏族等民族事务，对边疆地区采取因地制宜的政策，尊重各民族的社会习俗和宗教信仰等内容，让学生认识到中华民族多元一体的历史发展趋势，形成对中华民族的认同感和正确的民族观。

四、教学过程分析系统

课时教学设计2　明清疆域治理的兴与危

【导入环节】以微视频《中华历代疆域变迁简史》导入，并配乐《精忠报国》。

【教师分析】中国的版图是随着统一多民族封建国家的形成和发展而逐渐形成和固定下来的，它离不开中国各民族长期的共同努力，离不开历代统治者制定的正确政策和举措。明清时期，中国版图得以最终奠定。这一过程中，统治者都采取了哪些措施？明清时期中国版图奠定的过程中又伴随着哪些危机？

【设计意图】以导入视频的方式拉近学生和历史的距离，用激昂向上的音乐激发学生的学习兴趣，从而让学生较快进入历史情境中，有利于培养学生的时空观念。

【任务一】从“守抚四疆”到“帝基摇坠”：探析明朝经略边疆的举措及危机。

【关键问题】明朝经略边疆的举措、特点和影响是什么？

【材料呈现】

材料一　明朝建立，北部草原的……鞑靼、瓦剌诸部经常骚扰边境，并在土木堡之变中俘虏了明英宗。明朝则广修长城，构建起一条东起山海关，西迄嘉峪关的长城防线。明朝在西南边疆驻军人数众多，以卫所的形式携家带口驻守各地，卫所与土司制度互为表里，对稳定西南边疆发挥了重要作用……明朝对吐蕃地区的统治亦较深入，为清朝实行更有效的金瓶掣签制度奠定了基础。明朝后期出现吏治腐败，在处理中央与地方的关系、行政管理的有效性等方面也存在问题。在南部边疆地区，朝廷未能有效遏制麓川土司反叛势力，以及反叛土司与境外势力的勾结及争夺，导致原属明朝版图的中南半岛北部脱离。

——摘编自周平等《中国的边疆及边疆治理》

【问题设计】根据材料并结合所学知识，探析明朝经略边疆的举措、特点和影响。

【教师分析】明朝统治者对蒙古地区采取的具体措施是发动战争、修长城、置卫所、和议、册封、互市；对西藏地区采取的具体措施是册封、设行都指挥使司、任用藏族上层人士进行管理；对东北地区采取的具体措施是册封、设奴儿干都司。从这些具体举措不难看出，明朝治理边疆的思想既有对以往封建王朝治边思想的继承，又有自己的特点，总体特征是“守”与“抚”相结合，具有较强的灵活性。这些举措有利于加强对边疆地区的管理，巩固多民族封建国家的统一，促进民族交融，推动边疆地区的社会发展，为清朝疆域的初步奠定打下了基础。但后期因为中央与地方关系处理不当、吏治腐败、管理能力不强等原因，导致了版图缩小，加上天灾不断，农民起义蜂起，最终明朝的统治摇摇欲坠。

【设计意图】让学生概括出明朝疆域治理的举措，培养学生的时空观念，并运用自己的已有知识去探析明朝疆域治理的特点和影响，提高学生的历史探究能力，涵养其家国情怀。

【任务二】“恩威并施”与“因俗而治”：认识清朝经略边疆的举措、特点及疆域奠定的意义。

【关键问题】清朝采取哪些措施来开拓和巩固疆域？清朝国家疆域的奠定有何重要意义？

【材料呈现】

材料二　且自古中国一统之世，幅员不能广远，其中有不向化者，则斥之为夷狄……自我朝入主中土，君临天下，并蒙古极边诸部落俱归版图，是中国之疆土开拓广远，乃中国臣民之大幸，何得尚有华夷中外之分论哉！

——［清］胤禛著、魏鉴勋注释《大义觉迷录》

材料三　清廷在中央设立理藩院，与六部平行，主管边疆民族事务。为使管理规范化，制订并不断修订补充《理藩院则例》《回疆则例》等法规，通令实施。在地方，在加强中央集权、保证政令统一的前提下，因地制宜、因俗而治，采用适合当地民族社会的统治体制，而不强求划一。制定笼络、安抚少数民族上层的各项政策，如封爵、给俸、年班朝觐、联姻等。从治国需要出发决定对待各种宗教的方针政策。

——摘编自马大正《中国古代的边疆政策与边疆治理》

【问题设计】（1）根据材料二并结合所学知识，概括清朝“俱归版图”的具体举措。（2）根据材料三并结合所学知识，探究清朝疆域治理政策的特点。（3）为什么说清朝基本奠定了现代中国的版图？版图的奠定有什么意义？

【学习活动】学生结合教材第74页《明朝形势图（1433年）》、第79页《清朝疆域图（1820年）》，思考以上问题。

【教师分析】清朝在历经康熙、雍正、乾隆三代的统治后，在中国的边疆治理上可以概括为：在东南治理台湾，在东北反击沙俄，在西北平定叛乱，在西南共治西藏以及实行改土归流等。结合材料和所学知识分析，可以看出清朝边疆治理具有恩威并施、因俗而治、多元治理、以法律形式明确管辖权等方面的特点。

通过比较元、明、清疆域图不难看出，元朝疆域更为辽阔。明朝的疆域比元朝疆域有明显收缩，对东北、西藏等边疆地区的管辖较弱。清朝通过对台湾、新疆、西藏等边疆地区因地制宜的有效管理（在台湾设府，隶属福建省；通过签订《尼布楚条约》，从法律上确定黑龙江、乌苏里江流域包括库页岛在内的广大地区都是中国领土；颁布《钦定藏内善后章程》29条，以法律形式明确和落实了中央政府对西藏地方的管辖权等），形成了比较稳定的统治。清朝统治者实施了稳定统治和巩固版图的相关举措，明确了南海诸岛、台湾及其包括钓鱼岛在内的附属岛屿是中国版图的一部分，基本奠定了现代中国的版图，促进了统一多民族封建国家的发展。

【设计意图】第（1）问是培养学生的史料阅读和概括整理能力，培养学生的历史时空观。第（2）、第（3）问是为了提升学生的关键能力，培养学生的核心价值，让学生认识到中国版图的形成是中华民族不断开拓进取和巩固的结果，各民族共同对边疆治理和开发做出了重要贡献；认识西藏、新疆、南海诸岛、台湾及其包含钓鱼岛在内的附属岛屿等自古以来就是中国领土不可分割的一部分，强化国家海洋意识和国防意识，坚决维护国家主权和领土完整。

【任务三】从“西洋万里”到“闭关锁国”：分析明清时期海上交通的发展与海洋政策的变化。

【关键问题】明清时期发生由开海到“禁海”政策变化的原因有哪些？

【材料呈现】

材料四　及观郑君（编者注：郑和），则全世界历史上所号称航海伟人，能与并肩者，何其寡也。郑君之初航海，当哥伦布发见（编者注：通“现”）亚美利加以前六十余年，当维哥达嘉马（编者注：达·伽马）发见（编者注：通“现”）印度新航路以前七十余年，顾何以哥氏、维氏之绩，能使全世界划然开一新纪元。而郑君之烈，随郑君之没以俱逝。

——摘自梁启超《祖国大航海家郑和传》

【问题设计】根据材料四并结合所学知识，思考应当如何看待明朝统治者‘下西洋’政策的变化。

【教师分析】教材第72页的“思考点”提出“应当如何看待明朝统治者‘下西洋’政策的变化”。根据所给材料并结合所学知识可知，“下西洋”的规模大，“下西洋”的政治目的大于经济目的，这必然会造成财政负担，加之当时的中国，虽然商品经济有所发展，但自然经济仍占统治地位，这些都是“下西洋”后来未能持续的重要原因。

【设计意图】政策的变化有诸多原因，“下西洋”政策未能持续，除了财政困难、政治考量，还有其深刻的经济根源。通过思考明朝统治者“下西洋”政策的变化，让学生充分认识到政策变化背后的诸多原因，特别是要认识到经济基础决定上层建筑这一深层次原因，从而培养学生的唯物史观。

【材料呈现】

材料五　明朝的海疆，时常受到倭寇和海盗的骚扰。倭寇，即日本海盗，来源于日本的浪人、亡命徒、武士、海贾等。部分中国亡命和无业流民等与之狼狈为奸，结附为寇。中国沿海数千里居民惨遭其荼毒，严重危及明朝的海上交通，也影响海外诸国入贡互市。

明初为防倭患和海盗，采取了一系列的措施，加强海防……由于倭寇得到日本当局庇护，日本贡使又常作祟，故太祖一度罢市舶司，绝日本贡使，禁止民众私出海……明中期以后，政治腐败，军备废弛，忠臣良将多遭谗害，卫所衰落，战船凋敝，兵不习战，卫所军卒无一足额者，城堡、墩台、烽堠损毁。地方贪官、豪绅、奸商侵诈贡使和外商钱财，大批失业游民涌入海上为盗，于是倭寇乘机蜂拥而至，烧杀掳掠，无所不为。嘉靖时期，猖獗至极。

——马大正主编《中国边疆经略史》

【问题设计】(1)根据材料五，结合教材第73页第二段的内容，概括明朝在海疆方面面临哪些危机。(2)面对这些危机，统治者的应对措施是什么？

【教师分析】对历史概念的准确理解，有助于形成对历史事件的正确认识，因此，在任务三的学习中，我们要准确理解“海禁”“倭寇”等历史概念。“海禁”是指未经官方允许，禁止民间私自出海同外国贸易。结合材料和所学知识分析，明朝面临的海疆危机有倭寇的侵扰和西方殖民者的殖民活动。面对这些危机，统治者实行“海禁”政策，这是闭关锁国的一种表现，影响了中国的对外贸易，还挤压了沿海居民的生存空间，造成地方社会的不稳定。

【设计意图】统治者的统治危机，既有来自内部的危机，也有来自外部的危机。面对内忧外患，统治者的应对政策是否得当，关系到国定民安与否。通过分析统治者实行“海禁”政策的原因及“海禁”政策带来的影响，让学生认识到海疆危机的出现和统治者的统治腐败有关，也能够让学生认识到西方殖民者成为中国海防新问题是这一时期世界变化的组成部分，从而培养学生的唯物史观。

【学习活动】阅读教材第80页正文内容，回答问题。

【问题设计】广州“十三行”的成立，是清政府实行对外开放还是闭关锁国政策的体现？并说明原因。

【教师分析】清朝起初指定四处作为通商口岸，后仅保留广州一处作为通商口岸，外商在广州的活动及其与中国商民的交往，都受到严格约束，更加严厉禁止民间船只出海贸易。可见，广州“十三行”的成立，本质上是闭关锁国政策的体现。清朝统治者闭关锁国政策，对西方殖民者的侵略起到一定的自卫作用，但随着这一政策的长期推行，政府通过出口生丝、药材、瓷器等物品垄断对外贸易赚取的利益，让“天朝上国”的思想更加固化，也阻碍了中外之间的联系，影响了中国吸收先进文化和科学技术的动力，海权意识也被扼杀，使中国不能适应新的外部环境，逐渐落后于世界潮流。

【设计意图】清朝版图的奠定是中国统一多民族封建国家发展史上的里程碑事件，但面对外部新的环境变化，清朝统治者走上了闭关锁国的道路，中国逐渐落后于世界潮流。通过这些内容的学习，培养学生的整体史观、海权意识和居安思危的忧患意识。

【课堂小结】本课时是本单元的重点内容，明清版图的奠定与闭关锁国政策的实行对后世影响非常深远。通过探析明清疆域治理的举措、特点及其影响，最终形成一个共识：中国版图的形成是中华民族不断开拓进取和巩固的结果，各民族共同对边疆治理和开发做出了重要贡献。但中国版图奠定的过程中也伴随着海疆危机，如倭患、西方殖民者的侵扰，再加上统治者的应对措施是实行“海禁”和闭关锁国政策，这些都阻碍了中外之间的联系，使中国不能适应新的外部环境，逐渐落后于世界潮流。通过对边疆危机的学习，能够对明清的体制进行反思的同时，强化了国家主权意识、国防意识和海洋意识，坚决维护国家主权和领土完整。

五、教学评价分析系统

（一）学业质量水平划分

水平1：能够通过时间线索和历史地图的运用，梳理明清时期统一全国、经略边疆的举措，能够认识中国版图奠定的意义；能利用史料和时空轴掌握郑和下西洋相关史实及其影响；能通过史料的呈现，认识到倭患和西方殖民者的侵扰成为中国海防的新问题。（时空观念、史料实证、历史解释、家国情怀）

水平2：能够认识示意图和文献史料所具有的不同价值，能够利用史料、历史地图对明清时期统一全国、经略边疆的举措加以描述；能够尝试运用材料作为证据论证自己的观点，比如在理解材料的基础上认识明清时期统治者在内陆管理和经略边疆举措方面的异同及明清形势图的变化；能够选择、组织和运用相关材料并使用相关历史术语，对明清形势图发生变化的原因提出自己的解释，并能够在叙述中将史实陈述与历史解释结合起来。（时空观念、史料实证、历史解释）

水平3：能够从唯物史观角度看待明清统治者对内陆的管理和对边疆的经略举措在奠定现代中国版图的作用；能够运用生产力与生产关系、经济基础与上层建筑关系的理论，理解郑和下西洋的壮举与中国政治、经济体制的辩证关系，能够认识倭患、西方殖民者的侵扰成为中国海防新问题是这一时期世界变化的组成部分；能够分辨材料中对明清时期面临挑战的不同历史解释；尝试从多方面说明导致这些不同解释的原因并加以评析，比如“海禁”政策和闭关锁国政策，这与明清时期政治制度、经济体制和对外政策等因素有关。（唯物史观、史料实证、历史解释、家国情怀）

水平4：能够选择恰当的时空尺度对史料进行分析、综合、比较，在此基础上做出合理的解释；在对明清版图奠定的分析过程中，能将其置于具体的时空框架下，比如，清朝版图得到进一步开拓和巩固是建立在明朝版图的基础上；在对明清管理举措和版图变化的问题进行独立探究的过程中，能恰当地运用材料做出自己对所探究问题的论述；能够在尽可能占有史料的基础上，阐述以往的观点或提出新的解释；能够在对历史的叙述中体现出正确的世界观、人生观、价值观和历史观。（时空观念、史料实证、唯物史观、历史解释、家国情怀）

（二）学业水平质量测试

阅读下面材料，回答问题。

材料一　从康熙十三年至二十二年（1674—1683年）的十年间，噶尔丹几乎年年派使者前往俄国乞求军事援助。沙皇给予鼓励和支持……康熙二十六年（1687年）九月，噶尔丹率三万铁骑，向喀尔喀发动了全面进攻，实则是向喀尔喀的保护者清朝宣战……噶尔丹吞并喀尔喀三部，破坏了清朝多民族国家的统一和领土完整，给广大的蒙古牧民制造了深重的灾难。

——摘编自白寿彝总主编《中国通史　第10卷　中古时代　清时期（全2册）》

材料二　他们在中国边缘犯下的这些暴行最终使中国皇帝极其恼怒，他于1685年派一支远征队北上。中国人夺回阿尔巴津，把俄罗斯人从整个阿穆尔河流域清除出去……与此同时，两国政府为解决边界问题开始谈判。经过许多争论，《尼布楚条约》于1689年9月7日签订。

——摘编自［美国］斯塔夫里阿诺斯《全球通史》

（1）根据材料一并结合所学知识，指出当时造成中国西北边疆不稳定的因素有哪些。

（2）根据材料二并结合所学知识，简述康熙帝在处理西北边疆危机措施上的特点。

【评价说明】

题号	答题思路	学业质量水平描述
（1）	能够从题干“造成中国西北边疆不稳定”的角度回答民族分裂势力、外国敌对势力等相关因素。	1-2　能够知道认识史事要考虑到历史地理的状况。 1-3　能够在解答某一历史问题时，尝试从多种渠道获取与其有关的材料；能够从所获得的史料中提取有关的信息。
（2）	在解决第（1）问相关问题的基础上，能够将时空定位在康熙帝统治时期，中国西北边疆危机的解决上；能够从外交谈判、以法律形式明确管辖权等不同角度回答处理边疆问题手段的发展变化。	2-2　能够将某一史事定位在特定的时间和空间框架下。 2-4　能够选择、组织和运用相关材料并使用相关历史术语，对具体史事做出解释。

参考答案

（1）因素：噶尔丹的叛乱；俄国的干涉。

（2）特点：主持正义，维护民族团结；军事征服，平定叛乱；外交谈判、以法律形式明确管辖权。

苏绍尚　河池市环江毛南族自治县高级中学

单元案例七

明清中国版图的奠定与面临的挑战（二）

扫码观看教学视频

从纵向上看，明清时期延续了封建社会的繁荣并有了新发展，是继中华文明唐宋繁荣后的又一次盛世；从横向上看，由于西方资本主义近代化的发展，明清时期中国社会逐渐在世界发展大潮中趋于落后，并日渐与西方拉开了差距。因此，明清时期的中国在繁荣中暗藏各种社会危机。通过对本单元核心知识与知识线索的梳理，将本单元的教学主题提炼为“一个盛世与危机并存的时代”，围绕这一教学主题，从政治、边疆治理与版图奠定、经济文化三个角度梳理其表现，分析其原因，探讨其影响，引导学生深入理解这段社会转型时期的历史，在大单元教学的落实中帮助学生掌握必备知识，形成关键能力，发展核心素养。

◎单元教学设计

一个盛世与危机并存的时代

一、教学内容分析系统：单元教学主题的提炼

（一）提出的依据

1. 课标依据

新课标对本单元的课程内容要求：通过了解明清时期统一全国和经略边疆的相关举措，知道南海诸岛、台湾及其包括钓鱼岛在内的附属岛屿是中国版图一部分，认识这一时期统一多民族国家版图奠定的重要意义；了解明清时期社会经济、思想文化的重要变化；通过了解明清时期封建专制的发展、世界变化对中国的影响，认识中国社会面临的危机。

新课标中的课程目标指出，要使学生通过学习，“能够认识中华民族多元一体的历史发展趋势，形成对中华民族的认同感和正确的民族观，具有民族自信心和自豪感，具有广阔的国际视野，能够树立正确的文化观”。而根据新课标的学业质量水平要求，指出“学业质量水平2是高中毕业生在本学科应该达到的合格要求”。结合新课标中的课程内容要求、课程目标要求、学业质量水平要求，参照教材单元标题，对本单元提出两个学习要点：一是认识明清时期统一多民族国家版图奠定的意义；二是认识明清时期中国社会政治、经济、文化等领域的变化和面临的危机。通过学习，深入理解明清时期中国社会发展的特征，理解明清版图奠定的意义、14—17世纪世界历史发展的趋势以及明清时期中国社会各领域出现的新变化，增强学生的主权意识、世界意识与忧患意识。

2. 教材依据

教材第四单元导语简要叙述了明清时期历史发展的基本特征，重点突出这一时期专制强化、国家巩固、版图奠定，以及经济、文化发展等几个要点；同时强调在新航路开辟、世界形势变化的大背景下，明清社会逐渐暴露出的危机和潜在的问题。教材相关内容为教师梳理教学主题和开展教学提供了清晰的主线和丰富的素材。教材第四单元标题为“明清中国版图的奠定与面临的挑战”，根据教材编排的内容及新课标要求“认识中国社会面临的危机”判断，本单元更加强调明清中国版图的奠定和明清面临的挑战。

教材第四单元分为3个课时，分别是第12课《从明朝建立到清军入关》、第13课《清朝前中期的鼎盛与危机》和第14课《明至清中叶的经济与文化》。很明显，第四单元讲述的是明、清（鸦片战争前）时期，即14世纪后期到19世纪前期，第12课、第13课以这一时期的政治变化为主，

附带军事、对外关系；第12课侧重讲明朝，附带讲述清朝的建立和清军入关，第13课主要介绍清朝的鼎盛和中衰，第14课的内容是以明清时期经济和文化为主；统一多民族封建国家版图奠定的内容，主要分布在第12课、第13课，尤以第13课为重中之重。从整个单元3个课时内容的分布分析，教材集中介绍了这一时期中国社会的变化和面临的危机，每一课内容上存在一些板块上的交叉。为了便于学生更好地学习，基于“中国社会的变化和面临的危机”这一线索，需要按政治、边疆治理与版图奠定、经济与文化等不同板块重新调整教材单元课时的内容。

3. 学术依据

长期以来，陈旭麓、樊树志、侯杨方、张海鹏等历史学家都非常重视对清朝历史的研究，在他们的研究著作中详细阐述了清朝历史的阶段特征——由盛转衰，既高度肯定了清朝时期的盛世繁华，疆域辽阔，达到了农耕文明的顶峰，也尖锐地指出随着西方逐渐进入资本主义社会，中国逐渐落后于世界潮流。如陈旭麓先生指出“但17、18世纪，当封建社会快要败落的时候，却出现了康乾盛世”，“19世纪一开始就是暗淡无光的。孕育和蓄积于上一世纪的种种社会矛盾，在这个时候已经成为人口、财政、武备、吏治的种种难题……海舶东来，由中西贸易而渗入中国的洋物和毒品，又给世变添加了新的内容”。樊树志在《国史十六讲》中则用“夕阳无限好，只是近黄昏”作为第十六讲的标题。《落日的辉煌：17、18世纪全球变局中的“康乾盛世”》一书中讲道：“正是在同一个时间，在地球的另一端，尤其是在英国，一种新的文明——挑战全球的工业文明正在萌发；一场伟大的革命——最终改造了整个旧世界的资产阶级革命正在进行；一个新的运动——冲决中世纪封建神学桎梏束缚的思想启蒙运动正在蓬勃发展。由此以降，仅100多年的历史，就彻底地改变了中国在世界格局中的地位，中国由一个洋洋自得的天朝大国急剧地坠入落后挨打的境地而一蹶不振。康乾盛世前后100多年魔术般的变化，令全世界的思想家、政治家以及有识之士们大为震惊。马克思称之为‘奇异的悲歌’……”这些史学研究成果为确立本单元教学主题提供了重要的学术依据。

根据历史学家的研究，明清政治制度的发展为康乾盛世的出现提供了制度保障。侯杨方认为，清朝盛世有制度上的优势，在这个历史时期，皇权独大，实行高度的中央集权。一方面，帝制制衡官僚阶层，限制其为了个人或集团的私利而损害国家、政权、民众的利益；另一方面，为拥有高度权威，帝制也带来了高效的组织动员和执行能力。经济的发展带来人口的迅速增长，清朝人口膨胀带来的压力问题，迫切需要突破原有的生产方式。一方面，经济领域出现新变化的要求；另一方面，统治者仍然故步自封，继续着传统政策，禁锢思想，拉紧权力的绳索，以高压手段统治国民，造成了中华民族精神的羸弱与僵化，这是近代中国发展艰难并与世界最先进文明之间差距拉大的重要原因之一。在边疆治理方面，经过康熙帝、雍正帝等统治者的东征西讨，清朝建立了一个幅员辽阔的庞大帝国，并通过对边疆民族进行因地制宜、因俗而治的治理，加强了对边疆的有效管辖。到清朝中期，中国古代疆域最终得以奠定。但在面临西方殖民者的不断侵扰时，明清政府依然坚持传统的朝贡体制。随着中外之间的频繁交往与冲突的加剧，原有的朝贡体制逐步瓦解，传统中国的天下观也走向瓦解。对于这一时期经济的变化，学者们认为明清时期的中国在某种程度上已与世界接轨，存在转型迹象。在思想文化研究方面，多数学者认为明清之际出现了一股具有反传统、反专制倾向的社会批判思潮，但只有“空疏”之风，缺乏创造力。明清时期文化上出现多样性、平民化与世俗化的发展趋势，这些都与当时局部地区经济发展相适应，属于社会早期启蒙范畴。

以上学者们对明清历史的研究成果说明，明清时期从自身发展看，延续了封建社会的繁荣并有了新发展，是继中华文明唐宋繁荣后的又一次社会“盛世”。但由于西方资本主义近代化的发展，明清时期的中国社会逐渐在世界发展大潮流中趋于落后，并日渐与西方拉开了差距，所以明清时期的中国，可以说是繁荣中暗藏着各种社会“危机”。

（二）单元教学主题

明清政治制度的发展使统一多民族封建国家更趋稳固，现代中国的版图逐渐定型，经济、文化、对外关系都有了新的发展，但是君主专制的空前加强，依然无法有效应对当时国家所面临的内外挑战；清朝前中期军机处的设立、版图的开拓与巩固、人口的增加、闭关自守政策的实行等，说明了其鼎盛与危机并存的现实。从明清两朝边疆所遭遇的挑战来看，这一时期世界已经悄然改变，当时的中国正与世界先进文明逐渐拉开差距。不仅如此，当时不断发展的社会与专制统治间的矛盾也潜藏于政治、经济、文化、外交等现象的背后，并逐渐显露出来。

明清时期，从政治上看，专制集权空前强化。从明初废宰相、设内阁到清朝前中期设军机处，从明朝特务机构的设立到清朝奏折制度的形成，无论是中央行政机构的演变，还是监察体系的发展，都在一定程度上对疆域版图的奠定、经济文化的发展起到积极保障作用。从边疆治理与版图奠定上看，处理民族关系是这一时期的重要问题，直接关系到社会稳定、疆域奠定、国家统一。明清时期对东北、西北、西藏地区、台湾地区的制度管理有所调整，册封制度、设置机构、土司制度、战和并济，加快了中央政府对边疆地区从羁縻统治到直接管辖的变化，推动了统一多民族封建国家的巩固与发展。从经济与文化角度看，新航路的开辟使世界逐渐连为一体的世界形势发生变化，给中国带来了高产作物等，这些变化也在悄然改变中国经济、文化的发展方向。然而，欧洲社会转型已是大势，而明清两代却固守闭关自守的对外政策，使中国逐渐落后于世界潮流。

通过对本单元核心知识与知识线索的梳理，可以将本单元的教学主题设定为“一个盛世与危机并存的时代”，围绕这一教学主题，从政治、边疆治理与版图奠定、经济与文化三个角度梳理其表现，分析其原因，探讨其影响，引导学生深入理解这一段社会转型时期的历史。

二、学情分析系统：初中与高中教学衔接分析

比较项目	初中课标		高中课标
	2011年版课标	2022年版课标	
课标中的课程内容要求	7. 明清时期（至鸦片战争前） 知道明朝的建立。通过皇权的强化和“八股取士”，初步理解皇帝专权的弊端。 了解郑和下西洋的航海壮举；知道戚继光的抗倭斗争。 通过明长城和北京城的建筑，体会古代人民的智慧和创造力。 知道《本草纲目》《天工开物》《农政全书》等名著，了解明代科技的成就及影响。 了解李自成起义推翻明朝；知道满族入主中原。 了解郑成功收复台湾和清朝在台湾的建制；知道册封达赖和班禅与设置驻藏大臣；知道西北边疆的巩固。认识台湾、西藏、新疆是中国不可分割的一部分。 通过清朝经济发展和人口增长的事实，了解清朝前期的兴盛。 通过军机处的设置与文化专制措施，认识君主专制在清代的极端强化。 以《红楼梦》和京剧为例，了解清代文学艺术的成就和特色。 通过清代中期以来的腐败现象和闭关锁国政策，了解中国开始落后于世界发展潮流。	1.7　明清时期（至鸦片战争前） 通过了解明清时期加强皇权的举措，初步认识君主专制带来的社会弊端；通过了解明清时期的经济改革和全球性经济互动，初步认识这一阶段中国经济发展的内因和外因；通过郑和下西洋、戚继光抗倭等史事，了解明朝的对外关系；通过了解郑成功收复台湾、清朝在台湾的建制、册封达赖和班禅以及设置驻藏大臣等中央政权在边疆地区的各种举措，认识西藏地区、新疆地区、南海诸岛、台湾及其包括钓鱼岛在内的附属岛屿是中国的领土，理解统一多民族国家版图奠定的重要意义；通过了解《本草纲目》《天工开物》《农政全书》，认识明朝的科技成就及其影响；通过了解小说、戏曲的繁荣，知道明清时期文学艺术的特色；通过明末李自成起义，清中叶以来的政治腐败、故步自封和19世纪的国际局势，认识当时中国社会面临的严重危机。	1.6　明至清中叶中国版图的奠定、封建专制的发展与社会变动 通过了解明清时期统一全国和经略边疆的相关举措，知道南海诸岛、台湾及其包括钓鱼岛在内的附属岛屿是中国版图一部分，认识这一时期统一多民族国家版图奠定的重要意义；了解明清时期社会经济、思想文化的重要变化；通过了解明清时期封建专制的发展、世界变化对中国的影响，认识中国社会面临的危机。

比较项目	初中教材	高中教材
部分教材课时设置	《义务教育教科书　中国历史　七年级　下册》 第三单元　明清时期（至鸦片战争前）：统一多民族封建国家的巩固与发展 第15课　明朝的统治 第16课　明朝的对外关系 第17课　明朝的灭亡和清朝的建立 第18课　清朝的边疆治理 第19课　清朝君主专制的强化 第20课　明清时期社会经济的发展 第21课　明清时期的科技与文化	《普通高中教科书　历史　必修　中外历史纲要（上）》 第四单元　明清中国版图的奠定与面临的挑战 第12课　从明朝建立到清军入关 第13课　清朝前中期的鼎盛与危机 第14课　明至清中叶的经济与文化

从教材内容来看，学生在初中阶段已经学习了本单元的相关知识，对明清政治制度的变化、版图的奠定、经济与文化的变化、对外关系等方面的相关基础知识并不陌生。对于已学内容，教师主要落实知识框架的建构、历史发展脉络的梳理，使学生能在已有零散知识的基础上形成系统化、结构化的知识，而对于没有学过的主要内容“明清时期思想领域的变化”则要重点讲授。

从新课标的要求看，2011年版初中课标通过“知道”“了解”等行为动词，从三维目标的角度对学生提出了能力方面的要求，大部分还是识记和浅层理解层次上的要求。因此，在学习上要达到高中课标要求会有一定的难度。教师需要结合学生的认知实际逐层推进教学，比如对明清时期经济、思想文化的教学，学生首先需要了解明清时期社会经济、思想文化的重要变化，要认识到这些变化背后的原因，以及同一时期世界形势的变化对中国的影响，还要认识到当时高速发展的社会与专制统治之间的矛盾也潜藏于经济、文化现象的背后并逐渐显露。尤其是在思想观念变化的原因及特征上，揭示了明清社会面临的这种“内”“外”挑战。2022年版初中课标与高中课标接轨，提出了学科核心素养要求，更加重视学生对必备知识的整体把握与培养学生的关键能力与核心价值。在本单元的教学中，教学的重点是在大单元教学引领下，把教学重点落在运用时间轴、历史地图等工具上，梳理明至清中叶政权更迭、专制强化、版图奠定、对外交往、经济和文化等发展变化的基本史实，认识到明清时期中国统一多民族封建国家更趋巩固，但盛世之下也逐渐暴露出诸多危机的现实。同时，理解明清版图奠定的意义及危机出现的原因，增强主权意识和忧患意识。

三、教学目标分析系统：单元核心目标及其分解

（一）单元核心目标

学生通过《明朝形势图（1433年）》《清朝疆域图（1820年）》，了解明清时期巩固统一和经略边疆的相关举措，选择恰当的方法对清朝经略边疆的具体措施进行分析、综合、比较，并在此基础上理解其发展变化，认识这一时期统一多民族封建国家版图奠定的重要意义，从而促进时空观念、历史解释和家国情怀等素养的培育；通过梳理明至清中叶政权更迭、政治制度、版图奠定、对外交往、经济和文化等发展变化的基本史实，并在同一历史时期的世界发展潮流视野下认识明清社会的变化、成就与局限性，培养运用唯物史观全面、辩证地看待历史现象，从而培育历史解释素养，培养学生的国际视野；掌握明清时期社会经济、思想文化、科技方面取得的成就，了解中华优秀传统文化。基于单元学习“明清时期盛世成就”“明清统一多民族封建国家版图奠定”“明清时期的社会危机”的缘事析理，促进学生形成对中华民族的认同感，强化主权意识和忧患意识，培养学生的家国情怀。

（二）单元目标分解

1. 必备知识

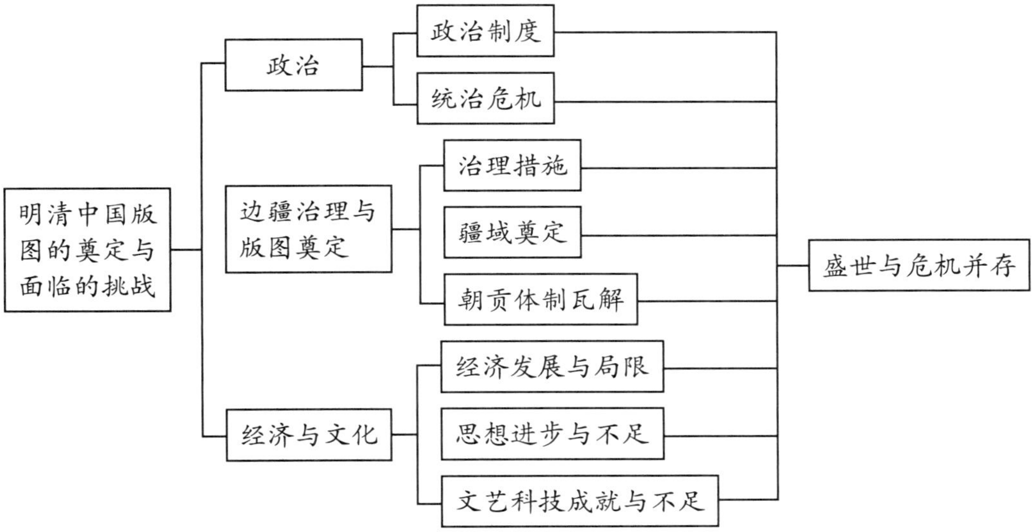

2. 关键能力

（1）获取历史信息能力：能够依据史料，尝试从多种渠道获取信息，了解明清制度、社会的变化和世界的变化及其对中国的影响，认识明清时期社会的发展与面临的挑战。如通过阅读教材第79页《清朝疆域图（1820年）》，能够获取这一时期中国疆域具体范围的信息，并能结合时空变化来理解清朝时期的版图奠定是当代中国版图的历史依据和法理依据，增强版图意识和主权意识。

（2）历史阐释能力：能够认识明清君主专制的强化、疆域奠定和统治危机的史实，并能对相关史实提出自己的解释，能够在史料的基础上，概括明清社会的阶段特征。如能够根据教材内容梳理明清时期经济与文化的繁荣表现并概括其特点，并能够解释为什么会出现这样的特点。

（3）历史探究能力：能够正确认识明清统一多民族封建国家的发展与挑战，并能运用材料对这一主题进行独立探究。如借助材料“面对英国使团带来的先进科技，乾隆皇帝的态度”和1793年乾隆帝给英王的敕谕，能够分析出“乾隆对世界形势与王朝统治缺乏客观、理性的认识，错失吸取先进文明成果实现新发展的时机，埋下了落后挨打的隐患”，并由此得出启示“当代国家的发展需要以史为鉴，把握国情，准确认识世界形势”。

（4）历史思维能力：从唯物史观角度看待明清君主专制的强化对中国社会历史发展的促进与阻碍作用；运用生产力与生产关系、经济基础与上层建筑关系的理论，理解明清社会变化与面临挑战的辩证关系，认识这些变化是这一时期世界变化的组成部分。如能够理解明清生产力发展、商品经济繁荣、市民阶层壮大之间的逻辑关系以及经济与文化的逻辑关系，从而理解马克思主义唯物史观的相关内容，提升学生的逻辑思维能力。

3. 核心价值

通过学习明清时期统一全国和经略边疆的相关举措，认识明清时期统一多民族封建国家版图奠定的重要意义——明确清朝时期中国疆域的范围，理解清朝时期的版图奠定是当代中国版图的历史依据和法理依据，增强版图意识和主权意识。通过学习明清时期思想文化成就，增强民族文化认同感。在全球变局中探析盛世，理解全球视野对认识历史与现实的重要性，培养时空意识，树立世界视野，增强忧患意识。

四、教学过程分析系统

单元教学设计　一个盛世与危机并存的时代		
课题名称	学习任务	关键问题
课时教学设计1 共治天下到独治天下：从政治视角看近代前夜的盛世与危机	【任务一】建构知识体系：明清政权更迭与制度变化。 【任务二】探析重难点：高度集权的君主专制与盛世、危机的辩证关系。 【任务三】升华认知：明清盛世危机的反思。	1. 明清制度变化反映的本质问题是什么？ 2. 高度集权的清朝皇帝是如何治理国家、实现盛世的？人口压力问题和民族精神孱弱反映出明清制度变化出现了怎样的问题？ 3. 乾隆对世界形势与王朝统治的态度说明了什么？你从中获得了哪些启示？
课时教学设计2 天下国家到疆域国家：从边疆治理与版图奠定视角看近代前夜的盛世与危机	【任务一】从册封纳贡到直接管理：对比明清民族政策的变化。 【任务二】从世袭土官到改土归流：分析边疆统治方式的转变。 【任务三】从边境模糊到划清国界：观察明清领土边界的变动。 【任务四】从万邦来朝到抵御侵犯：探究明清国家观念的演变。	1. 明清两朝中央政府处理与北部及西北边疆少数民族关系的方式有何不同？这种变化体现了怎样的本质？ 2. 明清政府对西南地区的统治方式有何重大改革？对统一多民族封建国家的巩固与发展有何意义？ 3. 明清的领土边界发生了怎样的变动？传统习惯界线和国际法意义的条约边界线有何不同？ 4. 明清两朝的国家观念发生了怎样的变化？
课时教学设计3 数量优势到质量劣势：从经济与文化角度看近代前夜的盛世与危机	【任务一】帝国的数量优势：理解明清时期的新变化。 【任务二】帝国的数量优势：理解明清时期新变化的背景与启示。 【任务三】帝国的质量劣势：认识明清时期的社会危机。 【任务四】帝国劣势的结果：认识明清时期危机的实质与影响。	1. 明清时期经济、思想与科技文化的新变化有哪些？这些新变化反映了什么特点？ 2. 经济与文化之间的关系是怎样的？这一时期中国与世界的联系是怎样的？这说明了什么？ 3. 明清时期社会的危机的表现有哪些？这些危机给中国带来了怎样的影响？ 4. 中西对比的结果是什么？这种结果给予我们什么启示？

五、教学评价分析系统

（一）学业质量水平划分

水平1： 能够通过时间轴、文献史料，了解明清政治制度的变化，认识封建专制的发展对中国的影响。通过地图了解明清时期统一全国和经略边疆的相关举措，知道南海诸岛、台湾及其包括钓鱼岛在内的附属岛屿是中国版图一部分，认识这一时期统一多民族国家版图奠定的重要意义。了解明清时期经济、思想文化的重要变化以及同一时期世界形势的变化，通过认识世界变化对中国的影响，认识中国社会面临的危机。（时空观念、史料实证、历史解释、家国情怀）

水平2：在唯物史观指导下，能够将史事定位在特定的时间和空间框架下，运用史料作为证据论证自己的观点，了解明清政治制度的变化，理解制度变化的实质，认识政治制度的变化对中国的影响。能够梳理明清时期统一全国和经略边疆的相关措施，理解明清民族政策的变化及其意义，认识这一时期统一多民族封建国家版图奠定的重要意义。能够梳理明清时期经济与文化发展的表现与局限，理解经济与文化的关系，认识中国社会面临的危机。理解明清时期中国与世界的联系进一步增强，认识到世界变化对中国的影响，增强忧患意识。（唯物史观、史料实证、历史解释、时空观念、家国情怀）

水平3：能够把握史事的时空联系，利用不同类型史料对所探究的问题进行描述、概括及说明，如通过概述明清时期统一全国和经略边疆的相关举措，说明统一多民族国家版图奠定的重要意义；通过阐述明清时期专制集权空前强化，统一多民族封建国家更趋稳固，现代中国的版图逐渐定型，经济、文化、对外关系都有新的发展，以及同一时期世界历史发展的趋势，说明明清中国社会既呈现出盛世的一面，但也面临着挑战。能够通过本单元的学习，认识明清时期中国“盛世与危机并存”的时代特征，形成正确的世界观、人生观、价值观和历史观。（史料实证、时空观念、历史解释、家国情怀）

水平4：通过本单元的学习，在唯物史观的指导下，能够在充分了解史料的基础上，恰当地运用已有知识，并结合现实，对本单元教学主题“一个盛世与危机并存的时代”进行独立的论述，深刻体会明清统一多民族封建国家版图的奠定对现代中国的重要意义，认识封建专制的发展和世界形势的变化对中国的影响。能够在学习过程中形成对君主专制加强、明清盛世隐藏危机的反思，从中汲取历史智慧，更全面、客观地认识现实社会，树立主权意识和忧患意识。能够在对历史的叙述中逐渐形成正确的世界观、人生观、价值观和历史观。（唯物史观、史料实证、历史解释、家国情怀）

（二）学业质量水平测试

明清时期政治、经济、文化都有新的发展。阅读下列材料，回答问题。

材料一　其既得之也，敲剥天下之骨髓，离散天下之子女，以奉我一人之淫乐……然则为天下之大害者，君而已矣。

世儒不察，以工商为末，妄议抑之。夫工固圣王之所欲来，商又使其愿出于途者，盖皆本也。

——《明夷待访录》

材料二　1684年，清朝在台湾设府，隶属于福建省。清朝在蒙古地区设立盟、旗两级单位进行统治，任命蒙古王公为盟长、旗长。清初，清政府册封达赖和班禅。从1727年起，清朝开始派遣驻藏大臣，代表朝廷与达赖、班禅共同治理西藏。

——摘编自人民教育出版社《普通高中教科书　历史　必修　中外历史纲要（上）》

（1）请说说材料一出自哪位明清思想家，并概括其思想主张。结合所学知识，从政治、经济角度分析产生这些思想的时代背景。

（2）根据材料二，简述清政府治理边疆地区的经验。

【评价说明】

题号	答题思路	学业质量水平描述
（1）	能够从“明清思想家”“《明夷待访录》”等信息判断出思想家应为“黄宗羲”。 能够根据材料一“为天下之大害者，君而已矣”可知，黄宗羲抨击君主专制制度；根据材料一“商又使其愿出于途者，盖皆本也”可知，黄宗羲主张工商皆本。能够根据所学明末清初政治、经济情况加以分析。	1–2　能够了解所学内容的历史分期方式，理解历史时期是按时序划分的。 1–3　能够在解答某一历史问题时，尝试从多种渠道获取与其有关的材料；能够从所获得的史料中提取有关的信息。 2–4　能够分析有关的历史结论。
（2）	能够根据材料二“清朝在台湾……在蒙古……清政府……派遣驻藏大臣……”可知，清朝对台湾、蒙古、西藏地区的管理方式各不相同，体现了清政府对边疆地区采取因地制宜的政策，尊重各民族的社会习俗和宗教信仰；根据材料二“清朝在蒙古地区……任命蒙古王公为盟长、旗长”可知，清政府任用少数民族上层进行管理，体现出清政府对各族上层分子的优待。	1–3　能够从所获得的史料中提取有关的信息。 2–4　能够选择、组织和运用相关材料并使用相关历史术语，对具体史事做出解释。

参考答案

（1）思想家：黄宗羲。思想主张：认为天下之大害是君主，抨击君主专制制度；主张工商皆本。时代背景：明清时期君主专制强化，增强了人们反对君主专制意识；明清时期商品经济繁荣（或明清时期出现新的经济因素），为明清时期思想的发展提供了物质基础。

（2）经验：清朝对台湾、蒙古、西藏地区的管理方式各不相同，体现了清政府对边疆地区采取因地制宜的政策，尊重各民族的社会习俗和宗教信仰；清政府任用少数民族上层进行管理，是为优待各族上层分子。

刘红影　广州市增城区增城中学

课时教学设计 1

共治天下到独治天下：从政治视角看近代前夜的盛世与危机

一、教学内容分析系统：课时教学主题的提炼

（一）提出的依据

1. 课标依据

新课标对本课时的课程内容要求是：通过了解明清时期封建专制的发展、世界的变化对中国的影响，认识中国社会面临的危机。由此可以看出，本课时的教学需要学生掌握以下三点内容：一是明清时期封建专制的发展；二是明清时期世界的变化；三是明清时期中国社会面临的危机。这就要求教师在教学中将明清时期的统治置于全球变局中进行审视，引导学生以世界的眼光认识明清君主专制的强化与明清社会发展之间的逻辑关系。因此，从制度角度分析，将本单元的教学主题设定为“一个盛世与危机并存的时代”，这也是新课标的应有之义。

2. 教材依据

盛世和危机是本单元学习的两个重点。盛世、危机的出现与这一时期封建专制的发展密切相关，这体现在教材第13课《清朝前中期的鼎盛与危机》三个子目之间的逻辑关系中。第一子目“康雍乾时期的君主专制”是第二子目“疆域的奠定”和第三子目“统治危机的初显”的政治制度背景。但是教材对明清制度变化与盛世、危机之间的逻辑联系却缺乏具体和细致的分析，只在子目编排的结构上暗含两者之间的联系。因此，在教学中需要设置“情境—问题”学习探究任务，进行重点分析。

3. 学术依据

对于明清时期制度变化，不少学者认为这一时期是君主独裁时期，宰相制度的废除打破了君臣共治的局面。钱穆在《中国历代政治得失》中指出，若论汉、唐、宋诸代，中央政府的组织，皇权与相权是划分的，其间比重纵有不同，但总不能说一切由皇帝专制。有丞相即非“君主独裁”，即非“专制”。自秦以来辅佐天子处理国政的相位，直至被废，逐渐形成了绝对君主独裁的局面。相权为士大夫与君主共治天下提供了制度上的合法性。明初废除宰相后，皇帝集权力于一身。从共治天下到独治天下是君主专制强化的反映。

同时，学者们认为君主专制的空前强化给明清社会的发展带来了双重影响。君主专制的强化，一方面推动中国传统社会发展到顶峰，出现空前繁荣的康乾盛世；另一方面也造成中国逐步落后于世界发展潮流。专制集权的空前强化是明清社会呈现盛世与危机并存特征的重要因素。

从皇权强化与盛世的关系来看，侯杨方在《盛世启示录》中指出，清朝盛世有制度上的优势，在这个历史时期，皇权独大，实行高度的中央集权。一方面，帝制制衡官僚阶层，限制其为了个人与集团的私利而损害国家、政权、民众的利益；另一方面，拥有高度权威的帝制能够提升高效的组织动员和执行能力。高度集权的君主专制一定程度上为盛世的出现提供了制度保障。

从皇权强化与危机的关系来看，清朝人口膨胀带来的人口压力问题反映了传统小农经济生产模式发展到了极限，社会已经无法养活更多的人口，迫切需要突破原有的生产方式。世界资本主义国家开展工业革命，清朝统治者仍然故步自封，继续闭关锁国，通过禁锢思想，拉紧权力的绳索，将人们关进“专制的笼子”里，造成了中华民族精神的孱弱与僵化，给中华民族精神上造成了永久性创伤。这是近代中国发展艰难，与世界先进文明之间差距拉大的重要原因之一。以维护传统格局和秩序、维护江山永固为目标的君权强化，不仅阻碍了经济革新和发展，造成盛世物质上的匮乏，更造成民族精神上的孱弱。可见，专制力越强，社会进步的阻力越大。

以上学者们的研究成果为我们提供了确定本课时主题重要的理论依据。结合学者们的研究和新课标的要求，将明清时期的统治置于全球变局中审视高度集权的君主专制与盛世、危机的辩证关系。

（二）课时教学主题

明清政治制度一大突出变化是君主专制的进一步强化。这一制度变化与盛世、危机存在着密切的联系。一方面，明清时期皇权的强化，中央集权的加强，在监督、制衡官僚集团的同时，带来了高效的组织动员和执行力，一定程度上对政局稳定、经济繁荣、疆域版图的奠定起到保障作用，促进了统一多民族封建国家的发展，推动了盛世的出现；另一方面，经济、文化领域出现与这一时期世界巨变相同步的新变化，必然对原有的格局和秩序形成挑战，而封建专制的进一步强化，势必继续巩固原有的格局和秩序，其间的矛盾，便是社会危机产生的主要原因。因此，将本课时的教学主题确定为“共治天下到独治天下：从政治视角看近代前夜的盛世与危机”。

二、学情分析系统：初中与高中教学衔接分析

比较项目	初中课标		高中课标
	2011年版课标	2022年版课标	
课标中的课程内容要求	7. 明清时期（至鸦片战争前） 知道明朝的建立。通过皇权的强化和“八股取士”，初步理解皇帝专权的弊端。 了解李自成起义推翻明朝；知道满族入主中原。 通过军机处的设置与文化专制的措施，认识君主专制在清代的极端强化。 通过清代中期以来的腐败现象和闭关锁国政策，了解中国开始落后于世界发展潮流。	1.7 明清时期（至鸦片战争前） 通过了解明清时期加强皇权的举措，初步认识君主专制带来的社会弊端；通过明末李自成起义，清中叶以来的政治腐败、故步自封和19世纪的国际局势，认识当时中国社会面临的严重危机。	1.6 明至清中叶中国版图的奠定、封建专制的发展与社会变动 通过了解明清时期封建专制的发展、世界变化对中国的影响，认识中国社会面临的危机。

续表

比较项目	初中教材	高中教材
部分教材课时设置	《义务教育教科书　中国历史　七年级　下册》 第三单元　明清时期（至鸦片战争前）：统一多民族封建国家的巩固与发展 第15课　明朝的统治 第17课　明朝的灭亡和清朝的建立 第19课　清朝君主专制的强化	《普通高中教科书　历史　必修　中外历史纲要（上）》 第四单元　明清中国版图的奠定与面临的挑战 第12课　从明朝建立到清军入关 第13课　清朝前中期的鼎盛与危机

从教材内容来看，高一学生在初中阶段通过教材七年级下册第15课、第17课和第19课的内容学习了本课时的相关知识。本课时初中没有学过的内容主要有内阁制、宦官专权、奏折制度、康乾盛世等，这些内容对学生来说是新知识。因此在必备知识的教学上，更加侧重初中未学过的内容。对于初中已学的内容，在教学上则需要建构知识框架、梳理历史发展脉络，使学生将初中已学过的零碎知识建立起逻辑关系。

从课标内容要求看，2011年版和2022年版的初中课标在对学生学习要求上存在着一定的差异。在2011年版课标对本课时的学习要求中，有两条属于“知道”“了解”层面，有一条为“理解”层面、一条为“认识”层面。要求“理解”和“认识”的，都是与君主专制有关的。由此可以看出，在三维目标的指导下制定的2011年版初中课标，对学生提出的学习要求大部分还停留在识记和浅层的理解层次。在2011年版课标指导下学习的高一学生虽然已经具备一定的历史理解能力和解释能力，但这些能力相对基础，故而在学习上要达到高中课标要求会有一定的难度。因此，教师需要结合学生的实际认知逐层推进教学，例如先从明清制度变化史实中理解君主专制的强化，再分析其对社会发展的影响，并结合当时的世界变局、社会问题，认识中国社会面临的严重危机。

在学科核心素养目标指导下制定的2022年版初中课标更好地与高中课标接轨，重视通过学生对必备知识的整体把握培养学生的关键能力与核心价值。例如，2022年版初中课标中要求“通过了解明清时期加强皇权的举措，初步认识君主专制带来的社会弊端……认识当时中国社会面临的严重危机”。其中“明清时期加强皇权的举措”为必备知识，而“初步认识君主专制带来的社会弊端”为关键能力，“认识中国社会面临的严重危机”为核心价值。2022年版初中课标启用后，学生经过初中阶段的学习已经具备了一定的知识整合能力。因此，在本课时的教学中，教学的重点不再是将明清两个历史阶段分开进行教学，而是在大单元教学的引领下把教学的重点落实在通过明清时期制度变化、康乾盛世、明清统治危机、世界形势等相关史实的教学上，培养学生认识君主专制的强化与近代前夜盛世、危机之间的辩证关系，从而形成对君主专制和康乾盛世理性的认识，更好地提升学生的关键能力和核心素养。

三、教学目标分析系统：课时核心目标及其分解

（一）课时核心目标

通过引入史料创设情境，在问题探究的过程中引导学生运用所学知识将明清时期的统治置于

全球变局中审视，厘清这一时期政治制度从共治走向独治变化的态势与盛世、危机的逻辑关系，认识盛世、危机出现的制度性因素，理解从共治到独治的制度变化对社会发展的影响。在对盛世背后潜在危机的反思中，进一步深化国家发展与世界发展之间关系的认识。

（二）课时目标分解

1. 必备知识

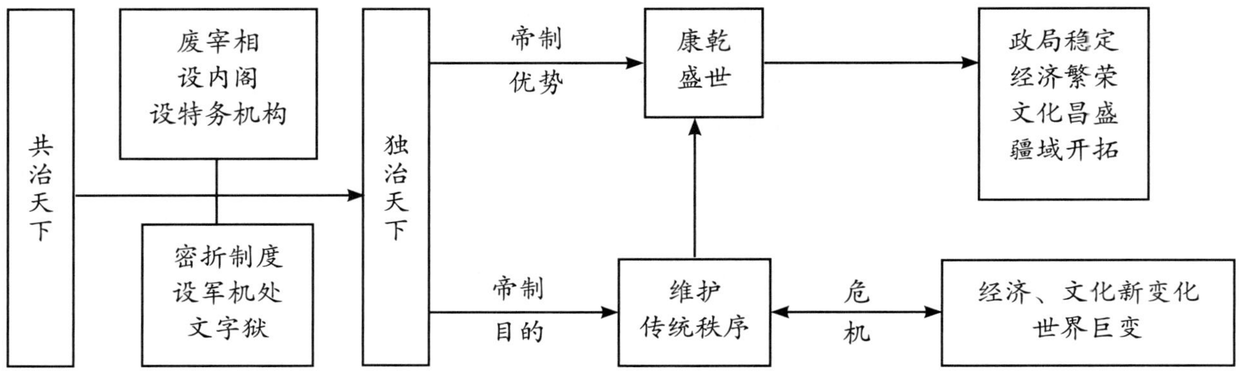

2. 关键能力

本课时重点通过引入史料，创设情境、层层设问，引导学生从政治层面将盛世置于全球变局中审视，以唯物史观为指导，在对史料的解读、问题的探究中培养学生获取有效信息的能力、历史探究能力和辩证思维能力。

（1）获取历史信息能力：通过了解明清制度变化相关史实和史料，认识制度变化的实质。通过对比明清疆域图、文字等史料，认识康乾盛世；通过了解奏折制度、军机处、文字狱、人口压力等史实，理解明清君主专制的发展对中国的影响，认识明清时期社会的发展与其面临的挑战。

（2）历史探究能力：能够对高度集权的君主专制与盛世、危机的逻辑关系等问题进行独立探究，并能运用材料对所探究的问题进行论述。

（3）辩证思维能力：能够从唯物史观角度，打破对军机处、奏折制度、高度集权的君主专制固有的消极认识，认识到军机处、奏折制度在国家治理方面的积极意义。能够运用这些史实及明清统治危机等相关史料作为证据，论证高度集权的君主专制制度对社会发展的双重作用，对君主专制、康乾盛世等史实形成理性的认知。

3. 核心价值

在全球变局中反思盛世危机，树立全球意识，形成开放的国际视野，同时将历史与现实相结合，以历史反观现实，将国家的发展置于全球发展之中，在全球发展中把握国家的发展；增强学生的忧患意识，加强对国家命运和发展的关注，涵养学生的家国情怀。

四、教学过程分析系统

课时教学设计 1　共治天下到独治天下：从政治视角看近代前夜的盛世与危机

【导入环节】呈现明太祖、明成祖、康熙帝、雍正帝和乾隆帝五位皇帝的图片，设置问题：根据图片所示，思考本课时内容所处的历史时间段，以及五位皇帝统治时期政治制度发展情况。以此导入本课时的教学内容——明清政权更迭与政治制度变化。

【设计意图】本课时对教材进行了重新整合和梳理。通过图片和思考题的设置，引导学生从宏观上把握本课时内容所处的时间阶段，了解本课时学习内容在教材中的分布。

【任务一】建构知识体系：明清政权更迭与制度变化。

【关键问题】明清制度变化反映的本质问题是什么？

【学生活动】阅读第12课、第13课中第一子目的内容，以时间轴的形式呈现明清政权更迭和君主专制演变的历程，分析明清制度变化反映的本质问题。

【教师分析】相权为士大夫与君主共治天下提供了制度上的合法性。从秦朝至明朝以前，相权与皇权所占的比重虽然不断变化，但在一定程度上体现了君臣共治。但是，明朝废除宰相，设立秘书机构内阁；清朝沿用明制，不设宰相，改设“跪受笔录”的军机处。内阁与军机处均无行政权力，只作为秘书机构，对皇权缺乏制度上的约束力。皇帝集所有权力于一身，加强了皇权。于是，历史从君臣共治进入君主独治时期。由此可见，明清制度变化反映的本质是皇权的高度集中、君主专制的强化。

【设计意图】此问题的设置，在于引导学生通过梳理皇权强化的措施，厘清明清君主专制发展的历程，认识到明清制度变化反映出的本质问题，从而为后面的问题探究、形成自己的历史解释奠定基础。

【任务二】探析重难点：高度集权的君主专制与盛世、危机的辩证关系。

【关键问题】高度集权的清朝皇帝是如何治理国家、实现盛世的？人口压力问题和民族精神孱弱反映出的明清制度变化，体现了怎样的问题？

1.康乾盛世的表现

【材料呈现】

材料一　论财力，“内外度支，有盈无绌，府库所贮，月羡岁增”，经济总量居世界首位；论人口，从1700年到1794年的不足百年时间里已不止翻了一番，达3.13亿，占世界人口总数的1/3；论文化，则完成了包括《古今图书集成》和《四库全书》在内的“御纂诸书”；论城市，当时世界拥有50万以上居民的城市共有10个，中国就占了6个……

——周武《论康乾盛世》

【问题设计】根据材料一，并结合教材中第74页《明朝形势图（1433年）》和第79页《清朝疆域图（1820年）》，概括康乾盛世的表现。

【教师分析】材料一通过中外对比，从财力、人口、文化、城市四个角度反映盛世的恢宏。对比教材中的明清形势图更直观地反映这一时期的疆域之大，是盛世的重要体现。清朝前中期相较于明朝，不但版图有所开拓，而且以直接有效的管辖取代历代松散的羁縻政策，把历史上在中国疆域内活动的各民族都纳入中央政府的管理之下，使得边疆地区也形成了比较稳定的统治，强化了中央政府在边疆地区的统治力，真正实现了东西南北、“四夷咸服”。其中，疆域之大、统治力之强是国力强盛的重要表现。

【设计意图】史料是建构历史认知的基石，史料可以更好地彰显叙述的合理性。仅靠教材对康乾盛世结论的描述，学生不能直观感知盛世的面貌，因此将材料一的文字史料与教材中明清形势图进行对比互证，使康乾时期出现的鼎盛局面更加具体化、形象化。

2. 从政治层面探究盛世出现的原因

【材料呈现】

材料二 清世皇祖、皇考至朕（编者注：乾隆皇帝）躬百余年来，皆亲揽庶务，大权在握，威福之柄皆不下移，实无大臣敢于操窃。

——《清高宗实录》卷1051

材料三 机务及用兵皆军机大臣承旨……无论宦寺不得参，即承旨诸臣（编者注：军机大臣），亦只供传述缮撰，而不能稍有赞画于其间也。

——［清］赵翼《檐曝杂记·军机处》

【问题设计】（1）材料二反映了什么内容？它与康乾盛世的出现是否冲突？这说明了什么？（2）结合所学知识，分析乾纲独断的清朝皇帝是如何使国家实现政令通达、有效治理，达到统治鼎盛的。

【教师分析】材料二反映出康乾时期是君主高度集权的时期。康乾盛世的出现一定程度上说明了高度集权的君主专制制度在国家治理方面的有效性。但君主的精力和能力毕竟有限，他必须依靠官僚队伍的群体力量治理国家。这必然产生一个问题，即如何在依靠官僚力量的同时保证自己的乾纲独断。奏折制度、军机处等一系列新制度的设立恰好解决了此问题。

在奏折制度下，清朝部分官员有权直接向皇帝呈送密封文书。这种君臣之间直接联系的方式快速且私密，既便于皇帝多渠道获取信息，提高宫廷决策效率，又有利于决策的执行。同时，皇帝通过这种单线联系，让不同职位和不同部门的官员之间进行相互监督，以达到管理官僚机构的目的，从而加强对国家的统治。帮助乾纲独断的清朝统治者实现政令通达、有效治理的另一工具为军机处。通过阅读材料三，学生可以了解到军机处是完全秉承皇帝旨意，不可另立意见与皇帝相抗的政务机构。同时，位于内廷的军机处，人员精干、办事快捷，极大提高了清廷的执政效率。通过阅读材料二，学生可以认识到盛世的出现、君主集权体制能够正常运作和充分发挥效能与康熙、雍正、乾隆三位皇帝的英明、勤政是分不开的。

【设计意图】康乾时期君权空前强化，在评价时应全面看待其积极影响和消极影响。如果将空前强化的皇权与盛世的出现割裂开来，则会忽略盛世出现的制度层面的原因；如果仅仅将奏折制度与军机处作为皇权强化的产物，则会忽略其在治理国家方面的积极意义。这都不利于发展学生的辩证思维，也不利于学生对君主专制和盛世出现这些内容形成客观的认识。通过此问题的设置，引导学生分析两者之间的逻辑关系，从而对其形成理性的历史解释。

3. 从政治层面审视盛世危机的原因

【材料呈现】

材料四 人多之害，山顶已植黍稷，江中已有洲田，川中已辟老林，苗洞已开深菁，犹不足养，天地之力穷矣。

——［清］汪士铎《乙丙日记》

材料五　横向对比18世纪世界文明的发展，乾隆时代是一个只有生存权没有发展权的盛世……乾隆时代的中国人，是“坐稳了的奴隶”，只许有胃肠，不许有头脑。只有这样，大清江山才能亿万斯年。乾隆的盛世监狱精心塑造出来的国民，固然是驯服、听话、忍耐力极强，却无法挺起腰板，擦亮眼睛，迎接扑面而来的世界大潮。

——摘编自张宏杰《饥饿的盛世：乾隆时代的得与失》

【问题设计】根据上述材料并结合所学知识，概括康乾盛世的内外危机。结合本单元导言，从政治层面分析时代危机产生的主要原因。

【教师分析】康乾盛世的危机，既有统治危机的共性，如吏治腐败、贫富分化形成的阶级矛盾等，也有时代发展形成的特有危机，即与世界最先进文明之间差距的拉大。从历史发展来说，这是康乾盛世最主要的危机。而危机产生的主要原因在于空前强化的君主专制制度的束缚。材料四所描述的人口膨胀带来的人口压力问题反映出传统小农经济的生产模式发展到了极限，已经无法满足社会发展的需要，迫切需要突破原有的生产方式。在经济领域出现与这一时期世界巨变相同步的新变化时，统治者却故步自封，继续闭关锁国，没有革新，逆历史发展潮流而行。

18世纪，世界文明大潮的主流是通过立宪制和代议制“实现了对统治者的驯化，将统治者关到法律的笼子里”，人权观念已经逐步深入人心。然而，正如张宏杰在《饥饿的盛世：乾隆时代的得与失》中所说，乾隆帝视民间社会的活力和自发精神为清朝永固的最大敌人，君主专制达到了顶峰，把民众关进了严密的专制笼子里。材料五反映了乾隆帝以高压手段统治国民，塑造国民的性格，剥夺了民众权利、压制民众意志，造成了中华民族精神的孱弱与僵化，给中华民族精神造成了永久性创伤。这是近代中国发展艰难，与世界最先进文明之间差距拉大的重要原因之一。以维护传统格局和秩序、维护江山永固为目标的君权强化，不仅阻碍了经济革新和发展，造成了康乾盛世物质上的贫困，更造成民族精神的孱弱。这说明了，专制力越强，社会进步的阻力就越大。

【设计意图】通过引入学术观点，使学生对康乾盛世形成辩证的认识。将这一时期进行横向比较，在世界发展的大潮中分析盛世中存在的主要危机，培养学生的大局意识。通过对危机产生的政治原因进行探究，引导学生认识到空前强化的君主专制是违背历史发展潮流的，阻碍了社会发展。在探究问题中，提升学生的辩证思维能力和历史解释能力。

【任务三】升华认知：明清盛世危机的反思。

【关键问题】乾隆帝对世界形势与王朝统治的态度说明了什么？你从中获得了哪些启示？

【材料呈现】

材料六　面对英国使团所带来代表欧洲先进科技的天体运行仪、标有各国国土、首都和航海线路的地球仪、赫歇耳望远镜、备有110门火炮的英国最大战舰“君王”号舰艇模型等贡品，乾隆皇帝“只觉视平常耳”。

——摘编自张宏杰《饥饿的盛世：乾隆时代的得与失》

材料七　天朝物产丰盈，无所不有，原不借外夷货物以通有无。特因天朝所产茶叶、瓷器、丝斤为西洋各国及尔国必需之物，是以加恩体恤，在澳门开设洋行……

——《清高宗实录》卷1435乾隆五十八年（1793年）八月己卯

【问题设计】根据材料六和材料七，谈谈你对明清盛世危机的看法以及从中得到的启示。

【教师分析】材料六反映了乾隆帝对世界形势巨变的茫然无知，材料七反映了乾隆帝愚昧自大、闭关锁国。两则材料实际上反映了乾隆帝对世界形势与王朝统治缺乏客观、理性的认识，丧失了对世界形势巨变应有的警觉，错失吸取先进文明成果、推动新发展的时机，埋下了落后挨打的隐患。反观当代国家的发展，我们需要以史为鉴，充分把握国情，准确认识世界形势，在全球发展中把握国家的发展，坚持全球化视野，在全球合作中实现国家发展。

【设计意图】借助材料，进一步深化对盛世危机原因的认识。将历史与现实相结合，在全球变局中审视盛世危机，树立全球意识和开放的国际视野，增强忧患意识，更加关注国家命运和发展，培养学生的家国情怀。

【课堂小结】徐伟新、刘德福在《落日的辉煌——17、18世纪全球变局中的"康乾盛世"》中说："落日虽然辉煌，跟踵而来却是长夜无歌。在走向现代化的今天，反省我们民族的这段历史，最要紧的，是获得一份警醒、一份自觉：对当前以及未来世界历史大变动、大发展、大转折要有清醒的认识，对我们的国情、长短及走向要有充分的把握，要以更大的胸怀面对世界、走向世界。"

五、教学评价分析系统

（一）学业质量水平划分

水平1：在叙述内阁和军机处等内容时，能够运用恰当的表达方式，了解明清制度变化的历程。通过了解军机处、奏折制度在国家治理方面的积极意义，认识高度集权的君主专制对社会发展的进步性。通过了解文字狱、人口压力、世界形势巨变等史实，认识高度集权的君主专制成为社会发展的障碍。通过对康乾盛世社会的发展和统治危机的了解，能够表现出对明清社会发展的认同和对盛世危机的忧患意识。（时空观念、历史解释、史料实证、家国情怀）

水平2：能够利用时间轴，描述明清政治制度的变化。能够运用康乾盛世、军机处、奏折制度、文字狱、人口压力、世界形势巨变等史实对高度集权的君主专制做出自己的解释。能够通过纵向比较，认识康乾盛世是中国传统社会发展的顶峰；通过横向比较，认识到明清时期已经逐步落后于世界潮流，形成正确的国家观、历史观。（时空观念、史料实证、历史解释、家国情怀）

水平3：能够把握好相关史事的时空联系，并能够用历史学科术语对较长时段的史事加以概括和说明，认识到制度变化的实质是由君臣共治走向君主独治。能够运用康乾盛世、军机处、奏折制度、明清统治时期的危机等相关史料作为证据论证高度集权的君主专制制度对社会发展的双重作用，形成更全面、更丰富的知识体系。能够理性看待明清统治与世界形势的巨变，形成正确的国家观、世界观、价值观和历史观。（时空观念、史料实证、唯物史观、历史解释、家国情怀）

水平4：能够以唯物史观为指导，尽可能在占有史料的基础上，恰当地运用史料和所学知识，将本课时的教学主题置于17、18世纪全球变局的时空框架中进行对比分析及全面论述。能够在全球变局的时空中，表现出对盛世危机的反思，认识国家发展与世界发展之间的关系，将历史与现实相结合，增强忧患意识，加强对国家命运和发展的关注。（唯物史观、时空观念、史料实证、历史解释、家国情怀）

（二）学业质量水平测试

阅读材料，回答下列问题。

材料一　因中国是一个大国，求便于统一，故不得不保留一举国共戴的政治领袖即皇帝。又因无法运用民意来公选，因此皇位不得不世袭。要避免世袭皇帝之弊害，最好是采用虚君制，由一个副皇帝即宰相来代替皇帝负实际的职务及责任。明清两代则由皇帝来亲任宰相之职，只不负不称职之责。政府与皇室划分，此直至清代皆然……宰相负一切政治上最高而综合的职任……对于皇帝之谏诤责任及最高命令之覆审与驳正权，交付与给事中与谏官。此两官职，唐代隶属于宰相，宋以后至明渐成独立机关，清代则废止不复设。

材料二　中国传统政治，论其主要用意，可说全从政治的职分上着眼，因此第一注重的是选贤与能，第二注重的是设官分职……选拔人才的责任，自汉至唐之辟举，交付与各级行政首长自行择用其属员。考试权交付与礼部、吏部，宋代以后则专在礼部。考课成绩升黜官吏权则交与吏部。监察弹劾权交付与特设的独立机关。唐代有御史台，下至明代有都察院。职权既定，分层负责，下级官各有独立地位，几乎政府中许多重要职权都分配在下级，而由上级官综其成，宰相则总百官之成。

——以上材料均摘编自钱穆《国史新论》

根据上述材料并结合所学知识，概括中国传统政治的主要特点，并简要评析中国传统政治。

【评价说明】

答题思路	学业质量水平描述
能够紧扣材料，将逐句概括与整体概括相结合，重视材料叙述中的制度演变过程。材料一反映出中国传统政治的两大特点，即以皇帝为政治领袖和核心；皇权专制不断加强，明清走向顶峰。材料二反映出官僚职权划分较为明确、分层负责，是中央集权的表现；注重选贤与能；突出对官吏的考核与监察等。 能够从辩证的角度评析中国传统政治。	1-1　能够理解唯物史观是科学的历史观。 1-3　能够在解答某一历史问题时，尝试从多种渠道获取与其有关的材料；能够从所获得的史料中提取有关的信息。 4-4　能够在正确的历史观和方法论的指导下，全面、客观地论述历史和现实问题。

参考答案

主要特点：以皇帝为政治领袖和核心；皇权专制不断加强，明清走向顶峰；官僚职权划分较为明确、分层负责，是中央集权的表现；注重选贤与能；突出对官吏的考核与监察；等等。评析：中国传统政治适应了大一统的需要，在一定程度上推动了经济的发展，维护了社会的稳定，但是其专制性不利于社会进步，阻滞了中国迈向近代化的步伐。

刘玲玉　广州市增城区荔城中学

课时教学设计2

天下国家到疆域国家：从边疆治理与版图奠定视角看近代前夜的盛世与危机

一、教学内容分析系统：课时教学主题的提炼

（一）提出的依据

1. 课标依据

新课标对本课时的课程内容要求是：通过了解明清时期统一全国和经略边疆的相关举措，知道南海诸岛、台湾及其包括钓鱼岛在内的附属岛屿是中国版图一部分，认识这一时期统一多民族国家版图奠定的重要意义。

从新课标的课程内容要求看，本课时的学习要点是认识明清统一多民族封建国家版图奠定的重要意义，需要重点把握明清政府统一全国和经略边疆的具体举措，讲清中国版图的范围，从而树立学生的国家版图意识。从单元主题来看，明清版图奠定是在近代前夜的盛世与危机的大背景下进行的，要厘清明清版图奠定与社会面临的危机这二者之间的关系，把国家对边疆的关注和经略放到整个世界变化的大背景中去。

因此，在教学设计中既要从明清统一多民族封建国家版图奠定角度出发，分析版图奠定的依据和历史意义，又要突出近代前夜的盛世与危机的时代背景。

2. 教材依据

与新课标的课程内容要求相对应的内容分布在教材第12课《从明朝建立到清军入关》和第13课《清朝前中期的鼎盛与危机》。这两课简要列举了明朝政府与蒙古鞑靼、瓦剌之间的和与战，对西藏地区的管理，与东北地区女真族的关系，明朝戚继光抗击倭寇，欧洲殖民者在中国沿海的活动，清朝郑成功收复台湾，平定准噶尔部和大、小和卓叛乱，对西藏地区的管辖，与沙俄签订《尼布楚条约》，清朝中期的疆域奠定等统一全国和经略边疆的史实。这两课涉及内陆边疆和海疆，涵盖对内的民族关系和对外的国家关系。针对知识点零碎且繁杂的问题，需要明晰各举措间的内在联系，厘清版图奠定的发展过程。

明清时期是统一多民族国家形成和发展过程中的关键环节。中国经历了秦汉统一多民族封建国家的建立与巩固、三国两晋南北朝的民族交融、隋唐统一多民族封建国家的发展、辽宋夏金多民族政权的并立、元朝的统一等阶段至明清，统一多民族封建国家最终发展到一个全新的阶段。明清政府继承了历代王朝的统治理念、统治范围、统治方式，并根据时代需求进行创新，逐步实现了对统治区域的有效管辖，与外部的边界逐渐清晰，最终奠定了统一多民族封建国家的版图，

为晚清维护中国领土主权提供了依据。

明清时期统一多民族封建国家版图的奠定是有其世界背景的。随着新航路的开辟，全球联系的初步建立，西欧各国纷纷走上早期殖民掠夺的道路，中国也受到了冲击。这就促使中国加强对边疆的管辖，并与周边国家划定明确的边界，最终推动国家版图的奠定。于逢春认为，无论是沙俄，还是西方列强，皆是清朝以前中国历代王朝从未经历过的强劲敌手，在此情况下，外来的欧洲式的领土、主权与国际法的概念，即作为各国相互关系准则的对领土、主权与国际法的界定，帮助清朝确立了中国领土管辖范围的明确界限。

3. 学术依据

张海鹏在《统编高中历史教科书的学科体系和学术体系——适应和掌握统编高中历史教材〈中外历史纲要（上）〉的意见》中指出："教材十分注重加强国防和海洋权益教育，以史实为依据，讲述了新疆、西藏、台湾及附属岛屿、钓鱼岛、南海诸岛等作为我国领土不可分割的一部分的历史渊源。"在民族关系方面，强调"通过学习，引导学生形成对中华民族的认同感和正确的民族观，树立中华民族自立于世界民族之林的自信心和自豪感，铸牢中华民族共同体意识。"

李怀印在《中国是怎样成为现代国家的？——国家转型的宏观历史解读》一文中指出，19世纪以前的清朝跟世界历史上的任何其他政治体系皆不相同，清朝以前的以汉人为主体、以对华夏文明的认同为基础、边界模糊的原初型族群国家，过渡为一个多族群的、边界日趋清晰和固定的疆域国家。它拥有固定的边界和稳定的版图，拥有一支形制完备的常备军，拥有一个高度集权的科层化的行政体制。

历史学术界基本认同明清时期是中国版图奠定的完成时期，其中李大龙、于逢春、段红玉等学者进一步指出，明清处于从王朝传统疆域向近现代主权国家疆域的转型时期。其主要表现在以下两个方面。

第一，明清两朝在民族关系和边疆治理方面的举措存在继承关系，但又有本质的不同。李大龙在《有关中国疆域形成理论研究的几个问题》中，从统治范围、统治方式和统治理念等角度将明清两朝进行了对比，认为明朝依旧是传统"中国"范围内的"一统"，对边疆的统治方式具有更多的羁縻色彩。而清朝在统治范围上集历代王朝疆域之大成，并实现了更大范围内的大一统，在统治方式、统治理念等诸多方面也都有了进一步的发展，尤其是开始以"中国"的身份参与国际事务，这对古代中国疆域的形成起到了决定性的作用。

第二，清政府加强了对边疆的管辖，同时其疆域和领土主权得到了国际认可。到清代中期，中国古代疆域最终确立。李大龙在《中国疆域形成和发展的分期与特点》中指出，王朝传统疆域向近现代主权国家疆域转化呈现出以下特征：首先，中国疆域内部各地区的界限日益模糊，边疆内地化特征日益明显，边疆与内地的关系更加密切，融为一体的趋势日益加强。其次，中国疆域的外缘由于一系列条约的签订呈现逐渐明晰的状态，有了近现代国家疆域的雏形。同时，周边藩属国逐渐游离于中国疆域形成的轨道，边界也逐步清晰。于逢春在《论中国疆域最终奠定的时空坐标》中指出，1820年是中国疆域最终奠定的时间，其依据是1820年的《嘉庆重修大清一统志》及所附的《皇舆全图》，这体现了清朝统治者对领土、边界、主权与边民所具有的清晰界定与认知理念，还附着沙俄与西方列强对清朝领土主权的国际认可。日本学者王柯在《从"天下"国家到民族国家：历史中国的认知与实践》一书中认为，中国的多民族统一国家思想与中国人对世界的认识有关。在古代中国人的世界观里，中国是一个以自己为中心的天下国家，而到了近代，随着民族国家的兴起，近代中国人的世界观得到了重塑。因此，从“天下”国家到民族国家，反映了中国人世界观的转变，同时也影响了历代中原王朝对周边少数民族及其他国家的态度和做法。

根据学者们的研究可知，明清时期处于一个由传统王朝向近现代主权国家转型的时期。从中央政府统一全国、经略边疆的各项举措来看，近代国家的领土意识逐渐增强。

（二）课时教学主题

明清时期统一全国和经略边疆的各项举措体现出这一时期逐渐超越了固有的“天下观”，对领土、边界、主权等概念有了更清晰的界定与认知，现代中国的版图逐渐定型。从民族关系看，中央对边疆地区管理力度空前加大，以直接、有效管辖取代了历代松散的羁縻政策，各民族最终交融于统一政权的管理之下。从与外部国家的关系看，清政府通过多种方式确立了中国疆域的明确界限，并得到了其他国家的认可，但是明清时期对外关系并未跳出宗藩体系的窠臼。因此，确定本课时的教学主题为“天下国家到疆域国家：从边疆治理与版图奠定视角看近代前夜的盛世与危机”。

二、学情分析系统：初中与高中教学衔接分析

<table>
<tr><th rowspan="2">比较项目</th><th colspan="2">初中课标</th><th rowspan="2">高中课标</th></tr>
<tr><th>2011年版课标</th><th>2022年版课标</th></tr>
<tr><td>课标中的课程内容要求</td><td>7. 明清时期（至鸦片战争前）
了解郑和下西洋的航海壮举；知道戚继光的抗倭斗争。
了解郑成功收复台湾和清朝在台湾的建制；知道册封达赖和班禅与设置驻藏大臣；知道西北边疆的巩固。认识台湾、西藏、新疆是中国不可分割的一部分。</td><td>1.7 明清时期（至鸦片战争前）
通过郑和下西洋、戚继光抗倭等史事，了解明朝的对外关系；通过了解郑成功收复台湾、清朝在台湾的建制、册封达赖和班禅以及设置驻藏大臣等中央政权在边疆地区的各种举措，认识西藏地区、新疆地区、南海诸岛、台湾及其包括钓鱼岛在内的附属岛屿是中国的版图，理解统一多民族国家版图奠定的重要意义。</td><td>1.6 明至清中叶中国版图的奠定、封建专制的发展与社会变动
通过了解明清时期统一全国和经略边疆的相关举措，知道南海诸岛、台湾及其包括钓鱼岛在内的附属岛屿是中国版图一部分，认识这一时期统一多民族国家版图奠定的重要意义。</td></tr>
</table>

比较项目	初中教材	高中教材
部分教材课时设置	《义务教育教科书　中国历史　七年级　下册》 第三单元　明清时期（至鸦片战争前）：统一多民族封建国家的巩固与发展 第16课　明朝的对外关系 第17课　明朝的灭亡和清朝的建立 第18课　清朝的边疆治理 第19课　清朝君主专制的强化	《普通高中教科书　历史　必修　中外历史纲要（上）》 第四单元　明清中国版图的奠定与面临的挑战 第12课　从明朝建立到清军入关 第13课　清朝前中期的鼎盛与危机

从教材内容来看，学生在初中阶段已经学习了明清巩固和发展统一多民族封建国家的基本史实，但并未建立史实间的逻辑关系，对巩固和发展统一多民族封建国家意义的认识有限，难以联系起中外史实构建明清时期的民族政策和边疆管理制度的时代大背景。高中阶段应在已有知识的

基础上，围绕本课时的教学主题，以史料为载体，通过一系列历史问题的设计与解决，着重培养学生的历史思维能力，锻炼学生的历史思辨能力，树立学生的国家版图意识，增强学生的国家主权意识。

从新课标的内容要求来看，针对“明清时期统一全国和经略边疆”这一知识点，2011年版初中课标侧重学生对必备知识的掌握。而高中课标则有两个要点：第一，理解明清政府的举措，理解各举措间的关系以及这些举措如何推动明清版图的奠定，在此基础上认识明清统一多民族封建国家版图奠定的重要意义。第二，对单元目标进行整体把握，理解明清版图奠定、明清中国社会的变化和面临的危机这二者之间的逻辑联系，从边疆治理与版图奠定视角把握明清的阶段特征。

2022年版初中课标明确指出学生要掌握的必备知识，这一点与2011年版初中课标相同。但2022年版初中课标进一步要求学生通过认识基本史实能够“了解明朝的对外关系”和“理解统一多民族封建国家版图奠定的重要意义”，与高中课标内容接近，有利于知识学习的衔接。所以，高一教学需要重点强化对明清统一多民族封建国家版图奠定重要意义的理解，再从边疆治理与版图奠定视角把握明清时期的阶段特征。

三、教学目标分析系统：课时核心目标及其分解

（一）课时核心目标

学生通过梳理明清时期中央政府对边疆地区治理的不同举措，认识明清时期在民族关系和边疆管理制度上的继承与发展，理解统一多民族封建国家版图奠定的历史依据，从而更好地理解统一多民族封建国家版图的奠定体现了从天下国家到疆域国家的转变，增强学生的国家版图意识。

学生通过本课时的学习，理解明清时期的民族政策和边疆管理制度对边疆经济开发、文化交流发展、民族交融、巩固统一多民族封建国家的积极影响，理解明清时期是中国古代的最后一个盛世。与此同时，拓宽视野，从全球史的角度分析新航路开辟和西欧各国殖民扩张对明清统一多民族封建国家的影响，认识明清时期所面临的外部挑战，从而理解明清时期是一个盛世与危机并存的时代。

（二）课时目标分解

1. 必备知识

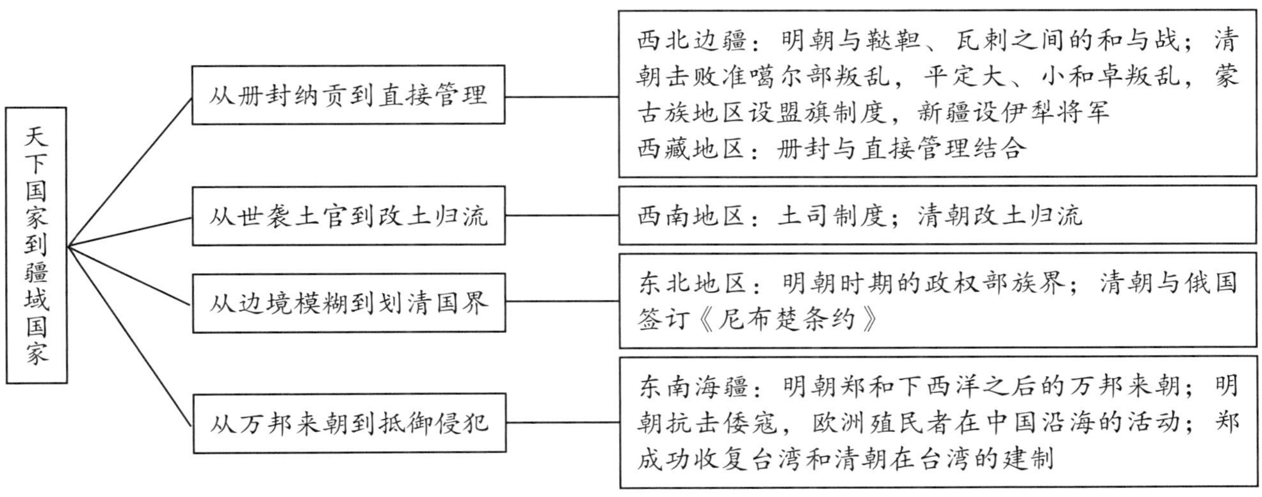

2. 关键能力

（1）获取历史信息能力：能够对比明朝形势图和清朝疆域图，了解明清时期疆域的范围和边境形态变化。能够通过明清边疆治理的相关材料，了解明清时期统一全国和经略边疆的举措。

（2）逻辑思维能力：能够通过比较西南地区的土官与流官，概括中央政府对西南民族地区管理思路的变化，分析改土归流对明清中国版图奠定的影响。能够通过比较明朝形势图和清朝疆域图，概括明清边境线的变化并分析其原因。

（3）历史探究能力：能够认识明清在民族关系和边疆管理制度上的继承与发展，在此基础上探究统一多民族封建国家版图奠定的历史依据，深入理解统一多民族封建国家版图的奠定体现了从天下国家到疆域国家的转变。

3. 核心价值

（1）通过本课时的学习，能够认识到明清时期对边疆地区的治理为统一多民族封建国家的发展与巩固做出了巨大贡献，认识到统一多民族国家的发展是中华民族发展的主流和必然趋势，形成对祖国、对中华民族的认同感和正确的国家观、民族观，增强民族自信心和凝聚力。

（2）通过本课时的学习，能够认识到明清时期的版图奠定是当代中国版图的历史依据和法理依据，认识到南海诸岛、台湾及其包括钓鱼岛在内的附属岛屿是中国版图的一部分，增强版图意识、国家主权意识、海洋意识和国防意识，坚决维护国家主权和领土完整。

四、教学过程分析系统

课时教学设计2　天下国家到疆域国家：从边疆治理与版图奠定视角看近代前夜的盛世与危机

【导入环节】通过呈现材料，导入本课时。

【材料呈现】

内容	概况
康熙《皇舆全览图》	实地测绘前后进行十年，实测经纬度值的地点有六百三十余处，实测范围东北至黑龙江入海口，东南至台湾，南至海南岛，西北至哈密地区，西南到雅鲁藏布江上游。
雍正《皇舆全览图》	以康熙图为基础，根据建置情况进行修订增绘，尤其根据贵州改土归流的进展填补了这一内容的空白。
乾隆《内府舆图》	除新疆地区进行实地测绘和对西藏、黄河源、打箭炉（今四川康定）以西地区进行了复查，中国其余地区以康熙图为基础进行修订。

【教师分析】清朝前中期是疆域国家的形成时期。笼统而模糊的“天下”认知已不能满足统治者的需求，他们渴望对疆域有更加全面、准确的认识。受中俄边境冲突、改土归流等因素的推动，康熙、雍正、乾隆三位统治者持续开展了大规模舆地测绘，形成了三大舆图集。三大舆图是统治者疆域观发生变化的体现，也是清朝疆域范围逐渐明确的反映。

【设计意图】地图既是地理状况和地理观念的反映，也是政权建构和法权意识的表达。通过介绍清初舆图，让学生意识到清朝前中期在边疆治理与版图奠定上发生的重大变化，并产生深入探究的兴趣。

【任务一】从册封纳贡到直接管理：对比明清民族政策的变化。

【关键问题】明清两朝中央政府处理与北部及西北边疆少数民族关系的方式有何不同？这种变化体现了怎样的本质？

【教师讲述】阅读教材第74页《明朝形势图（1433年）》可以发现，在明朝的北部及西北边疆地区，还存在着少数民族政权瓦剌、鞑靼和亦力把里。明朝为了防御它们，重新修筑了长城。即便这样，到了明朝中期，瓦剌和鞑靼还是对明朝的北部边防产生巨大威胁，并两次突破长城深入内地，瓦剌甚至还在一次战役中俘虏了明英宗。由此可见，明朝北边的少数民族依然保持着相当的实力，而明朝中期以后并没有足够的国力去消灭鞑靼、瓦剌。

【问题设计】历史上的中原王朝采用哪些举措来处理与周边少数民族的关系？明朝与瓦剌、鞑靼之间实力各有消长，最后采取了什么样的方式处理与它们的关系呢？阅读教材第77—78页，概括清朝处理与蒙古族地区之间的关系采取的具体措施。对比明清处理与蒙古族地区及西北地区关系的不同方式。

【教师分析】中原王朝依据自身实力采取多种方式处理与周边少数民族的关系，并依据双方的实力变化进行调整。明朝与北部边疆地区的少数民族有战有和，最后通过采取册封的方式承认对方，形成一种契约关系。清政府通过战争平定了西北边疆地区的叛乱。在此基础上，除了任命当地上层辅助统治，还设立行政管理机构，从而将北部及西北边疆的少数民族纳入中央王朝的有效统治之下，边疆也日益中原化。

【设计意图】通过对比明清时期中央政府处理北部及西北边疆少数民族关系的方式，分析其处理方式的差异，认识到从册封纳贡到直接管理的变化，体现了中央王朝在处理与边疆少数民族关系的过程中，管辖意识明显增强，管辖程度明显提高。

【任务二】从世袭土官到改土归流：分析边疆统治方式的转变。

【关键问题】明清政府对西南地区的统治方式有何重大改革？对统一多民族封建国家的巩固与发展有何意义？

【材料呈现】

材料一　长期以来，中原王朝在西南各民族聚居区实行土司制度。土司又称土官，指由当地民族首领世袭担任的宣慰使、知府、知州等职务。虽然土司承袭在形式上必须经过中央批准，并承担缴纳赋税、出兵助战等义务，但还是具有一定的割据性。自雍正时起，清政府在西南大规模推行“改土归流”政策，逐步取消土司世袭制度，任命有任期、可调动的流官，随之进行清查户口、丈量土地、核实赋税等工作。改土归流，强化了清政府对西南地方各民族的管理，推动了当地的经济发展和社会进步。

——人民教育出版社《普通高中教科书　历史　必修　中外历史纲要（上）》

【问题设计】土官与流官有何区别？从世袭土官到改土归流，反映了中央政府对西南民族地区的统治方式发生了怎样的变化，带来了哪些影响？

【教师分析】土司制度是一种间接的治理方式，具有一定的割据性。采用流官之后，实现了中央政府对西南民族地区的直接管理。从世袭土官制度到改土归流的流官制度，在统治方式上反映了从传统天下国家到近代疆域国家的转变。

【设计意图】利用教材中的现有材料进行设问，引导学生认识土司制度是对民族地区实行间接统治的方式，认识改土归流进一步实现了中央政府对西南地区的直接统治，理解从传统天下国家到近代疆域国家的转变。

【任务三】从边境模糊到划清国界：观察明清领土边界的变动。

【关键问题】明清的领土边界发生了怎样的变动？传统习惯界线和国际法意义的条约边界线有何不同？

【问题设计】阅读教材第74页《明朝形势图（1433年）》和第79页《清朝疆域图（1820年）》，说说明清两朝的北部边境线有何不同。这说明了什么？

【教师分析】在明朝形势图中，除了明朝的中央政权，北部还存在三个部族政权，分别是鞑靼、瓦剌、亦力把里，明朝与他们之间存在政权部族界。从政权部族界来看，明朝与鞑靼、瓦剌之间的边界与长城的位置大致相同，鞑靼与瓦剌两大集团没有明确界限，且瓦剌、亦力把里的北部政权部族界基本是直的。游牧民族流动性较强，且其活动区域地形较为平坦，因此并未有明确的划界，而是一种相对模糊的处理方式。在清朝疆域图中，清政府将蒙古地区纳入了版图，还设立了乌里雅苏台将军进行管理，政权部族界消失了，清朝在北部的边境也显得曲折，这说明清朝时期的边境已经逐渐明确。

清朝时，沙俄势力侵入黑龙江流域。康熙帝统治时期，清军围攻侵占雅克萨的俄军，中俄签订《尼布楚条约》，用法律形式确定边界线，清朝领土主权获得国际认可。条约规定以额尔古纳河、格尔必齐河、外兴安岭一线作为中俄两国的东段边界线，临海的乌第河与外兴安岭之间地区暂有待争议。清朝疆域图反映了《尼布楚条约》的划界情况，进一步反映了此时已经具备比较明显的领土意识和主权意识，边界线逐渐清晰。

【设计意图】通过对比明朝形势图与清朝疆域图的边境线，结合所学的历史、地理等知识，学生可以比较直观地看出明朝的边境范围还比较模糊，特别是北部边境的范围模糊。到了清朝，北部边境比较明确，东北地区还和俄国签订了边界条约，用法律的形式明确了国界。从边境模糊到划清国界，这体现出从传统天下国家到近代疆域国家的转变。

【任务四】从万邦来朝到抵御侵犯：探究明清国家观念的演变。

【关键问题】明清两朝的国家观念发生了怎样的变化？

【材料呈现】

材料二　自古为天下主者，视天地所覆载，日月所照临，若远若近，生人之类，莫不欲其安土而乐生。然必中国安，而后四方万国顺附。

——［清］张廷玉等《明史》

问题1：根据材料二和教材第72页《郑和航海路线图》，分析明朝在处理对外关系上所采取的思路。

问题2：依据教材第73页、第77页，梳理欧洲殖民者对中国沿海地区进行侵扰活动的相关史实，并分析其带来的深层冲击。

【教师分析】从材料二可以看出，明太祖朱元璋认为皇帝是天下之主，在对外关系上，应该做到平等对待，吸引四方来附。郑和下西洋正是在这种天下共主观念之下进行的，展现了统治者以中国为中心的天下国家观。中国历代统治者以“天下中国”的观念来处理对外关系，但这种天下观在明朝中期以后开始受到来自西方殖民者的挑战。到了清朝中后期，随着中外之间的交往频繁与冲突的增加，原有的朝贡体制逐步瓦解，传统中国的天下观也终将瓦解。

【设计意图】通过对史料及地图的分析，让学生认识到随着世界各国力量对比的变化，西方殖民者的不断侵扰，明清统治者固守的朝贡体制受到一次次冲击，万邦来朝的天下观逐渐崩溃。这种变化正体现了中国从传统的天下国家向近代疆域国家转变。

【教师分析】明清时期是一个从天下国家向疆域国家转变的时期，在民族关系方面，从册封纳贡变为直接管理，这主要体现在对北部及西北边疆的治理上，西藏地区则是将册封与直接管理相结合；从世袭土官到改土归流，从间接管理变为直接管理。在对外关系方面，明清时期从边境模糊到划清国界，近代国家的领土主权意识开始出现；从万邦来朝到抵御侵犯，原有的朝贡体制逐步瓦解，中国传统的天下观也逐渐崩溃。这些边疆治理举措从不同侧面反映了明清时期从传统天下国家到近代疆域国家的转变，促使现代中国版图逐渐定型。与此同时，我们也要清醒地认识到，在明清国家转型的同时，外部世界正在发生着天翻地覆的变化，中西的差距开始显现并被不断拉大，一场新的危机已露出端倪。

五、教学评价分析系统

（一）学业质量水平划分

水平1：能够通过明朝形势图、清朝疆域图和其他文献史料，了解明清时期统一全国和经略边疆的相关举措及作用。（时空观念、史料实证）

水平2：在唯物史观指导下，能够将史事定位在特定的时间和空间框架下，运用史料作为证据论证自己的观点，认识明清边疆管理制度的发展，及其对统一多民族国家版图奠定的作用。（唯物史观、时空观念、史料实证）

水平3：能够把握史事的时空联系，利用不同类型史料对所探究的问题进行描述、概括及说明。如通过对比明朝形势图和清朝疆域图中的相关信息，结合所学知识论证明清边疆管理制度的继承性和发展性，从而理解明清时期是如何逐渐奠定现代中国版图的。能够将明清时期统一多民族国家的形成置于全球化和近代化的大环境之中，认识明清时期所面临的外部挑战。（时空观念、史料实证、历史解释）

水平4：能够对明清统一多民族封建国家版图奠定的依据及历史意义进行论述，深入理解从天下国家到疆域国家的转变过程，从而树立民族自信，增强版图意识。能够从边疆治理与版图奠定视角理解明清时期是一个盛世与危机并存的时代。（历史解释、家国情怀）

（二）学业质量水平测试

阅读材料，回答下列问题。

材料　清朝建立对全国的统治后，在总结历代王朝经验的基础上，结合边疆地区的特殊问题，逐渐形成了比较灵活的治理政策。理藩院是清朝管理边疆民族的中央机构，“掌外藩之政令，制其爵禄，定其朝会，正其刑罚”，“控驭抚绥，以固邦翰”。清朝还在边疆地区设置了将军、都统、大臣等大批军政官员，严格按照皇帝的意志治理边疆。清朝对边疆少数民族上层采取了一系列重要的笼络羁縻政策，并使之逐渐规范化、制度化。“修其教不易其俗，齐其政不易其宜。”清廷对外藩王公上层还给予优厚的俸禄和赏赐。其中功劳特大者还封以双亲王，食双禄。清前期实行这种高官厚禄政策，对当时加强外藩王公上层对清廷的向心力，维持边疆地区的稳定产生了重要的作用。

——摘编自张玉阳《清朝前期对新疆地区的治理措施及其特点》

（1）根据材料，概括清朝前期对边疆地区治理的措施。

（2）根据材料并结合所学知识，简析清朝前期对边疆地区治理的意义。

【评价说明】

题号	答题思路	学业质量水平描述
（1）	能够依据材料“理藩院是清朝管理边疆民族的中央机构”“清朝还在边疆地区设置了将军、都统、大臣等大批军政官员”，归纳得出“设立专门的中央和地方管理机构”；能够依据材料“清朝对边疆少数民族上层采取了一系列重要的笼络羁縻政策”，归纳得出“因俗而治，因地制宜”；能够依据材料“清廷对外藩王公上层还给予优厚的俸禄和赏赐”，归纳得出“笼络各民族的上层分子”。	1–3　能够从所获得的史料中提取有关的信息。 2–4　能够选择、组织和运用相关材料并使用相关历史术语，对具体史事做出解释。
（2）	能够依据材料“严格按照皇帝的意志治理边疆”分析得出“加强了中央政府对边疆地区的管理，维护了多民族国家的统一”。在此基础上，结合统一多民族国家的巩固意义可以得出促进了中华民族大家庭的发展。 能够依据材料“维持边疆地区的稳定产生了重要的作用”分析得出“有利于边疆地区的稳定和发展”。在此基础上，结合清朝边疆治理的历史意义得出奠定了现代中国版图的基础，为后来的边疆治理提供了借鉴。	1–3　能够从所获得的史料中提取有关的信息。 3–5　能够把握中华民族多元一体的发展趋势，以及世界历史发展的进步历程。

参考答案

（1）措施：设立专门的中央和地方管理机构；对边疆少数民族上层采取了一系列重要的笼络羁縻政策，因俗而治，因地制宜；笼络各民族的上层分子。

（2）意义：政治上，加强了中央政府对边疆地区的管理，维护了多民族国家的统一，奠定了现代中国版图的基础，为后来的边疆治理提供了借鉴；经济上，对维持边疆地区的稳定产生了重要的作用；文化上，促进了文化交流。

安　玲　岭南师范学院附属中学

课时教学设计 3

数量优势到质量劣势：从经济与文化角度看近代前夜的盛世与危机

一、教学内容分析系统：课时教学主题的提炼

（一）提出的依据

1. 课标依据

新课标对本课时的课程内容要求是：了解明清时期社会经济、思想文化的重要变化；通过了解世界的变化对中国的影响，认识中国社会面临的危机。

首先，新课标对时空范畴及领域做了明确的要求，即明清时期中国的社会经济与思想文化。其次，新课标重视中外关联，将此时中国的变化置于世界的变化发展之中，重视二者间的逻辑关系及相似之处，体现知识学习的整体性。因此，本课时的教学要突出明清时期社会经济与思想文化中符合世界发展趋势的内容，理解此时中国存在诸多明显的转型因素。再次，新课标关注到这一时期社会发展背后的时代危机。明清时期的社会变化在一定程度上对原有的格局与秩序产生影响，如商业发展的要求与重农抑商政策的冲突，反对传统思想与宋明理学的冲突……由于封建制度的束缚，中国社会转型进程受阻，落后于世界发展潮流，直至近代被动挨打，这是当时中国社会面临的最大危机。综上所述，明清时期是中国盛世发生变化与社会危机并存的时代。通过对明清时期的发展变化与危机的时空审视、辩证分析，增强学生的忧患意识、主权意识，树立学生的民族观。

2. 教材依据

单元导语指出明清两朝在经济文化方面有了新发展，同一时期世界形势也发生了巨变，世界开始进入资本主义社会。而中国由于传统体制的束缚，落后于世界发展潮流，阻滞了明清向近代社会转型。从本课时的教学内容来看，教材第14课《明至清中叶的经济与文化》第一个子目“社会经济的发展与局限”概括了明清时期农业、手工业及商业的重要变化，并通过辅助材料理解相关变化的特点。随着社会经济的发展，人们的思想越来越活跃，出现了新的思想和认识，由此进入第二部分。第二个子目“思想领域的变化”介绍了明清时期儒家思想的新发展。正文用简短的篇幅介绍了明清时期思想界出现的提倡个性自由、反对专制倾向的进步思想。同时，商品经济的发展，壮大了市民阶层的力量，这一群体对社会生活需求的改变，促使文学戏曲等方面也出现了新变化，即第三、第四部分文学戏曲及科技的变化与发展。教材运用马克思主义唯物史观的基本

原理，以社会经济发展作为历史认识出发点，突出经济发展的决定性作用。此外，本课时通过教材中的辅助材料介绍当时政府与士大夫阶层对各方面变化的态度与做法，有助于分析中国落后于时代潮流的原因。

从教材内容联系的角度出发，教材第14课的内容与第15课《两次鸦片战争》存在因果关系。由于明清时期中国落后于世界发展潮流，在东西方文明碰撞时，中国被列强敲开了国门，逐步沦为半殖民地半封建社会。此外，教材第14课的内容与教材下册第7课《全球联系的初步建立与世界格局的演变》也有着历史关联。下册第7课介绍了新航路开辟对世界物品交换与商品的世界性流动的重大影响。教材第14课的内容对理解新航路开辟的世界性影响也有一定帮助。

3. 学术依据

由徐蓝、朱汉国主编的《普通高中历史课程标准（2017年版2020年修订）解读》一书中指出，"明清时期的中国出现了许多重大的社会变化，特别是16世纪以来的变化，在许多方面一直影响到了现代社会"，"这些变化是与这一时期的世界变化同步的，甚至是后者的组成部分。这不是简单地强调新航路开辟、西方殖民势力东来这样一个背景，不是简单地把这样一个世界背景当成明清社会变化的动因，而是要讲中国发生的变化和世界其他地区变化的共同点，讲它们是一个整体"，"剧烈的变化必然对原有的格局和秩序形成挑战……所以变化和危机或挑战是相伴相生的"。

在明清时期社会经济研究方面，学者们认为明清时期的中国在某种程度上已逐渐与世界接轨，并存在转型迹象。万明在《晚明社会变迁：问题与研究》一书中指出，晚明社会向多元的社会结构转变，与世界接轨，向近代社会转型。赵轶峰在《明清帝制农商社会研究：初编》一书中，从多角度、全方位地实证了明清社会的主要四个变化——世界格局的变化、经济结构的变化、社会结构的变化、思想文化的变化，并认为这些社会变动与欧洲的变动有着相关性、相似性及差异性。李伯重的《江南的早期工业化（1550—1850）》，从生产力与生产关系的基本原理入手，对江南地区的早期工业化问题进行探讨，对其工业化的发展特点进行归纳。

在明清时期思想文化研究方面，多数学者认为明清之际出现了一股社会批判思潮，这与中国局部的地区经济发展状况是相适应的，属于早期启蒙文化范畴。冯天瑜的《明清文化史散论》对明清文化史概念进行了具体的界定，认为明朝文化的主要内容从程朱理学转向阳明心学，有反传统的意味及创新精神，但也有"空疏"之缺；清朝文化则走向实学，注重考据，但缺乏创造力。陈宝良在《明代社会转型与文化变迁》中介绍了明代社会文化发生的重大转折、经济结构出现的转向、政治结构及政治氛围发生的变化及思想文化多样性、平民化与世俗化的发展趋势。

学者们的研究成果对确立本课时的教学主题及本课时的重难点有重要参考价值。根据学者们的研究及本课时的相关内容，本课时的教学突出明清时期社会发展的特点，让学生认识理解这一时期在经济、思想、文化方面的发展变化和趋势。同时利用丰富的史料研习，让学生探究社会危机的实质和无法实现社会转型的原因，针对国家的发展问题给予学生一些启示。

（二）课时教学主题

明清时期的中国农耕文明继续发展，社会经济出现了许多新特点，如农业生产专业化、手工业领域出现新经济形态、商业领域的白银货币化等；思想领域出现了陆王心学及反专制思想的思想家，他们反对宋明理学，提出新主张；文化领域出现了大量世俗小说作品，形成了多种艺术形式；科技领域上涌现出大量的科技著作，西方科技知识在中国不断传播。这些特点说明明清时期的中国存在社会转型迹象，即“数量优势”。在繁荣背后，此时中国社会也存在诸多隐患：小农经济阻碍了新经济因素的发展；传统理学思想严重束缚思想的进步；科技文化的发展总体上仍属于传统模式范畴，西方知识的传播与影响十分有限……这些隐患成为明清社会发展的“质量劣势”。在世界资本主义发展潮流中，这些隐患导致中国开始落后于世界大势。据此，本课时的教学主题确定为“数量优势到质量劣势：从经济与文化角度看近代前夜的盛世与危机”。

二、学情分析系统：初中与高中教学衔接分析

比较项目	初中课标		高中课标
	2011年版课标	2022年版课标	
课标中的课程内容要求	7. 明清时期（至鸦片战争前） 知道《本草纲目》《天工开物》《农政全书》等名著，了解明代科技的成就及影响。 通过清朝经济发展和人口增长的事实，了解清朝前期的兴盛。 以《红楼梦》和京剧为例，了解清代文学艺术的成就和特色。 通过清代中期以来的腐败现象和闭关锁国政策，了解中国开始落后于世界发展潮流。	1.7　明清时期（至鸦片战争前） 通过了解明清时期的经济改革和全球性经济互动，初步认识这一阶段中国经济发展的内因和外因；通过了解《本草纲目》《天工开物》《农政全书》，认识明朝的科技成就及其影响；通过了解小说、戏曲的繁荣，知道明清时期文学艺术的特色；通过明末李自成起义，清中叶以来的政治腐败、故步自封和19世纪的国际局势，认识当时中国社会面临的严重危机。	1.6　明至清中叶中国版图的奠定、封建专制的发展与社会变动 了解明清时期社会经济、思想文化的重要变化；通过了解世界的变化对中国的影响，认识中国社会面临的危机。

比较项目	初中教材	高中教材
部分教材课时设置	《义务教育教科书　中国历史　七年级　下册》 第三单元　明清时期（至鸦片战争前）：统一多民族封建国家的巩固与发展 第15课　明朝的统治 第20课　明清时期社会经济的发展 第21课　明清时期的科技与文化	《普通高中教科书　历史　必修　中外历史纲要（上）》 第四单元　明清中国版图的奠定与面临的挑战 第14课　明至清中叶的经济与文化

从教材内容来看，学生在初中阶段已经通过七年级下册一共4个课时的内容学习了本课时的相关知识。这4个课时的内容概括了明清时期经济发展的总体情况及在科技文化方面取得的主要成就与特点。高中教材对上述内容的介绍则更加详尽，同时增加了“思想领域的变化”这一部分。因此，在必备知识的教学上，针对所学知识，教师主要通过构建知识框架、梳理历史发展脉络的方式建立知识间的逻辑关系，教学重点则是放在学生未接触过或接触较少的内容上。

从新课标的课程内容要求看，初中与高中课程标准对学生的培养要求是不同的。2011年版初

中课标通过“知道”“了解”等行为动词，从三维目标的角度对学生提出了能力方面的要求，但大部分还停留在识记和较浅的理解层次上。因此，教师更需要结合学生的认知实际逐层推进教学。2022年版的初中课标则与高中课标接轨，在要求学生掌握必备知识的基础上，重视培养学生的关键能力，提升核心价值素养。此种情况下，教师则是运用丰富的史料引导学生分析思考知识的内在关系，注重历史研究方法的学习与运用，重视对基本原理与规律的认识与掌握，强调历史学习的现实意义。

三、教学目标分析系统：课时核心目标及其分解

（一）课时核心目标

了解明清时期社会经济与思想文化方面变化的突出表现，认识到这些表现是明清社会发展的数量优势，分析总结这一时期经济与文化的发展因素。从经济与思想文化的角度认识封建制度对中国社会发展的阻碍作用，认清这些质量上的劣势严重地阻碍了明清社会的进一步转型，认识到封建制度潜藏着巨大的危机。在世界进入资本主义发展的背景下，了解这一时期中外之间的密切联系，了解明清时期的中国社会发展存在转型的契机，且与当时世界发展趋势存在一致性。

（二）课时目标分解

1. 必备知识

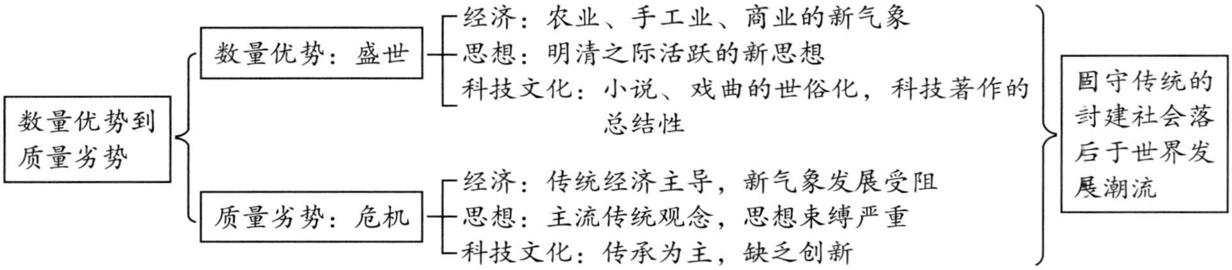

2. 关键能力

（1）获取历史信息能力：能够根据史料尝试从多种渠道获取历史信息，认识世界的变化对中国的影响，了解明清时期社会的发展与面临的挑战。根据教材第82页至第88页的地图、图片和文字史料，掌握这一时期中国经济文化的新变化，自主获取有效历史信息，提升总结概括能力。

（2）历史阐释能力：能够清楚表述明清时期经济与文化繁荣的内容并概括其特点。通过在史料中提取有效信息、梳理内容、概况特点并阐述理由等方式，提升历史阐释能力。同时，将明清时期的经济、思想文化的变化置于世界变化的大背景下，形成宏观的历史思维。

（3）历史探究能力：能依据对明清时期社会经济文化变化的探究提出合理的观点并加以论证。在分析经济与思想文化关系的基础上，理解社会存在决定社会意识的基本原理；能宏观对比分析这一时期中西方发展的特点、趋势等内容，增强全球意识与忧患意识。

（4）历史思维能力：理解明清生产力发展、商品经济繁荣、市民阶层壮大之间的逻辑关系，理解经济与文化、社会存在与社会意识的逻辑关系，掌握马克思主义唯物史观的相关原理，提升

逻辑思维能力；理解明清社会变化与面临挑战的辩证关系，提升辩证思维能力；认识明清社会与世界发展的相似之处，在中外联系的大背景下认识历史发展的相似性、关联性与矛盾性，提升思维的广度与深度。

3. 核心价值

认识明清时期经济与文化的新变化，了解中国传统经济与文化的发展情况。引导学生思考中外联系的加强对当时中国的影响，培养其全球意识，开阔学习视野。通过历史研究方法的学习与实践，领悟历史学的学术品格，形成在史学中求真的素养、贯通的意识和批判性思维，形成正确的史学品格。了解明清时期繁荣背后的危机及其实质，在全球化的背景下，理解其对中国的影响，提升忧患意识、培养社会责任感与家国情怀。

四、教学过程分析系统

课时教学设计3　数量优势到质量优势：从经济与文化角度看近代前夜的盛世与危机

【导入环节】展示《清明上河图》(局部)、《盛世滋生图》(局部)。

【问题分析】同学们对比两幅图，讨论两幅作品的异同。

【学生活动】认真观察，仔细对比，相互讨论。

【教师分析】两幅图的共同之处在于描绘的都是城市繁荣的景象，不同之处在于《盛世滋生图》(局部)描绘的商业活动范围更广，人数更多。一定时代的文化艺术作品，是一定时代的反映，由此可知清代经济比宋代更为繁盛。但仅凭这一幅作品就下这样的定论是不科学的。到底明清时期的社会是不是真的比宋代繁荣呢？带着这个问题，我们来学习一下明清时期的经济与文化。

【设计意图】直观地展示图片，有利于学生快速进入学习状态；对比图片，有利于培养学生认真观察的能力；问题的提出有利于激发学生学习本课时的兴趣，帮助学生快速进入本课时的学习。

【任务一】帝国的数量优势：理解明清时期的新变化。

【关键问题】明清时期经济、思想与科技文化的新变化有哪些？这些新变化反映了什么特点？

1. 明清时期经济的新变化与特点

【材料呈现】

材料一　明朝中期常熟一位地主谭晓，用低价购买了大片空闲的低洼沼泽地，雇用贫苦乡民加以治理。部分土地被改造为良田，收成大增。所凿水池养鱼，池上筑舍养猪，其余空地种植不同的果木蔬菜……此类副产品运到市场，销售所得“视田之入复三倍”……类似新现象，从明中期起逐渐多见。

——人民教育出版社《普通高中教科书　历史　必修　中外历史纲要(上)》

材料二　吴民生齿最繁，恒产绝少，家杼轴而户篡组，机户出资，织工出力，相依为命久矣……染坊罢而染工散者数千人，机户罢而织工散者又数千人，此皆自食其力之良民也。

——《明神宗实录》卷361万历二十九年(1601年)七月丁未

【问题设计】根据上述材料，概括明清时期社会经济的发展表现在哪些方面。其具体特点有哪些？阅读教材第83页《盛世滋生图》(局部)，思考此图反映了明清经济发展的什么特点。

【教师分析】引导学生总结农业、手工业和商业方面的特点。其中，农业生产中出现雇用农民、农副产品商品化、兼营副业等特点；手工业出现手工工场等新的经营方式，出现了资本主义萌芽的新型生产关系；商业繁荣发展，出现商帮群体、区域间长途贩运发达、工商业市镇发展、白银货币化等特点。

【设计意图】这一部分的内容，教材介绍得较为详细，初中教材也涉及一些。因此，教师在教学中应重点培养学生阅读与分析教材的能力，从教材中提取有效信息，让学生回忆、理解、记忆明清时期经济（农业、手工业、商业等方面）变化的表现与特点，理解相关名词的概念，帮助学生形成历史解释、时空观念等历史核心素养。

【教师分析】人作为经济活动的主体，会不会随着经济活动的变化也发生变化？在活跃的商品经济发展中，人们的想法会不会发生变化？传统的“存天理，灭人欲”能满足人们的发展需求吗？在物质生活得到一定程度的满足后，人们还有何种需求？

2. 明清时期思想文化领域的新变化与特点

【学生活动】根据明清思想文化方面的内容，要求学生以小组为单位进行阐述，如可以以表格的形式将知识分类呈现，根据自己的理解分析讨论明清时期思想文化领域变化的特点。

【教师分析】这一时期思想领域的变化与传统的思想、社会价值取向相悖，是反对君主专制、主张经世致用的新思想。明清时期小说与戏曲的发展呈现出平民化、世俗化的趋势。在科技发展方面，明清时期的科技在一定程度上受到西方的影响，这与新航路开辟有一定关系。但是西方科技对中国的影响有限，科技成果大多还属于传统科技的范畴。

【设计意图】科技、文学与戏曲的基础知识在初中历史教材上有详细的介绍，因此这一部分内容的学习主要以回顾、梳理与概括的方式展开。培养学生团队合作意识，提升学生根据史料概括历史信息、解释历史的能力，培养学生自主学习能力。同时，让学生理解、记忆明清时期思想领域的代表人物及其思想主张、科技文化发展的特点。

通过明清时期经济与思想文化繁荣发展的材料展示，让学生提炼出这一时期经济发展中存在的转型因素、思想领域的反专制启蒙思想、文化方面的世俗化走向及科技领域融合西学、总结传统的特点。

【任务二】帝国的数量优势：理解明清时期新变化的背景与启示。

【关键问题】经济与文化之间的关系是怎样的？这一时期中国与世界的联系是怎样的？这说明了什么？

【教师分析】思想文化领域的新变化反映了中国反传统思想及文化发展的下移趋势，这是市民阶层的发展需求，而市民阶层力量的壮大，是商品经济发展的结果，商品经济发展是明清时期生产力水平提高的重要表现。由此可知，明清时期思想文化领域繁荣发展的根本原因是生产力水平的提高，这就是马克思主义唯物史观中社会存在决定社会意识理论的有力证明。

【设计意图】培养学生独立思考、论从史出的能力，提升学生的逻辑思维能力。通过推导让学生理解经济与文化的关系，加深对马克思主义唯物史观相关理论的理解。

【材料呈现】

材料三 阅读教材第82页的《清朝前期玉米、甘薯推广种植图》。

材料四 华北黄河流域矿产稀少，先秦时期的金银，主要靠长江流域供给（楚国为主）。15世纪初期明朝的版图大增后，积极开采云贵的银矿。但平均年产量只有4~6吨，顶峰时约20吨……16世纪70年代，葡萄牙人看到运送美洲白银来亚洲的庞大利益。有人估算说，明代灭亡之前（1644年之前），大约有2.5亿两（9 375吨）白银，在中国地区流通。

——摘编自赖建诚《经济史的趣味》

【问题设计】根据材料概括明清时期经济领域出现的新现象，同时根据所学知识指出明清科技发展的新气象，并分析其世界背景。

【教师分析】材料三中，图例所示的主要品种是玉米与甘薯，这些农作物在明清时期传入中国，并由沿海地区推广到内陆沿江地区；材料四则介绍明清时期大量白银流入中国的现象。这些新现象与新航路开辟有着密切的联系。教材“学思之窗”介绍的“西学东渐”，也是新航路开辟对中国的影响之一，同时补充新航路开辟对西方乃至世界的影响，理解新航路开辟对中国社会经济与文化的变化发展起到了一定的积极作用。

【设计意图】了解明清时期经济与文化的变化与新航路开辟的关系，理解这一时期中国与世界的联系进一步增强，培养全球意识。同时，理解新航路开辟的世界意义，能够为中西方对比、了解西方社会转型做铺垫。

【任务三】帝国的质量劣势：认识明清时期的社会危机。

【关键问题】明清时期社会的危机表现有哪些？这些危机给中国带来了怎样的影响？

【材料呈现】

材料五 （正德）以前，百姓十一在官，十九在田……赋税日增，徭役日重，民命不堪，遂皆迁业。

——［明］何良俊《四友斋丛说摘抄记》

材料六 朕（编者注：指雍正帝）观四民（编者注：指士、农、工、商）之业，士之外，农为最贵……以故农为天下之本务，而工贾皆其末也。

——《清世宗实录》卷57

材料七 （明清时期）商人最后总是倾向于把累积得来的财富或过剩的资本投资于购买土地，或供应下一代有闲沉浸于传统典籍，参与科举，以便进入官僚行列。

——史仲文、胡晓林主编《中国全史》

【问题设计】根据上述材料，概括明清时期经济发展背后的问题有哪些。

【教师分析】材料五反映了明朝徭役赋税严重，经济危机可能转化为社会危机；材料六反映了清政府重农抑商观念的固化；材料七反映了商人致富后的资本更多用于买房置地、仕途供给，体现了人们受传统思想的束缚严重。同时，通过范进中举的例子，引导学生分析科举制度的影响之大；通过对“清风不识字，何故乱翻书”的故事，让学生理解清政府对人们思想控制的严格。

【设计意图】认识繁荣背后的隐患，百姓的徭役繁重，生活困苦，官民矛盾突出；思想中的

“活跃”与“叛逆”只是冰山一角，现实社会中思想的禁锢与守旧才是当时社会思想的主要表现；以小农经济为基础的传统社会才是明清社会的主体。传统经济在这一时期束缚并阻碍着经济社会的发展，社会转型是无法实现的。通过阅读与分析史料，提升学生总结概括材料的能力，培养史料实证能力。

通过史料研读，学生能够了解明清时期经济与思想文化发展的史实，认识到经济文化方面危机四伏：经济领域中传统经济占据主导地位，阻碍新经济因素发展；宋明理学仍为思想主流，在一定程度上束缚了思想的创新与进步；科技文化以传承与总结为主体，应用保守，缺乏突破。总体上，明清时期的社会经济与思想文化仍然属于传统社会文明的范畴，这一时期的中国未能实现社会转型。

【任务四】帝国劣势的结果：认识明清时期危机的实质与影响。

【关键问题】中西对比的结果是什么？这种结果给予我们哪些启示？

【材料呈现】

材料八　这一时期多方面的发展并没有突破传统政治体制、社会结构以及儒家思想体系的架构……与同一时期西方国家开始由传统农业社会向现代工业社会的飞跃相比，中国前进的脚步显得迟滞而迂缓。

——摘编自张岂之主编《中国历史·元明清卷》

【问题设计】根据材料八，分析同一时期西方国家的发展趋势是怎样的。思考这一时期的中国与西方有什么不同。其结果又是怎样的？

【教师分析】14—18世纪，西方国家在经济、思想文化方面的变化呈现出新的方向与特点。新航路开辟、早期殖民扩张、文艺复兴、科学技术的进步等内容都是资本主义发展的体现。西方世界正朝着资本主义的发展方向转型。中国在同一时期也有着相似的变化，但是主体上仍是传统的体制。在传统体制的阻碍下，中国失去转型的机会，落后于世界发展潮流。

【课堂小结】回顾本课时的内容，明清时期的中国在经济思想文化方面具备一定转型的条件，如商品经济的迅速发展、反专制思想的出现、市民文化的发展等。但是，受重农抑商的思想、闭关锁国的政策、八股取士等的禁锢，此时的中国仍处于封建社会，顽固的封建制度阻碍了中国社会的发展，失去了转型的机会。相比之下，中国已经落后于西方国家的发展潮流。而此时的清政府仍然以“天朝上国”自居，最终使得中国在近代落后挨打。历史的经验告诉我们，社会的进步与发展需要我们具备全球意识与忧患意识。

【设计意图】提升学生的材料概括能力，培养学生的时空比较能力；理解明清时期的社会危机是封建制度阻碍社会发展的结果；培养学生的全球意识、忧患意识，增强学生的社会责任感。

五、教学评价分析系统

（一）学业质量水平划分

水平1：能够通过多种形式史料，了解明清时期经济与思想文化、科学技术的发展表现，认识其发展的特点。了解政治、经济与思想文化之间的关系及其变化是生产力发展的结果，了解相

关历史事实的基本概念。（史料实证、唯物史观、历史解释）

水平2：在唯物史观的指导下，根据明清时期的特定环境，理解经济与文化发展的原因及其内在逻辑，能够提出自己的观点并运用史料加以论证，培养学生探寻科学的历史研究方法。（唯物史观、史料实证）

水平3：能够把握相关史事的时空联系，能够运用历史学科术语对探究的问题加以概括与说明。能够利用不同史料对研究的问题进行互证，形成对探究问题全面且丰富的认识。能够尝试多角度辩证地对明清时期的繁荣与危机进行论述。能够将这一时期的中国与世界建立联系，增强学生的全球意识，形成全球史观。（唯物史观、时空观念、历史解释、史料实证）

水平4：能够将明清时期的新变化置于具体的时空框架下，能够将其与其他相似的历史现象进行时空分析、综合对比，并进行合理阐释。能够在充分运用丰富史料的基础上论述以往的观点或提出新的观点。能够在明清时期经济与文化的变化、特点及其与世界发展的对比分析中进行反思，汲取经验教训，更全面、客观地认识当时的社会问题，培养忧患意识，形成科学的唯物史观。以史为鉴，为我所用，服务现实。（唯物史观、时空观念、史料实证、历史解释、家国情怀）

（二）学业质量水平测试

学者们通过研究，对明清时期中国经济的发展往往做出不同评价。阅读下面材料，回答问题。

材料　安古斯·麦迪森运用实际购买力计算法计算中国汉代以来的GDP，提出自1700年至1820年，中国的经济增长数倍于欧洲，中国的GDP在世界GDP的比重从23.1%增长到32.4%；而欧洲的GDP在世界GDP中的比重仅从23.3%增长到26.6%；贡德·弗兰克认为，直到1800年，中国仍是世界经济的中心……尽管这些认识有待于进一步研究验证，但它毕竟提出了一个发人深思的问题：在西方资本主义进入中国之前，中国的传统经济究竟是不断发展，还是处于停滞的状态？

——摘编自李根蟠《关于明清经济发展中的一个“悖论”》

联系材料并结合所学知识，就材料中的“悖论”，选择其中一种观点进行简要论述。（要求：观点明确，论证严密，表述成文，富有逻辑，不超过250个字。）

【评价说明】

答题思路	学业质量水平描述
根据材料“在西方资本主义进入中国之前，中国的传统经济究竟是不断发展，还是处于停滞的状态”，总结出两种观点：明清时期中国传统经济是不断发展的；明清时期中国传统经济发展处于相对停滞状态。运用明清时期政治、经济、思想文化等方面的史实去证明相应的观点。	1–3　能够从获得的史料中提取有关的信息。 2–2　能够将某一史事定位在特定的时间和空间框架下；能够认识事物发生的来龙去脉，理解空间和环境因素对认识历史与现实的重要性。 2–4　能够选择、组织和运用相关材料并使用相关历史术语，对具体史事做出解释。 3–3　能够利用不同类型史料的长处，对所探究的问题进行互证。

参考答案

［示例一］

观点：明清时期，中国传统经济是不断发展的。

论述：农业方面，小农经济继续发展，农产品商品化；经济作物普遍种植。手工业方面，私营手工业取代官营手工业占主导；资本主义萌芽出现并发展；手工业产品种类更加丰富。商业方面，城镇商业繁荣；农副产品大量进入市场；白银货币化；区域间长途贩运发展；出现了商帮。

［示例二］

观点：明清时期中国传统经济发展处于相对停滞状态。

论述：小农经济仍占主导地位；农业生产技术无重大改进；仍以手工作坊为主（经营方式陈旧）；生产模式未有根本性突破；商业资本积累不足；实行“海禁”、闭关锁国政策等。

徐　岩　广州市第五中学

单元案例八
晚清时期的内忧外患与救亡图存

扫码观看教学视频

中国近代史既是中国人民遭受列强侵略的血泪史，也是中国人民不断反抗外来侵略的斗争史，更是中国人民追求富强进步的探索史。认识中国近代史，要从多元视角去看待。本单元以“困顿中国家出路的艰难探索”这一大概念为教学主题，围绕千年未有之大变局下中西文明的碰撞与交流的相关史实，以“国家出路”为核心主线，重构本单元课程结构，从西方列强野蛮侵华、中国军民英勇抗争和中国社会各阶层艰难抉择三个角度，建立教材内容之间新的纵向与横向联系。在纵向上，阐述了从工业文明时代背景下西方国家侵华导致中华民族危机不断加深，到内忧外患形势下中国军民的英勇抗争；在横向上，梳理了中国社会各阶层为寻求国家出路、实现国家富强进行艰辛的探索。通过单元整体设计，有利于学生大历史观的培养，涵养学生的时空观念和家国情怀的核心素养。

◎单元教学设计

困顿中国家出路的艰难探索

一、教学内容分析系统：单元教学主题的提炼

（一）提出的依据

1. 课标依据

新课标对本单元的课程内容要求是：认识列强侵华对中国社会的影响，概述晚清时期中国人民反抗外来侵略的斗争事迹，理解其性质和意义；认识社会各阶级为挽救危局所做的努力及存在的局限性。

首先，新课标有明确的时代背景。近代以来，在西方文明强烈冲击下，中国社会发生急剧变化。我们对中国近代史的认识，只有把它放置在特定时空背景下才能更好地理解和把握。明清时期的中国，逐渐落后于世界发展潮流。而到了近代后，中西方之间的差距进一步拉大。随着资本主义经济的发展和工业革命的开展，列强为了攫取原料产地和商品倾销市场，悍然对中国发动侵略战争，用炮舰敲开中国封闭的大门，强行把中国纳入资本主义发展体系之中，列强的侵略和压迫给近代的中国带来沉重灾难，中华民族危机不断加深。面对亡国灭种的危局，中华民族一面英勇反抗外来侵略，一面进行现代化道路的艰难探索。近代中国发生的变化是在世界大变局背景下进行的。

其次，新课标蕴含本单元的核心主线。“列强侵华使民族危机加深”与“中国人民英勇反抗”、“先进中国人进行救国道路探索”是本单元三条主要线索，这三条主要线索呈现出历史发展的因果关联。在“内忧外患与救亡图存”的时代背景下，“中国人民反抗外来侵略”和“各阶级为挽救危局所做的努力”体现了中国近代前期“国家出路探索”的单元主题。近代中国国家出路的探索担负着反抗外来侵略、维护国家主权完整和追求现代化、实现国家富强的双重时代使命。近代中国半殖民地半封建社会性质的国情，决定了国家出路探索的双重时代使命是同时存在并相互交织的，这种状态和关系也随着现实的需要而有所变化。近代中国历史发展的方向、路径不是一成不变的。在一定的历史条件下，历史可能循着某种路径发展，历史条件改变了，发展的路径也可能随之改变，这就是历史发展的转折。国际环境的影响、社会经济的发展、思想观念的变动和阶级力量对比的变化等多重因素，影响着国家出路探索的方向和成效。

最后，从新课标的课程内容要求可知，本单元有两个教学要点：一是如何正确认识列强侵华对中国社会的影响。近代列强侵华的主观目的不是为了发展中国，而是为了满足自身发展的

需要，因此近代西方文明的传入不可能真正推动中国社会的进步。西方列强侵华在客观上带来了资本主义先进的生产力，但这并不意味着必然会给中国带来现代化。近代西方文明对中国发展产生的冲击，大多是建立在西方强迫中国签订不平等条约的基础上形成的，因此西方资本主义给中国带来的变化更多的是耻辱和灾难，而不是进步和发展。关于近代列强发动的侵华战争，西方常常以文化冲突论试图掩盖其侵华本质，或是用西方工业文明带来的某些客观进步性掩盖其给中国带来的沉重灾难。认识列强侵华对中国社会的影响，我们要正确看待近代列强侵华的主观目的与带来客观效果之间的复杂关系。二是怎样辩证地看待晚清时期中国人民为挽救危局所做的努力及其存在的局限性。在民族危机日益加深的情况下，近代中国人付出了各种努力：一方面，社会各阶级、各阶层进行了英勇顽强的斗争，无不显示中国军民的担当与勇敢；另一方面，中国人借鉴西方文明成果，进行了艰难的探索历程，农民阶级的“天国梦”、地主阶级洋务派的“富强梦”和资产阶级维新派的“立宪梦”，这些救国方案和变革主张集中体现了近代中国要救亡图存，就必须要独立，要独立就必须要革新自强的强烈愿望。虽然在探索过程中遇到各种困难并伴随着成长的阵痛，但是中国人民英勇抗争与艰难探索，在中华民族成长历史上留下了浓重且不可磨灭的一笔。

2. 教材依据

从教材内容上看，本单元主要阐述了进入近代以后，晚清时期的中国在内忧外患、风雨飘摇的时代背景下，中国社会各阶级、各阶层为了争取民族独立和实现国家富强进行了英勇抗争与艰难探索。教材中，本单元的3个课时分别是《两次鸦片战争》、《国家出路的探索与列强侵略的加剧》和《挽救民族危亡的斗争》。为了更好把握本单元主线脉络，依据大单元整体设计理念，以“困顿中国家出路的艰难探索”为单元主题，在原有教材内容基础上进行知识重构并确立了三个前后关联、层层递进的教学主题，分别是“变局与阵痛：大变局下看中西文明的碰撞”、“危机与觉醒：大危机下看中国军民的抗争”和“冲击与探索：大冲击下看救国道路的抉择”。面对列强的侵略，中国军民坚决维护国家主权，捍卫民族尊严；面对国家的内忧外患，先进的中国人进行了一系列的探索，推动了社会的进步。

从跨单元联系上看，本单元是中国近代史的开篇，上承“明清中国版图的奠定与面临的挑战”，下接“辛亥革命与中华民国的建立”，在高中历史教学中起到承上启下的作用。列强的入侵导致近代中华民族危机不断加深，中国人民的抗争和探索在一定程度上推动了中国社会的嬗变和转型，但是由于时代和阶级的局限性，都未能完成民族独立和国家富强的历史使命。这为民族发展和国家出路的探索提供了新的思考，即“需要新的社会力量来领导，需要新的科学理论来指引，需要更为先进的政党来组织，需要更为全面的变法改革”，这也为后面的第六单元和第七单元的学习做了铺垫。太平天国运动、洋务运动和戊戌维新变法，因受主客观条件的限制，在学习西方过程中或不够彻底，或未得到真正落实，其成效也受到了影响，这也使得近代中国国家出路的探索经历了一个艰难曲折、螺旋上升的发展过程。

由于本单元的教学设计打乱了原有教学的顺序并进行了知识的重组和主题的确立，涉及的知识、概念和史实较多，而且时空跨度大，学生学习和理解起来难度也较大，因此在大单元整体教学设计理念指引下，本单元以“困顿中国家出路的艰难探索”为主题，并设计三个层层递进的课时教学主题，在运用丰富史料的基础上，以单元主题为统领由浅入深地开展教学和引导，这样既符合学生学习认知心理，又有利于培养学生高阶历史思维能力。

3. 学术依据

近代时期的中国贫困落后，如何挽救民族危机和探索国家发展出路成为当时国人共同关注的时代主题。针对这一时代主题，蒋廷黻、陈旭麓、罗荣渠、张海鹏、王建朗、许纪霖等历史学家长期从不同视角进行了深入研究并取得了丰硕的成果。

张海鹏主编的《中国近代通史》中说道：“近代中国面临的最大的难题就是帝国主义侵略使中国丧失了民族的独立，同时帝国主义与封建主义相勾结，使中国沦为半殖民地半封建社会，民族失去独立地位，社会缺乏民主保障，人民不能自由发展，国家难以富强。”在当时的时代背景下，实现民族独立和推进社会现代化则是中国探寻国家出路的重要途径。对此，蒋廷黻在《中国近代史》中亦写道：“近百年的中华民族根本只有一个问题，那就是：中国人能近代化吗？能赶上西洋人吗？能利用科学和机械吗？能废除我们家族和家乡观念而组织一个近代的民族国家吗？”在时代潮流强烈冲击和中西文明交流不断加深的背景下，近代中国国家出路的探索也经历了由器物到制度逐步深入的发展历程。

许纪霖、陈达凯主编的《中国现代化史　第一卷　1800—1949》中指出：“现代化的变迁不仅是一个简单的‘冲击—反应’过程。对于中国来说，它既是古老的历史在新世纪的骤然断裂，又是这一历史在以往的传统中静悄悄地绵延。”因此，近代中国国家出路的探索，既有外力冲击下的被迫应对，也有中华民族根据自身发展需要进行的主动实践。从中国历史发展的进程和当时中国实际情况的视角去认识近代中国国家出路的探索，更有利于我们形成客观、理性的历史思维。纵观中国现代化发展历程，我们发现，在步入现代化的最初阶段，外力作用具有较大的推动作用。但是，随着近代中国国家出路探索的不断深化，中国内部的现实因素发挥的作用同样不容忽视。

学者们的研究成果为我们提供了确定本单元教学主题的重要理论依据。根据学者们的研究，在特定时代背景下，近代前期中国国家出路的探索呈现出多维度的认识视角：从推动因素上看，既有国际环境也有国内背景，既有历史原因也有现实因素；从主体上看，农民阶级、地主阶级、资产阶级以及民众广泛参与，近代中国的民族意识逐步觉醒；从过程上看，由于内外医素共同影响，探索过程并不是一帆风顺的，而是螺旋式上升，充满着艰辛和曲折的，体现了被动与主动的结合，并逐步走上一条由被动到主动的探索之路；从发展路径上看，近代中国的特殊国情，决定了中国走上一条不同于西方的发展路径；从探索结果上看，虽然存在遗憾与不足，最终也未能实现民族独立和国家富强的目标，但有利于推动国家发展和社会转型；从发展趋势上看，近代前期的实践为后来中国国家出路进一步探索提供了宝贵的经验教训。

（二）单元教学主题

近代中国国家出路的探索是在大变局时代背景下进行的。进入近代，崛起的西方国家为了满足自身利益需求，频频入侵中国进而导致了近代中国长期的动荡和落后。同时，晚清政府懦弱无能，加之在原有传统文明的影响下，导致近代中国国家出路的探索经历了一个艰难又曲折的抉择过程。在内忧外患的大背景下，近代前期中国国家出路的艰难探索，既体现了中国人民英勇反抗外来侵略、坚决捍卫国家独立和主权完整的决心，也体现了清政府自上而下的自我革新和先进中国人反抗清政府腐朽统治进行变法革新、谋求国家富强和发展的探索。但是，在当时历史条件下，国家出路的探索存在着固有的局限性，最终难以取得成功。结合以上对本单元核心知识与知识线索的梳理，将本单元的教学主题设定为“困顿中国家出路的艰难探索”。

二、学情分析系统：初中与高中教学衔接分析

比较项目	初中课标		高中课标
	2011年版课标	2022年版课标	
课标中的课程内容要求	讲述林则徐虎门销烟的故事；列举中英《南京条约》的主要内容，认识鸦片战争对中国近代社会的影响。 知道洪秀全，了解太平天国运动的兴衰。 简述第二次鸦片战争期间英法联军火烧圆明园、俄国通过不平等条约割占中国北方大片领土的侵略史实。 了解洋务派为“自强”“求富”创办的主要军事工业和民用工业，初步认识洋务运动的作用和局限性。 知道甲午中日战争的主要战役；列举《马关条约》的主要内容，说明《马关条约》与中国民族危机加剧的关系。 知道康有为、梁启超等维新派代表，了解“百日维新”的主要史实。 以张謇兴办实业为例，初步认识近代中国民族工业的曲折发展。 知道义和团运动和抗击八国联军侵华的史实；结合《辛丑条约》的主要内容，分析《辛丑条约》对中国民族危机全面加深的影响。 以京师大学堂的开办和科举制度的废除为例，了解新式教育发展的主要史实。	1.1　晚清时期的内忧外患与救亡图存 通过了解林则徐虎门销烟、英法联军火烧圆明园、俄国割占中国北方大片领土等两次鸦片战争期间的主要史事，以及《南京条约》等不平等条约的签订，初步认识鸦片战争对中国近代社会的影响；了解太平天国运动的兴衰；了解洋务运动的主要内容，初步认识洋务运动的作用和局限性；了解19世纪中后期的边疆危机和中法战争；知道甲午中日战争的主要战役和《马关条约》的主要内容，初步认识《马关条约》与中国民族危机加剧的关系；了解戊戌变法的主要史事，认识变法的意义与局限；知道义和团运动和抗击八国联军侵华的史事，结合《辛丑条约》的主要内容，认识《辛丑条约》对中国民族危机全面加深的影响。	1.7　晚清时期的内忧外患与救亡图存 认识列强侵华对中国社会的影响，概述晚清时期中国人民反抗外来侵略的斗争事迹，理解其性质和意义；认识社会各阶级为挽救危局所做的努力及存在的局限性。

比较项目	初中教材	高中教材
部分教材课时设置	《义务教育教科书　中国历史　八年级　上册》 第一单元　中国开始沦为半殖民地半封建社会 第1课　鸦片战争 第2课　第二次鸦片战争 第3课　太平天国运动 第二单元　早期现代化的初步探索与民族危机加剧 第4课　洋务运动和边疆危机 第5课　甲午中日战争与列强瓜分中国狂潮 第6课　戊戌变法 第7课　义和团运动和八国联军侵华	《普通高中教科书　历史　必修　中外历史纲要（上）》 第五单元　晚清时期的内忧外患与救亡图存 第15课　两次鸦片战争 第16课　国家出路的探索与列强侵略的加剧 第17课　挽救民族危亡的斗争

从教材内容安排上看，可知学生在初中阶段已经学习了八年级上册第一单元和第二单元共7个课时的与本单元相关的内容，这7个课时的内容让学生初步掌握了中国近代前期的相关史实，学生对鸦片战争、第二次鸦片战争、太平天国运动、洋务运动、甲午中日战争、戊戌维新运动、八国联军侵华战争等重大历史事件的相关基础知识有了一定的了解，对于学生在初中阶段已学过的内容，教师应构建知识框架体系，梳理历史发展脉络，引导学生将零散知识整合起来并形成逻辑关系。学生在初中没有学习过的本单元的主要内容是“开眼看世界——新思潮的萌发”和“中法战争”。初中教材对中国近代前期重大历史事件的讲解是分散在两个单元7个课时之中的，学生对这段历史的学习缺乏整体把握和认知，故而在学习上会有一定的难度。

从能力层次要求上看，相比2011年版初中课标，2022年版初中课标对学生的能力要求更高，2011年版初中课标通过“知道”“列举”“讲述”“了解”等行为动词对学生提出了能力方面的要求，很大程度上还是停留在历史知识的识记层面，相对缺乏深层次的历史思维的培养。而2022年版初中课标要求在掌握必备知识的前提下，更多的是通过“认识”“初步认识”等行为动词考查学生对关键能力的把握，并渗透了历史学科核心素养的理念。相比2022年版初中课标，高中课标对学生的能力要求又提升到了另一个更高的层次：一是，相比2022年版初中课标的课程内容要求，高中课标课程内容要求浓缩到67个汉字，要求内容精简了很多。二是，相同的知识内容，初中安排7个课时，而高中只有3个课时。这种变化不仅要求教师要转变教学理念，调整教学方法，同时还要更加突出学生学习的主体地位，要求学生有更强的自主学习能力。因此，通过对初中与高中知识的联系和比较后，对本单元的学习能力要求也经历了一个由表及里、由浅入深的认识和提升过程。

三、教学目标分析系统：单元核心目标及其分解

（一）单元核心目标

通过梳理近代列强侵华的基本史实，从中国历史的发展进程视角了解列强侵华呈现的阶段特征，认识列强侵华对中国社会产生的影响；构建知识框架，从整体上把握民族危机不断加深与中

国人民英勇抗争、救国道路探索之间的内在逻辑关系，认识中国社会各阶层为挽救民族危亡所做的努力，并分析其存在的局限性，体会中华民族各阶层为了寻求国家出路进行的艰难探索历程，增强对中华民族的认同感和时代的使命感。

（二）单元目标分解

1. 必备知识

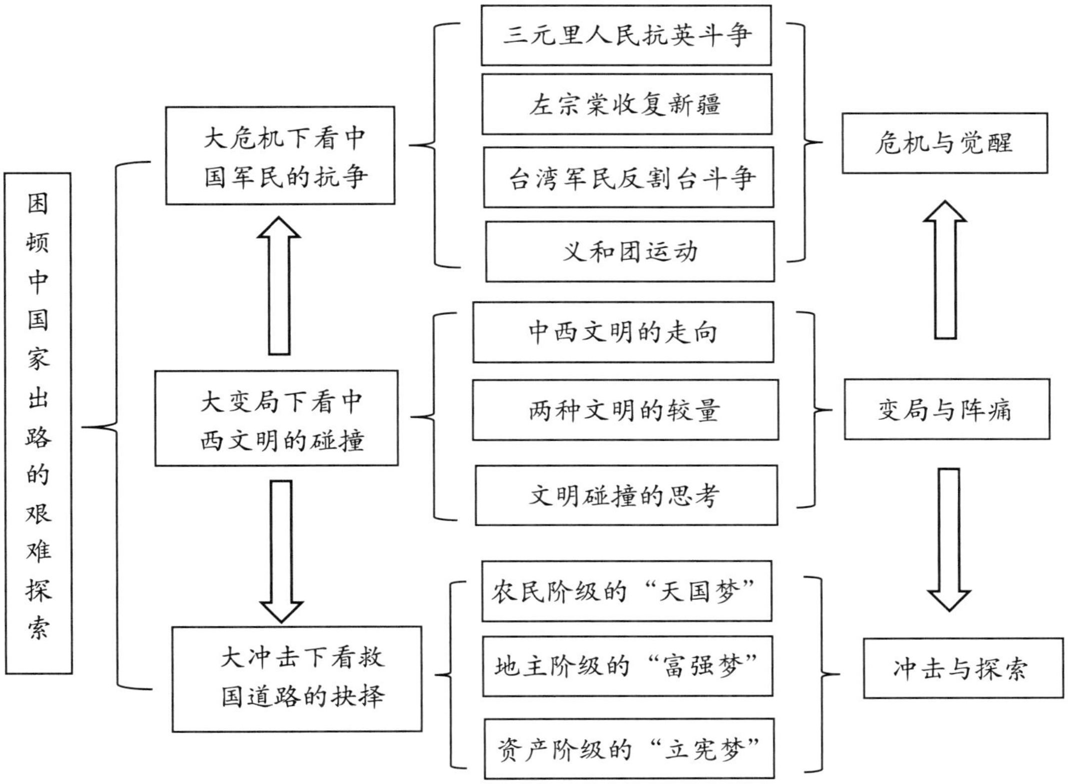

2. 关键能力

（1）获取历史信息能力：能够从一定的史料或文物中获取相关的历史信息。如从教材第15课（第90—95页）的内容，尤其是《1840年前的中国与世界形势图》中获取鸦片战争前后中西方文明发展不同走向的表现及列强侵华背景的历史信息；从教材第16课第98页“史料阅读”《天朝田亩制度》中获取农民阶级否定封建地主土地所有制和追求社会财富平均的历史信息；从教材第17课第106页“历史纵横”克林德碑名字演变中获取近现代中国经历了“屈辱—发展—独立自主”发展历程的历史信息。

（2）逻辑思维能力：通过中西历史发展的相关表格对比，从工业文明发展及世界局势变化的角度理解近代列强侵华的必然性，阐述列强侵华与近代中国进行国家出路探索之间的逻辑关系，认识近代列强侵华改变中国社会的性质及带来的各种影响，梳理近代前期中国社会各阶级探寻国家出路的救国方案，理解近代中国向西方学习的渐进性过程，从多维视角分析近代前期中国在探寻国家出路取得的成效与存在的不足。

（3）历史探究能力：通过史料分析和问题思考，能够从长时段和多维度视角认识近代列强侵华的影响；通过认识近代中国社会各阶级在救国探索中的推动作用及存在的局限性，探究影响近代中国国家出路探索成效的关键因素。

3. 核心价值

通过对近代列强侵华相关史事的学习，了解近代中国在遭受侵略之后逐渐萌发的民族意识，感悟各阶级为挽救危局的过程中体现的爱国主义情怀，增强学生对国家的认同感、归属感、责任感和使命感；通过对比近代中国的屈辱遭遇和当今中国的发展繁荣，认识到当今国家富强、民族振兴、人民幸福的来之不易，树立积极的世界观、人生观、价值观；通过学习林则徐、洪仁玕、梁启超等向西方学习的事迹，感悟对人类文明多元化的认同、吸收和借鉴，在坚定文化自信、民族自信的基础上，培养世界意识和国际视野。

四、教学过程分析系统

单元教学设计　困顿中国家出路的艰难探索		
课题名称	**学习任务**	**关键问题**
课时教学设计1　变局与阵痛：大变局下看中西文明的碰撞	【任务一】两种文明的较量：明晰列强侵华的具体史实。 【任务二】中西文明的走向：追溯近代中国落后的历史成因。 【任务三】文明碰撞的思考：探究列强侵华的历史影响。	1. 近代前期列强侵华有何手段和特点？ 2.17—19世纪中国与西方的发展方向有何不同？ 3. 近代列强侵华的本质是什么？列强侵华对中国社会有何影响？
课时教学设计2　危机与觉醒：大危机下看中国军民的抗争	【任务一】三元里人民抗英斗争：感悟保家与卫国的壮举。 【任务二】左宗棠收复新疆：理解军事与外交的齐头共进。 【任务三】台湾人民反割台斗争：了解官兵与民众的携手联合。 【任务四】义和团运动：反思爱国与激进的爱恨交织。	1. 中国军民反抗外来侵略呈现出什么样的特点？ 2. 中国军民捍卫国家主权的斗争有何深刻的意义？ 3. 中国军民反抗外来侵略最终为何未能取得成功？
课时教学设计3　冲击与探索：大冲击下看救国道路的抉择	【任务一】农民阶级：认识太平天国运动的“天国梦”。 【任务二】地主阶级：反思洋务运动的“富强梦”。 【任务三】资产阶级维新派：感悟戊戌维新运动的“立宪梦”。	1. 近代中国社会各阶级探寻国家出路方案有何意义及存在哪些局限性？ 2. 影响近代国人救国道路探索成效的因素有哪些？ 3. 近代先进中国人的抗争和探索精神对新时代中国特色社会主义现代化建设有何启示？

五、教学评价分析系统

（一）学业质量水平划分

水平1：知道鸦片战争前后中西方文明不同发展走向的表现，了解近代前期列强对中国发动的几次大规模的侵略战争、中国人民反抗外来侵略的基本史实和中国各阶级为挽救民族危亡进行探索国家出路的重大事件，掌握近代列强强迫中国签订不平等条约的内容，了解近代前期不同阶级探索国家出路的艰难历程，能够说出中国近代时期重要历史事件、重要历史人物和重要历史现象的基本情况；通过史料分析和问题思考，知道近代时期先进中国人为挽救民族危机进行前仆后继抗争与探索留下的宝贵文化遗产。（时空观念、历史解释、史料实证、家国情怀）

水平2：在唯物史观指导下，能够将史事定位在特定的时间和空间框架下，运用史料论证自己的观点；把握列强侵华的阶段特征，通过史料分析，认识近代列强侵华与中国半殖民地半封建社会逐渐形成的关系；通过表格梳理和史料运用，站在世界大变局的国际视野中，理解近代列强侵华引起的中国社会动荡，理解特定时代背景下社会各阶级进行国家出路探索方案的历史选择，认识到近代中国国家出路探索由表及里的演进过程，感受近代中国人民在探索国家出路过程中所发挥的重要作用。（唯物史观、时空观念、史料实证、历史解释、家国情怀）

水平3：通过时空梳理、框架构建和主题引领，培养学生大历史观；运用唯物史观相关理念，通过中西发展的对比，从工业文明发展及世界局势变化的角度理解近代列强侵华的必然性；通过史料分析，能够辩证、正确地认识列强侵华的影响和性质；运用唯物史观理论，认识到人民群众在推动历史发展过程中发挥的重要作用；理解近代国家出路探索的艰辛与曲折，为后续中国进行新的国家出路的探索奠定基础；通过了解列强侵华的基本史实，能运用生产力与生产关系、经济基础与上层建筑的唯物史观对其原因做出合理的历史解释；能够在正确历史观的指导下，史论结合、实事求是地辨别不同的史料和论述历史问题。（唯物史观、史料实证、历史解释、家国情怀）

水平4：从唯物史观和辩证法的角度理解中国近代重大历史事件之间的联系，并把这一阶段中国历史的发展融入世界历史发展的潮流中，理解中国在世界工业革命后的反应，把中外历史有机联系起来，认识到这些反应是这一时期世界变化的组成部分；通过史料分析和问题思考，能够对近代中国社会各阶级对国家出路艰难探索的原因做出合理解释，并认识到中国悠久的政治、经济、文化传统对其产生的影响；通过学习和感悟，能够表现出对历史的反思，注意历史和现实的结合，能够更全面、客观认识历史和社会现实问题；能够从近代中国挽救民族危亡的斗争中汲取历史经验教训，立志为新时代中国特色社会主义现代化建设、中华民族伟大复兴做出重要贡献。（唯物史观、时空观念、史料实证、历史解释、家国情怀）

（二）学业质量水平测试

阅读材料，回答下列问题。

材料　然而，我们也应该看到，现代化的变迁不仅是一个简单的“冲击—反应”过程。对于中国来说，它既是古老的历史在新世纪的骤然断裂，又是这一历史在以往的传统中静悄悄地绵延。事实上，早在鸦片战争之前的二百年，西方的宗教和科技对中国的渗透和影响就通过利玛窦、汤若望等人开始了，而19世纪上半叶清朝帝国内部的一系列社会动向也为以后的变革提供了历史和心理的前提……只是到了19、20世纪，当西方的示范展示另一种迥然不同的发展道路时，中国才对自身历史的内部挑战产生了一种多少是变化了的回应方式。这样，中国历史的内部要素与西方文明的示范效应叠加在一起共同制约着中国现代化的反应类型与历史走向。

——摘编自许纪霖、陈达凯主编《中国现代化史　第一卷　1800—1949》

（1）根据材料并结合所学知识，概括近代中国现代化探索的历程。

（2）根据材料并结合所学知识，分析制约中国现代化探索的因素。

【评价说明】

题号	答题思路	学业质量水平描述
（1）	结合材料“只是到了19、20世纪，当西方的示范展示另一种迥然不同的发展道路时，中国才对自身历史的内部挑战产生了一种多少是变化了的回应方式”的相关信息，并运用所学知识，能够从长时段（晚清时期、民国时期）、多维度（阶级、政治、思想）、多主体（农民阶级、地主阶级、资产阶级）的视角概括近代中国现代化探索的历程。	2-4 能够在叙述历史时把握历史发展的各种联系，如古今联系、中外联系等。 3-2 能够把握相关史事的时间、空间联系，运用特定的时间和空间术语对较长时段（如古代、近现代）、较大范围（如跨国家、跨地区）的史事加以概括和说明。
（2）	在解决第（1）问的基础上，结合材料“中国历史的内部要素与西方文明的示范效应叠加在一起共同制约着中国现代化的反应类型与历史走向”的相关信息，能够从国际背景（资本主义的扩张、工业革命的开展、西方的殖民侵略等）和国内环境（政治、经济、思想、军事、文化、外交、技术、人才、资金、政策等）两个视角进行分析。	3-1 能够从生产力与生产关系、经济基础与上层建筑的辩证关系来理解历史上的发展变化和社会形态的演变过程。 3-4 能够选择、组织和运用相关材料并使用相关历史术语，在正确的历史观和方法论的指导下，对系列史事做出解释。

参考答案

（1）历程：近代中国的现代化探索经历了一个由浅入深、由表及里的过程。在阶级层面，地主阶级抵抗派以“师夷长技以制夷”为口号，初步提出了向西方学习的自强主张；地主阶级洋务派开展洋务运动，拉开中国现代化的序幕。在政治层面，资产阶级维新派发起戊戌维新变法运动，主张在中国实行君主立宪制，资产阶级革命派发动辛亥革命，推翻清王朝君主专制制度，初步建立起民主共和政体。在思想层面，开展新文化运动，提倡民主与科学，动摇了传统儒家思想统治地位，解放了人们的思想，近代中国的现代化探索进一步深化。

（2）因素：半殖民地半封建社会的社会性质；传统小农经济的坚韧性、新经济因素发展缓慢；三座大山的压迫（西方资本主义的掠夺、官僚资本主义的压迫、封建专制统治的阻碍）；传统重农抑商政策的影响；资金、技术和人才的短缺；近代中国社会的动荡；传统思想观念的束缚；等等。

李剑海　玉林高级中学

课时教学设计

变局与阵痛：大变局下看中西文明的碰撞

一、教学内容分析系统：课时教学主题的提炼

（一）提出的依据

1. 课标依据

新课标对本课时的课程内容要求是：认识列强侵华对中国社会的影响，概述晚清时期中国人民反抗外来侵略的斗争事迹，理解其性质和意义；认识社会各阶级为挽救危局所做的努力及存在的局限性。

第一，新课标蕴含了本课时的时代背景——大变局。明清之际的中国逐渐落后于世界发展潮流，在时代大背景影响下，中西方国力发生了巨大变化。鸦片战争前后，西方在资本主义的道路上迅速崛起，中国则在封建主义的泥潭中走向衰落，不同文明发展走向使得晚清的中国与西方的差距日渐拉大。在西方工业文明强大的冲击下，晚清腐朽落后的封建制度无法抵御兴起的资本主义制度，中国逐渐沦为资本主义的原料产地和商品市场，中华民族深陷内忧外患的艰难困境，外来文明对中国产生前所未有的冲击。

第二，新课标指出了本课时的教学重点——阵痛。进入近代，西方国家在军事上相继对中国发动一系列大规模侵略战争，清政府被迫签订一系列不平等条约，频繁的战争造成了近代中国政局的动荡和社会秩序的混乱。在政治上，西方侵略者扶植反动腐朽势力共同镇压中国人民的反抗，阻碍中国的变法革新和民主革命的开展；在经济上，列强通过掠夺原料、开辟市场和投资设厂等手段侵略中国，阻碍了近代中国经济的自主发展；在思想上，西方国家进行文化价值观的输出，意图控制和左右中国人的思想，在大变局时代背景下，不利于中国思想观念的更新和社会的变革发展；在对外交往方面，欧美国家通过不平等条约控制中国海关，导致近代中国丧失关税自主权，原本具有保障国家经济安全的海关反而成为列强侵华的工具。

2. 教材依据

本课时的内容作为中国近代史的开篇，承接“明清中国版图的奠定与面临的挑战”这一单元的内容。明清时期是中国古代史上第二个重要的转型期，当时的中国也出现了诸多类似西方一样迈入近代文明的因素，中西方之间的交流也出现了互动促进的关系，但是此时中西文明的差异已然显现。从纵向上看，明清时期的发展是中国古代农耕文明发展的一个新高峰，但这种变化更多的是量的增加而不是质的转变；从横向上看，与同一时期的西方相比，明清时期的中国逐渐脱离

了世界潮流，这样的发展趋势延续到近代。西方为满足自身侵略需求，用炮舰敲开了中国沉重的大门，并强行把中国纳入资本主义发展体系之中，近代中国的巨变是在世界巨变中发生的。国际环境的变化、中西国力的悬殊，也导致了中西方交往方式的转变。因此，近代中国遭到西方侵略有其特定的时代背景和历史原因。

本课时的内容对应的是教材第五单元的第一课，本课时在教材内容基础上进行知识重构并确立新的教学主题“变局与阵痛：大变局下看中西文明的碰撞”。本课时的教学内容纵跨教材第15课《两次鸦片战争》、第16课《国家出路的探索与列强侵略的加剧》、第17课《挽救民族危亡的斗争》3个课时的内容。本课时的主要内容：由于列强的侵略扩张和晚清政府的腐朽统治，中国逐步沦为半殖民地半封建社会。以1840年英国发动鸦片战争为起点，中国历史开始步入了近代社会。在西方强大经济实力和船坚炮利的冲击下，中国国门被迫打开并逐步被卷入资本主义世界市场，国家主权遭到严重践踏，中华民族陷入生死存亡的危机之中。西方资本主义的入侵，改变了中国原有的历史发展进程，对中国近代史产生重大的影响。

3. 学术依据

王建朗、黄克武在《两岸新编中国近代史》中讲道：“在与入侵者的斗争中，在向西方文明的学习中，中国改造了自己，走上了一条既与自己的过去不同又与外国有别的独特的发展道路。”进入近代，中国逐步沦为半殖民地半封建社会，使得中国的现代化发展有别于西方，完整意义上的中国现代化，反帝反封建的改革和革命应该包含在这一进程之中。在这样的背景下，近代中国国家出路的探索担负了反抗外来侵略和实现国家现代化的双重使命。因此，中国现代化历史不能简单照搬西方现代化理论，而是要结合中国特殊国情和时代背景进行实事求是地分析与思考。

列强侵华给中国带来深重的灾难。马克垚在其主编的《世界文明史》中指出，近代以来，西方殖民者为了最大限度地攫取在华利益，军事上频频发动侵略战争破坏中国领土主权的完整，政治上迫使中国签订一系列不平等条约获取种种特权，经济上掠夺中国财富并进行商品和资本输出，思想上进行文化价值观输出，意图控制中国人的思想。同时，动荡的环境、野蛮的掠夺和特权的枷锁等国际国内环境严重阻碍了近代中国的变革和发展。列强侵华激发了国人的反抗意识。近代中国的屈辱遭遇和悲惨命运深深刺痛了国人的心，激发了中国人反抗外来侵略的意识，也促进了中华民族意识的逐渐形成。

列强侵华客观上推动中国的现代化探索。近代以来，中国人在与列强接触过程中逐渐意识到自身的落后和西方文明的强大。李志茗在《大变局下的晚清政治》中指出：“中国被强行拖入世界体系之中，被强行拖入全面深刻而剧烈的变局之中，被迫因前所未有的困局，变革沿袭已久的成法。”为了改变当时的困境，跟上时代潮流，中国社会各阶级进行不断探索。农民阶级领导的太平天国运动进行的反侵略反封建斗争，成为近代中国民主革命的先声，其颁布的《资政新篇》反映了近代先进中国人主张向西方学习进行变法革新的时代心声。地主阶级洋务派开展自上而下的自强运动，主张向西方学习，拉开了中国现代化的序幕，促进了中国在经济、教育等方面的社会转型。资产阶级维新派为挽救民族危机发起了革新运动，主张实行君主立宪制，推动中国开展政治制度层面的探索。

学者们的研究成果为本课时教学主题的确定提供了重要理论依据。根据学者们的研究，应当从国际视野、历史长时段和多维度视角的角度去认识列强侵华对中国社会产生的影响。列强对中国发动的侵略是在资本主义发展基础上进行全球殖民扩张的必然结果，近代中国遭到列强的共同宰割，严重阻碍了中国社会的变革和发展。列强的殖民侵略虽然客观上促进了近代中华民族意识的觉醒和现代化道路的探索，但是我们必须清醒地认识到，列强的侵略是导致近代中国长期贫困和落后的主要原因。

（二）课时教学主题

18、19世纪以来，人类历史发生了重大变化，西方国家相继开展工业革命，资本主义世界市场也逐渐形成。面对千年未有之大变局，清政府未能及时有效应对和自我革新。为了获得更多利益、满足资本主义日益发展的需要，西方国家不断发动对中国的侵略战争。在不同历史阶段，列强对中国的侵略呈现出不同的方式和特点。列强的侵华和压迫给近代的中国带来沉重灾难和痛苦，中华民族危机不断加深，半殖民地半封建社会逐渐形成，近代的中国进入了历史上的沉沦期。结合以上对本课时的核心知识与知识线索的梳理，可以将本课时的教学主题设定为“变局与阵痛：大变局下看中西文明的碰撞”。

二、学情分析系统：初中与高中教学衔接分析

比较项目	初中课标		高中课标
	2011年版课标	2022年版课标	
课标中的课程内容要求	讲述林则徐虎门销烟的故事；列举中英《南京条约》的主要内容，认识鸦片战争对中国近代社会的影响。 简述第二次鸦片战争期间英法联军火烧圆明园、俄国通过不平等条约割占中国北方大片领土的侵略史实。 知道甲午中日战争的主要战役；列举《马关条约》的主要内容，说明《马关条约》与中国民族危机加剧的关系。 知道义和团运动和抗击八国联军侵华的史实；结合《辛丑条约》的主要内容，分析《辛丑条约》对中国民族危机全面加深的影响。	1.1　晚清时期的内忧外患与救亡图存 通过了解林则徐虎门销烟、英法联军火烧圆明园、俄国割占中国北方大片领土等两次鸦片期间的主要史事，以及《南京条约》等不平等条约的签订，初步认识鸦片战争对中国近代社会的影响；了解19世纪中后期的边疆危机和中法战争；知道甲午中日战争的主要战役和《马关条约》的主要内容，初步认识《马关条约》与中国民族危机加剧的关系；知道义和团运动和抗击八国联军侵华的史事，结合《辛丑条约》的主要内容，认识《辛丑条约》对中国民族危机全面加深的影响。	1.7　晚清时期的内忧外患与救亡图存 认识列强侵华对中国社会的影响，概述晚清时期中国人民反抗外来侵略的斗争事迹，理解其性质和意义；认识社会各阶级为挽救危局所做的努力及存在的局限性。

比较项目	初中教材	高中教材
部分教材课时设置	《义务教育教科书　中国历史　八年级　上册》 第一单元　中国开始沦为半殖民地半封建社会 第1课　鸦片战争 第2课　第二次鸦片战争 第二单元　早期现代化的初步探索和民族危机加剧 第5课　甲午中日战争与列强瓜分中国狂潮 第7课　义和团运动和八国联军侵华	《普通高中教科书　历史　必修　中外历史纲要（上）》 第五单元　晚清时期的内忧外患与救亡图存 第15课　两次鸦片战争 第16课　国家出路的探索与列强侵略的加剧 第17课　挽救民族危亡的斗争

2022年版初中课标与2011年版初中课标相比，学习内容要求基本一致，但从能力要求上看，2022年版初中课标要求更高，2011年版初中课标通过“知道”“列举”“了解”等行为动词提出要求，而2022年版初中课标要求在掌握必备知识的前提下，通过“认识”“初步认识”等行为动词考查学生对关键能力的把握。就初中与高中课标对比而言，初中课标更多从局部方面来了解近代西方侵华的过程；高中课标则强调从长时段、多维度视角认识列强侵华的影响，同时更加注重整体把握和历史探究。本课时属于跨单元整合教材的内容，包括第15课“两次鸦片战争”一目，第16课“边疆危机与甲午中日战争”一目，第17课“八国联军侵华”一目。本课时的一个难点，在于经过知识重组后，内容纵跨原有的3个课时，对于基础知识较为薄弱或是缺乏预习习惯的学生来说学习起来较为困难。结合初中与高中课标要求、教材内容和学生认知水平的层次特点，本课时的教学重点应放在以下两个方面：一是在课时教学主题“变局与阵痛：大变局下看中西文明的碰撞”指引下，从整体上把握本课时的线索脉络；二是从世界大变局的时空视角下认识中西方关系的变化。

三、教学目标分析系统：课时核心目标及其分解

（一）课时核心目标

运用唯物史观理念，通过中西方历史发展进程对比，从工业文明发展及世界局势变化的角度理解近代列强侵华的必然性；通过史料分析，认识近代列强侵华与中国半殖民地半封建社会形成的关系；从唯物史观和辩证法的角度理解列强侵华重大历史事件之间的前后联系，从长时段视角把握列强侵华呈现的阶段特征；通过史料分析和问题思考，正确认识列强侵华的性质和目的；厘清列强侵华的主观动机与近代文明传播的客观效果之间的复杂关系。

（二）课时目标分解

1. 必备知识

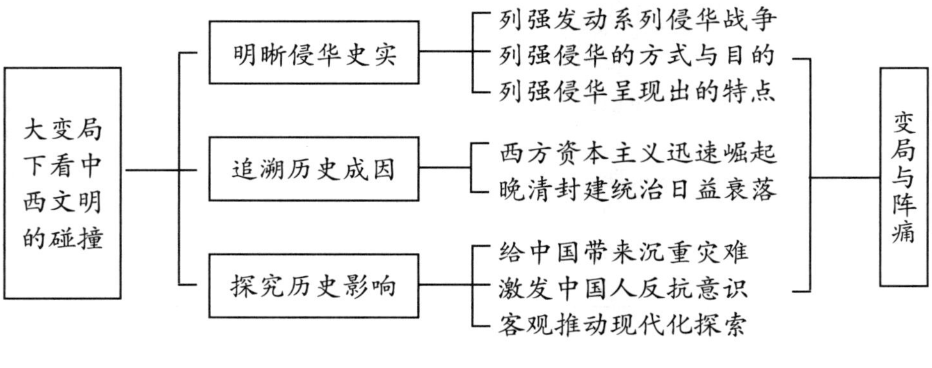

2. 关键能力

（1）获取历史信息能力：从教材第101页《19世纪末帝国主义列强在华划分势力范围示意图》中获取甲午中日战争后近代中国面临严重民族危机的历史信息。从教材第107页的“史料阅读”中获取战败后的中国被迫签订了丧权辱国的《辛丑条约》及晚清政府逐渐丧失自我革新能力的历史信息。

（2）逻辑思维能力：从西方资本主义发展历程解释列强侵华的阶段特征。能够从时代大变局的视角认识近代西方文明的崛起与晚清中国封建制度的衰落。理解西方列强侵华与中华民族危机不断加深、近代中国半殖民地半封建社会逐渐形成之间的关系。

（3）辩证思维能力：能够从国际、国内背景和历史、现实因素分析近代中国逐步沦为半殖民地半封建社会的原因和历程。通过史料分析和问题思考，在唯物史观指导下能够从多维度视角认识列强侵华的影响。

3. 核心价值

本课时以大变局下西方文明迅速崛起对近代中国产生强烈冲击为主题线索，通过引用史料、设置问题和分组讨论，培育学生时空观念、历史解释和家国情怀的素养。在掌握列强侵华基本史实的前提下，通过史料实证，引导学生运用唯物史观分析列强侵华带来的影响，培育正确的历史观和文化观。通过课堂学习和个人感悟，理解近代中国备受奴役的历史原因，认识到"落后就要挨打"的道理，增强学生忧患意识和振兴中华的历史使命感。

四、教学过程分析系统

课时教学设计　变局与阵痛：大变局下看中西文明的碰撞

【导入环节】通过影视作品导入。

【材料呈现】展示《印象·中国近代史》影视作品中的中国近代历史。

【关键问题】结合所学知识，用一个关键词概括你对中国近代史的最直观印象并举两三个例子进行说明。

【教师分析】一部中国近代历史，既是一部资本主义列强侵略、奴役中国人民的侵略史，也是一部中国人民不断反抗内外压迫的抗争史，更是一部中国社会各阶级寻求救国真理、改造中国、发展中国的探索史。对于中国近代史，我们要用多维度视角去看待。

【设计意图】用影视作品激发学生兴趣，引发学生思考。引用有关本课时主题的多部影视作品，创设情境，给学生呈现一幅有关近代中国历史的图景，让学生谈谈对中国近代史的认识，从而引出本单元和本课时的教学主题。

【任务一】两种文明的较量：明晰列强侵华的具体史实。

【关键问题】近代前期列强侵华有何手段和特点？

【材料呈现】

材料一

战争名称	鸦片战争	第二次鸦片战争	甲午中日战争	八国联军侵华战争
起止时间	1840—1842年	1856—1860年	1894—1895年	1900—1901年
发动国家	英国	英法、美俄（帮凶）	日本	英、美、法、德等11个国家
屈辱条约	《南京条约》	《北京条约》《天津条约》等	《马关条约》	《辛丑条约》

续表

战争名称	鸦片战争	第二次鸦片战争	甲午中日战争	八国联军侵华战争
获得特权	协定关税、领事裁判权等	内地传教、鸦片贸易合法化等	在口岸投资设厂等	禁止华北科考5年、禁止中国人反帝等
战争赔款	2 100万银元	1 800万两白银	2.3亿两白银	本息共计9.82亿两白银
开放口岸	广州、厦门、福州、宁波、上海	牛庄、登州、台南、淡水、潮州、琼州、汉口、九江、南京、镇江等	苏州、杭州、重庆、沙市	—
割让领土	香港岛	九龙司地方一区	辽东半岛、台湾全岛及所有附属各岛屿、澎湖列岛	—
中国社会性质	开始沦为半殖民地半封建社会	半殖民地半封建社会程度进一步加深	进一步把中国社会推向半殖民地半封建社会的深渊	完全陷入半殖民地半封建社会的深渊

——整理自李侃等《中国近现代史》等

【问题设计】整体把握列强侵华的基本史实、手段、特点。

1. 让学生用“5W”[When（何时）、Who（何人）、Why（何因）、What（何事）、How（结果）]要素来描述一场列强侵华的战争。

2. 采用学习小组形式让学生概括列强侵华的主要手段及特点。

3. 为何《辛丑条约》中没有割地的要求？这反映的深层次的原因是什么？

【教师分析】描述一场战争，要涵盖事件相关要素，而且要体现出各要素之间的逻辑关系，如对鸦片战争的描述：1840年，英国为了打开中国市场并企图把中国变成其原料产地和商品倾销市场，悍然发动鸦片战争，结果中国战败，被迫签订丧权辱国的《南京条约》，中国开始沦为半殖民地半封建社会，中国由此进入近代史时期。对于列强侵华的主要手段和呈现特点，我们要学会多角度分析，就手段而言，可以从政治、经济、思想、军事等方面分析；而列强侵华呈现的特点可从发动者、阶段特征、手段、范围、影响和目的等方面进行思考。

【设计意图】采用表格的方式呈现材料，便于学生梳理史实，构建本课时的整体知识框架。设置的问题由浅入深，通过个别学生回答引导其他学生回忆初中所学知识，而对于较难的知识点则采用小组合作探究、分享学习成果的方式，从而更有利于彰显学生的学习主体地位。同时设置相关问题，为引出下一个学习任务做铺垫。

【任务二】中西文明的走向：追溯近代中国落后的历史成因。

【关键问题】17—19世纪中国与西方的发展方向有何不同？

【材料呈现】

材料二

时间	中国发展情况	西方发展情况
17世纪	明朝中后期开始，美洲白银大量流入中国 1662年，郑成功收复台湾 1686年，广州设立“十三行”	1602年，荷兰东印度公司成立 1640年，英国资产阶级革命爆发 1687年，《自然哲学的数学原理》出版
18世纪	1729年，雍正帝设立军机处 1782年，《四库全书》编成 1793年，马戛尔尼使团通商要求被拒	1776年，亚当·斯密发表《国富论》 1785年，瓦特改进蒸汽机 1789年，法国通过《人权宣言》
19世纪	1813年，爆发天理教反封建农民起义 1840年，第一次鸦片战争爆发 1861年，清政府设立总理各国事务衙门	1848年2月，《共产党宣言》发表 1861年，美国内战爆发 1871年，德国完成统一

——整理自吴于廑、齐世荣主编《世界史》等

【问题设计】根据上表并结合教材第90—91页的内容，概括17—19世纪中国与西方的不同。通过材料分析后思考，因文明发展的不同，西方就可以理所当然地入侵中国吗？西方资本主义国家来到中国到底出于怎样的目的？又给中国带来了什么影响？

【教师分析】鸦片战争前后中西方文明的不同主要体现在政治、经济、思想文化、外交和社会等方面，归纳起来就是当时的中国“器”不如人、“制”不如人、“术”不如人、“兵”不如人，而这些差距的背后实质上折射的是千年未有之变局下中西方国力的悬殊和社会形态的不同走向：西方资本主义工业文明的迅速崛起，而晚清的中国传统封建制度日益走向衰落。文明形态的差异与不同固然有之，但这是西方国家和近代中国发生碰撞的根本原因吗？

【设计意图】通过对表格分析，引导学生从长时段、多维度的视角认识中西文明的差异，同时运用唯物史观理论，理解经济基础与上层建筑之间的辩证关系。通过问题链的设置，引发学生思考，激发学生学习兴趣，培养学生独立思考的能力，同时为后面内容的学习做铺垫。

【任务三】文明碰撞的思考：探究列强侵华的历史影响。

【关键问题】近代列强侵华的本质是什么？列强侵华对中国社会有何影响？

【材料呈现】

材料三　当中国人实行一种激烈的禁烟运动而使危机加剧的时候，战争果然就来到了；可是它并不是为了维持鸦片贸易而进行的斗争，它不过是一个持续了二十年，并且要决定东方和西方之间应有的国际和商务关系的斗争的开端。

——［美国］马士《中华帝国对外关系史》

材料四　甲午战争是日本对中国赤裸裸的侵略，为了给自己的侵略寻找借口，日本大造“文野之战”的舆论，将自己装扮成一个正义的卫士，为其侵略行径蒙上了“正义”的面纱。

——秦海侠、徐初波《甲午战争中日本舆论宣传历史考察及启示》

材料五　不平等条约有形形色色，但每一个都使中国丧失利益，外国单方面得到利益。这里所说的利益，有有形的、现实的，如中国割让土地、支付赔款等；有无形的、潜在的，如外国在华取得种种特权、特殊便利等；有的重在一时，有的作用久远。

——摘编自张振鹍《论不平等条约——兼析〈中外旧约章汇编〉》

【问题设计】概括材料三、材料四的观点，我们应如何正确理解这些观点？材料五告诉了我们什么道理？近代列强的到来到底是带来了文明还是灾难？对他们口中所说的“文明开化”，我们又应该怎样正确认识和看待？

【教师分析】材料三和材料四的观点是站在殖民主义的立场，这是西方霸权主义价值观念的体现，是在推卸战争责任，掩盖侵略性质。对于列强侵华的历史，我们不能被西方话语霸权体系束缚。近代列强的侵华导致中国逐步沦为半殖民地半封建国家，更是导致了近代中国长期的落后和贫困。政治上，列强发动侵略战争，严重践踏了中国的国家主权；经济上，控制了中国的经济命脉，不利于中国近代经济的发展；文化思想上，破坏中华文明遗产，传播西方宗教，麻痹中国人民的思想；军事上，无视中国人民的基本生存权，疯狂掠夺中国财富和人民财产。列强侵华是为了满足自身的利益需求，它是不可能真正让中国走向发展和推动社会转型的。因此，近代列强虽然客观上推动了中国近代化，但这是建立在西方列强对中国的殖民掠夺和残酷压榨之上的。

【设计意图】通过对近代西方殖民者的分析和评价，运用多则史料从不同角度分析列强侵略战争给近代中国带来的沉重灾难，培养学生树立正确的历史观和世界观，提高学生的理解和辨析能力。

【课堂小结】历史回响的感悟：增强时代使命。

【问题设计】为避免近代历史的悲剧再次重演，助力中华民族伟大复兴，通过本课时的学习，请你从个人、国家和世界三个角度中任选一个，谈谈你的看法和感悟。

【教师分析】一百多年前，欧美国家通过殖民扩张和疯狂掠夺促进了自身的发展，并在世界范围内构建了以欧美国家价值观为核心的话语霸权体系。直到现在，西方国家依然推行霸权主义，粗暴干涉别国内政，在处理国际事务中采用双重标准。从本质上讲，西方还是一百多年前的西方，但是现在的中国已经不是一百多年前的中国。在中国共产党的领导下，中国人民最终推翻了三座大山并建立起了人民当家作主的新中国，通过改革开放强国之策的推动，国家的发展与民族的复兴值得国人骄傲。但是，我们也要始终保持居安思危的意识，从人类命运共同体的角度看待中国的崛起，从国家民族未来发展的方向去奋斗，时刻不忘作为一名学生、一个中国人应担当的使命和责任。

【设计意图】通过史料的横向与纵向联系的对比，同时从历史与现实、中国与世界、个人与国家的视角分析和思考，培养学生的大历史观和国际视野。引导学生通过课堂学习和个人感悟，深刻理解历史教训，增强对国家、民族的历史使命感和社会责任感。

五、教学评价分析系统

（一）学业质量水平划分

水平1：了解17—19世纪西方近代化纵深发展的历程；知道鸦片战争前后中西方文明不同发展的走向；梳理近代前期列强侵华的基本史实；了解近代列强强迫中国签订不平等条约的内容。（唯物史观、时空观念、历史解释）

水平2：从国际视野的视角把握列强侵华的阶段特征，培养时空观念；理解近代西方资本主义发展与列强侵华之间的内在逻辑关系；掌握西方文明冲击下中国社会发展变化的重大表现；从不同角度、不同层次勾画出列强践踏中国主权，使中华民族陷于严重危机的历史轮廓；能够通过本课时的学习，理解近代前期中国社会剧烈变动的原因及影响，深刻体会世界近现代化发展的浪潮。（唯物史观、时空观念、史料实证、家国情怀）

水平3：通过中西方历史发展进程对比，从工业文明发展及世界局势变化的角度理解列强侵华的必然性；通过史料分析，认识列强侵华与中国半殖民地半封建社会逐渐形成的关系；运用唯物史观理论，从长时段视角把握列强侵华呈现的阶段特征；通过史料解读和问题思考，正确认识列强侵华的性质和影响。（时空观念、唯物史观、历史解释、史料实证、家国情怀）

水平4：通过对比中西方文明碰撞后中国的悲惨历史遭遇，树立正确的世界观和民族观，增强历史使命感和时代责任感；通过对比一百多年前后中国国际地位的巨大变化，认识到独立自主与对外开放的重要性，增强民族自尊心和自信心；注意历史和现实相结合，树立积极的人生观和价值观。（时空观念、历史解释、家国情怀）

（二）学业质量水平测试

阅读材料，回答下列问题。

材料　《南京条约》之后，中国社会一步步地沦为半殖民地。这是一个量变的过程。但量变中有局部的质变，过程因此而显出了阶段性。庚子和辛丑之交是一个阶段的结束和另一个阶段的开始。半殖民地的深化在这里表现为半殖民制度的确立。它意味着旧式的民族反抗和斗争已经难以改变中国的命运了……总理各国事务衙门改为“班列六部之前”的外务部，是这个时候列入和约的中国政治机构嬗变。这种嬗变不无新旧代谢的意思，然而它的实现又是战败之后外力强逼的结果。因此，新陈代谢同时又表现为半殖民地化过程中更深的沉沦。

——摘编自陈旭麓《近代中国社会的新陈代谢》

（1）根据材料并结合所学知识，指出导致近代中国逐步沉沦的重大历史事件。

（2）根据材料并结合所学知识，谈谈你对近代中国社会新陈代谢的认识。

【评价说明】

题号	答题思路	学业质量水平描述
（1）	本题设问要求根据材料并结合所学知识作答，需要学生从纵向上思考自1840年鸦片战争以来中华民族所经历的重大侵略事件。已经具备初中历史知识的学生应掌握了这四场重大侵略战争。	1-3　能够从所获得的史料中提取有关的信息。 2-2　能够将某一史事定位在特定的时间和空间框架下；能够运用各种时间术语描述过去。
（2）	第（2）问相对较难，认识近代中国社会的转型，必须将其放到世界工业革命拓展的大背景下。一方面，西方列强扩张需要开疆拓土把全球变为其殖民地；另一方面，闭关锁国使得中国长期落后于西方。这种转型对中国人民而言是一场深重的灾难，但一定程度上推动了中国近代化的发展。	2-3　能够在对史事与现实问题进行论述的过程中，尝试运用史料作为证据论证自己的观点。 2-4　能够选择、组织和运用相关材料并使用相关历史术语对具体史事做出解释。

参考答案

（1）历史事件：鸦片战争导致中国逐步沦为半殖民地半封建社会，第二次鸦片战争使中国半殖民地半封建社会的性质进一步加深，甲午中日战争进一步把中国推向半殖民地半封建社会的深渊，八国联军侵华战争致使中国完全陷入半殖民地半封建社会的深渊。

（2）认识：近代中国社会的嬗变转型与西方文明冲击密切相关；近代中国社会转型经历了一个艰难发展的历程；西方文明对中国社会产生了双重影响。

李剑海　玉林高级中学

单元案例九
辛亥革命与中华民国的建立

扫码观看教学视频　扫码观看教学视频

清末民初，中国经历着重大社会转型，革命与革新成了时代的主旋律，但革新与守旧并存，展现出新旧交替、现代与传统的剧烈对抗。一方面，辛亥革命所追求的资产阶级民主政治制度在形式上得以确立，同时社会经济、思想文化、社会习俗等方面呈现出革新的气象；另一方面，守旧派、旧官僚混入革命队伍，加之传统封建专制文化的基因早已深入骨髓，北洋军阀统治时期陷入了历史倒退的阴霾。

本单元以“新旧交替下的革命与革新的赛跑”为教学主题。依托辛亥革命及北洋军阀统治的相关史实，引导学生对这一时期的社会面貌进行整体认知，从辛亥革命、中华民国的成立、维护民主制度的斗争、民族资本主义工业出现“短暂的春天”、新文化运动、社会习俗的变迁等方面理解“革命与革新”，体会辛亥革命的伟大功绩，认识新文化运动对近代中国思想解放的影响。从北洋军阀的专制统治和军阀割据，看到历史倒退的状况，从而辩证地看待北洋军阀统治时期的政治黑暗、经济繁荣和文化进步，体会孙中山、陈独秀等人为探索国家新出路所付出的艰辛努力，感悟当代中学生在民族复兴之路上应肩负的历史使命。

◎单元教学设计

新旧交替下革命与革新的赛跑

一、教学内容分析系统：单元教学主题的提炼

（一）提出的依据

1. 课标依据

教材中第六单元内容为“辛亥革命与中华民国的建立”，新课标对本单元的课程内容要求是：了解孙中山三民主义的基本内容，理解辛亥革命与中华民国建立对中国结束帝制、建立民国的意义及局限性；了解北洋军阀的统治及特点；概述新文化运动的主要内容，探讨其对近代中国思想解放的影响。

依据新课标的课程内容要求，本单元有两个学习重点：一是辛亥革命，围绕辛亥革命的指导思想、具体过程和评价展开。“了解孙中山三民主义的基本内容”就是要了解辛亥革命的理论依据与指导思想；“理解辛亥革命与中华民国建立对中国结束帝制、建立民国的意义及局限性”则要求了解辛亥革命的过程，即通过对结束帝制、建立民国的意义及其局限性三个要点，引导学生了解辛亥革命的过程，并能从正反两个方面进行评价。二是北洋军阀统治时期的政治、经济和文化，通过了解北洋军阀统治的特点，认识辛亥革命的局限性，理解新文化运动思想革新的必要性。

辛亥革命具有伟大的历史意义，同时其成果又被以袁世凯为首的封建顽固势力所占有。从这个结果上看，辛亥革命并未完成其历史使命，它是“一场成功的革命也是一场失败的革命”，成功和失败各有其角度，也各有其对应的历史解释，这是一场充满矛盾的革命。辛亥革命后创立了中华民国，在社会经济、政治、文化、礼俗等方面都表现出欣欣向荣的革新气象。然而，社会思想依然充斥着落后的观念，社会面貌也表现出革新与守旧并存的困局。因此，政治革命与社会革新是这一时期的主旋律，因这一时期的特殊性，呈现出新旧交织、步履维艰的困顿局面。

2. 教材依据

本单元上承教材第五单元“晚清时期的内忧外患与救亡图存”的内容，下接第七单元“中国共产党成立与新民主主义革命兴起”的内容，横向比较世界现代化潮流，帝国主义的扩张与殖民地的民族民主斗争，具有承上启下的作用。本单元的主要内容是辛亥革命及北洋军阀统治下的政治、经济与文化。辛亥革命是救亡图存、探寻国家出路的继续发展，是现代化探索的一座丰碑，同时也是中国人赓续革命新历史的重要起点。民国初期，在政治、经济和文化等方面取得了重要

成就，反映了时代的伟大进步，但由于中国依然处在半殖民地半封建社会，这些成就又表现出新旧交替背景下特有的困顿。新文化运动应运而生，一方面，民主科学观念得到较为广泛的宣扬；另一方面，后期宣传马克思主义成为先进的中国人寻求苏俄模式的重要契机，开启了中国共产党探求救国道路的新历程。

1901年，清政府也试图通过新政自救，而此时民间已经酝酿着革命的思潮，正可谓“革命与革新的赛跑”。但清政府借改革政治之名，行封建专制之实的丑恶嘴脸，使得改革赛道上的许多力量抛弃幻想，倒向了革命。革命派一方面加强科学理论建设，形成三民主义的指导思想；另一方面加强组织建设，成立中国同盟会。以先进的理论和成熟的组织形式为前提，一系列的起义斗争成为动摇清朝统治基础的革命先声，革命势力最终万川入海汇集成1911年的辛亥革命。辛亥革命成功之后，袁世凯玩弄权术，最终使辛亥革命的成果落到北洋军阀之手，在帝制与共和的较量中，历史出现了整体进步和暂时倒退的现象。辛亥革命创造了历史的丰功伟绩，也存在历史局限性。其丰功伟绩体现在政治的民主化进程、经济的欣欣向荣和社会生活的诸多新气象，但同时，袁世凯复辟帝制，北洋军阀割据混战，也让更多人意识到辛亥革命的政治变革并未能寻求到解救中国的正确道路，于是新文化运动拉开帷幕。

根据以上分析，把教学重点定为：一是辛亥革命，包括孙中山的革命思想（三民主义）及其实践和辛亥革命的影响，突出革命的主题。二是新文化运动，民国时期政治的黑暗是新文化运动产生的现实原因，而其经济的发展又为民族资产阶级队伍的壮大创造了条件，新文化运动的“革新”思想促进了近代中国的思想解放。辛亥革命的“革命”以及新文化运动的“革新”，都是在当时特有的新旧交替的时代大背景下，综合各方面因素作用的结果，在保守与进步的张力中，在守旧与革新的对峙里，构成了中国近代史上极其特殊的一幅“困顿”的历史画卷。

3. 学术依据

徐蓝在《对教师使用统编高中历史教材的一些建议》中指出：“要充分理解和讲述近代外部世界对中国社会带来的变化和对中国历史发展的影响，有意识地引导学生认识近代中国的民族苦难是国内专制统治的腐朽黑暗和西方列强入侵造成的；认识捍卫国家主权和民族尊严是中华民族的优良传统；知道救亡图存和实现现代化是近代中国人民奋斗的基本目标；知道民族民主革命的艰巨性……”

罗荣渠在《现代化新论——世界与中国的现代化进程》中指出：“近百年来中国现代化的过程，是从被动适应世界现代化挑战到逐步主动迎接挑战的过程。中国全民族对现代化思想的觉醒及其认识的成熟程度，取决于对现代世界及其发展趋势的认识程度。在清代锁关闭国之时，所谓‘睁眼看世界’，其实只是从一个窄缝中远远望几眼而已。辛亥革命后，大开门户，西方思潮汹涌而入……”杨天石在《帝制的终结：简明辛亥革命史》中指出：“辛亥革命结束了君主专制制度在中国的统治，揭开了民主共和的新一页。从此，中国不再被称为‘帝国’，而称为‘民国’。由‘帝’而‘民’，标志着国家性质以及人们地位的变化。”由上述表明，辛亥革命是一场伟大的革命，更是一次深刻的社会变革。

在辛亥革命之后，中国社会面临着巨大的转型，但这种转型始终又在新旧交替的困局中进行。

新文化运动给中国传来了马克思主义，中国寻求到了“以俄为师”的救国道路。陈旭麓在《近代中国社会的新陈代谢》中指出：“从辛亥革命到五四运动是一个历史转型时期。一方面，二次革命、护国运动、护法战争以几度余波显示了旧民主主义革命的落幕；另一方面，发端于旧民主主义革命的新文化运动又直接启导和衔接了新民主主义革命……‘五四’以后，社会主义思潮成为新文化运动的主流。”

这些史学家的研究成果为确定本单元教学主题提供了重要理论依据。根据史学家们的研究成果可知，这一时期的时代主题是“革命与革新”，社会在革命与变革中艰难前行，呈现出“新旧交替时代”背景下的困顿局面。

（二）单元教学主题

辛亥革命是近代中国比较完全意义上的反帝反封建的民族民主革命，它推翻了清王朝，结束了中国两千多年的君主专制制度，建立了资产阶级共和政体，促使社会经济、思想文化和社会风俗等呈现出一派革新气象，是现代化探索的一座丰碑。然而，由于北洋军阀统治时期的政治黑暗、军阀割据和民智未开，这种革新气象又表现出许多“新中有旧”的矛盾。先进的中国人继续探索救亡图存、探寻国家出路，捍卫民主共和的斗争、新文化运动成为这一时期中国人赓续革命和革新的历史新起点。综上所述，本单元的单元教学主题确定为“新旧交替下革命与革新的赛跑”。

二、学情分析系统：初中与高中教学衔接分析

比较项目	初中课标		高中课标
	2011年版课标	2022年版课标	
课标中的课程内容要求	了解孙中山早年的革命活动，知道孙中山是中国民主革命的先行者；了解武昌起义和中华民国成立的史实，认识辛亥革命的历史意义。 知道袁世凯独裁统治和复辟帝制的史实；了解北洋军阀混战的黑暗局面。 知道陈独秀、胡适等新文化运动的代表人物，了解新文化运动在中国近代思想解放运动中的地位和作用。 了解民国以来剪发辫、易服饰等社会习俗方面的变化。	1.2 辛亥革命与中华民国的建立 通过了解孙中山等民主革命先行者早年的革命活动、武昌起义及中华民国成立的史事，认识辛亥革命的历史意义及局限性；知道民国初期北洋军阀的统治；了解新文化运动的基本内容；知道陈独秀、李大钊、胡适、鲁迅等新文化运动的代表人物，认识新文化运动在中国近代思想解放运动中的地位和作用。 1.3 近代社会生活变化 通过了解张謇兴办实业的典型事例，知道近代中国民族工业发展的艰辛历程；通过了解开办京师大学堂、废除科举制度等近代新式教育发展的主要史事及民国以来社会生活的变化，知道中国走向现代化的曲折过程。	1.8 辛亥革命与中华民国的建立 了解孙中山三民主义的基本内容，理解辛亥革命与中华民国建立对中国结束帝制、建立民国的意义及局限性；了解北洋军阀的统治及特点；概述新文化运动的主要内容，探讨其对近代中国思想解放的影响。

比较项目	初中教材	高中教材
部分教材课时设置	《义务教育教科书　中国历史　八年级　上册》 第三单元　资产阶级民主革命与中华民国的建立 第8课　中国同盟会 第9课　辛亥革命 第10课　帝制复辟与军阀割据 第四单元　新民主主义革命的兴起 第11课　五四运动	《普通高中教科书　历史　必修　中外历史纲要（上）》 第六单元　辛亥革命与中华民国的建立 第18课　辛亥革命 第19课　北洋军阀统治时期的政治、经济与文化

与2011年版初中课标相比，2022年版初中课标保持了内容的基本稳定性，增加了对辛亥革命局限性的认识、了解民族工业发展与开办京师大学堂、废除科举制等近代新式教育发展主要史事的要求。高中课标与初中课标相比，基本内容保持一致，但增加了对了解北洋军阀统治特点的要求。

从教材编写来看，初中教材重在了解历史事件和历史现象，但对历史事件及历史现象的认识还没有上升到理性的高度，而高中教材则侧重分析原因和影响。

高中教材的编排更注重整体性、综合性、思辨性，把4个课时整合为2个课时，体现了纲要宏大叙事的编写特点。对比初中教材，高中教材第18课增加了辛亥革命局限性的有关内容。第19课将初中的2个课时的内容整合在一起，强调政治、经济与文化三者的整体性和关联性。在教学中，需要我们抓住“新旧交替下革命与革新的赛跑”这一单元主题，整合教材内容、要目，深挖教材内容主旨，通过图片、文字等材料，创新情境，任务驱动，层层深入，引导学生在课堂上全程参与和深度学习，通过探究学习，落实核心素养和立德树人的育人目标。

三、教学目标分析系统：单元核心目标及其分解

（一）单元核心目标

学生通过梳理辛亥革命和北洋军阀统治时期的基本史实，认识辛亥革命在近代中国救亡图存、探索国家出路中的丰功伟绩；了解北洋军阀统治时期政治黑暗、军阀混战、民族工业短暂发展、社会生活呈现新气象；在“革命与革新”的视角下，理解新文化运动兴起的原因及历史意义与现实价值；通过对孙中山、陈独秀等人物的了解，感悟其家国情怀，形成开放的国际视野和世界意识。

（二）单元目标分解

1. 必备知识

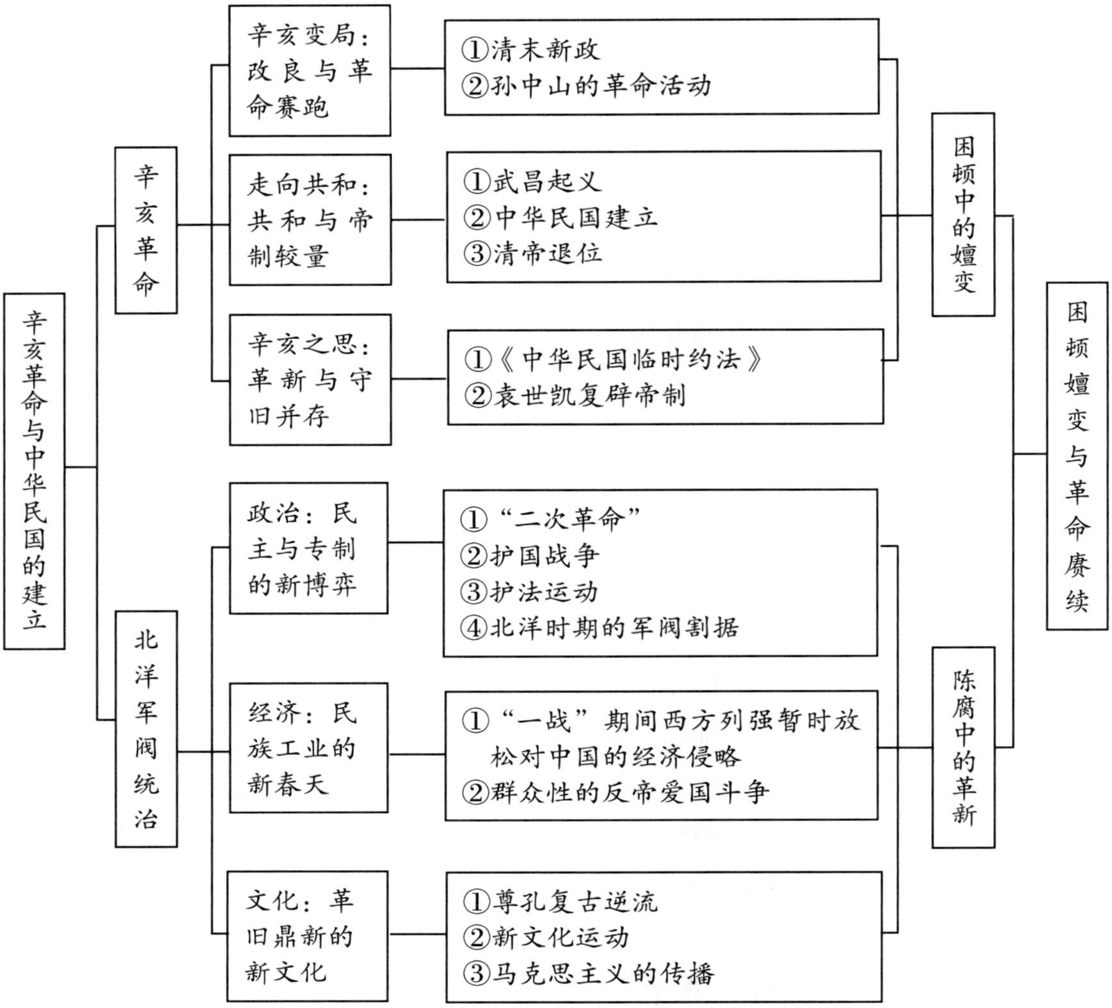

2. 关键能力

（1）获取历史信息能力：能够依据史料，尝试从多种渠道获取信息，了解三民主义、同盟会、辛亥革命、《中华民国临时约法》、袁世凯复辟帝制、民族资本主义的发展、社会革新的表现、新文化运动等基本史实。

（2）历史阐释能力：在了解辛亥革命、北洋军阀统治、新文化运动的相关史实基础上，能够解释辛亥革命爆发的必然性和偶然性，能够说清楚北洋军阀政府统治时期既有进步性又有局限性的“困局”出现的历史原因。

（3）历史思维能力：在唯物史观指导下能够理解辛亥革命既是成功的又是失败的双重含义。能够理解北洋军阀政府统治时期既有其进步性，又有其局限性的双重特点。能够将新文化运动放在中国探索救国道路的纵向历程来思考其历史价值。

（4）历史探究能力：能够对辛亥革命、新文化运动的影响及辛亥革命、新文化运动后民族复兴问题进行独立探究，并能运用材料对所探究的问题进行论述。

3. 核心价值

（1）通过学习辛亥革命，认识其是中国现代化发展的里程碑，推动了中国社会的嬗变转型。同时认识中国现代化具有后发外生性、曲折性的特点，是由中国悠久的政治、经济、文化传统决定的。

（2）通过学习新文化运动及了解向西方学习的史实，认识其对近代中国思想解放的重要作用，坚持弘扬优秀传统文化、坚定文化自信。

（3）通过对孙中山、陈独秀等人物事迹的了解，感悟其家国情怀和担当意识，增强民族自尊心和自信心，形成开放的国际视野和世界意识。

四、教学过程分析系统

单元教学设计　新旧交替下革命与革新的赛跑		
课题名称	**学习任务**	**关键问题**
课时教学设计1 困顿中的嬗变：从辛亥革命看近代中国社会的新陈代谢	【任务一】改良与革命赛跑：认识辛亥变局中历史的偶然与必然。 【任务二】共和与帝制较量：理解走向共和过程中历史的前进与反复。 【任务三】革新与守旧并存：正确评价辛亥革命和民国建立的历史功绩。	1. 辛亥革命的爆发有哪些偶然性和必然性？ 2. 辛亥革命有哪些政治构想和功绩？ 3. 辛亥革命有哪些历史意义和局限性？
课时教学设计2 陈腐中的革新：北洋军阀时期的政治、经济与文化	【任务一】民主与专制的新博弈：了解孙中山领导的维护民主制度的斗争。 【任务二】民族工业的新春天：分析民族工业短暂发展的内外因素。 【任务三】革旧鼎新的新文化：体会新文化运动思想变革的伟大力量。	1. 北洋军阀统治时期的政治特点是什么？革命党人为捍卫民主做出了哪些努力？ 2. 民国初年民族工业发展的原因有哪些？这一时期民族工业的发展对近代中国民主革命有何影响？ 3. 新文化运动对近代中国思想解放有何影响？

五、教学评价分析系统

（一）学业质量水平划分

水平1： 了解辛亥革命、北洋军阀统治、新文化运动等重大事件的基本内容，尝试从媒体、图书、影视等平台获取与近代中国发展相关的史料，并能够从史料中提取有关信息，对中国社会转型和现代化进程有所了解。（唯物史观、时空观念、史料实证）

水平2： 通过阅读史料，从政治、经济、思想等角度分析辛亥革命爆发、新文化运动兴起的背景。通过史料分析，解释三民主义、《中华民国临时约法》、新文化运动的影响等，学会对相关史料进行阐释。理解近代中国从经济、政治再到思想文化学习西方的渐进性。（唯物史观、时空观念、史料实证、历史解释）

水平3： 通过史料辨析，用唯物史观，在时空构架下评价辛亥革命、新文化运动的影响，分析新旧交替时代革命与革新困顿的原因，认识中国现代化具有后发外生性、曲折性的特点，是由

中国悠久的政治、经济、文化传统决定的。（唯物史观、时空观念、史料实证、历史解释）

水平4：把本单元内容放到世界现代化发展的潮流和中华民族伟大复兴的视野中，认识辛亥革命和新文化运动在推动中国社会嬗变转型的重要作用，感悟孙中山、陈独秀等时代担当者的家国情怀和责任担当，坚定文化自信，形成正确的世界观和价值观，实现立德树人的教育目标。（唯物史观、时空观念、历史解释、家国情怀）

（二）学业质量水平测试

阅读下面材料，回答问题。

材料　所谓立宪政体，所谓国民政治，果能实现与否，纯然以多数国民能否对于政治，自觉其居于主人的主动的地位为唯一根本之条件。自居于主人的主动的地位，则应自进而建设政府，自立法度而自服从之，自定权利而自尊重之。倘立宪政治之主动地位属于政府而不属于人民，不独宪法乃一纸空文……共和立宪而不出于多数国民之自觉与自动，皆伪共和也，伪立宪也，政治之装饰品也，与欧美各国之共和立宪绝非一物。

——陈独秀《吾人最后之觉悟》

（1）根据材料，概括陈独秀关于实现民主政治的主张。

（2）根据材料并结合所学知识，简评陈独秀关于实现民主政治的主张。

【评价说明】

题号	答题思路	学业质量水平描述
（1）	依据材料“以多数国民能否对于政治，自觉其居于主人的主动的地位为唯一根本之条件”，归纳得出陈独秀认为民主政治实现的前提是民众是否有国家主人翁意识。依据材料“自居于主人的主动的地位，则应自进而建设政府，自立法度而自服从之”，得出陈独秀主张国民应该有政治参与行为和法治精神。“共和立宪而不出于多数国民之自觉与自动，皆伪共和也，伪立宪也”主张民主政治的实施要多数国民的参与。	1–3　能够从所获得的史料中提取有关的信息。 1–4　能够有条理地讲述历史上的事情，概述历史发展的基本进程。 2–2　能够将某一史事定位在特定的时间和空间框架下；能够运用各种时间术语描述过去。
（2）	能够依据材料评价陈独秀的政治主张。主要是肯定其民主主张的价值，同时看到其主张的理想主义色彩。	2–2　能够将某一史事定位在特定的时间和空间框架下；能够运用各种时间术语描述过去。

参考答案

（1）主张：认为民主政治实现的前提是民众是否有国家主人翁的意识；主张国民应该有政治参与行为和法治精神；主张民主政治的实施要多数国民的参与。

（2）评价：陈独秀对民主制度的思考和探索反映了当时先进的中国人探索救国道路的伟大成果；但陈独秀对封建专制传统和当时国内封建势力的认识不足，带有某种程度的空想性。

华春勇　广西民族大学
邓春兰　缪金媚　博白县中学

课时教学设计 1

困顿中的嬗变：从辛亥革命看近代中国社会的新陈代谢

一、教学内容分析系统：课时教学主题的提炼

（一）提出的依据

1. 课标依据

新课标对本课时的课程内容要求是："了解孙中山三民主义的基本内容，理解辛亥革命与中华民国建立对中国结束帝制、建立民国的意义及局限性。"

第一，辛亥革命处在历史交汇的关键点，把它放到大的时空背景下才能看得更加清晰。放眼世界，此时西方资本主义迅速崛起，资产阶级代议制逐步确立完善，工业革命、第二次工业革命接踵而至，主要资本主义国家逐步实现工业化，同时加紧侵略扩张。俄国十月革命的影响以及苏联和共产国际的支持，成为推动中国革命走向新民主主义革命并使之蓬勃兴起的重要因素，从此，中国革命归属新的国际革命阵线。因此，新的国际形势与外部环境成为新民主主义革命之新的必不可少的因素。回眸中国，晚清封建统治危机四伏，从鸦片战争以来，开始面临"千年未有之大变局"，民族危机不断加深，中华民族陷入深重危机。在这样的国内外背景下，中国社会制度的变迁和社会转型注定异常艰难。

第二，从新课标的课程内容要求可知，本课时有两个学习重点，一是了解孙中山三民主义的基本内容。戊戌维新运动的失败，说明改良道路在中国行不通。在《辛丑条约》签订后，遭受重挫的清政府也试图通过"新政"进行"自救"，但其改革自身存在的多重局限也说明清政府不可能为中国找到真正的出路。在这期间，孙中山等革命党人上下求索国家出路，于1905年创建中国同盟会，提出三民主义，明确"要推翻清朝统治，建立资产阶级共和国"的革命目的。从探索救亡图存的道路看，辛亥革命促使中国先进分子由改良走向革命，这是一大转型。二是理解辛亥革命的历史意义和局限性。从革命的结果和影响上看，辛亥革命推翻了清王朝的统治，建立了资产阶级民主共和国，结束了中国两千多年的君主专制制度，开创了中国完全意义上的近代民族民主革命的新局面，促使社会经济、思想文化和社会风俗等方面出现了新气象。从社会发展的角度看，辛亥革命推动了近代中国的现代化，推动了近代中国社会的新陈代谢。然而辛亥革命后只是表面上建立了面目一新的共和制度，社会思想的深层依然充斥着落后观念，其社会面貌也表现出革新与守旧并存的困局，这段时期历史的"面子"与"里子"截然不同，中国制度变革和社会转型仍在困顿中摸索。

19世纪末20世纪初是“亚洲觉醒”时期，资产阶级民族民主意识的觉醒，亚洲资产阶级从改良走上民族民主革命的道路。辛亥革命绝非简单的旧式革命，它有欧美式的坐标和现代化的成分，反映了中国顺应世界潮流和中国社会进步的趋势。

2. 教材依据

本课时上承第五单元“晚清时期的内忧外患与救亡图存”第17课《挽救民族危亡的斗争》。鸦片战争以来，中国各阶级为救亡图存进行了不屈不挠的斗争和探索，可是都失败了。洋务派的“富强梦”、维新派的“改良梦”先后破产，辛亥革命是资产阶级革命派在内忧外患的历史背景下又一次对国家出路的探索。辛亥革命推翻清朝统治，结束君主专制，建立了资产阶级民主共和国，推动近代中国社会的政治民主化，为中国的进步打开了闸门。但没有解决近代中国社会的根本矛盾，没有完成民族独立、人民解放的历史任务。然而，经受过这场革命洗礼的中国先进分子和中国人民继续探索民族复兴的道路，新的更为深刻的革命浪潮即将到来。因此，辛亥革命也是中国人赓续革命的重要历史起点。本课时下启第19课《北洋军阀统治时期的政治、经济与文化》。辛亥革命后，中华民国临时政府未能在短时间内建立起稳定的统治秩序，袁世凯死后，中国陷入了军阀割据混战的局面。这期间，革命党人捍卫共和的斗争、新文化运动、五四运动相继兴起。在北洋军阀统治下，中国社会出现倒退与进步、动荡与曙光并存。辛亥革命是一个革新与守旧并存的艰难探索的转型时期，起着承前启后的作用，是近代中国社会新陈代谢的重要表现。

经过研读教材，把本课时的教学重点定为：一,三民主义及其实践；二，辛亥革命的影响。二者暗含了三民主义与辛亥革命的内在逻辑关系，尤其是三民主义的先天缺陷对辛亥革命结果的影响，并为后续民主革命的发展做铺垫。核心内容是辛亥革命推动了近代中国历史的巨变。

3. 学术依据

徐蓝在《对教师使用统编高中历史教材的一些建议》中指出：“要有意识地引导学生认识近代中国的民族苦难是国内专制统治的腐朽黑暗和西方列强入侵造成的；认识捍卫国家主权和民族尊严是中华民族的优良传统；知道救亡图存和实现现代化是近代中国人民奋斗的基本目标；知道民族民主革命的艰巨性。”王建朗、黄克武主编的《两岸新编中国近代史》指出：“辛亥革命胜利了，它终结了千年不变的王朝轮回，埋葬了腐朽没落的专制皇权，建立了模式一新的中华民国，开创了顺应潮流的共和时代。”陈旭麓在《近代中国社会的新陈代谢》中指出：“从辛亥革命到五四运动是一个历史转型时期。一方面，二次革命、护国运动、护法战争以几度余波显示了旧民主主义革命的落幕；另一方面，发端于旧民主主义革命的新文化运动又直接启导和衔接了新民主主义革命……在这个过程里，各种各样的历史人物曾以自己的认识活动和实践活动表运了自己的选择……‘五四’以后，社会主义思潮成为新文化运动的主流。”

学者们的研究成果为本课时的教学主题提供了重要理论依据。根据史学家们的研究，辛亥革命结束了帝制，建立了资产阶级民主共和国，推动近代中国社会在困顿中嬗变，是中国迈向现代化的一座丰碑。

（二）课时教学主题

戊戌维新运动改良失败和庚子之变后，民族危机加深，以孙中山为代表的资产阶级革命派继续探索国家出路，提出了三民主义，发动武装斗争推翻清朝统治，结束中国两千多年的君主专制制度，建立资产阶级民主共和国，是探索现代化的一座丰碑。从历史背景、救国道路、政治构想，再到革命的结果和影响上看，辛亥革命都加速了近代中国社会的新陈代谢，推动了近代中国社会在困顿中嬗变。基于以上认识，将本课时的教学主题确定为："困顿中的嬗变：从辛亥革命看近代中国社会的新陈代谢"。

二、学情分析系统：初中与高中教学衔接分析

比较项目	初中课标		高中课标
	2011年版课标	2022年版课标	
课标中的课程内容要求	了解孙中山早年的革命活动，知道孙中山是中国民主革命的先行者；了解武昌起义和中华民国成立的史实，认识辛亥革命的历史意义。	1.2　辛亥革命与中华民国的建立 通过了解孙中山等民主革命先行者早年的革命活动、武昌起义及中华民国成立的史事，认识辛亥革命的历史意义及局限性。	1.8　辛亥革命与中华民国的建立 了解孙中山三民主义的基本内容，理解辛亥革命与中华民国建立对中国结束帝制、建立民国的意义及局限性。

比较项目	初中教材	高中教材
部分教材课时设置	《义务教育教科书　中国历史　八年级　上册》 第三单元　资产阶级民主革命与中华民国的建立 第8课　中国同盟会 第9课　辛亥革命	《普通高中教科书　历史　必修　中外历史纲要(上)》 第六单元　辛亥革命与中华民国的建立 第18课　辛亥革命

通过初中与高中课程标准要求和课时设置、教材内容对比，初中与高中课程内容基本一致，但高中教材的编排更注重整体性、综合性、思辨性，把2个课时整合为1个课时。2011年版初中课标要求重在对历史人物和历史事件及其意义的简单了解，2022年版初中课标与2011年版初中课标相比，提出了"认识辛亥革命的局限性"这一更高层次的要求，高中课标增加了对"三民主义的基本内容"的了解，体现了初中与高中历史课程在教学内容、培养学生关键能力、落实历史核心素养等方面的衔接与提升。

学生在初中阶段已经学习了孙中山及其革命活动和辛亥革命的历史意义，但学生了解的多是浅层次的、碎片化的知识，对历史人物和历史事件的辩证分析比较欠缺，学科核心素养有待进一步提高。根据高中课标要求，本课时的学习重点应是对三民主义和辛亥革命影响的理解。高一学生思维活跃，对与现实相关的事物更感兴趣，教师可以通过创设情境、任务驱动，引导学生运用唯物史观，在时空框架下掌握本课时的主要内容，提高学生学科核心素养，落实立德树人的根本任务。

三、教学目标分析系统：课时核心目标及其分解

（一）课时核心目标

以唯物史观为指导，在时空构架下梳理辛亥革命的基本史实，了解资产阶级革命派救亡图存、探索共和出路的历史背景，分析孙中山三民主义的政治构想和辛亥革命的影响。认识到从历史背景、救国道路、政治构想，再到革命的结果和影响上看，辛亥革命都加速了近代中国社会的新陈代谢，推动了近代中国社会的嬗变转型，是推动中国现代化的一座丰碑。通过史料研读、问题驱动等方式，培养学生的历史思维能力和探究能力，提升学生的学科核心素养。

（二）课时目标分解

1. 必备知识

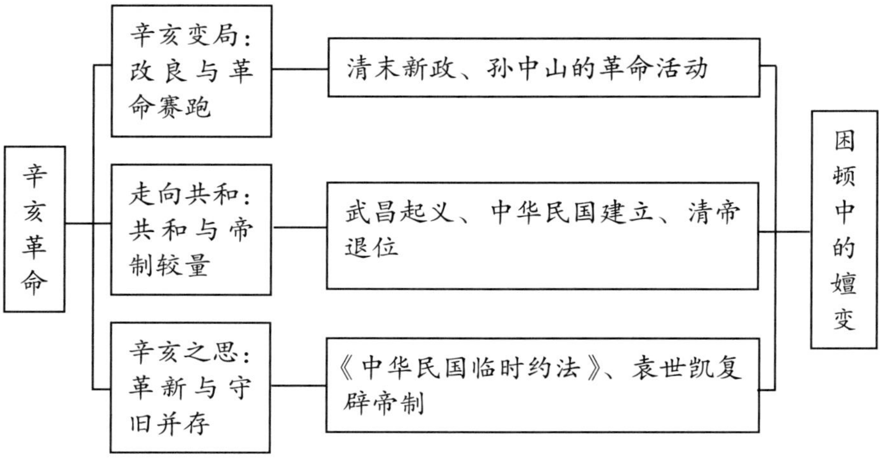

2. 关键能力

（1）获取历史信息能力：能够从多种途径获取史料，并提取有效信息，分析辛亥革命爆发的原因。

（2）历史思维能力：能够运用唯物史观评价辛亥革命，认识辛亥革命加速了近代中国社会的新陈代谢，推动近代中国社会在困顿中嬗变，理解中国仁人志士和中国人民继续探索国家出路、赓续革命的必然性。

（3）历史阐释能力：能够通过史料研读，结合三民主义、《中华民国临时约法》的内容阐释辛亥革命的历史意义和局限性。

（4）历史探究能力：能够对辛亥革命进行独立探究，并能运用史料观点对所探究的问题进行论述，形成个人见解。

3. 核心价值

（1）认识辛亥革命是推动中国现代化的里程碑，推动了近代中国社会的嬗变转型；认识中国迈向现代化的过程中具有后发性、曲折性的特点是由当时的国情决定的。

（2）通过对孙中山等人物的介绍，感悟其家国情怀和责任担当意识，增强“天下兴亡，匹夫有责”的历史自觉，形成开阔的国际视野和世界意识。

四、教学过程分析系统

课时教学设计1　困顿中的嬗变：从辛亥革命看近代中国社会的新陈代谢

【导入环节】一封家书，妻情国爱。

【材料呈现】

材料一　汝体吾此心，于啼泣之余，亦以天下人为念，当亦乐牺牲吾身与汝身之福利，为天下人谋永福也。汝其勿悲！

——林觉民《与妻书》

【问题设计】是什么促使林觉民舍“小家”为“大家”，选择英勇就义？

【教师分析】《与妻书》是林觉民写给妻子的一封绝笔信。他把夫妻恩爱、家庭幸福和国家前途、人民命运紧密联系在一起。信中体现了革命志士为革命赴汤蹈火的英雄气概和对处于水深火热中的祖国深深的爱。林觉民与孙中山、秋瑾等革命志士一起谱写了辛亥革命荡气回肠的历史，辛亥革命是中华民族伟大复兴征程上的一座里程碑。拂去历史的尘埃，让我们一起回望辛亥革命这一段峥嵘岁月。

【设计意图】以学生熟悉的林觉民《与妻书》和林觉民、孙中山等人的相关图片导入，激发学生学习的兴趣，让学生感受到革命者的牺牲精神和爱国精神，在情感跌宕中思考其价值，从而达成“共识”、产生“共情”，增强学生为实现中华民族伟大复兴而奋斗的精神力量，更好地过渡到下一环节的学习。

【任务一】改良与革命赛跑：认识辛亥变局中历史的偶然与必然。

【关键问题】辛亥革命的爆发有哪些偶然性和必然性？

【学生活动】阅读教材，绘制辛亥革命重大事件的时间轴。

【教师分析】19世纪末20世纪初，第二次工业革命如火如荼地开展，列强加紧扩张。甲午中日战争后，列强掀起了瓜分中国的狂潮，八国联军发动侵华战争，日俄战争爆发，中华民族危机日益加剧。当时中国存在着两种救亡的主张，即资产阶级民族民主革命和清政府的自救改革“新政”。但清末“新政”掌握在极度腐败无能的权贵手中，他们的目的是维护君主专制，因此“新政”政权并不能完成救亡图存的历史任务，中国仁人志士和中国人民选择革命是历史的必然。

【设计意图】引导学生把辛亥革命放到世界现代化的潮流视角下研读，形成开阔的世界视野。引导学生立足教材，研读教材，梳理、构建必备知识。在这个过程中，既可以使学生学会如何去阅读教材，整合教材中复杂的知识内容，也能够让学生在感性认识中进行理性思辨，学会独立思考，用正确的历史观看待问题，思考为什么历史选择了革命。通过革命进程的梳理体会和认识革命的曲折与复杂。

【材料呈现】

材料二　武昌发生的那些事，是一场意外，意外里的意外。

——张鸣《辛亥：摇晃的中国》

材料三　腐朽媚外的清政府实在太不得人心了。亡国灭种的威胁和冷酷的生活现实，激怒了一向看起来那样温顺的人群。人们在经历了19世纪末和20世纪初那一系列惨痛的事实的教训后，终于对这个政府失去了最后一点信任，再也不对它抱有任何希望。

——金冲及《二十世纪中国史纲》

材料四 新军淘汰了绿营练勇，结果却铸成了把枪口指向王朝的武装力量。……“新政”加重了捐税……“新政”以自我挽救为动机，但当“新政”成为人民群众头上沉重的经济压力时，它又变成了加速王朝覆灭的催命符。

——陈旭麓《近代中国社会的新陈代谢》

【问题设计】阅读材料并结合所学知识，从革命形势的嬗变分析辛亥革命爆发的偶然性和必然性。

【教师分析】关于武昌起义，有的史学家说“是一场意外”，有的说“革命不会无缘无故发生”。辛亥革命的爆发貌似偶然，用清政府官方话语来说，就是发生了“民变”——保路运动，“民变”引起了“兵变”——武昌起义。武昌起义为什么能成功于一次偶然的事件，当初这个看似必败的起义局面，为什么能使得中华帝制大停摆？当历史跨入20世纪，清政府已经成为众矢之的，无能、贪婪、腐败使它的覆灭已经成为迟早的问题，尤其是清政府“新政”“预备立宪”骗局的破产，说明清政府回天乏术。与之相反的是，它的反对势力愈挫愈勇，愈来愈强大，不断加重的民族危机和社会矛盾让革命逐渐成为必然。当武昌起义爆发，清王朝大厦将倾之际，各种势力从自身利益考虑顺势站队，以免与腐朽一起沉沦。立宪派、旧官僚见风使舵，各省纷纷宣布“中立”，统治阶级内部也迅速分化，使得清政府众叛亲离，土崩瓦解。这个结果是由诸多原因造成的，革命思想的广泛传播、革命团体的建立、同盟会的建立、三民主义的提出、一系列的反清武装起义、民族资本主义的发展、民族资产阶级队伍的壮大、群众斗争风起云涌等为辛亥革命的爆发奠定了基础，辛亥革命的爆发貌似偶然，实为必然。

【设计意图】以介绍保路运动和武昌起义的基本史实为切入口，让学生先了解“使得中华帝制大停摆”的历史事件，然后再让学生根据史料并结合所学知识分析其发生的原因。这样设计符合学生认知规律，一改往常的先因后果的方式，有利于激发学生探究欲望，培养学生分析问题、解决问题、论从史出的能力，提升核心素养。

【任务二】共和与帝制较量：理解走向共和过程中历史的前进与反复。

【关键问题】辛亥革命有哪些政治构想和功绩？

1. 新蓝图：三民主义

【材料呈现】

材料五 刚刚过去的国庆长假，不少中国人走出家门，饱览祖国山河，感慨岁月变迁。今日中国之景象，正是辛亥革命者当年之梦想。

——《发生在110年前的这场革命，留给今天怎样的启示？》(央视新闻客户端2021年10月10日)

材料六 阅读教材第111页“学思之窗”《民报》发刊词。

【问题设计】阅读材料并结合所学知识回答：辛亥革命者当年的梦想是什么？这一梦想最终是否实现？并谈谈其原因。

【教师分析】19世纪末20世纪初，中国“帝制梦”与“共和梦”陆续登场，热烈角逐。孙中山曾向往君主立宪，但上书李鸿章却被拒绝。甲午中日战争爆发后，孙中山觉得改良道路不能挽救国家，于是转向革命救国。三民主义描绘了革命者的“民主共和”新蓝图，是救亡图存政治构想的转型。三民主义表达了革命者追求民族独立、政治民主、社会平等的初心和使命，但也存在局限性。其局限性具体表现在：在半殖民地半封建社会，资本主义经济发展尚不充分，资产阶级具有软弱性和妥协性；“民族主义”只是反对民族压迫和满洲贵族的统治，没有提出明确的反帝要求；“民权主义”所限定的民权范围是有限的；“民生主义”是笼统的资产阶级土地纲领，没有废除封建土地所有制，是不彻底的土地纲领。三民主义反帝反封建的不彻底，与辛亥革命没有完成反帝反封建的革命任务有密切的关系，但这也为中国人继续探索救国道路、赓续革命做了铺垫。三民主义固然代表着以孙中山为首的革命派对理想社会的制度性设计，然而中华民国成立之后，以袁世凯为首的落后势力把持政权使得这一理想在进步与倒退的反复中逐渐落空。

【设计意图】用热点新闻报道作为材料能够激发学生探究的兴趣，通过原始材料还原历史的真实，引导学生通过史料研读三民主义的内容并阐释其积极意义和局限性，从而突破重点，培养学生提取信息、分析问题及历史解释的能力。同时，让学生了解孙中山向西方学习、与时俱进、不断探索救亡图存之路的精神，培养学生形成把个人理想跟祖国的命运绑定在一起的责任担当意识，从而让学生形成正确的价值观，拥有开阔的世界视野。

2. 新业绩：新国家、新政体、新宪法

【材料呈现】教材第113页《中华民国临时约法》内容。

【问题设计】阅读教材并结合所学知识，回答辛亥革命的“新业绩”具体有哪些。如何理解“临时约法是中国法制史上的里程碑”？其精神最终是否得以实现？

【教师分析】“新业绩”表现：建立新国家，从大清帝国到中华民国；采用新政体，从君主专制到民主共和；颁布新宪法，从《钦定宪法大纲》到《中华民国临时约法》。为了捍卫共和，为了限制袁世凯的独裁，孙中山颁布了参议院制定的《中华民国临时约法》。《中华民国临时约法》规定的国家权力属于国民全体否定了主权在君的思想；人民拥有更多自由平等的权利否定了封建等级制度；依据三权分立组织政府否定了君主专制制度。《中华民国临时约法》从政体上实现了由专制到民主的跨越，在治国理念上实现了由人治到法治的飞跃，是中国法制史上的里程碑。但非常遗憾的是，《中华民国临时约法》很快被废止，以袁世凯为首的复辟力量，披着共和的外衣，操弄权柄行专制之实，使得中华民国在理想与现实之间反复震荡。

【设计意图】学生通过阅读教材和分析材料，理解辛亥革命的新业绩，通过《中华民国临时约法》的内容分析阐释其进步意义。深刻理解辛亥革命在推动中国现代化中所做出的突出贡献，以及推动近代中国社会嬗变转型的作用，培养学生史料实证和历史阐释的能力。

【任务三】革新与守旧并存：正确评价辛亥革命和民国建立的历史功绩。

【关键问题】辛亥革命有哪些历史意义和局限性？

【材料呈现】

材料七　革命在武昌首传捷报，全国群起响应，唤起了城镇居民对新生活的渴望。人们不顾官府的镇压，通过各种方式表明其对革命共和的拥护和期待，“几有奔走恐后之势”。

——《申报》1911年10月24日

材料八　民国初年，军阀得乘机而起，陷民国于长期的内乱，人民所受的痛苦，反过于在清政府专制之下所受的。

——蒋廷黻《中国近代史》

材料九　辛亥革命结束了君主专制制度在中国的统治，揭开了民主共和的新一页。从此，中国不再被称为“帝国”，而称为“民国”。

——杨天石《帝制的终结：简明辛亥革命史》

材料十　中国革命为四亿落后的亚洲人争得了自由，唤醒他们参加政治生活。中国人民的革命斗争具有世界意义，它给亚洲带来了解放。

——列宁《新生的中国》，《真理报》1912年11月

材料十一　在他（袁世凯）的任内，他借了一大批外债，用暗杀的手段除了他的大政敌宋教仁，扩充了北洋军队的势力，与日本订了民国四年（1915年）的条约，最后听了一群小人的话，幻想称帝。

——蒋廷黻《口国近代史》

【问题设计】阅读材料并结合所学知识回答：（1）材料七反映了民众怎样的期盼？辛亥革命后，民众的期盼实现了吗？（2）三民主义描绘的新蓝图实现了吗？说明理由。

【教师分析】材料七还原了部分历史，从中可以看到人们对共和及新生活的热烈期盼。但从材料八可知，人们的期盼并没有实现，辛亥革命后军阀混战、长期内乱、人民生活依旧充满了苦难。

人们的历史记忆往往打上时代的烙印，我们不能以他人的认知代替自己的认知，评价辛亥革命要把它放到特定的历史背景下，通过研读材料并结合所学知识，回顾三民主义描绘的新蓝图，对比辛亥革命后的社会状况，才能形成客观理性的认识。

有的同学会说革命者的梦想实现了：根据材料九、材料十并结合所学知识，可以理解辛亥革命的伟大历史意义。有的同学会说革命者的梦想没有实现：根据材料十一并结合所学知识，认识辛亥革命的局限性。有的同学会说革命者的梦想部分实现了：辛亥革命是一场既成功又失败的革命。

辛亥革命对中国社会的意义，要放到世界现代化的时空构架下，我们才能看得更加透彻。从国内看，中国现代化因素发育不足，但从世界范围来看，中国已被卷入现代化潮流中。作为一个半殖民地半封建社会的国家，由于严重的民族危机和陈腐的政治，中国的制度变迁和社会转型变得异常艰难，革命初心易得难守。辛亥革命后，名义上是建立了面目一新的资产阶级共和制度，但是在北洋军阀统治下，中国重新陷入黑暗的深渊，当时中国革新与守旧并存，历史的“面子”和“里子”截然不同。

因此，中国作为西方工业文明冲击下开始的后现代化国家，制度变革和社会转型有赖于革命的“爆破”，更有赖于革命后的长期渐进式变革。

【设计意图】精选史料，还原历史的真实，创设情景，以“民众的期盼”为切入点，引导学生用唯物史观评价辛亥革命，理解其历史意义和局限性。突破本课时的难点，认识中国现代化具

有后发外生性、曲折性的特点，这是由中国国情决定的。同时，反思中华民族独立、人民解放的大业未竟，辛亥革命具有承前启后的作用，为新文化运动的开展、五四运动继续探寻国家出路做铺垫。

【课堂小结】辛亥革命是20世纪以来中国的第一次历史巨变，推动近代中国社会在困顿中嬗变。从辛亥革命到五四运动，中国人走过了一段极不寻常的道路：从胜利的欢乐，到陷入一片黑暗后的失望，再到奋起继续探寻救国救民的新道路。中国社会的进步、民族的解放是用无数仁人志士的鲜血换来的，这种勇于牺牲自我，敢于促进社会进步的精神，是一个民族得以存续和发展的重要思想源泉。我们要传承和发扬这种爱国主义精神和接续奋斗的精神，为中华民族伟大复兴而努力奋斗。

五、教学评价分析系统

（一）学业质量水平划分

水平1：了解辛亥革命重大事件的基本内容及影响，能够从多种渠道获取与辛亥革命相关的史料，并能够从史料中提取有关信息，感悟孙中山等人物的家国情怀和担当精神。（唯物史观、时空观念、史料实证、家国情怀）

水平2：通过阅读史料和教材，能够从政治、经济、思想等角度分析辛亥革命爆发的背景。通过史料分析，结合三民主义、《中华民国临时约法》的内容，阐释其意义和局限性。（唯物史观、时空观念、史料实证、历史解释）

水平3：通过史料辨析，能够用唯物史观在时空构架下评价辛亥革命，恰当运用材料和现有的史学观点对辛亥革命进行论述，形成个人见解。认识资产阶级的软弱性、妥协性，认识中国现代化具有后发生性、曲折性的特点是由当时的中国国情决定的。（唯物史观、时空观念、史料实证、历史解释、家国情怀）

水平4：能够将本课时与世界现代化发展潮流和中华民族伟大复兴相联系，认识辛亥革命对于推动中国社会嬗变转型的重要作用，认识孙中山向西方学习、与时俱进、不断探索救亡图存之路的精神，形成正确的价值观和开阔的世界视野。（唯物史观、时空观念、家国情怀）

（二）学业质量水平测试

阅读材料，回答问题。

材料一　辛亥革命胜利了，它终结了千年不变的王朝轮回，埋葬了腐朽没落的专制皇权，建立了模式一新的中华民国，开创了顺应潮流的共和时代。

——王建朗、黄克武主编《两岸新编中国近代史》

材料二　辛亥革命实际上是失败了。中国的半殖民地半封建社会并没有改变，帝国主义和封建主义两座大山仍然沉重地压在中国人民的头上。

——《吴玉章回忆录》

（1）材料一、材料二对辛亥革命的评价有何不同？

（2）你对辛亥革命有何看法？

【评价说明】

题号	答题思路	学业质量水平描述
（1）	能够依据材料一“埋葬了腐朽没落的专制皇权，建立了模式一新的中华民国”，归纳得出材料一肯定了辛亥革命的历史功绩，即推翻清朝统治，结束两千多年的君主专制政体，建立了中华民国，开创了民主共和国新时代。 能够依据材料二“中国的半殖民地半封建社会并没有改变，帝国主义和封建主义两座大山仍然沉重地压在中国人民的头上”，归纳得出材料二指出辛亥革命的局限性，即未能改变中国半殖民地半封建的社会性质，未能完成反帝反封建的革命任务。	1–3　能够从所获得的史料中提取有关的信息。 2–2　能够将某一史事定位在特定的时间和空间框架下；能够认识事物发生的来龙去脉。 3–4　能够分辨不同的历史解释，尝试从来源、性质和目的等多方面，说明导致这些不同解释的原因并加以评析。
（2）	能够依据材料一、材料二认识辛亥革命有重要的历史意义，但也有局限性，进而形成对辛亥革命的个人见解：“在半殖民地半封建社会，中国民族资本主义发展不充分，资产阶级具有软弱性和妥协性，不可能领导中国革命取胜，走资产阶级共和方案在中国行不通，中国民主革命具有曲折性和复杂性。”	3–1　能够从生产力与生产关系、经济基础与上层建筑的辩证关系来理解历史上的发展变化和社会形态的演变过程，理解阶级斗争是推动阶级社会发展的直接动力。 4–4　能够在独立探究历史问题时，在尽可能占有史料的基础上，尝试验证以往的说法或者提出新解释。

参考答案

（1）不同：材料一肯定了辛亥革命的功绩，即推翻了清朝统治，结束了两千多年的君主专制政体，建立了中华民国，开创了民主共和国新时代；材料二指出了辛亥革命的局限性，它未能改变中国半殖民地半封建的社会性质，未能完成反帝反封建的革命任务。

（2）看法：孙中山领导的辛亥革命推翻了中国两千多年的封建帝制，开创了中华民国，具有伟大的历史意义。但是，由于资产阶级自身的软弱性和妥协性，不可能寻求到正确的中国富强之路。

邓春兰　博白县中学

课时教学设计 2

陈腐中的革新：北洋军阀统治时期的政治、经济与文化

一、教学内容分析系统：课时教学主题的提炼

（一）提出的依据

1. 课标依据

新课标对本课时的课程内容要求是："了解北洋军阀的统治及特点；概述新文化运动的主要内容，探讨其对近代中国思想解放的影响。"

首先，新课标有明确的时代背景范畴，即北洋军阀统治时期，它包括袁世凯统治时期和北洋军阀割据时期。其次，新课标蕴含的核心主旨是在北洋军阀的专制统治和民族危机日益加深的背景下，各阶级、各阶层仍然为挽救危局而赓续革命。因此，在教学设计中，一方面可以引导学生通过绘制思维导图来梳理北洋军阀统治的历史时序，认识北洋军阀统治时期的陈腐与革新、动荡与曙光的时代特征，理解北洋军阀统治下的中国社会正处于由传统社会迈向现代社会的剧烈转型时期，感悟先进的中国人在辛亥革命后赓续革命、探索民族复兴道路的担当精神；另一方面，要坚持用全球史观来拓展学生的国际视野，通过认识在西方工业文明的冲击下，先进的中国人主动学习西方文明及其对人类文明的尊重、吸收和借鉴的精神，从而形成开放的国际视野和世界意识，理解新文化运动对近代中国思想解放和中国革命的影响。

2. 教材依据

本课时对应的教材内容是北洋军阀统治时期的政治、经济与文化，其内容蕴含的主线是在北洋军阀的黑暗统治和民族危机日益加深的情况下，在政治、经济、文化等领域各阶级、各阶层在辛亥革命后为挽救危局而赓续革命、革旧鼎新所做出的努力。所以，本课时是对教材第18课《辛亥革命》的承接，是旧民主主义革命发展的延续。

从教材内容来看，本课时从政治、经济、文化等多角度全面展现了北洋军阀统治时期的特征。政治上，呈现出民主与专制的斗争、军阀割据的特点。经济上，民族工业迎来"短暂的春天"。随着民族工业的迅速发展，中国工人阶级的人数也急剧增加，工人运动日趋高涨，新的民主革命力量不断发展壮大。文化上，新文化运动的开展，推动了思想文化的革新和新民主主义革命时代的到来。陈腐与革新、动荡与曙光，这种新旧杂陈的特征表明北洋军阀统治下的中国正处于由传统社会向现代社会的剧烈转型时期，并孕育着新曙光，为下一单元"中国共产党成立与新民主主

义革命兴起”做铺垫，所以本课时起到承上启下的重要作用。

3. 学术依据

陈旭麓在《近代中国社会的新陈代谢》中指出：“从辛亥革命到五四运动是一个历史转型时期。一方面，二次革命、护国运动、护法战争以几度余波显示了旧民主主义革命的落幕；另一方面，发端于旧民主主义革命的新文化运动又直接启导和衔接了新民主主义革命。……在这个过程里，各种各样的历史人物曾以自己的认识活动和实践活动表达了自己的选择……‘五四’以后，社会主义思潮成为新文化运动的主流。”在北洋军阀统治时期，各阶级、各阶层为挽救危局而赓续革命，在政治、经济和文化等领域积极探索新的国家出路，推动了新民主主义革命时代的到来。因此，陈旭麓先生的研究成果为确定本课时的教学主题“陈腐中的革新：北洋军阀统治时期的政治、经济与文化”提供了重要理论依据。

张海鹏在《统编高中历史教科书的学科体系和学术体系——适应和掌握统编高中历史教材〈中外历史纲要〉（上）的意见》中指出：“从鸦片战争开始的中国近代史，是中国人民的屈辱史，也是中国人民的奋斗史、抗争史，是中国近代历史由‘沉沦’走向‘谷底’，再走向‘上升’的历史。”从中华民国成立以来，中华民族经历了从近代“沉沦”到走向“上升”的伟大转折。在政治黑暗、思想陈腐的北洋时代，新的因素也在其间氤氲化生，孕育着中华民族向上振兴的巨大希望，理解“革新”对中华民族走向“上升”的重大推动作用，理解中华民族伟大复兴的基本含义。因此，张海鹏的研究成果也为确定本课时的教学主题提供了重要理论依据。

（二）课时教学主题

北洋军阀统治时期，先后出现复辟帝制和军阀割据的黑暗局面，民族危机日益加深。各阶级、各阶层为挽救危局在政治、经济和文化等领域积极探索新的国家出路。政治上，民主与专制进行新的博弈；经济上，民族工业迎来“短暂的春天”；文化上，一场反封建的新文化运动的开展，显示了先进的中国人在辛亥革命后赓续革命、革旧鼎新的时代担当精神，推动了近代中国的嬗变转型，孕育着中华民族伟大复兴的新曙光。基于这一认识，本课时的教学主题确定为“陈腐中的革新：北洋军阀统治时期的政治、经济与文化”。

二、学情分析系统：初中与高中教学衔接分析

比较项目	初中课标		高中课标
	2011年版课标	2022年版课标	
课标中的课程内容要求	知道袁世凯独裁统治和复辟帝制的史实；了解北洋军阀混战的黑暗局面。 知道陈独秀、胡适等新文化运动的代表人物，了解新文化运动在中国近代思想解放运动中的地位和作用。 了解民国以来剪发辫、易服饰等社会习俗方面的变化。	1.2　辛亥革命与中华民国的建立 知道民国初期北洋军阀的统治；了解新文化运动的基本内容，知道陈独秀、李大钊、胡适、鲁迅等新文化运动的代表人物，认识新文化运动在中国近代思想解放运动中的地位和作用。 1.3　近代社会生活的变化 通过了解张謇兴办实业的典型事例，知道近代中国民族工业发展的艰辛历程；通过了解开办京师大学堂、废除科举制度等近代新式教育发展的主要史事及民国以来社会生活的变化，知道中国走向现代化的曲折过程。	1.8　辛亥革命与中华民国的建立 了解北洋军阀的统治及特点；概述新文化运动的主要内容，探讨其对近代中国思想解放的影响。

比较项目	初中教材	高中教材
部分教材课时设置	《义务教育教科书　中国历史　八年级　上册》 第三单元　资产阶级民主革命与中华民国的建立 第10课　帝制复辟与军阀割据 第四单元　新民主主义革命的兴起 第11课　五四运动	《普通高中教科书　历史　必修　中外历史纲要（上）》 第六单元　辛亥革命与中华民国的建立 第19课　北洋军阀统治时期的政治、经济与文化

通过初中与高中课标内容要求和教材课时设置的对比，可见高中教材的编排更具整体性、综合性、思辨性。初中课标侧重于让学生了解历史事件和现象，高中课标则侧重于培养学生历史分析能力。本课时的历史事件虽然繁杂、空间变换大、中外联系紧密，但由于学生在初中课程中已经了解了北洋军阀统治时期的相关内容，高中教材对主干知识也有清晰编排。综上分析，在高中教学中，可抓住“陈腐中的革新”这一主题，通过整合教材内容、深挖教材内容蕴含的主旨，引导学生深度学习，组织学生带着问题意识和实证意识在情境下对历史重大事件进行探索，拓展学生的历史视野和思维深度。

三、教学目标分析系统：课时核心目标及其分解

（一）课时核心目标

在时空框架下梳理北洋军阀统治时期军阀割据混战、政治分崩离析和革命党人捍卫民主的斗争的基本史实，认识这一时期政治黑暗和社会动荡的特点。通过分析二次革命、民族工业的发展、新文化运动等重大历史事件，了解北洋军阀统治时期孙中山、荣宗敬、陈独秀等重要历史人物的

事迹及其贡献。理解北洋军阀统治时期中国社会所呈现出的新气象，包括民主与专制的新博弈、民族工业迎来“短暂的春天”、一场革旧鼎新的新文化运动的兴起。认识近代中国社会各阶级、各阶层在政治、经济、文化等领域积极探索国家新出路的不懈努力，感悟其伟大民族精神，理解北洋军阀统治时期是中国从传统社会向现代社会剧烈转型的关键时期。

（二）课时目标分解

1. 必备知识

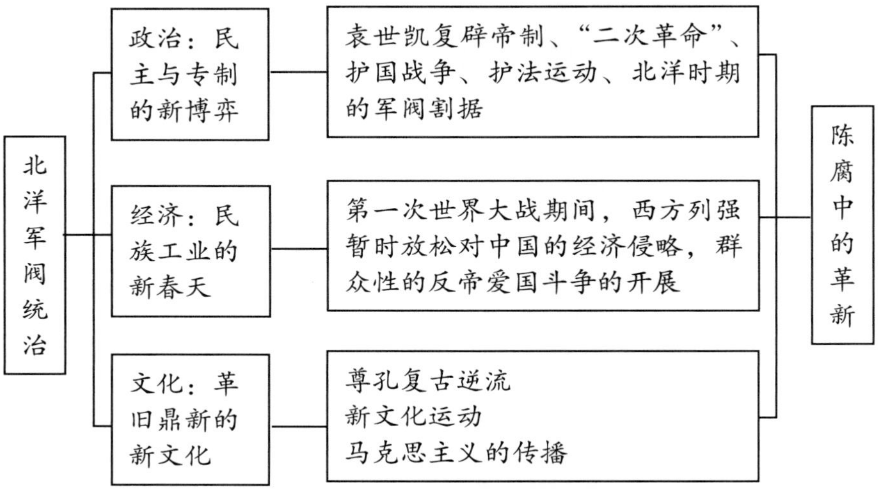

2. 关键能力

（1）获取历史信息能力：通过教材的文字、图片和地图等多类型史料对北洋军阀统治时期的基本史实进行梳理，能够整合史料中的有效信息，了解北洋军阀的统治及其特点。

（2）历史阐释能力：通过了解民国初年民族工业出现“短暂的春天”和社会生活出现新气象的基本史实，能够运用唯物史观中生产力与生产关系的辩证关系、经济基础与上层建筑的辩证关系，对这一时期社会变迁的原因做出合理的历史解释。

（3）辩证思维能力：能够将新文化运动置于北洋军阀统治和西方工业文明冲击的背景之下进行分析和探讨，能够运用社会存在和社会意识辩证关系的唯物史观，认识新文化运动兴起的原因，概述新文化运动的内容。

（4）历史探究能力：通过对民族工业发展和新文化运动的相关史实的探究，深入理解二者的内在关联及其对近代中国革命发展的影响。

3. 核心价值

本课时通过分析北洋军阀统治时期政治、经济与文化的变化，揭示这一时期从传统社会向现代社会剧烈转型的时代特征，从而认识到即使在政治黑暗、军阀割据的北洋政府统治时期，也孕育着中华民族走向复兴的曙光。认识近代中国社会的进步浸透着无数仁人志士的鲜血，感悟家国情怀。认识在西方工业文明的冲击下，先进的中国人主动向西方学习，体会先进的中国人对人类文明的尊重、吸收和借鉴精神，进而培养文明互鉴的胸怀，增强世界意识。

四、教学过程分析系统

课时教学设计2　陈腐中的革新：北洋军阀统治时期的政治、经济与文化

【**导入环节**】通过文献史料导入。

【**材料呈现**】

材料一　革命派缔造了民国的基石，袁世凯得到了民国的名器。这是当时中国社会选择的结果。但前者并不甘心于这种结果，后者并不满足于这种结果。于是，开始于清末的民主与专制之争斗注定在新的历史条件下展开新的肉搏。

——陈旭麓《近代中国社会的新陈代谢》

【**教师分析**】北洋军阀统治时期是中国封建专制解体走向民主共和的过渡阶段，这一阶段虽然政治黑暗、政治动荡外，却孕育着民族觉醒，呈现出向现代化转型的新气象。

【**设计意图**】引用陈旭麓的史学观点导入新课，使学生在思考中快速进入学习情境，激发学生探究欲望，推动教学的有效展开。

【**任务一**】民主与专制的新博弈：了解孙中山领导的维护民主制度的斗争。

【**关键问题**】北洋军阀统治时期的政治特点是什么？革命党人为捍卫民主做出了哪些努力？

【**材料呈现**】

材料二　那些被迫而流亡海外的革命党人，不以挫折而灰心，不以失败而退怯，而在失败和挫折之后重新振作起来，组织革命团体，“共图三次革命”。……但他们被袁世凯目为“乱党”，又说明他们仍在不妥协地为中国社会寻求新的出路。

——陈旭麓《近代中国社会的新陈代谢》

【**问题设计**】(1)阅读教材第117页《北洋军阀统治时期军阀割据示意图》，并结合所学知识，指出北洋军阀统治时期的政治特点。(2)根据材料一、材料二并结合所学知识，指出与清朝末期相比，北洋军阀统治时期的民主与专制之争呈现出哪些新气象，并简析革命党人为捍卫民主而赓续革命的历史贡献。

【**教师分析**】通过了解北洋军阀的统治，得出北洋军阀统治时期的政治特点。民主与专制的新博弈，体现了近代中国民主革命的复杂性和艰巨性，反映了当时中国人的民主革命意识不断增强、新的革命力量不断孕育发展的新气象。

【**设计意图**】引导学生自主阅读教材正文及教材辅助栏目内容，了解北洋军阀的统治和特点，认识北洋军阀统治时期政治斗争的实质。通过呈现陈旭麓的研究成果，引导学生结合所学知识，理解近代中国民主革命的复杂性和艰巨性，感悟先进的中国人自主的、进步的时代精神。

【**任务二**】民族工业的新春天：分析民族工业短暂发展的内外因素。

【**关键问题**】民国初年民族工业发展的原因有哪些？这一时期民族工业的发展对近代中国民主革命有何影响？

【材料呈现】

材料三 据《欧战前后农商部注册工业公司年别表》，战前（1914年8月前）注册的工业公司，共计146个，资本总额41 148 205元，而自1914年8月至1920年，新注册的公司就有272个，资本额为117 434 500元。所涉及的行业众多，尤以纺织业和面粉业这两个关系民众衣食的行业发展得最快。

——整理自阮湘等《中国年鉴 第一回》

【问题设计】（1）根据材料三并阅读教材相关内容，分析民国初年民族工业发展的原因及特点。（2）根据材料三并结合所学知识，以荣宗敬、荣德生兄弟创办民族企业为例，说明近代民族实业家体现的时代精神，并分析民国初年民族工业发展对近代中国民主革命的影响。

【教师分析】政治上的革命会推动经济的变迁。在中华民国成立和政府鼓励兴办实业政策的推动下，民族工业迎来了“短暂的春天”。随着民族工业迅速发展而壮大起来的工人阶级，成为不可忽视的社会力量，为向新民主主义革命转化和中国共产党的成立奠定基础。

【设计意图】通过呈现的材料，引导学生分析数据变化的原因，让学生学会将历史事实置于时代背景下去分析原因，理解中国近代民族工业发展的艰难，感悟民族实业家的时代精神，培养历史解释能力。分析民国初年民族工业发展的影响，理解民族工业的发展为向新民主主义革命转化和中国共产党的成立奠定了阶级基础，也为教材第七单元的教学做铺垫。

【任务三】革旧鼎新的新文化：体会新文化运动思想变革的伟大力量。

【关键问题】新文化运动对近代中国思想解放有何影响?

【材料呈现】

材料四 余之抨击孔子，非抨击孔子之本身，乃抨击孔子为历代君主雕塑之偶象的权威也；非抨击孔子，乃抨击专制政治之灵魂也。

——李大钊《自然的伦理观与孔子》

材料五 十月革命促进了中国人民的觉醒，中国的先进分子受到十月革命胜利的鼓舞，从十月革命的胜利看到了中国的新出路，于是由向西方学习转向研究和宣传俄国十月革命和马克思列宁主义，开始用无产阶级的宇宙观来观察中国的问题。这样，就使1915年开始发展起来的新文化运动发生根本的变化，由一个资产阶级文化革命运动转变为一个广泛宣传马克思列宁主义的运动，《新青年》也逐渐变成宣传马克思主义的刊物。

——李侃等《中国近代史：1840—1919》

【问题设计】（1）阅读教材第119页“史料阅读”，并结合所学知识，概括新文化运动开展的背景，分析新文化运动把矛头指向以孔子为首的儒家传统文化的原因。（2）根据材料并结合所学知识，概述新文化运动的主要内容，并指出中国先进分子在探索国家新出路中所体现的时代精神。

【教师分析】陈旭麓指出：“当革命派效法孟德斯鸠、卢梭、华盛顿的理想被军阀统治的丑恶现实撕成碎片之后，向西方寻求真理的人们开始由器物和制度层面楔入到文化心理层面。”新文化运动前期高举民主与科学的旗帜，打破封建思想的桎梏，推动思想文化革新；运动后期传播马克思主义学说，并同中国工人运动相结合，推动大众觉醒，积极探索国家新出路。

【设计意图】引导学生运用唯物史观分析新文化运动兴起的背景，培养学生对时代与思想辩证关系的历史思维。通过呈现两则材料，创设情境，引导学生掌握新文化运动的内容，生成新的历史认识，从而体会新文化运动所具有的丰富内涵和空前思想解放的魅力。通过学习新文化运动，理解在北洋军阀黑暗统治和帝国主义入侵的背景下近代中国人民探索民族复兴道路的艰巨性，体会社会转型时期的剧烈“阵痛”，感受新文化运动者爱国自强、开放包容和敢于斗争的时代精神，感悟家国情怀。

【材料呈现】

材料六　新文化运动的狂飙猛烈地冲击了以儒家为轴心的文化传统，因此从一开始便具有反传统文化的品格。但它并不仅仅是反传统主义运动，更重要的是一场现代价值的重建运动。

——陈旭麓《近代中国社会的新陈代谢》

材料七　在北京，学生社团如雨后春笋般涌现，其中著名的有新潮社、国民社、平民演讲团、少年中国学会等。少年中国学会的宗旨是“振作少年精神，研究学说，发展社会事业，转移末世风气”，以创造适合于20世纪国际潮流的“少年中国”。在《新青年》的影响下，青年学生也开始出版新式刊物，介绍新思想、新知识，影响较大的有1919年1月出版的《新潮》《国民》等。青年学生所组建的这些进步团体和创办的这些新式刊物，推动着启蒙运动不断高涨。

1920年，国内的中小学都开始使用白话文语文教材。这场文化革新，为中国文化的发展提供了新的模式。

——朱汉国主编《普通高中课程标准实验教科书　历史　必修（第三册）》

【问题设计】根据材料并结合所学知识，分析新文化运动对近代中国思想解放的影响。

【教师分析】新文化运动是一场伟大的思想解放运动。先进的民主主义者对封建专制思想发起了全面进攻，为新思想的发展开辟了道路。新文化运动促进了民众的觉醒，唤起了人们对国家政治事务的关心，特别是青年学生的民族觉悟和爱国热情空前高涨，成为一股不可忽视的力量。新文化运动是一场全面的文化转型运动，它对中国的政治、思想、文学等方面产生了深刻的影响。这场文化革新，为中国文化的发展提供了新的模式。

【设计意图】以呈现陈旭麓的史学观点和朱汉国主编的教材为支撑，以问题为导向，组织学生合作探究，使学生学会运用唯物史观分析新文化运动的影响，理解新文化运动后期，李大钊等中国先进分子开始转变为马克思主义者对新民主主义革命时代到来的影响，感悟革命发展的渐进性，为教材第七单元的内容做铺垫。

【材料呈现】

材料八　阅读教材第122页插图《北京学生在天安门前游行示威》、第124页插图《中国共产党第一次全国代表大会会址》和第130页插图《〈井冈山会师〉（油画）》。

【问题设计】根据材料并结合所学知识，指出在北洋军阀统治时期，先进的中国人在政治、经济和文化等领域的探索实践呈现出了哪些新气象？对近代中国社会发展有何重大影响？

【教师分析】自中华民国成立以来，中华民族经历了从近代危亡到走向复兴的历史转折。在政治黑暗、军阀割据的北洋时期，新的积极因素氤氲化生，孕育着中华民族伟大复兴的巨大希望。

这是重要的社会转型时期，曙光已然初现。

【**设计意图**】通过展示图片材料，以问题为导向，让学生回顾本课时的所学内容，指导学生运用多元史观来认识北洋军阀统治时期是一个赓续革命、革新进取、孕育曙光的近代化转型时期，点明了本课时的核心主题，并为教材第七单元的内容做铺垫。

【**学生活动**】学生集体诵读李大钊的《青春》。

【**教师结语**】愿诸位作为新时代的新青年，能从那个觉醒年代获得历史启迪，扬我中华之精神，昂首向前，为中华民族伟大复兴事业而奋斗！

【**设计意图**】通过展示李大钊的《青春》，引导当代青少年传承和弘扬北洋军阀统治时期新青年的爱国精神和担当精神，“以青春之我，创建青春之家庭，青春之国家，青春之民族”，激荡家国情怀。

五、教学评价分析系统

（一）学业质量水平划分

水平1：能够通过教材提供的材料，了解北洋军阀统治的特点及其历史影响。能够从史料中提取有关信息，概述新文化运动的主要内容，理解新文化运动的影响。能够通过了解北洋军阀统治时期孙中山、陈独秀等重要历史人物的事迹，感悟近代中国社会各阶层在政治、经济、文化等方面积极探索国家新出路的担当精神。（唯物史观、时空观念、史料实证、家国情怀）

水平2：在唯物史观指导下，能够运用时间轴梳理北洋军阀统治时期政治、经济与文化发展的基本脉络，理解各领域变革之间的逻辑关系，认识近代中国学习西方的渐进性，理解北洋军阀统治下的中国正处于由传统社会向现代社会剧烈转型时期。能够运用不同类型的史料并使用相关历史术语，概述新文化运动的开展，认识新文化运动对近代中国思想解放的影响。能够通过了解近代中国社会各阶层在政治、经济、文化等方面为探索国家新出路做出的努力和牺牲，感悟中国由传统社会向现代社会转型时期的剧烈“阵痛”，体会近代中国人民探索民族复兴道路的艰辛和不屈的民族精神。（唯物史观、时空观念、史料实证、历史解释、家国情怀）

水平3：在唯物史观指导下，能够将史事定位在特定的时空框架下，运用史料论述近代中国民主革命的复杂性和艰巨性，说明近代中国人民在探索新的国家出路中所起到的重要作用。能够运用唯物史观，认识几千年中国传统主流思想地位动摇的原因及新思想选择的历史逻辑。能够运用史料探究新文化运动对近代中国思想解放的影响，形成对新文化运动的全面理解。能够通过本课时学习，理解北洋军阀统治时期是中国由传统社会向现代社会剧烈转型的时期，深刻体会近代中国人民探索民族复兴道路的爱国精神，树立正确的价值观。（唯物史观、时空观念、史料实证、历史解释、家国情怀）

水平4：在唯物史观指导下，站在现代化发展潮流和中华民族伟大复兴的高度上，理解北洋军阀统治时期是中国社会的重要转型时期。能够运用唯物史观，理解新文化运动对近代中国思想解放的影响，认识思想解放运动与社会进步的辩证关系。能够梳理北洋军阀统治时期在政治、经济和文化上呈现的新气象，认识近代中国社会的进步是源于人民群众特别是进步青年在探索国家出路中所做的不懈努力，理解人民群众是历史的创造者，培育爱国精神，树立文化自信，形成正确的世界观和价值观，实现立德树人的教育目标。能够把握史事的时空横向联系，认识在西方工业文明的冲击下，孙中山、陈独秀等向西方学习的史事，分析近代中国对人类文明的尊重、吸收和借鉴，使学生拓宽国际视野，增强世界意识。（时空观念、史料实证、唯物史观、历史解释、家国情怀）

（二）学业质量水平测试

阅读材料，回答下列各题。

材料一　苟有新民（编者注：指经过思想启蒙和教育培植而具有公民权利责任意识的新国民），何患无新制度？无新政府？无新国家？非尔者，则虽今日变一法，明日易一人，东涂西抹，学步效颦，吾未见其能济也。

——梁启超《新民说》

材料二　吾国之社会，其隆盛耶？抑将亡耶……予所欲涕泣陈词者，惟属望于新鲜活泼之青年，有以自觉而奋斗耳……青年乎！其有以此自任者乎……谨陈六义……一、自主的而非奴隶的……二、进步的而非保守的……三、进取的而非退隐的……四、世界的而非锁国的……五、实利的而非虚文的……六、科学的而非想像的……

——陈独秀《敬告青年》

材料三　欲改造吾国民之德知，俾之脱胎换骨，涤荡其染于专制时代之余毒，他者吾无望矣，惟在染毒较少之青年，其或有以自觉。此……之所以专对我菁菁茁茁之青年，而一陈其忠告也。

——高一涵《共和国家与青年之自觉》

（1）根据材料二并结合所学知识，指出陈独秀期望培育的新青年“新”在哪里，“新青年”理念体现了怎样的时代精神。

（2）根据以上三则材料，概括梁启超“新民”理念与陈独秀“新青年”理念之间的关系。

【评价说明】

题号	答题思路	学业质量水平描述
（1）	第（1）问，能够依据材料“谨陈六义……科学的而非想像的”归纳得出陈独秀期望培育的新青年“‘新’在哪里”的内涵。 第（2）问，能够在解决第（1）问相关问题的基础上，将时空定位在新文化运动开展的历史时期；能够结合新文化运动的内容进行分析，概括得出“体现民主和科学的时代精神”。	1–3　能够从所获得的史料中提取有关的信息。 1–5　能够发现历史上认同家乡、民族、国家的事例，知道中外优秀文化遗产的主要内容，认识社会主义核心价值观的历史依据，具有对祖国和人民的深情大爱。 2–2　能够认识事物发生的来龙去脉。 2–4　能够选择、组织和运用相关材料并使用相关历史术语，对具体史事做出解释。

续表

题号	答题思路	学业质量水平描述
（2）	在解决第（1）问的基础上，能够将时空定位在维新运动时期和新文化运动时期，理解不同历史时期的时代因素对知识分子关于新国民理念产生差异的影响；能够尝试从不同历史时期的角度，分析材料并概括得出梁启超和陈独秀关于新国民的不同定义，解释梁启超“新民”理念与陈独秀“新青年”理念之间的关系；能够通过梁启超和陈独秀的爱国实践，感悟近代中国先进知识分子的爱国精神。	1–3 能够从所获得的史料中提取有关的信息。 1–5 能够发现历史上认同家乡、民族、国家的事例，知道中外优秀文化遗产的主要内容，认识社会主义核心价值观的历史依据，具有对祖国和人民的深情大爱。 2–2 能够认识事物发生的来龙去脉，理解空间和环境因素对认识历史与现实的重要性。 2–4 能够在叙述历史时把握历史发展的各种联系；能够选择、组织和运用相关材料并使用相关历史术语，对具体史事做出解释；能够尝试从历史的角度解释现实问题。

参考答案

（1）“新”的表现：自主的、进步的、开放的、富于进取和具有科学精神。时代精神：集中体现了民主与科学的时代精神。

（2）关系：梁启超提出要建立新国家必须先培植新国民，突出了国民素质与国家兴衰、社会进步之间的重要关联。陈独秀继承发展了梁启超的“新民”思想，将目标具体锁定在“新青年”上，更符合实际。

缪金媚　博白县中学

单元案例十

中国共产党成立与新民主主义革命兴起

扫码观看教学视频

新民主主义革命在革命文化、斗争方式和道路取向方面都具有鲜明的特征。本单元教学在内容上着重突出新民主主义革命具有社会革命的底色，彰显新民主主义革命道路是马克思主义普遍原理与中国革命相结合的产物。单元教学设计围绕核心概念“新内涵”与“新道路”展开论述，合理取舍教材内容，引入多重史料进行探究，引导学生理解新民主主义革命在指导思想、斗争方式和力量基础等方面的变化，认识新民主主义革命新道路探索的重大意义，进而形成对新民主主义革命文化的深切认同。

◎单元教学设计

新民主主义革命的新内涵与新道路

一、教学内容分析系统：单元教学主题的提炼

（一）提出的依据

1. 课标依据

新课标对本单元的课程内容要求是："认识五四爱国运动的历史意义，认识马克思主义在中国的传播与中国共产党成立对中国革命的深远影响；认识国共合作领导国民革命的历史作用；了解南京国民政府的成立；认识中国共产党开辟革命新道路的意义；认识红军长征的意义。"

新课标聚焦新民主主义革命的核心事件，五四运动、中国共产党的成立、国共合作与国民革命、工农武装割据道路的开辟和红军长征，这些事件构成了一个共同的主题——新民主主义革命的勃兴。本单元的教学重点在于引导学生认识新民主主义革命之新的革命形态与新的革命道路。五四运动是新民主主义革命的伟大开端，开启了社会革命的潮流；中国共产党的成立使新民主主义革命有了新的领导核心；国民革命体现了民众广泛参与中国革命的新特点；以毛泽东为代表的共产党人将马克思主义与中国革命实践相结合，开辟了工农武装割据的革命新道路；长征的胜利为中国革命打开了新局面。

2. 教材依据

教材第七单元的标题是"中国共产党成立与新民主主义革命兴起"，包括两个课时的内容，依次为《五四运动与中国共产党的诞生》《南京国民政府的统治和中国共产党开辟革命新道路》。课时内容紧紧围绕单元核心内容展开，即中国共产党的成立与新民主主义革命道路的开辟。从课时内容的子目来看，"五四运动和马克思主义的传播""中国共产党的诞生""国共合作与国民革命""南京国民政府的统治""工农武装割据开辟革命新道路""红军长征"共同绘就了新民主主义革命兴起的图景，体现了新民主主义革命的"新"内涵。教材在讲到五四运动的意义时，强调了五四运动为"新的革命力量、革命文化、革命斗争登上历史舞台创造了条件，是中国旧民主主义革命走向新民主主义革命的转折点"，这是一种全新的表述，强调了新民主主义革命的新内涵，即新的革命力量、革命文化、革命斗争方式。需要格外注意的是，这种新的革命力量、革命文化、革命斗争方式在国民革命和工农武装割据斗争中得到了进一步体现。

3. 学术依据

王奇生认为："长期以来，国内主流史学以五四为界标，将其前后革命划分为'旧民主主义

革命’与‘新民主主义革命’。划分新旧的准则，主要以革命领导阶级而定，判定之前的革命是资产阶级领导，之后的革命是无产阶级领导。……从政治革命走向社会革命，从国内革命走向世界革命，从种族革命走向阶级革命，从小革命走向大革命，从共和革命走向共产革命，从有限革命走向无限革命，无不是这些激化演进的表征……”王奇生提出用更宽广的视角来认识新民主主义革命“新”之内涵，拓展了我们对新民主主义革命的认识：新民主主义革命之所以“新”，不仅在于其领导阶级是无产阶级，还在于其具有社会革命、世界革命、阶级革命和共产革命的特征。

金冲及认为：“接受了马克思主义的先进分子不是抛弃民主和科学的旗帜，而是在民主和科学的大旗下继续奋斗，并且赋予它们以新的更加完整的内容……中国民众的绝大多数是工人和农民，如果不到他们中间去，不充分考虑他们的利益和关心的问题，只把眼光停留在少数知识分子的狭小圈子里，那么，不管对民主的议论如何激烈，依然只是一部分人甚至是少数人的民主，谈不上真正广泛的人民民主。”金冲及肯定了新民主主义革命是在马克思主义思想的洗礼下出现的，更注重社会改造，更注重发动工农大众进行社会革命。

杨奎松在《“中间地带”的革命：国际大背景下看中共成功之道》中写道：“中国之所以会不断发生革命，这无疑是由中国社会的内部原因决定的。但中国革命究竟要到达何种目的，这又是与整个外部世界的形势和条件密不可分的。中国的共产革命之所以会从20年代开始，而不是从1905年开始或1911年开始，显然是与俄国1917年十月革命的成功和1919年第三国际成立，布尔什维克开始对外输出革命的情况密不可分。”杨奎松强调，中国的革命深受国际形势和外部环境的影响，中国共产党善于利用国际形势助推中国革命走向胜利。俄国十月革命的影响以及苏联和共产国际的支持，成为推动中国革命走向新民主主义革命并使之蓬勃兴起的重要因素，从这以后，中国革命归属新的国际革命阵线。因此，新的国际形势与外部环境成为新民主主义革命之“新”的必不可少的因素。

（二）单元教学主题

五四运动掀起了社会革命的高潮，促进了马克思主义的传播，标志着新民主主义革命的开端。中国共产党应时代需要而诞生，中国革命的面貌从此焕然一新。国共合作掀起了轰轰烈烈的国民革命，具有社会革命的特征。国民革命失败后，中国共产党探索出一条工农武装割据的革命新道路，长征的胜利打开了新民主主义革命的新局面。基于上述分析，将本单元的教学主题确定为：新民主主义革命的新内涵与新道路。

二、学情分析系统：初中与高中教学衔接分析

<table>
<tr><th rowspan="2">比较项目</th><th colspan="2">初中课标</th><th rowspan="2">高中课标</th></tr>
<tr><th>2011年版课标</th><th>2022年版课标</th></tr>
<tr><td>课标中的课程内容要求</td><td>知道五四爱国运动的基本史实，认识五四运动是中国新民主主义革命的开端。
了解李大钊传播马克思主义的史实；了解中国共产党第一次全国代表大会召开的史实，认识中国共产党成立的历史意义。
简述第一次国共合作和北伐战争胜利进军的主要史实；了解南京国民政府成立的主要史实。
知道南昌起义，讲述毛泽东、朱德在井冈山会师的故事，认识中国共产党创建工农红军和农村革命根据地的意义。
讲述中国工农红军长征的故事，体会红军的革命英雄主义精神；知道遵义会议，认识其在中国革命史上的地位。</td><td>1.4 中国共产党成立与新民主主义革命的兴起
通过了解五四运动的基本史事，理解五四精神的内涵，认识五四运动是中国新民主主义革命的开端；通过了解陈独秀、李大钊传播马克思主义和中国共产党第一次全国代表大会的召开等史事，认识中国共产党成立的历史意义，理解伟大建党精神；了解第一次国共合作和北伐战争等国民革命的主要内容；知道南京国民政府的成立及性质；通过了解南昌起义、八七会议、秋收起义、毛泽东与朱德井冈山会师、古田会议等基本史事，认识中国共产党创建人民军队和农村革命根据地的意义；认识遵义会议在中国革命史上的地位；通过了解长征途中红军爬雪山过草地等艰难历程的史事，感悟长征精神。</td><td>1.9 中国共产党成立与新民主主义革命兴起
认识五四爱国运动的历史意义，认识马克思主义在中国的传播与中国共产党成立对中国革命的深远影响；认识国共合作领导国民革命的历史作用；了解南京国民政府的成立；认识中国共产党开辟革命新道路的意义；认识红军长征的意义。</td></tr>
</table>

<table>
<tr><th>比较项目</th><th>初中教材</th><th>高中教材</th></tr>
<tr><td>部分教材课时设置</td><td>《义务教育教科书 中国历史 八年级 上册》
第四单元 新民主主义革命的兴起
第11课 五四运动
第12课 中国共产党诞生
第五单元 从国共合作到农村革命根据地的建立
第13课 国共合作与北伐战争
第14课 毛泽东开辟井冈山道路
第15课 中国工农红军长征与遵义会议</td><td>《普通高中教科书 历史 必修 中外历史纲要（上）》
第七单元 中国共产党成立与新民主主义革命兴起
第20课 五四运动与中国共产党的诞生
第21课 南京国民政府的统治和中国共产党开辟革命新道路</td></tr>
</table>

从教材内容来看，本单元教学内容与教材八年级上册第四、第五单元相对应，即《新民主主义革命的兴起》和《从国共合作到农村革命根据地的建立》，两个单元下设与本单元内容相关的5个课时，而高中教材则浓缩为2个课时。初中教材侧重呈现的是“散点”且具体的历史，而高中教材则侧重呈现对历史大势及历史意义的阐述。

从课程标准的要求来看，与2011年版初中课标相比较，2022年版初中课标在内容方面对核心知识的要求更加明确而具体，如“通过了解南昌起义、八七会议、秋收起义、毛泽东与朱德井冈山会师、古田会议等基本史事，认识中国共产党创建人民军队和农村革命根据地的意义”，增加了八七会议、秋收起义和古田会议的内容，这些内容对理解中国共产党探索工农武装割道路有重要的意义，也能更好地为高中教学做铺垫。

从具体教学来看，初中教学对学生的要求侧重于基本历史事实和重要历史发展线索的掌握；高中教学则要求学生对历史概念有深入的理解，对历史走向有宏观的、理性的认识。初中教材并未对新民主主义革命的内涵做出阐述，高中教材则明确提出“新民主主义革命兴起”这一核心概念，教材中也对新民主主义革命的特征有所论述。因此，在高中教学中，对于基本的历史事实可做适度简化处理，重点是要让学生通过史实建构起历史发展的整体图像，深化对重要历史事件因果关联及其历史意义的理解。如五四运动，初中课标要求学生认识五四运动是中国新民主主义革命的开端，要在教学中凸显五四运动中彻底的反帝反封建精神和无产阶级登上历史舞台的内容。高中课标则要求认识五四爱国运动的历史意义，这就需要从更加深远的视角来看五四运动对新民主主义革命的影响，即五四运动带来了新的革命力量、革命文化和革命斗争方式。也就是说，高中的教学视野要拓展，知识内容要深化。

三、教学目标分析系统：单元核心目标及其分解

（一）单元核心目标

能够利用多重史料，从不同的视角认识五四运动的历史意义，理解中国共产党成立的历史必然性。能够从特定的时空条件下，认识新民主主义革命的新内涵以及中国革命新道路开辟的意义。认同中国共产党是中国革命的领导力量，感悟中国共产党的成立及其对革命道路的正确探索为中国革命指明了方向。

（二）单元目标分解

1. 必备知识

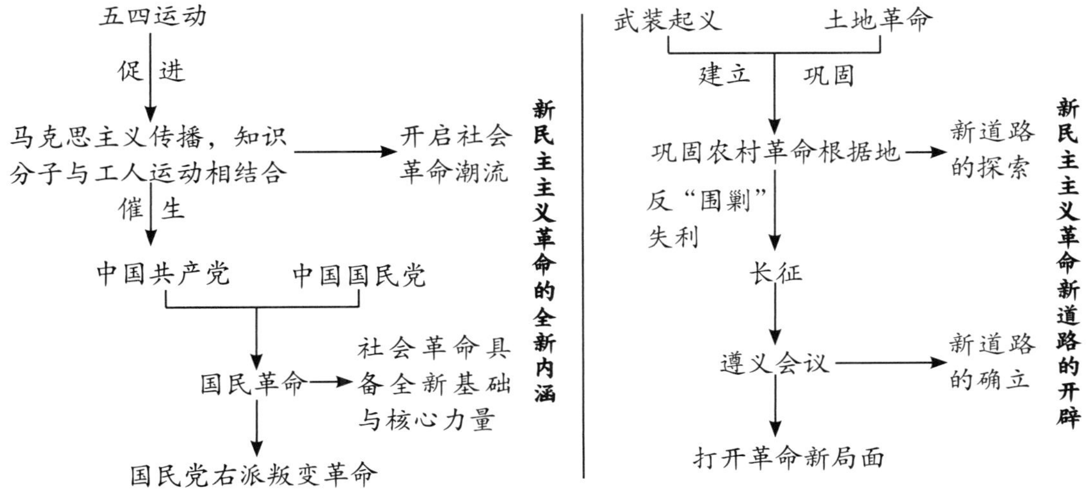

2. 关键能力

（1）逻辑思维能力：运用整体联系的方法认识历史事件的能力，如能够将五四运动、中国共产党的成立、国民革命、工农武装割据道路的开辟置于新民主主义革命这一整体框架下加以认识，能够将工农武装割据置于当时国内国际双重背景下进行分析。

（2）历史阐释能力：基于特定时空解释历史事件的能力，如在分析中国共产党的成立的必然性时，能够从俄国十月革命的影响、国际局势的变化、国内马克思主义的广泛传播以及军阀割据的黑暗现实等多方面进行分析。

（3）历史探究能力：多元视角认识与探究历史问题的能力，能够从思想、社会等多重视角认识五四运动的意义，能够从革命力量、革命文化、革命斗争等视角认识新民主主义革命的新内涵。

3. 核心价值

引领学生认同五四运动的爱国进步精神；认同中国共产党成立是近代中国历史和人民的选择；体会中国共产党探索革命新道路的艰辛；汲取中国共产党人的政治智慧和不屈不挠的精神。

四、教学过程分析系统

单元教学设计　新民主主义革命的新内涵与新道路		
课题名称	**学习任务**	**关键问题**
课时教学设计1　新民主主义革命之新内涵与新形态：五四运动与中国共产党的诞生	【任务一】多棱镜下的五四：从不同视角看五四运动。 【任务二】从时代潮流和个人选择探讨中国共产党成立的原因。 【任务三】国民革命的洪流：认识社会运动视角下的国民革命。	1. 五四运动作为新民主主义革命的开端，其突出特征是什么？ 2. 历史为什么选择了马克思主义和中国共产党？ 3. 国民革命究竟是一场具有怎样特征的革命运动？
课时教学设计2　新民主主义革命之新道路与新局面：南京国民政府的统治和中国共产党开辟革命新道路	【任务一】有专制之心无专制之力：认识南京国民政府的统治。 【任务二】中国共产党革命的新道路选择：认识城市群众暴动与工农武装割据的特点。 【任务三】马克思主义的创造性发展：理解工农武装割据道路成功的原因。 【任务四】中国革命的新局面：理解红军长征的意义及影响。	1. 如何认识南京国民政府统治的性质与特点？ 2. 国民革命失败后，中国共产党人如何继续革命？中共中央执行的城市暴动道路与后来毛泽东开辟的工农武装割据道路有何不同？ 3. 为什么工农武装割据道路最终获得了成功？ 4. 红军长征的意义与影响是什么？

五、教学评价分析系统

（一）学业质量水平划分

水平 1： 能够从社会存在与社会意识辩证关系的角度看待中国革命从旧民主主义革命到新民

主主义革命的转变。能够利用历史年表对本单元的历史事件进行整理，初步认识时空环境对新民主主义革命的影响。能够认识关于五四运动的不同史料的类型和价值。能够感悟五四运动所体现的爱国、进步、民主、科学的精神，能够认同新民主主义革命的方向。（唯物史观、时空观念、史料实证、家国情怀）

水平2：能够从经济和社会条件认识新民主主义革命的特征，了解无产阶级和人民大众是推动历史前进的动力。能够掌握五四运动作为新旧民主主义革命转折点的依据，能够从时空联系的角度了解十月革命对中国革命的影响。能够从相关史料汲取信息说明中国共产党成立的原因。能够从思想、社会等不同的视角解释五四运动、中国共产党诞生的意义。能够理解中国共产党在新民主主义革命实践中所展现的政治智慧，认同共产党人不屈不挠的革命精神。（唯物史观、时空观念、史料实证、历史解释、家国情怀）

水平3：能够从普遍联系的角度理解五四运动、中国共产党的成立、国民革命、工农武装割据道路的开辟这些重大事件的关联，并放在新民主主义革命这一主题下加以认识。能够从时空联系的角度认识俄国十月革命、第一次世界大战等事件对近代中国革命转型产生的重大影响。能够通过史料互证来说明中国共产党成立的历史必然性。能够从指导思想、核心力量、斗争方式、革命文化等视角全面认识新民主主义革命的新内涵。能够体会新民主主义革命的伟大意义，认同中国共产党开创的新民主主义革命道路。（唯物史观、时空观念、史料实证、历史解释、家国情怀）

水平4：能够认识新民主主义革命具有人民性和大众性的特点。能够恰当地运用史料对新民主主义革命的特征进行论述。通过比较分析，从不同的视角全面、客观地认识新民主主义革命的新内涵与新道路。（唯物史观、史料实证、历史解释）

（二）学业质量水平测试

阅读材料，回答问题。

材料一　学生罢课半月，政府不唯不理，且对待日益严厉，乃商界罢市不及一日，而北京被捕之学生释；工界罢工不及五日，而曹、章、陆去。

——《上海学联告同胞书》（1919年6月12日）

材料二　苏维埃政府把沙皇政府独自从中国人民那里掠夺的或与日本人、协约国共同掠夺的一切交还中国以后……苏维埃政府废弃一切特权……那就请中国人民了解，在争取自由的斗争中，唯一的同盟者和兄弟是俄国工人、农民及其红军。

——《俄罗斯苏维埃联邦社会主义共和国对中国人民和中国南北政府的宣言》（1919年7月25日）

材料三　（毛泽东）才明确指出要创造红色区域，实行武装割据，认为这是促进全国革命高潮的最重要因素，也就是要以乡村为中心。

——周恩来《关于党的“六大”的研究》

结合上述材料，谈谈你对新民主主义革命特征的认识。

【评价说明】

答题思路	学业质量水平描述
能够知道材料的分类，从材料中获取基本的信息。三则材料均属第一手材料，从不同侧面呈现新民主主义革命的特征。如新民主主义革命以青年学生为先锋，受到苏俄的影响等。	1-3 能够从所获得的史料中提取有关的信息。 2-3 能够尝试运用史料作为证据论证自己的观点。
能依据主题从材料中汲取信息，将信息作为证据建构对问题的认识。能够从两个视角认识新民主主义革命的特征。如能够从革命力量和指导思想来认识新民主主义革命的特征：从革命力量上看，新民主主义革命依靠以工农阶级为代表的人民群众；从指导思想上来看，新民主主义革命以马克思主义为指导。	2-4 能够选择、组织和运用相关材料并使用相关历史术语，对具体史事做出解释。 3-3 能够对史料进行整理和辨析，并判断其价值。

参考答案

认识：新民主主义革命是依靠工农大众的革命；新民主主义革命以工农大众为主要力量，以马克思主义为指导思想，以社会革命和阶级革命为主要目标。

张炎林　华东师范大学第二附属中学

课时教学设计 1

新民主主义革命之新内涵与新形态：五四运动与中国共产党的诞生

一、教学内容分析系统：课时教学主题的提炼

（一）提出的依据

1. 课标依据

新课标对本课时的课程内容要求是："认识五四爱国运动的历史意义，认识马克思主义在中国的传播与中国共产党成立对中国革命的深远影响；认识国共合作领导国民革命的历史作用。"

其一，新课标聚焦的重大事件之间有着深刻的内在联系，它们都统摄于新民主主义革命这一主题之下，都体现了新民主主义革命的新内涵。五四运动具有彻底的反帝反封建精神，促进了新思想的传播，开启了社会革命潮流，知识分子与社会大众相结合成为此后革命的新形态。五四运动之前，只有少数知识分子宣传马克思主义；五四运动之后，社会主义和共产主义成为主流思想，越来越多的知识分子成为马克思主义者，马克思主义与工人运动相结合催生了中国共产党。中国共产党的领导是新民主主义革命的鲜明特征和取得胜利的根本保证。自从有了中国共产党，中国革命的面貌就焕然一新。中国共产党成立之后，积极领导工农运动，但是由于自身力量薄弱，工人运动暂时处于低潮中。在共产国际的推动下，国共两党实现合作，国民革命如火如荼地展开。在这场国民革命中，中国共产党领导和发动工农大众进行斗争，掀起了社会革命的高潮，有力地配合了北伐战争。虽然1927年这波革命高潮遭遇了国共合作全面破裂的顿挫，但中国革命的全新基础和核心力量已经在国民革命中应运而生，并将在日后的历史进程中不断壮大。

其二，新民主主义革命的兴起是内外潮流激荡的结果。新文化运动造就了一批思想解放、追求民主、关心国运的青年，他们在五四运动中发挥了先锋作用；列强瓜分世界、推行强权政治的巴黎和会导致中国外交的失利成为五四运动的导火索。残酷血腥的第一次世界大战及强权战胜公理的巴黎和会引发了知识分子对西方文明的极大失望与深刻反思，加之俄国十月革命的成功促使一大批中国知识分子思想发生重大转变。马克思主义逐渐成为时代的主要潮流。在中国共产党成立的过程中，苏俄与共产国际提供了有力支持，共产国际代表参与了中共一大。其中，中共一大确立的纲领深受苏俄革命主张的影响。国民革命是国共两党在困境中做出的正确抉择，其背后有共产国际的推动。在共产国际的支持和中国共产党的帮助下，孙中山与时俱进，确立"联俄、联共、扶助农工"三大政策，把旧三民主义发展成新三民主义，奠定了国共合作的基础，国民革命由此展开。

2. 教材依据

本课时教学设计所依据的教材内容由三个子目组成，“五四运动和马克思主义的传播”“中国共产党的诞生”“国共合作与国民革命”。显然，本课时教学设计的主题并不能涵盖“国共合作与国民革命”这一子目，那么，为何将三者放在一起？如何将三个子目的内容统整成一个有机的整体呢？这就需要有一个核心概念来加以贯通。通过仔细研读课标和教材，将这个核心概念确定为“新民主主义革命兴起”。五四运动是新民主主义革命的起点，中国共产党的诞生使新民主主义革命有了领导核心，国民革命则是新民主主义革命勃兴的标志性事件。需要进一步追问的是：新民主主义革命的典型特征是什么？通常的说法是新民主主义革命是无产阶级领导，以马克思主义为指导思想的反帝反封建的人民民主革命。从较长的历史时段来看，这无疑是正确的。可是就五四时期而言，这一特征还不是特别明显。因为在五四时期无产阶级虽然登上了历史舞台，但还未成为革命的主导力量。从五四运动的发展趋势而言，五四运动带有明显的社会革命特征，知识分子与人民大众结合，社会改造的呼声高涨。在这样的情势之下，加之第一次世界大战、巴黎和会以及俄国十月革命的影响，马克思主义一跃而成为时代主流思想。具有初步共产主义思想的知识分子与工人运动相结合，在共产国际的帮助下，中国共产党应运而生。在国共通力合作之下，掀起了国民革命的浪潮。国民革命既是一场“打倒列强，除军阀”的轰轰烈烈的军事斗争，也是一场工农群众广泛参与的社会革命。国民革命也可视为五四运动的延伸，是第一波新民主主义革命的高潮。总之，无论是五四运动、中国共产党的成立还是国民革命，都具有知识分子与人民大众相结合的社会革命的典型特征，而这正是新旧民主主义革命的重要区别所在。

3. 学术依据

五四运动何以成为新民主主义革命的开端？杨念群认为自由主义式的“五四叙事学”把“五四”的解释缩挤到了“个人主义”的发现这个单一的主题上，实际上缩小了五四精神涵义的范围。这种“思想史”式的解读没有意识到，“五四”除了是一场思想运动，还是一场影响深远的社会改造运动。这场运动虽由社会精英发起，却渗透到社会的各个角落，进而形成了广泛的社会动员。这场运动鲜明地体现了知识分子与社会大众相结合，人民群众广泛参与的特点。以前的革命如辛亥革命未能充分发动群众，革命者与人民群众严重脱节，革命事业未竟全功。五四运动开启了社会改造、社会革命的潮流，这是新民主主义革命的突出特征。作为五四运动领袖之一的傅斯年敏锐地意识到，“自从五四运动过后……有觉悟的添了许多，就是那些不会自己觉悟的，也被这几声霹雷，吓得清醒……以后是社会改造运动的时代”。五四运动极大地改变了一代青年的价值取向，他们不再寄希望于政治革命，而是把目光投向社会、投向民众。于是，改造民众、组织民众进行社会革命成为时代的强音，深刻地影响了此后中国革命的走向。

中国共产党是新民主主义革命兴起的核心力量，中国共产党的成立是开天辟地的大事件。为什么中国共产党诞生于20世纪20年代？一批具有初步共产主义思想的知识分子群体的出现是关键因素。杨奎松认为：“俄国十月革命的胜利、共产国际的创立，特别是1920年列宁关于民族殖民地革命方针的提出，和同一年俄共开始派遣大批人员来华进行理论、经验、组织、宣传方法的介绍传授，以及在经费等方面的援助，无疑加速了陈独秀等人的思想转变和中共组织的创立。另一方面，不论是陈独秀，还是毛泽东，多数早期共产党人的思想转变，也大都和他们之前社会实践的失败经历有关。”也就是说促成这些先进知识分子思想发生转变有两大原因：一是俄国十月革命的震撼和共产国际对中国革命事业的支持；二是这些先进知识分子反思之前革命实践中失败的教训，马克思主义是在比较和推求之后理性选择的结果。

（二）课时教学主题

五四运动开启了中国由政治革命向社会革命、从共和革命向共产革命的转型之路。马克思主义与中国工人运动相结合，促使中国共产党诞生。国民革命为新民主主义革命准备了全新基础和核心力量。五四运动、中国共产党的成立和国民革命共同绘就了新民主主义革命勃兴的图景，主流思想的急速转变、内外潮流的紧密联系、革命形态的根本转型则是这一图景的突出特征。综上，将本课时的教学主题确定为“新民主主义革命之新内涵与新形态：五四运动与中国共产党的诞生”。

二、学情分析系统：初中与高中教学衔接分析

比较项目	初中课标		高中课标
	2011年版课标	2022年版课标	
课标中的课程内容要求	知道五四爱国运动的基本史实，认识五四运动是中国新民主主义革命的开端。 了解李大钊传播马克思主义的史实；了解中国共产党第一次全国代表大会召开的史实，认识中国共产党成立的历史意义。 简述第一次国共合作和北伐战争胜利进军的主要史实；了解南京国民政府成立的主要史实。	1.4　中国共产党成立与新民主主义革命的兴起 通过了解五四运动的基本史事，理解五四精神的内涵，认识五四运动是中国新民主主义革命的开端；通过了解陈独秀、李大钊传播马克思主义和中国共产党第一次全国代表大会的召开等史事，认识中国共产党成立的历史意义，理解伟大建党精神；了解第一次国共合作和北伐战争等国民革命的重要内容。	1.9　中国共产党成立与新民主主义革命兴起 认识五四爱国运动的历史意义，认识马克思主义在中国的传播与中国共产党成立对中国革命的深远影响；认识国共合作领导国民革命的历史作用。

比较项目	初中教材	高中教材
部分教材课时设置	《义务教育教科书　中国历史　八年级　上册》 第四单元　新民主主义革命的兴起 第11课　五四运动 第12课　中国共产党诞生 第五单元　从国共合作到农村革命根据地的建立 第13课　国共合作与北伐战争	《普通高中教科书　历史　必修　中外历史纲要（上）》 第七单元　中国共产党成立与新民主主义革命兴起 第20课　五四运动与中国共产党的诞生

根据初中教材可知，学生对五四运动、中国共产党的成立以及国民革命已经有了基本的认识。初中教学更多侧重的是对基本史实的了解，高中教学则要在基本史实的基础上深化对这一时期重大历史事件的认识，全面把握这些重大事件的内在联系以及新民主主义革命的新内涵。在能力要求方面，高中教学更注重让学生获得从整体联系和多重视角来分析和解释历史事件的能力。

三、教学目标分析系统：课时核心目标及其分解

（一）课时核心目标

能够运用整体统率部分的方法将五四运动、中国共产党的成立、国民革命置于新民主主义革命兴起这一主题下加以认识；能够将五四运动、中国共产党的诞生置于第一次世界大战和俄国十月革命的时空背景下加以审视；能够从思想、社会等不同的视角来解释五四运动、中国共产党成立的意义；能够认识到五四运动、中国共产党的诞生、国民革命具有社会革命的典型特征，从而认同中国共产党的成立是历史和人民的选择。

（二）课时核心目标分解

1. 必备知识

五四运动——知识分子与人民大众的联合（新的斗争方式）→开启社会革命潮流

中国共产党成立——以马克思主义为指导（新的指导思想）→新民主主义革命的领导核心

国民革命——轰轰烈烈的军事斗争、工农群众的广泛参与（新的力量基础）→具有社会革命的特征，为新民主主义革命准备了全新基础与核心力量

（以上三项）——革命形态的转型

2. 关键能力

（1）获取历史信息能力：能够从不同的史料获取五四运动的历史信息；能够运用基本的历史信息，形成关于新民主主义革命的主要观点。

（2）历史思维能力：能够从思想、社会等不同的视角审视五四运动的历史意义；能够对五四运动、中国共产党成立、国民革命等重大历史事件的特征进行抽象概括，形成核心概念的能力。

（3）历史阐释能力：将这一时期的新民主主义革命的重大事件置于20世纪20年代特定的背景下加以认识，并能够解释这些历史事件的因果关联。

（4）历史探究能力：能够基于新史料的解读深化对新民主主义革命特征的认识，并形成新的观点。

3. 核心价值

（1）通过学习五四运动，认同五四运动中蕴含的爱国、科学、民主、进步等精神。

（2）通过学习中国共产党成立的有关史实，认同早期共产党人勇于担当、敢于开拓的革命初心。

四、教学过程分析系统

课时教学设计1　新民主主义革命之新内涵与新形态：五四运动与中国共产党的诞生

【导入环节】通过呈现材料导入本课时。

【材料呈现】

材料一　我们正好看到几百名女学生从美国教会学校出发去求见大总统，要求他释放那些因

在街上演讲而入狱的男学生。要说我们在中国的日子过得既兴奋又多彩的确是相当公平，我们正目击一个国家的诞生，但通常一个新国家的诞生并不是一件简单的事。

——顾红亮《中国心灵的转化：杜威论中国》

【学生活动】通过故事性的材料进入特定的历史情境，重现五四运动的场景，引发对五四运动意义的探求。

【教师分析】五四运动期间，美国学者杜威正在中国访问，亲身经历了这一重大历史事件。他的家书反映了对这段历史的观察，他被青年学生的爱国民主精神所吸引、鼓舞，并预言一个新的中国必将诞生，展现了他敏锐的历史眼光。

【设计意图】通过当事者的经历和思考引出本课时的重要内容——五四运动，学生通过阅读可以感受到青年学生的爱国激情，也能对五四运动之于此后中国历史进程的深远影响有一个整体认识。

【任务一】多棱镜下的五四：从不同视角看五四运动。

【关键问题】五四运动作为新民主主义革命的开端，其突出特征是什么？

【材料呈现】

材料二　三日晚上的会，北大全体学生都到了……大会决定了第二天（四日）早晨到天安门齐集，示威游行，这就导入了五四运动。五四那天由天安门到赵家楼，殴打卖国贼章宗祥，火烧曹汝霖住宅，三十一个学生，一个市民当场被捕的事，报纸上有记载，我不在这里来说了。

——许德珩《五四回忆》

材料三　惟行至东交民巷口，公使馆方面以无中国政府执照不许通行，乃举代表数名，赴各使馆接洽，其他众学生等乃转而赴东城赵家楼曹汝霖宅内，警察等阻拦不住，拥入寻觅曹汝霖，曹已避去。当时学生举动非常文明，而因警察之干涉手段惹起学生之反抗，无意中将宅内电灯碰破，遂至宅内起火。火光中双方撕（厮）打，伤及在曹宅闲住章仲和公使，而且伤势甚重。

——《京报》1919年5月5日

材料四　工界罢工实为我国破天荒之事件，又为工人参与政治问题之嚆矢，足见我国工界业已觉醒，且有相当团结力。

——《晨报》1919年6月12日

材料五　现在中国的社会黑暗到了极点，一般的青年人处在这种势力下面，被他弄得全无生气，力量薄弱的只能顺世堕落，不敢稍有反抗，稍有血气的也只有忍气吞声，听命于天，即或有时实在受不得了，也只有往自杀那条路走，从没人敢反抗的。因此一天，一天的（地）弄下去，竟成一个麻木不仁的中国，那还有幸福之可言？

——巴金《爱国主义与中国人到幸福的路》

材料六　在我每天回家的路上，常看到黄包车夫拉着人匆匆地向前奔着。他们一个个破衣烂衫，面黄肌瘦，有的年纪已经很大了，患着病，仍气喘吁吁地跑着，更让人目不忍睹………为什么人是这样的不平等？为什么有人富有人穷？

——刘英《我和张闻天命运与共的历程》

【问题设计】(1）材料二、材料三共同描述了什么史实？关于事实的细节叙述有何不同？说明产生这些不同的原因。(2）五四运动的群众性是如何体现的？五四运动中知识分子与社会大众的关系发生了怎样的变化？

【学生活动】阅读上述材料，分别从史实重建、社会革命的视角审视五四运动。

【教师分析】历史是有温度的，如何触摸历史进入五四运动？通过蕴含丰富细节的第一手材料能够帮助我们感知历史。材料二、材料三选取了当事人的回忆和当时的新闻报道。这两则史料视角不同，但都有关于五四运动的具体细节。通过对两则史料比较分析，大致可以获知五四事件的基本情节。但是两则史料也有不一致的地方，这意在说明即便是当时的史料，也需要进行多重的印证方能采信。材料四凸显五四运动的知识分子与人民大众联合的特点，特别是人民大众起到了主力军的作用。材料五、材料六体现了五四运动对青年学生价值观念带来的重大影响，青年学生不约而同地将社会改造作为自己的使命，这也预示着社会革命成为后五四时代新的革命潮流。

【设计意图】通过回忆录和新闻报道，思考五四运动何以成为一场运动，并回顾当时的情景。但是也要注意，无论是回忆录还是新闻报道，都可能存在一些失实或不够准确的地方。知识分子与群众运动相结合是这场运动的鲜明特点。通过五四青年群体在五四运动之后的思想和行为，透析那个时代青年的焦虑与关怀，进而认识到社会改造与社会革命成为这一代青年的主流共识，这是五四运动留下的重要遗产。

【任务二】从时代潮流和个人选择探讨中国共产党成立的原因。

【关键问题】历史为什么选择了马克思主义和中国共产党？

【材料呈现】

材料七 我们相信世界上的军国主义和金力主义（资本主义）已经造了无穷罪恶，现在是应该抛弃的了。

——陈独秀《本志宣言》

材料八 若不经过阶级战争，若不经过劳动阶级占领权力阶级地位底时代，德谟克拉西必然永远是资产阶级专有物，也就是资产阶级永远把持政权抵制劳动阶级底利器 。

——陈独秀《谈政治》

材料九 合若干之新家庭，即可创造一种新社会。新社会之种类不可尽举，举其著者：公共育儿院、公共蒙养院、公共学校、公共银行、公共图书馆、公共农场、公共工作厂……公共病院、公园、博物馆、自治会。合此等之新学校，新社会，而为一“新村”。吾以为岳麓山一带，乃湘城附近最适宜建设新村之地也。

——毛泽东《学生之工作》

材料十 (毛泽东说道)“当时新民学会有一个争取湖南‘独立’的纲领——实际上是指‘自治’。我们的团体对北洋政府很反感。认定湖南要是和北平脱离关系，就能更加迅速地实行现代化，因此鼓动与北平分离。”

——［美国］埃德加·斯诺《红星照耀中国》

材料十一　我（编者注：指毛泽东）第二次到北京期间，读了许多关于俄国情况的书。我热心地搜寻那时候能找的为数不多的用中文写的共产主义书籍。有三本书特别深地铭刻在我的心中，建立起我对马克思主义的信仰。我一旦接受了马克思主义对历史的正确解释以后，我对马克思主义的信仰就没有动摇过。这三本书是：《共产党宣言》，陈望道译，这是用中文出版的第一本马克思主义的书；《阶级斗争》，考茨基著；《社会主义史》，柯卡普著。到了1920年夏天，在理论上，而且在某种程度的行动上，我已成为一个马克思主义者了，而且从此我也认为自己是一个马克思主义者了。

——［美国］埃德加·斯诺《红星照耀中国》

材料十二　“各地的代表们，除了开会通知外，每人还收到了100元的汇款作为旅费。当时的共产党，因为经费困难，连《共产党》月刊都不能顺利发行”，难以想象能够独自立即筹措到1 000元的旅费。“这笔经费是共产国际提供的。”

——［日本］石川祯浩《中国共产党成立史》

【问题设计】（1）五四运动后哪些因素导致了陈独秀的思想转向？（2）毛泽东成为马克思主义者经历了怎样的心路历程？（3）中国共产党的成立受到了哪些外部条件的影响？

【学生活动】从内外潮流的激荡、知识分子的选择以及外部革命的影响等多重视角分析中国共产党诞生的历史必然性。

【教师分析】五四运动之后，一大批先进知识分子对西方文明感到失望，深刻地认识到人民大众的巨大能量，社会革命成为他们的追求。马克思主义作为无产阶级的革命理论，具有人民性、科学性、斗争性的特点，俄国十月革命的胜利扩大了马克思主义的影响，五四运动后很快被更多的知识分子所接受。中国共产党的成立是内外因素合力推动的结果。内部的关键因素是出现了一批具有初步共产主义思想的知识分子，外部因素是俄国十月革命的影响和共产国际的支持。陈独秀和毛泽东是如何完成思想的转变最终成为马克思主义者的？理解他们思想蜕变的历程可以更好地理解中国共产党诞生的历史必然性。

【设计意图】借助文献史料理解五四运动与社会主义思潮传播的关系，认识到在第一次世界大战、俄国十月革命等国际形势的变化和国内社会革命的影响下，促成了五四运动的领袖陈独秀的思想转向。通过典型生动的人物故事、了解以毛泽东为代表的五四青年如何从困顿迷茫中反复追寻，最终走上革命建党之路。了解共产国际对中国共产党成立的重要帮助，认识到国际形势对中共成立的影响。

【任务三】　国民革命的洪流：认识社会运动视角下的国民革命。

【关键问题】国民革命究竟是一场具有怎样特征的革命运动？

【材料呈现】

材料十三　我们这次革命的成功，完全是工农群众的力量，并不是兵士的力量。我们在北伐的时候……都得着农工群众的帮助，才得很顺利的杀却敌人。

——唐生智《唐总指挥在长沙对农工之重要讲话》

【问题设计】在材料十三中，唐生智是如何看待北伐战争的？这凸显了国民革命的什么特征？

【学生活动】从当事人的视角理解北伐战争的特点，进而认识到国民革命具有的社会革命的特征。

【教师分析】五四运动是新民主主义革命的开端，中国共产党的成立为新民主主义革命带来了光明的前景，国民革命则是新民主主义革命的第一波高潮。从材料可知，国民革命不仅是一场轰轰烈烈的军事斗争，也是一次广大农工群众深度参与的大众革命。唐生智的言论从侧面反映了在国民革命中新的力量的崛起，这深刻地影响了此后中国革命的面貌。

【设计意图】关于国民革命和北伐战争，要体现出人民群众广泛参与这一社会革命的特点。选取的材料主要是从这一视角切入，学生通过解读可以认识到国民革命的意义在于它为后来的新民主主义革命准备了核心力量并奠定全新的基础。

【课堂小结】五四运动、中国共产党的成立和国民革命体现了社会革命的特点。五四运动促进了社会各阶层联合，社会改造呼声日益高涨；中国共产党“以俄为师”，倡导共产革命；国民革命中共产革命全新的基础和核心力量已经应运而生，并将在日后的历史进程中不断壮大。

五、教学评价分析系统

（一）学业质量水平划分

水平1：能够从社会存在与社会意识关系的角度看这一时期主流思想的变化。能够初步认识时空条件对五四运动的影响。能够获取关于中国共产党成立的不同史料信息，并能对中国共产党成立的历史必然性有初步认知。能够体会新民主主义革命的意义。（唯物史观、时空观念、史料实证、家国情怀）

水平2：能够从经济和社会条件认识新民主主义革命的特征，理解无产阶级和人民大众是推动中国前进的动力。能够从时空联系的角度了解俄国十月革命对中国革命的影响。能够运用相关史料作为证据来说明中国共产党成立的原因。能够从中国共产党领导的新民主主义革命的实践中汲取政治智慧，认同共产党人不屈不挠的革命精神。（唯物史观、时空观念、史料实证、家国情怀）

水平3：能够厘清五四运动、中国共产党的成立、国民革命、工农武装割据这些重大事件的内在逻辑关系，并放在新民主主义革命这一主题下加以认识。能够从时空联系的角度认识俄国十月革命、第一次世界大战等事件对中国革命转型产生的重大影响。能够通过史料互证来说明中国共产党成立的历史必然性。能够从多元视角认识新民主主义革命新的内涵。（唯物史观、时空观念、史料实证、历史解释）

水平4：能够深入理解新民主主义革命具有人民性和大众性的特点。能够恰当地运用史料对新民主主义革命的特征进行论述。能够通过比较分析，从不同的视角，全面、客观地认识新民主主义革命全新的内涵与意义。（唯物史观、史料实证、历史解释）

（二）学业质量水平测试

阅读材料，回答问题。

材料一　乃举代表数名，赴各使馆接洽，其他众学生等乃转而赴东城赵家楼曹汝霖宅内，警察等阻拦不住，拥入寻觅曹汝霖，曹已避去。当时学生举动非常文明，而因警察之干涉手段惹起学生之反抗，无意中将宅内电灯碰破，遂至宅内起火。火光中双方撕打，伤及在曹宅闲住章仲和公使，而且伤势甚重。

——《京报》1919年5月5日

材料二：5月4日以后，学生联合会开始在全国创办杂志。值得注意的是，在这种反对腐化和卖国的官僚及抵制日货的高潮时刻，这些论题在学生杂志上却是次要的……他们的任务是教育改革，攻击家庭制度，讨论社会主义、民主思想和各种乌托邦（思想）……由于缺乏确定的阅历背景，学生们认为所有的思想和建议都大同小异，只要他们是新的并与旧的习惯和传统相脱离。

——杜威《新文化在中国》，1920年

（注：杜威，美国著名哲学家、教育家，五四时期访问过中国）

材料三　我（曹汝霖）于仓猝间，避入一小房（箱子间），仲和（即章宗祥）由仆引到地下锅炉房……我在里面，听了砰然一大声，知道大门已撞倒了。学生蜂拥而入，只听得“找曹某”“打他”“他到哪里去了”。后又听得砰砰蹦蹦玻璃碎声，知道门窗玻璃都打碎了。

——丁中江《北洋军阀史话　第3卷》

从研究五四运动细节的视角，应如何评估上述材料的史料价值的？

【评价说明】

答题思路	学业质量水平描述
能够知道材料的分类，从材料中获取基本的信息。上述材料同属文字材料，材料一是新闻报道；材料二、材料三是回忆录。能从不同类型的材料中获取信息。	1–3　能够从所获得的史料中提取有关的信息。
能够具备材料之间的互证意识。材料一、材料二和材料三均提及章宗祥在冲突中受到冲击，三则材料形成了互证关系，这说明当时学生与章宗祥之间的确发生了冲突。	3–3　能够利用不同类型史料的长处，对所探究的问题进行互证。
能够在分析材料作者意图的基础上判定材料的证据价值。材料一出自当时一家同情学生运动、观念比较开放的报纸，对学生运动多有赞扬，因此某些报道难免会暗含倾向性；材料二是美国学者对五四运动的回顾，态度相对中立。材料三是当事人的回忆录，带有较强的主观性。	4–3　能够在辨别史料作者意图的基础上利用史料。

参考答案

上述材料同属文字材料，材料一、材料二是新闻报道；材料三是回忆录。材料一、材料二和材料三均提及章宗祥在冲突中受到冲击，三则材料形成了互证关系，可以说明当时在曹宅内发生激烈冲突。但是对于学生的行为有不同的说法，材料一认为学生行为文明，材料二则认为这是一场骚乱。材料一出自当时一家同情学生运动、观念比较开放的报纸，对学生运动多有赞扬，因此某些报道会暗含倾向性；材料二是美国学者对五四运动的回顾，处于旁观者的视角，因此态度相对中立；材料三是当事人的回忆录，带有较强的主观性。因此，要确定曹宅起火的原因，还需其他更有力证据的佐证。

张炎林　华东师范大学第二附属中学

课时教学设计 2

新民主主义革命之新道路与新局面：南京国民政府的统治和中国共产党开辟革命新道路

一、教学内容分析系统：课时教学主题的提炼

（一）提出的依据

1. 课标依据

新课标对本课时的课程内容要求是："了解南京国民政府的成立；认识中国共产党开辟革命新道路的意义；认识红军长征的意义。"

新课标对本课时教学提出了三个方面的要求，了解南京国民政府的成立，认识中国共产党开辟革命新道路与红军长征的历史意义。由此可见，新课标指出了本课时的教学重点在于工农武装割据与红军长征部分。在历史上，农村包围城市、武装夺取政权思想的提出，标志着毛泽东思想的初步形成，是马克思主义在中国的创造性运用和发展。红军长征的胜利，实现了红军的战略大转移，使中国革命转危为安，同时也宣传了中国共产党的政治主张，鼓舞了广大人民群众。因此，本课时的教学设计关键在于如何使学生在史事学习的基础上，深入理解中国共产党革命道路的合理性、正确性。

2. 教材依据

从教材内容来看，第七单元的单元导言对本课内容有精确概述："国民革命失败后，国民政府加强了独裁统治。中国共产党开始认识到掌握武装力量的重要性，发动了一系列武装起义，开辟了中国革命的新道路。由于'左'倾错误的影响，红军第五次反'围剿'失利，被迫长征。红军长征的胜利，打开了中国革命的新局面。"结合课程内容要求，本课时内容的重点在于落实"新道路"与"新局面"的具体内涵与历史意义。

本课时教学设计所依据的教材三个子目与课标要求的三个方面一一对应。在第一子目中，教材简要叙述了"宁汉合流"与"东北易帜"的史实，而后概述了南京国民政府治下民族资本主义的发展与官僚资本主义的腐败问题。在探究与拓展部分中，教材补充了中原大战的内容，并要求学生分析南京国民政府为何只是在形式上统一了全国。南京国民政府的统治问题是理解中国共产党选择革命新道路的重要前提，在教学设计中可以结合学习拓展部分，并增设材料进行说明。

在第二子目中，教材首先叙述了南昌起义、秋收起义、建立井冈山革命根据地的史实，说明了中国共产党选择工农武装割据道路的过程。接着，教材叙述了中华苏维埃共和国临时中央政府的成立，各农村革命根据地的建立。同时，“史料阅读”栏目中引用毛泽东话语，进一步说明了工农武装割据道路的正确性与历史意义。

在第三子目中，教材说明了长征的起因，重点叙述了遵义会议的开展及其历史意义，最后对红军长征的历史意义进行了结论性的概述。在课后“问题探究”中，教材引用了习近平的讲话，进一步说明了长征精神的内涵与意义。在教学设计中，关于长征“宣传了中国共产党的政治主张，在沿途播下了革命种子”的历史意义，可以通过增设材料加以说明，进一步丰富中国革命“新局面”的内涵。

3. 学术依据

南京国民政府的建立与统治是中国共产党选择工农武装割据的时代背景。就其建立基础而言，在国民革命失败后，蒋介石寻求军阀支持。然而，蒋介石、冯玉祥、阎锡山、李宗仁不相为谋，最终发生了中原大战。可见，南京国民政府内部不稳，先天不足。就其对全国的统治而言，1927年后，国民党执掌全国政权，师法苏俄，实行一党专政。但此时的国民党实际上根本不具备专政的社会条件和自身实力。王奇生指出，南京国民政府只能将政治触角囿限于上层和城市，县以下农村基层社会，任由土豪劣绅和地痞流氓打着其旗号胡作非为。

国民革命失败后，中国共产党首先选择了以南昌起义、秋收起义为代表的城市暴动路线，试图效仿苏俄，通过群众暴动占领城市，夺取政权。杨奎松指出，中国的实际情况决定了这种以群众运动为主的暴动方式难以获得成功。杨奎松认为，中华苏维埃政府的成立激起了共产党人进攻和决战的强烈心理，对形势发生过“左”的估计，导致第五次反“围剿”失利，红军被迫实行战略转移。

毛泽东在八七会议上提出“政权是由枪杆子中取得的”，选择建立农村革命根据地，将马克思主义与中国实际相结合，在农村地区取得了巨大成功。基于革命现实，红军在遵义会议后确立了毛泽东事实上的军事领导权，最终胜利完成了长征。工农武装割据道路的成功与遵义会议后红军长征的胜利，充分说明了只有将马克思主义与中国实际相结合，才能使中国革命走向胜利。而红军长征不仅保存了革命火种，更是极大地提升了中国共产党在国内外的声望，具有深远的政治影响。

（二）课时教学主题

国民革命失败后，中国共产党逐渐认识到掌握武装力量的重要性，最终选择了农村包围城市、武装夺取政权的工农武装割据道路，开辟了中国革命的新道路。由于“左”倾错误的影响，红军第五次反“围剿”失利，被迫实行战略转移。红军长征的胜利，打开了中国革命的新局面。

结合以上对本课时的核心知识与知识线索梳理，我们将本课时的教学主题确定为“新民主主义革命之新道路与新局面：南京国民政府的统治和中国共产党开辟革命新道路”。

二、学情分析系统：初中与高中教学衔接分析

比较项目	初中课标		高中课标
	2011年版课标	2022年版课标	
课标中的课程内容要求	了解南京国民政府成立的主要史实。 知道南昌起义，讲述毛泽东、朱德在井冈山会师的故事，认识中国共产党创建工农红军和农村革命根据地的意义。 讲述中国工农红军长征的故事，体会红军的革命英雄主义精神；知道遵义会议，认识其在中国革命史上的地位。	1.4 中国共产党成立与新民主主义革命的兴起 了解第一次国共合作和北伐战争等国民革命的主要内容；知道南京国民政府的成立及性质；通过了解南昌起义、八七会议、秋收起义、毛泽东与朱德井冈山会师、古田会议等基本史事，认识中国共产党创建人民军队和农村革命根据地的意义；认识遵义会议在中国革命史上的地位；通过了解长征途中红军爬雪山过草地等艰难历程的史事，感悟长征精神。	1.9 中国共产党成立与新民主主义革命兴起 了解南京国民政府的成立；认识中国共产党开辟革命新道路的意义；认识红军长征的意义。

比较项目	初中教材	高中教材
部分教材课时设置	《义务教育教科书 中国历史 八年级 上册》 第五单元 从国共合作到农村革命根据地的建立 第13课 国共合作与北伐战争 第14课 毛泽东开辟井冈山道路 第15课 中国工农红军长征与遵义会议	《普通高中教科书 历史 必修 中外历史纲要(上)》 第七单元 中国共产党成立与新民主主义革命兴起 第21课 南京国民政府的统治和中国共产党开辟革命新道路

高中教材中第21课的内容涵盖了八年级上册第15课、第16课、第17课共3个课时的内容，根据初中教材，学生已经了解了南京国民政府的成立、工农武装割据、红军长征等基本史实，初步认识了创建红军、开创工农武装割据道路、召开遵义会议的历史意义。在此基础上，高中阶段的教学按照课标要求，补充了对红军长征“宣言书”“宣传队”“播种机”的历史意义的内容。同时，加强了对历史发展逻辑的解释，使学生理解中国共产党选择工农武装割据道路并获得成功的原因，从而进一步理解中国共产党开辟革命新道路的历史意义。

三、教学目标分析系统：课时核心目标及其分解

(一) 课时核心目标

基于特定时空，认识探索工农武装割据道路的合理性；理解工农红军长征对中国共产党保存与发展革命力量的重要意义；感悟中国共产党与时俱进、百折不挠的革命精神。

（二）课时目标分解

1. 必备知识

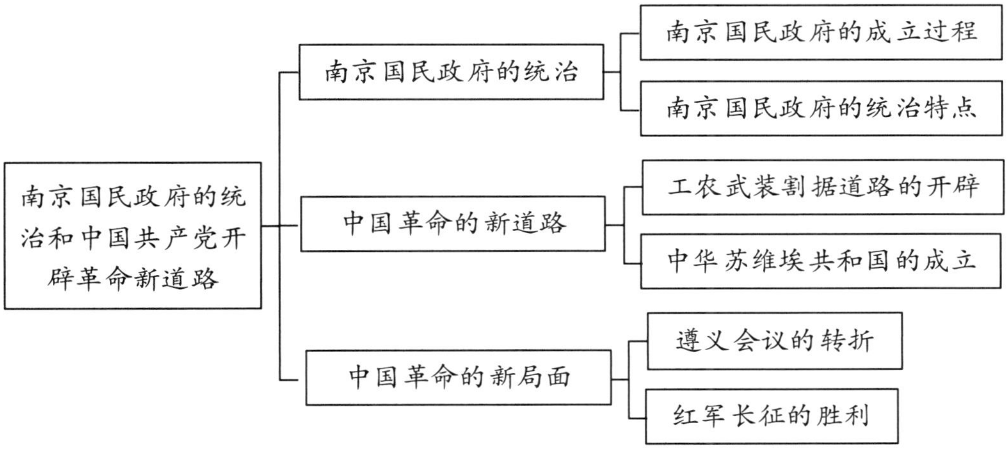

2. 关键能力

（1）获取历史信息能力：通过阅读史料，梳理从南京国民政府建立、中国共产党开辟工农武装割据新道路、红军长征等基本史实，作为理解中国共产党革命道路产生的时空环境与历史逻辑的史实基础。

（2）历史阐释能力：在理解南京国民政府统治特点的基础上，说明中国共产党选择工农武装割据新道路的合理性，形成前后因果联系的历史思维。

（3）辩证思维能力：通过对比城市暴动路线与工农武装割据路线的不同命运，理解马克思主义革命理论与中国革命现实之间的张力，理解两者相结合的重要性。

3. 核心价值

（1）通过了解中国共产党从南昌起义到创建农村革命根据地的历程，体会中国共产党坚定信念、艰苦奋斗、实事求是、敢闯新路、依靠群众、勇于胜利的井冈山精神。

（2）通过了解长征故事，体会伟大长征精神是中国共产党及其领导的人民军队革命风范的生动反映，是中华民族以爱国主义为核心的民族精神的最高体现，培养学生的家国情怀。

四、教学过程分析系统

课时教学设计2　新民主主义革命之新道路与新局面：南京国民政府的统治和中国共产党开辟革命新道路

【导入环节】描述、分析南京国民政府成立的背景。

【教师分析】1927年4月12日，蒋介石领导中国国民党右派，大规模逮捕、处决中国共产党党员和部分国民党左派，并解雇了苏联顾问。7月15日，汪精卫集团在武汉“分共”。至此，第一次国共合作全面破裂，国民革命宣告失败。与中国共产党分道扬镳后，蒋介石与军阀冯玉祥、阎锡山、李宗仁合作，继续第二阶段的北伐，此后建立了南京国民政府，形式上实现了对全国的统治。

【设计意图】开门见山，说明第一次北伐战争源自国共合作，而第二次北伐战争的主体则是国民政府与地方军阀，引导学生初步认识南京国民政府的建立背景与过程，为本课时的教学活动做铺垫。

【任务一】有专制之心无专制之力：认识南京国民政府的统治。

【关键问题】如何认识南京国民政府统治的性质与特点？

【材料呈现】

材料一　暴力革命建立的政权，必须借助暴力来维持……暴力革命容易产生专政，难以产生宪政……孙中山设计出一个“军政→训政→宪政”……军政时期“以党建国”，训政时期“以党治国”，宪政时期“还政于民”。

——王奇生《高山滚石：20世纪中国革命的连续与递进》

材料二　1930年5月至11月，国民党蒋介石集团与阎锡山、冯玉祥、李宗仁集团在河南、山东、安徽等省发生了一场新军阀混战。由于这次战争主要在中原地区进行，史称“中原大战”。

——人民教育出版社《普通高中教科书　历史　必修　中外历史纲要（上）》

材料三　国民党执掌全国政权之初（1929年），普通党员仅27万余人，到1937年，亦不过52万余人。1929年，南京政府仅控制了约8%的国土和20%的人口。

——王奇生《党员、党权与党争：1924—1949年中国国民党的组织形态》

【问题设计】（1）南京国民政府是如何建立的？其建立过程与政权性质有怎样的联系？（2）中原大战为什么会发生？（3）南京国民政府对全国的控制情况如何？

【学生活动】阅读材料和教材，能够提炼出答案：(1)南京国民政府是在北伐战争进程中建立的。(2)中原大战源于蒋介石政权内部分裂。(3)南京国民政府对全国的控制力度较弱。

【教师分析】与辛亥革命和平过渡产生的政权不同，南京国民政府是通过流血方式取得政权的，蒋介石企图推行独裁统治。但是冯玉祥、阎锡山、李宗仁等军阀想保持各自的独立性。蒋介石与各路军阀的矛盾最终导致了中原大战。蒋介石虽然在中原大战中获胜，但由于力量有限，国民党统治重心在城市，对广大农村地区的控制有限，可谓有专制之心而无专制之力。

【设计意图】承接导入环节，通过补充材料与阅读教材“学习拓展”部分中的内容，引导学生理解政权建立的过程与政权特点之间的关系。由此，学生能够基本理解1927年中国的大致情况与后来中国共产党革命开辟新道路的时空背景。

【任务二】中国共产党革命的新道路选择：认识城市群众暴动与工农武装割据的特点。

【关键问题】国民革命失败后，中国共产党人如何继续革命？中共中央执行的城市暴动道路与后来毛泽东开辟的工农武装割据道路有何不同？

【材料呈现】

材料四　暴动是一种突发式的群众夺取政权的革命形势……显然较为适合那些工业比较发达，城市起到决定性作用的欧洲国家的革命党人。俄国的十月革命，就是通过这种暴动获胜的。

——杨奎松《“中间地带”的革命：国际大背景下看中共成功之道》

材料五　政权是由枪杆子中取得的。

——《毛泽东在中央紧急会议上的发言》

【问题设计】(1)国民革命失败后，中国共产党人如何继续革命？(2)南昌起义等一系列起义反映了当时中国共产党人怎样的革命思维与路线选择？(3)毛泽东开辟的工农武装割据道路具有怎样的特点？

【学生活动】根据材料提炼出：(1)中国共产党人领导南昌起义，继续革命。(2)南昌起义是城市群众暴动。(3)工农武装割据道路立足农村。

【教师分析】在国民革命失败后，中国共产党人决定用武装起义反抗国民党反动派的屠杀政策，先后领导了南昌起义、秋收起义和广州起义等一系列城市起义。这些起义都是效仿俄国十月革命的，希望通过城市群众起义夺取政权。但是，国民党专制政权的统治重心位于城市，使得中国共产党难以长期占领城市，一系列依靠城市群众发动的起义相继失败。南昌起义之后，中共中央在汉口召开紧急会议，毛泽东提出了"政权是由枪杆子中取得的"重要思想，但在当时并未受到中共中央的重视。八七会议后，毛泽东受中央指令领导秋收起义，基于敌强我弱的现实，毛泽东放弃攻打长沙，转而改向敌人统治力量薄弱的山区进军。10月，毛泽东率领秋收起义的部队到达井冈山，创建了第一个农村革命根据地。自此，毛泽东开辟了一条与俄国式的城市暴动道路截然不同的以农村包围城市、武装夺取政权的革命新道路。

【设计意图】通过叙述史实与补充材料，引导学生了解国民革命失败后，中国共产党革命的基本史实，同时理解中共中央最初选择的城市暴动道路与毛泽东开辟的工农武装割据道路的不同，为后续讲述两种不同道路的不同命运做铺垫。

【任务三】马克思主义的创造性发展：理解工农武装割据道路成功的原因。

【关键问题】为什么工农武装割据道路最终获得了成功？

【材料呈现】

材料六　长沙的代表嘲笑说："山里怎么可能有马克思主义？"

——［美国］罗斯·特里尔《毛泽东传》

材料七　展示教材第131页《1929—1932年农村革命根据地分布示意图》。

材料八　(苏维埃制度)受到最底层贫苦农民的拥护和支持，与国民党利用地主、士绅进行统治造成许多地方的农民对国民政府的隔阂和对立形成鲜明对照。1930年至1933年底，大批受难的民众从国民党统治区逃往苏区……

——杨奎松《中国近代通史　第八卷　内战与危机(1927—1937)》

【问题设计】(1)为什么城市起义纷纷失败，农村革命根据地却在不断发展？(2)中国共产党人在农村革命根据地建设了怎样的新社会制度？

【学生活动】根据材料提炼出：(1)农村革命根据地立足于国民党控制薄弱的农村地区，相比作为国民党统治中心的大城市，更具有发展革命的可能性。(2)中国共产党人在农村革命根据地打土豪、分田地，实行苏维埃制度。

【教师分析】毛泽东提出的农村包围城市、武装夺取政权的道路最初在中国共产党内部是遭到了质疑的。从马克思主义理论出发，共产主义革命应当是工人阶级推翻资产阶级的革命，而工人基本存在于大城市，因此有了"山里怎么可能有马克思主义"的质疑。然而，基于中国的现实情况，国民党统治重心主要位于大城市，如果坚持俄国式的城市路线，中国共产党夺取政权的机会非常渺茫。相反，根据地图，可以看到井冈山革命根据地正位于湘赣边界，属于“三不管”地带，与武汉等中心城市距离遥远。应当说，工农武装割据道路正是利用了我们之前所讲到的南京国民政府的弱点，适应了中国革命的现实。同时，中国共产党人在农村革命根据地开展土地革命，打土豪，分田地，实行苏维埃制度，受到最底层贫苦农民的拥护和支持，反之国民党利用地主、士绅进行统治，在许多地方造成农民与国民政府的隔阂和对立，两者形成鲜明对照。

【设计意图】通过展示地图并联系所学知识，引导学生理解工农武装割据道路是毛泽东基于南京国民政府统治的实际情况所做出的现实选择。同时，借助材料，让学生理解农村革命根据地实行苏维埃制度，实施打土豪、分田地等措施，并尝试分析这些措施的历史背景与作用。

【任务四】中国革命的新局面：理解红军长征的意义及影响。

【关键问题】红军长征的意义与影响是什么?

【材料呈现】

材料九　展示教材第132页的《红军长征路线示意图》。

材料十　遵义会议开始确立以毛泽东为主要代表的马克思主义正确路线在党中央的领导地位，在极其危急的情况下，挽救了党，挽救了红军，挽救了中国革命。

——人民教育出版社《普通高中教科书　历史　必修　中外历史纲要（上）》

材料十一　（毛泽东说道：）长征是宣言书，长征是宣传队，长征是播种机。

——中共中央党史研究室《中国共产党的九十年　新民主主义革命时期》

【问题设计】（1）红军为什么要进行长征？（2）材料十中，为什么说遵义会议“挽救了党，挽救了红军，挽救了中国革命”？（3）材料十一中，为什么毛泽东认为“长征是宣言书，长征是宣传队，长征是播种机”？

【学生活动】根据材料和教材提炼出：（1）红军长征源于第五次反“围剿”失败。（2）遵义会议开始确立以毛泽东为主要代表的马克思主义正确路线在党中央的领导地位。（3）长征实现了红军的战略大转移，宣传了中国共产党的政治主张，在沿途播下了革命种子，鼓舞了广大人民群众，铸就了长征精神，打开了中国革命的新局面。

【教师分析】如毛泽东所言，苏维埃政权的建立，证明国民党反动统治的崩溃已经开始。在全国政治上有重大意义。然而，一时的胜利使共产党人产生激进的革命“决战”思维，他们选择死守阵地，失去了灵活机动的优势。在面对蒋介石发动的第五次“围剿”时，共产国际和中共中央对敌我形势有了过于乐观的估计，犯了“左”倾错误，导致第五次反“围剿”失利。1934年10月，中央红军被迫实行战略转移，开始长征。1935年1月，中共中央在遵义召开会议，总结经验教训，开始确立毛泽东在中央与红军的军事领导地位。从《红军长征路线示意图》中可以看出，在遵义会议后，红一方面军在毛泽东指挥下成功摆脱国民党军队的围追堵截。红军在甘肃会宁大会师，长征胜利结束。毛泽东卓越的军事指挥能力及马克思主义的正确指导思想，挽救了党，挽救了红军，挽救了中国革命。长征不仅成功保存了中国共产党的武装力量，更具重要宣传价值。如美国记者埃德加·斯诺将其写入《红星照耀中国》，使大量身处国民党统治区的人民认识到中国共产党崇高的革命理想与革命意志，扭转了国民党对中国共产党的妖魔化宣传。长征故事也被改编进各种文艺作品，长征精神激励了一代又一代中国人。

【设计意图】通过对中华苏维埃共和国成立的政治意义的进一步分析，承接上一部分，引导学生理解第五次反“围剿”失败，红军被迫实行战略转移的深层原因。通过展示地图，直观体现毛泽东卓越的军事指挥能力与遵义会议挽救红军的重要历史意义。引用毛泽东的话语，引导学生理解长征的政治宣传意义。

【课堂小结】“四一二”“七一五”反革命政变后，中国共产党的革命事业并没有因为国民党的屠刀而停止。中国共产党人在国民党政权统治下夹缝求生，将马克思主义与中国社会实际相结合，开辟了工农武装割据的中国革命新道路。红军长征宣传了革命精神，打开了革命新局面。长征精神代代传颂，成为中国革命精神的底色。

五、教学评价分析系统

（一）学业质量水平划分

水平1：能够通过材料分析南京国民政府的统治特点。能够在地图中辨识中国共产党在国民革命失败后几次城市起义的时间顺序与空间位置，联系南京国民政府的统治特点，初步认识时空环境对中共革命的影响。能够认识红军长征开始的原因以及遵义会议的历史意义。能够表现出对筚路蓝缕的井冈山精神和艰苦卓绝的红军长征精神的认同与崇敬，认识本课时的学习价值。（历史解释、时空观念、家国情怀）

水平2：能够理解政权建立过程与政权性质的内在关联。能够结合史料分析城市起义路线失败与工农武装割据道路成功的原因。能够结合具体时空环境，分析中华苏维埃共和国成立的历史意义，理解土地革命是马克思主义与中国革命实际情况的有机结合。（唯物史观、历史解释、时空观念）

水平3：能够论述工农武装割据道路的合理性与正确性，理解工农武装割据道路是马克思主义的创造性发展。能够掌握相关历史术语的具体内涵，比如“左”倾错误指的是完全基于马克思主义教条，不结合中国革命实际情况的冒险主义错误，进而理解遵义会议的历史意义。能够通过史料，全方位叙述红军长征的历史意义与影响。能够结合史实，体会、认同、敬佩筚路蓝缕的井冈山精神和艰苦卓绝的红军长征精神，培养爱国主义思想。（唯物史观、历史解释、家国情怀）

水平4：能够通过史料并结合之前所学马克思主义的相关内容，理解工农武装割据道路与教条主义路线之间的矛盾。能够结合材料与具体的时空环境，论述工农武装割据道路的合理性与正确性，理解工农武装割据道路是基于中国社会现实的马克思主义的创造性发展。能够通过史料，理解历史文本作者自身立场对文本本身的影响。能够结合具体史实，体会筚路蓝缕的井冈山精神和艰苦卓绝的红军长征精神。能够在学习过程中从历史中吸取教训，表现出对教条主义思维的反思，进一步探究意识形态原则与社会现实情况之间的辩证关系。（唯物史观、时空观念、历史解释）

（二）学业质量水平测试

阅读材料，回答问题。

材料一 一国之内，在四周白色政权的包围中，有一小块或若干小块红色政权的区域长期地存在，这是世界各国从来没有的事。这种奇事的发生，有其独特的原因……帝国主义和国内买办豪绅阶级支持着的各派新旧军阀，从民国元年以来，相互间进行着继续不断的战争，这是半殖民地中国的特征之一。

——毛泽东《毛泽东选集 第一卷》

材料二 参加过第三次“围剿”的蔡廷锴……说“地方群众在共党势力范围下，或逃亡，或随红军行动，欲雇挑夫固不可能，即寻向导带路亦无一人，至于侦探更一无所得，变成盲目”。

——杨奎松《中国近代通史 第八卷 内战与危机（1927—1937）》

材料三 在这样日益走向尖锐的短兵相接的阶级斗争的形势之下，无产阶级要取得胜利，就完全要靠他的政党——共产党的斗争策略的正确和坚决。共产党的正确而不动摇的斗争策略，决不是少数人坐在房子里能够产生的，它是要在群众的斗争过程中才能产生的，这就是说要在实际经验中才能产生。

——毛泽东《毛泽东选集 第一卷》

结合上述材料及所学知识，分析中国共产党工农武装割据革命道路成功的原因。

【评价说明】

答题思路	学业质量水平描述
能够将时空定位在南京国民政府的统治时期，从南京国民政府的统治情况和中国共产党在农村革命根据地实行的苏维埃制度的内容与效果两个角度，分析工农武装割据革命道路成功的原因。	2-2 能够将某一史事定位在特定的时间和空间框架下；能够认识事物发生的来龙去脉，理解空间和环境因素对认识历史与现实的重要性。 2-3 能够在对史事与现实问题进行论述的过程中，尝试运用史料作为证据论证自己的观点。
能够将时空定位在南京国民政府的统治时期，分析南京国民政府的统治情况和中国共产党农村革命根据地实行的苏维埃制度的阶级斗争属性与实行效果。从社会存在决定社会意识的角度，分析中国共产党对马克思主义的创造性发展与工农武装割据道路成功的原因。	3-1 能够从生产力与生产关系、经济基础与上层建筑的辩证关系来理解历史上的发展变化和社会形态的演变过程，理解阶级斗争是推动阶级社会发展的直接动力；理解人民群众在历史发展中的重要作用。 3-5 能够表现出对历史的反思，从历史中汲取经验教训，更全面、客观地认识历史和现实社会问题。

参考答案

原因：从国内形势的视角来看，国民党内部分裂，对全国许多地区控制薄弱，给了中国共产党开辟农村革命根据地的空间，是中国共产党建立红色政权的重要条件；从国内政策的角度来看，中国共产党在农村革命根据地实行的政策得到广大群众拥护。中国共产党的正确斗争策略，领导广大农民群众打土豪、分田地，赢得广大群众的支持，农村割据政权得以长期存在。

陈夏凡 华东师范大学第二附属中学

单元案例十一

新民主主义革命的发展历程

扫码观看教学视频

从中国共产党成立到人民解放战争胜利的历史是新民主主义革命由兴起到胜利的历程，也是中国共产党领导人民不断探索中国化的革命道路，争取民族独立和人民解放的一部抗争史，奠定了民族复兴的起点。本单元以“时代洪流中的民族道路抉择与命运抗争”这一大概念为教学主题，围绕新民主主义革命的历史进程，依托从五四运动到人民解放战争的系列革命史实，引导学生深入探究新民主主义革命各阶段的具体内涵，理解中国革命从“以俄为师”到“走自己的路”这一历史选择和相应的阶段性抗争，认识新民主主义革命胜利的来之不易，理解其对民族复兴的重要意义，从而培育学生的历史素养，增进对中国共产党党史的理解和新中国的认同。

◎单元教学设计

时代洪流中的民族道路抉择与命运抗争

一、教学内容分析系统：单元教学主题的提炼

（一）提出的依据

1. 课标依据

本单元整合了新课标中三个部分的课程内容要求，即“中国共产党成立与新民主主义革命兴起”“中华民族的抗日战争”“人民解放战争”。其中，第一部分是“中国共产党成立与新民主主义革命兴起”，要求“认识五四爱国运动的历史意义，认识马克思主义在中国的传播与中国共产党成立对中国革命的深远影响；认识国共合作领导国民革命的历史作用；了解南京国民政府的成立；认识中国共产党开辟革命新道路的意义；认识红军长征的意义”。第二部分是“中华民族的抗日战争”，要求“了解日本军国主义的侵华罪行；通过了解正面战场和敌后战场的抗战，感悟中华民族英勇不屈的精神，认识中国共产党是全民族团结抗战的中流砥柱；认识中国战场是世界反法西斯战争的东方主战场，理解十四年抗战胜利在中华民族伟大复兴中的历史意义”。第三部分是“人民解放战争”，要求“通过了解全面内战的爆发及人民解放战争的进程，分析国民党政权在大陆统治灭亡的原因，探讨中国共产党领导人民取得中国革命胜利的原因和意义”。

课标的三个部分分别对应了新民主主义革命兴起与发展、逐渐成熟和走向胜利的历史阶段，主要突出了五四运动、中国共产党成立、国民革命、中国共产党开辟革命新道路、红军长征、抗日战争、人民解放战争等重大历史事件。通过梳理这些前后相继的史实，我们可以看到在新民主主义革命的不同阶段，革命力量面对变化着的国内条件和外部环境，针对不同的抗争对象，不断进行道路选择与调适，最终实现民族独立与人民解放。因此，道路抉择与命运抗争可以作为贯穿新民主主义革命发展进程的一条主线。

2. 教材依据

从教材内容上看，宏观而言，本单元是新民主主义革命的完整阶段，前承教材第五、第六单元近代旧民主主义革命时期，后启第九、第十单元社会主义革命和建设时期，处于中国近现代史承前启后的地位。中观而言，教材第七单元“中国共产党成立与新民主主义革命兴起”、第八单元“中华民族的抗日战争和人民解放战争”，正是从新民主主义革命的兴起、发展和胜利的逻辑阐述的。微观而言，五四运动、中国共产党成立和国民革命时期从新的领导力量、新型政党和新型依靠力量三方面揭开中国革命的新篇章，是无产阶级及其政党选择“以俄为师”和抗争北洋军

阀的阶段。工农武装割据道路的开辟和红军长征时期经过探索、调整，找到了正确的中国革命新道路，这是中国共产党在探索走革命道路和抗争国民政府的过程。抗日战争时期，中国人民经过14年不屈不挠的浴血奋战，最终取得近代以来反抗帝国主义侵略的第一次完全胜利，这个时期中国共产党发挥了中流砥柱的作用，为新民主主义革命打开了全新的局面，这是由国内革命转为民族革命和抗争日本帝国主义的阶段。人民解放战争的胜利，推翻了三座大山，赢得了完全的民族独立与解放，取得新民主主义革命的胜利，这是由民族革命转为人民革命和抗争美蒋政权的阶段。

3. 学术依据

张海鹏就中国近代史的分期和基本线索，指出近代中国社会的发展轨迹是“沉沦”与“上升”接替的“元宝”形轨迹或“U”字形路线。即鸦片战争以后，中国逐渐陷入半殖民地半封建社会的深渊，直到20世纪初期，包括《辛丑条约》签订以后到北洋军阀统治的大部分时期，中国社会到了深渊的谷底，这一阶段的中国社会主要是“沉沦”。北洋军阀统治时期到20世纪40年代，半殖民地半封建社会的中国渐渐走出谷底，随着新的社会斗争力量民族意识和阶级意识的日渐觉醒，向上的、积极的因素逐渐发展成为社会的主流，影响着社会向好的方面发展，这一阶段的中国社会主要是“上升”。

金冲及对20世纪的中国历史做了高度概括：一个主题，实现中华民族的伟大复兴；两大任务，前半个世纪要解决的主要问题是民族独立和人民解放，后半个世纪要解决的主要问题是国家富强和人民富裕；三次巨变，即辛亥革命、中华人民共和国成立和改革开放。

学者们的研究成果为我们提供了本单元主题的重要理论依据。根据学者们的研究，我们可以看到近代中国社会上升阶段的主体正是中国共产党领导的新民主主义革命时期，其主旋律是中国共产党领导人民矢志追求民族独立和人民解放，不断探索和调整民族救亡道路，最终取得反帝反封建胜利的革命史。

（二）单元教学主题

旧民主主义革命时期的政治救亡、经济发展和思想启蒙孕育了五四运动，拉开了新民主主义革命的序幕，中国共产党成立并推动国民革命运动的开展，这标志着领导革命的新型政党的发展和新型依靠力量的兴起。中国共产党在反抗南京国民政府和寻找新道路的探索中，经过顿挫和调整，从走苏俄的路转为走自己的路，找到农村包围城市的正确革命道路，推动了新民主主义革命的发展。抗日战争促进了民族意识的空前觉醒，推动了社会主要矛盾发生变化，国内革命转为民族革命。在这期间，中国共产党积极促成全民族抗战，开辟敌后战场、放手发动群众、坚持抗战，带领人民群众取得了反抗日本帝国主义侵略的重大胜利，起到了中流砥柱的作用。人民革命力量在政治、经济、军事、思想等方面也获得了重大发展，新民主主义革命逐渐走向成熟。人民解放战争的胜利，推翻了三座大山，实现了民族独立和人民解放，新民主主义革命赢得最终胜利。新民主主义革命的历程是中国共产党唤醒民众、整顿基层社会，追求民族独立与人民解放的奋斗史，是马克思主义中国化指导中国革命走向胜利的历史，是时代洪流下民族道路抉择与命运抗争联动的历史。结合以上对本单元核心知识及内在关联的梳理，将本单元的教学主题确定为：时代洪流中的民族道路抉择与命运抗争。

二、学情分析系统：初中与高中教学衔接分析

比较项目	初中课标		高中课标
	2011年版课标	2022年版课标	
课标中的课程内容要求	知道五四爱国运动的基本史实，认识五四运动是中国新民主主义革命的开端。 了解李大钊传播马克思主义的史实；了解中国共产党第一次全国代表大会召开的史实，认识中国共产党成立的历史意义。 简述第一次国共合作和北伐战争胜利进军的主要史实；了解南京国民政府成立的主要史实。 知道南昌起义，讲述毛泽东、朱德在井冈山会师的故事，认识中国共产党创建工农红军和农村革命根据地的意义。 讲述中国工农红军长征的故事，体会红军的革命英雄主义精神；知道遵义会议，认识其在中国革命史上的地位。 知道九一八事变，了解中国局部抗战的开始；知道西安事变，理解和平解决西安事变的意义。 简述七七事变的史实，认识国共第二次合作的实现和全民族抗战的意义。 以侵华日军南京大屠杀等罪行为例，认识日本军国主义凶恶残暴的侵略本质。 列举正面战场和敌后战场的抗日史实，体会中国军民在抗日战争中英勇顽强、不怕牺牲的精神。 知道中国共产党第七次全国代表大会的主要内容；了解日本投降的史实；探讨抗日战争胜利的原因及历史意义。 知道重庆谈判，理解中国共产党为争取和平民主做出的努力，认识国民党独裁内战的本质。 了解中共中央转战陕北和刘邓大军挺进大别山的史实；知道辽沈、淮海、平津三大战役和南京解放。 知道解放区的土地改革；简析国民党南京政权覆亡和人民解放战争迅速胜利的主要原因。	1.4 中国共产党成立与新民主主义革命的兴起 通过了解五四运动的基本史事，理解五四精神的内涵，认识五四运动是中国新民主主义革命的开端；通过了解陈独秀、李大钊传播马克思主义和中国共产党第一次全国代表大会的召开等史事，认识中国共产党成立的历史意义，理解伟大建党精神；了解第一次国共合作和北伐战争等国民革命的主要内容；知道南京国民政府的成立及性质；通过了解南昌起义、八七会议、秋收起义、毛泽东与朱德井冈山会师、古田会议等基本史事，认识中国共产党创建人民军队和农村革命根据地的意义；认识遵义会议在中国革命史上的地位；通过了解长征途中红军爬雪山过草地等艰难历程的史事，感悟长征精神。 1.5 中华民族的抗日战争 通过了解九一八事变、东北抗联、一二·九运动、西安事变、七七事变、南京大屠杀、正面战场和敌后战场的抗战等史事，认识日本侵华的罪行，认识中国人民十四年抗战的艰苦历程，认识中国共产党是全民族抗战的中流砥柱，知道中国战场是世界反法西斯战争的东方主战场，体会中国军民在抗日战争中孕育的抗战精神，认识抗日战争胜利在中华民族伟大复兴中的重要历史意义；通过了解中共七大，认识确立毛泽东思想作为党的指导思想的重大意义。 1.6 人民解放战争 知道重庆谈判，理解中国共产党为争取和平民主做出的努力；了解全面内战的爆发、中共中央转战陕北和刘邓大军挺进大别山等史事；通过了解解放区的土地改革，辽沈、淮海、平津三大战役，中共七届二中全会，知道国民党反动统治的覆灭和人民解放战争迅速胜利的主要原因，以及中国共产党领导人民取得新民主主义革命胜利的意义。	1.9 中国共产党成立与新民主主义革命兴起 认识五四爱国运动的历史意义，认识马克思主义在中国的传播与中国共产党成立对中国革命的深远影响；认识国共合作领导国民革命的历史作用；了解南京国民政府的成立；认识中国共产党开辟革命新道路的意义；认识红军长征的意义。 1.10 中华民族的抗日战争 了解日本军国主义的侵华罪行；通过了解正面战场和敌后战场的抗战，感悟中华民族英勇不屈的精神，认识中国共产党是全民族团结抗战的中流砥柱；认识中国战场是世界反法西斯战争的东方主战场，理解十四年抗战胜利在中华民族伟大复兴中的历史意义。 1.11 人民解放战争 通过了解全面内战的爆发及人民解放战争的进程，分析国民党政权在大陆统治灭亡的原因，探讨中国共产党领导人民取得中国革命胜利的原因和意义。

比较项目	初中教材	高中教材
部分教材课时设置	《义务教育教科书　中国历史　八年级　上册》 第四单元　新民主主义革命的兴起 第11课　五四运动 第12课　中国共产党诞生 第五单元　从国共合作到农村革命根据地的建立 第13课　国共合作与北伐战争 第14课　毛泽东开辟井冈山道路 第15课　中国工农红军长征与遵义会议 第六单元　中华民族的抗日战争 第16课　从九一八事变到西安事变 第17课　七七事变与全民族抗战 第18课　全民族抗战中的正面战场和敌后战场 第19课　抗日战争的胜利 第七单元　人民解放战争 第20课　国民党挑起内战 第21课　人民解放战争的胜利	《普通高中教科书　历史　必修　中外历史纲要(上)》 第七单元　中国共产党成立与新民主主义革命兴起 第20课　五四运动与中国共产党的诞生 第21课　南京国民政府的统治和中国共产党开辟革命新道路 第八单元　中华民族的抗日战争和人民解放战争 第22课　从局部抗战到全国抗战 第23课　全民族浴血奋战与抗日战争的胜利 第24课　人民解放战争

从教材内容来看，学生在初中阶段已经通过八年级上册第四至第七单元共12个课时的内容，学习了本单元相关知识，对五四运动、中国共产党诞生、国共合作与北伐战争、毛泽东开辟井冈山道路、工农红军长征、抗日战争和人民解放战争等重大历史事件的主要史实和历史意义有所了解。与高中教材相比，初中教材在课时编排上更为分散，重大史事均按时序独立学习，符合初中生的认知水平。高中教材则设置为两个单元共5个课时，内容跨度大，多个史事贯通学习，综合性强，体现了学生认知水平的明显提升。

从新课标的课程内容要求看，2011年版初中课标强调“知道”“了解”“简述”“体会”等能力要求，基本上以识记和感悟为主，包括一些简单的理解。2022年版初中课标在能力要求上与之前相比有明显提高，强调通过对具体史事的学习，认识其重大历史意义，理解和感悟革命进程中的系列精神及内涵等。这一变化与高中课标更接轨，体现了知识素养到能力素养的初步转变，特别是突出了历史解释、史料实证和家国情怀的素养涵育。高中课标则更进一步，要求认识、理解的历史问题更多，而且对同一史事的历史意义的理解不仅仅局限在教材范围内，也要求更加完整全面深入地把握其内涵。

总之，学生在初中阶段对时空范围内基本史事的了解和对基本素养的初步培育，为高中阶段的学习做了一定的准备。高中阶段，学生需要更注重概念的理解，特别是对新民主主义革命概念的理解，注重知识的贯通性学习，把握知识体系和内在的逻辑关联，注重依靠丰富史料对问题进行多角度、多层次的探讨，运用建立在理解基础之上的知识迁移，解决新情境、新问题。本单元内容多、联系密、跨度大、概念丰富，对学生来说有一定难度。

三、教学目标分析系统：单元核心目标及其分解

（一）单元核心目标

了解新民主主义革命从兴起到胜利的重大史实，厘清历史事件之间的逻辑关联和阶段特征；理解从五四运动到人民解放战争等重大历史事件对新民主主义革命的阶段性意义；认识新民主主义革命的历程是中国共产党领导中国人民争取民族独立与人民解放的奋斗史，是马克思主义中国化指导中国革命走向胜利的历史，是时代洪流下民族道路抉择与命运抗争联运的历史；深刻理解中国共产党成为近代革命的领导核心，并率领中国人民创造历史伟业，是时代和人民的共同选择。

（二）单元目标分解

1. 必备知识

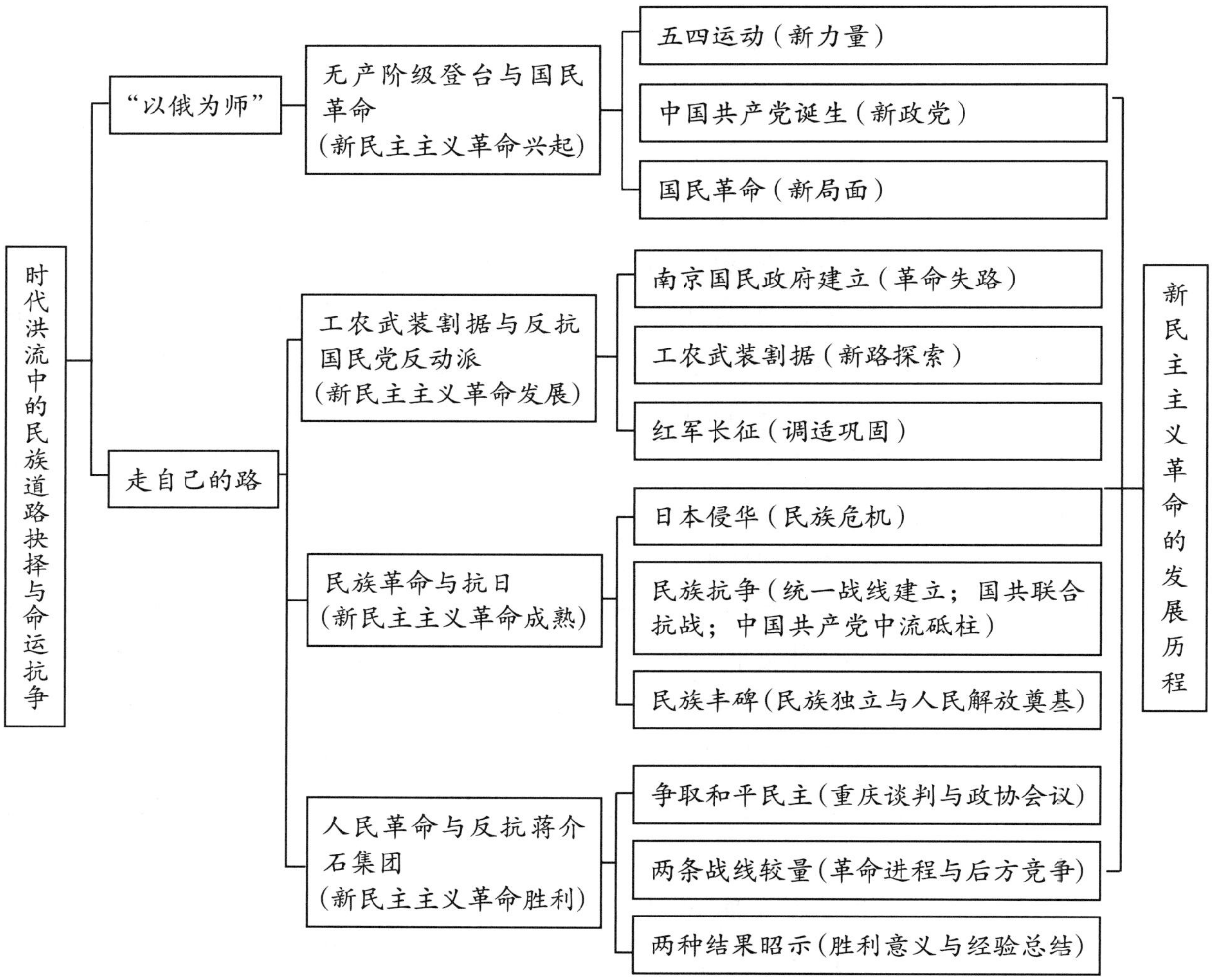

2. 关键能力

（1）获取历史信息能力：如通过绘制年表、思维导图，阅读地图等让学生了解南京国民政府的建立过程、工农武装割据道路的发展以及红军长征的经过；通过呈现地图、时间轴、教材内容等多种资料，由学生梳理日军侵华的过程和犯下的深重罪行等，锻炼学生对知识梳理和信息提取、

整合的能力，涵养学生的时空素养。

（2）历史阐释能力：如结合史实让学生理解南京国民政府的性质、革命新道路的意义、遵义会议和红军长征的转折意义等重大历史问题；将抗日战争放在新民主主义革命发展与第二次世界大战时期世界格局的碰撞视野下，通过呈现文字史料和图表，分析抗战胜利的重要意义等，涵养学生的历史阐释能力。

（3）辩证思维能力：如让学生从全球时空坐标理解新民主主义革命兴起的国际背景，理解其世界性和民族性的统一；运用迁移调动知识，让学生对工农武装割据、红军长征等重大史事的多元史料加以解读；通过对国民党正面战场和中国共产党敌后战场抗战史实的比较，使学生辩证地理解国民政府在抗战中发挥的作用及其具有的地位等。

（4）历史探究能力：如通过呈现类型丰富、来源广泛的多元史料，让学生探究中国共产党在抗战中的中流砥柱作用；通过多层次、多角度的分析，理解人民解放战争的性质等，培养学生的历史探究能力。

3. 核心价值

通过对新民主主义革命历程的贯通性把握，深刻认识到革命不是一帆风顺的，成功来之不易，新民主主义革命的历史是中国共产党领导中国人民争取民族独立与人民解放的浴血奋斗的历程，深刻理解中国共产党成为近代革命的领导核心，并率领中国人民取得历史伟业，是时代和人民的共同选择。从全球时空坐标理解新民主主义革命的国际背景，理解其世界性和民族性的统一，培养学生的国际视野。

四、教学过程分析系统

单元教学设计　时代洪流中的民族道路抉择与命运抗争		
课题名称	**学习任务**	**关键问题**
课时教学设计1　时代的选择：新民主主义革命的兴起	【任务一】理解国际国内背景促成革命新形势出现。 【任务二】探究五四运动与革命新力量的登台。 【任务三】认识革命新政党中国共产党诞生的意义。 【任务四】探究国民革命开创革命新局面。	1. 新民主主义革命的兴起何以是时代的选择？ 2. 五四运动是“救亡”压倒“启蒙”，还是二者的和鸣？ 3. 中国共产党诞生何以使中国革命面貌焕然一新？ 4. 如何理解国民革命为新民主主义革命打开新局面？
课时教学设计2　道路的探索：新民主主义革命的发展	【任务一】革命的失路：探究南京国民政府统治的建立与性质。 【任务二】新路的探索：探究工农武装割据与新道路的开辟。 【任务三】进一步探索：探究红军长征与革命中心转移。	1. 从国民政府的内外政策分析其政权性质。 2. 中国革命为何必须走农村包围城市的道路？ 3. 红军长征对中国革命意味着什么？

续表

单元教学设计　时代洪流中的民族道路抉择与命运抗争		
课题名称	学习任务	关键问题
课时教学设计3　民族的抗争：新民主主义革命的成熟	【任务一】通过土地革命转向民族革命的历程认识中国共产党决策的成熟。 【任务二】从国共两党对日本侵华的态度认识中国共产党对敌策略的成熟。 【任务三】从中共七大认识中国共产党在理论上的成熟。 【任务四】从抗日战争的胜利认识新民主主义革命走向成熟。	1. 日本逐步扩大侵华与民族危机加深给中国革命带来了怎样的影响？ 2. 在敌强我弱的形势下中国为何能够战胜日本？ 3. 在抗日战争中以毛泽东为主要代表的中国共产党人如何实现马克思主义中国化的第一次历史性飞跃？ 4. 抗日战争的胜利有何伟大历史意义？
课时教学设计4　人民的解放：新民主主义革命的胜利	【任务一】比较探究两个命运的较量。 【任务二】比较探究两条战线的抗争。 【任务三】比较探究两种结果的昭示。	1. 人民解放战争的目的如何体现人民性？ 2. 人民解放战争的进程如何体现人民性？ 3. 如何理解新民主主义革命胜利的必然性及其伟大意义。

五、教学质量分析系统

（一）学业质量水平划分

水平1： 能够知道资本主义经济的发展是旧民主主义革命向新民主主义革命转变的决定因素，理解唯物史观是科学的历史观；能够进行时空定位和借助地图了解新民主主义革命兴起、发展、成熟和胜利的基本进程；能够尝试从多种渠道获取与新民主主义革命相关的不同类型的史料，并能够从史料中提取有关信息；能够概述五四运动、中国共产党成立、国民革命、红军长征、抗日战争、人民解放战争等重大事件的经过和结果；能够简述毛泽东等重要历史人物在新民主主义革命中的重要史事；能够通过对新民主主义革命历程的了解，涵养对中国革命的温情与敬意。（唯物史观、时空观念、史料实证、历史解释、家国情怀）

水平2： 能够理解新民主主义革命是近代资本主义经济发展的必然结果，形成正确的历史发展观；能够将新民主主义革命定位在特定的时空框架下去认识，理解特定的时空背景对历史发展的重要性，能够利用历史年表、历史地图等方式对新民主主义革命兴起、发展、成熟和胜利的历程加以描述，能够认识新民主主义革命的来龙去脉；能够认识不同类型的史料所具有的不同价值，并尝试运用相关史料作为论据论述新民主主义革命中的具体问题；能够把握新民主主义革命进程中的史事之间的联系，能够选择、组织和运用相关材料对具体史事的背景、影响等做出相应解释；能够通过对新民主主义革命发展历程的理解，涵养对中国革命的温情与敬意，形成对中国共产党和新中国的高度认同。（唯物史观、时空观念、史料实证、历史解释、家国情怀）

水平3： 能够运用唯物史观理解中国经济社会发展与新民主主义革命发展进程的关系，理解阶级斗争和人民群众推动革命进程的重要作用；能够从中国近现代历史的长时段发展历程中理解新民主主义革命是近代中国由半殖民地半封建社会向社会主义社会发展历程的重要环节，能够从近代中国反侵略、求民主的整体历程和20世纪世界民族解放运动的全球史视角对新民主主义革命加以分析和认识；能够自主地搜集、辨析和利用多元史料对新民主主义革命相关史事进行探究和互证，并在唯物史观指导下运用多元史料对新民主主义革命的系列史事和问题做出分析、解释；能够通过对新民主主义革命发展历程的理解，认识到只有中国共产党才能救中国，形成道路自信、制度自信，把个人的发展与民族和国家的发展结合起来。（唯物史观、时空观念、史料实证、历史解释、家国情怀）

水平4：能够运用唯物史观的观点，包括经济基础和上层建筑的辩证关系、阶级斗争是推动阶级社会发展的直接动力、人民群众在历史发展中的重要作用等，综合性地理解新民主主义的发展历程；能够将新民主主义革命置于中国近现代历史的发展历程和世界殖民体系瓦解、民族解放运动潮流汹涌的全球史视野下进行分析、综合、比较，并在此基础上独立绘制新民主主义革命年表，能够主动搜集新民主主义革命的多元史料，并对史料进行比较、分析，在辨别史料作者意图的基础上利用史料；能够在尽可能占有史料的基础上，对前人的研究成果进行验证或提出新的解释，并在唯物史观指导下客观、深入、全面地论述问题；能够通过对新民主主义革命的历程进行历史总结和反思，全面、客观地认识历史与现实，立志为新时代中国特色社会主义建设、中华民族伟大复兴做出自己的贡献。（唯物史观、时空观念、史料实证、历史解释、家国情怀）

（二）学业质量水平测试

阅读材料，回答下面问题。

材料　下表是中国共产党成立至中华人民共和国成立期间部分重要会议一览表。

时间	地点	会议名称及主要内容
1921年7月	上海	第一次全国代表大会，宣告中国共产党成立，旗帜鲜明地把实现社会主义和共产主义规定为自己的奋斗目标
1922年7月	上海	第二次全国代表大会，提出了明确的反帝反封建的民主革命纲领
1923年6月	广州	第三次全国代表大会，决定以党内合作的方式与国民党合作
1925年1月	上海	第四次全国代表大会，提出了无产阶级在民主革命中的领导权问题和工农联盟问题，对民主革命的内容做了更加完整的规定
1927年4月—5月	武汉	第五次全国代表大会，提出争取无产阶级对革命的领导权，建立革命民主政权和实行土地革命等正确原则，但没有提出有效的具体措施
1927年8月	汉口	八七会议，确立土地革命和武装反抗国民党反动派的总方针
1928年6月—7月	莫斯科	第六次全国代表大会，科学分析了中国社会的性质，把工作中心从组织暴动转到从事长期的艰苦的群众工作
1935年1月	遵义	遵义会议，集中解决当时具有决定意义的军事和组织问题
1945年4月—6月	延安	第七次全国代表大会，将毛泽东思想确立为党的指导思想并将其写入党章
1949年3月	西柏坡	中共七届二中全会，讨论了党的工作重心由乡村转移到城市等问题

——摘编自中共中央党史研究室《中国共产党简史》

根据材料，选择至少两个会议，提取有关信息，自拟论题，并结合所学知识进行简要论述。（要求：列出所选会议，观点明确，史实准确，论述充分，表达清晰）

【评价说明】

答题思路	学业质量水平描述
能够根据材料选择至少两个会议，提取有关信息，拟定论题，并迁移会议的相关史实进行简要说明。	1–2 能够理解历史时期是按时序划分的。 1–3 能够从所获得的史料中提取有关的信息。 1–4 能够说出重要历史事件的经过及结果、重要历史人物的事略、重要历史现象的基本状况。
能够根据选择的会议，提取信息，拟定论题，并对会议进行时空定位，迁移相关背景知识进行简要说明。	2–2 能够将某一史事定位在特定的时间和空间框架下。 2–3 能够在对史事与现实问题进行论述的过程中，尝试运用史料作为证据论证自己的观点。 2–4 能够选择、组织和运用相关材料并使用相关历史术语，对具体史事做出解释。
能够根据不同时期的会议，提取信息，形成具有概括性和统摄性的论题，并对会议进行长时段时空定位，迁移相关背景知识进行合乎逻辑的简要论述。	3–2 能够把握相关史事的时间、空间联系，运用特定的时间和空间术语对较长时段（如古代、近现代）、较大范围（如跨国家、跨地区）的史事加以概括和说明。 3–4 能够选择、组织和运用相关材料并使用相关历史术语，在正确的历史观和方法论的指导下，对系列史事做出解释。
能够根据不同时期的会议，提取信息，比较分析、综合概括，形成统摄性的论题，并对会议进行长时段时空定位，迁移相关背景知识进行合乎逻辑的多层次多角度充分论述。	4–2 在对历史和现实问题进行独立探究的过程中，能够将其置于具体的时空框架下；能够选择恰当的时空尺度对其进行分析、综合、比较，在此基础上做出合理的论述。 4–3 在对历史和现实问题进行探究的过程中，能够恰当地运用史料对所探究问题进行论述。 4–4 能够在正确的历史观和方法论的指导下，全面、客观地论述历史和现实问题。

参考答案

会议：中共一大，遵义会议。

论题：中国共产党逐步从幼年走向成熟。

论述：1921年，中共一大在上海召开，标志着中国共产党的诞生，开始探索救亡图存之道。中共一大提出党的奋斗目标是用无产阶级军队推翻资产阶级，实现社会主义和共产主义，这与当时半殖民地半封建的社会现实不相符；同时提出中心任务是组织领导工人运动，体现以城市为中心的革命路线，这说明成立之初的中国共产党没有科学认识国情。随着国民革命的失败，中国共产党探索新的革命道路，开辟了井冈山道路，把马克思主义与中国实际相结合，走适合中国国情的革命道路。在革命根据地的建设与斗争过程中，由于“左”倾错误的影响，红军被迫实行战略转移。1935年，在红军长征途中召开了遵义会议，独立自主地运用马克思主义基本原理解决路线方针和政策问题，纠正了党内的“左”倾错误，确立了以毛泽东为主要代表的马克思主义正确路线在党中央的领导地位，挽救了党，挽救了红军，挽救了中国革命，标志着中国共产党由幼年走向成熟。

徐勇胜　柳州高级中学

课时教学设计 1

时代的选择：新民主主义革命的兴起

一、教学内容分析系统：课时教学主题的提炼

（一）提出的依据

1. 课标依据

新课标对本课时的课程内容要求是："认识五四爱国运动的历史意义，认识马克思主义在中国的传播与中国共产党成立对中国革命的深远影响；认识国共合作领导国民革命的历史作用。"

从新课标的内容来看，明确了三个学习内容，即五四运动、中国共产党的成立以及国民革命。五四运动为中国共产党诞生创造了条件，中国共产党诞生又推动了国民革命的到来。

从新课标的课程内容要求来看，均提出从认识的层面去审视三大历史事件。认识五四运动的历史意义，尤其是五四运动促进了马克思主义传播与中国工人运动的结合，进而为中国共产党的成立做了思想和干部上的准备。认识中国共产党成立对中国革命的深远影响，集中表现在中国共产党在制定革命纲领与探索革命道路所做的努力；认识国共合作领导国民革命的历史作用。国民革命虽然以失败而告终，却为新民主主义革命的发展奠定了思想基础和群众基础。

站在时代背景下去审视20世纪前期的国际国内风云变幻，能够帮助学生跨越时空去认识五四运动、中国共产党的成立、国民革命运动的历史意义，理解三者之间紧密的关系，进而认识它们共同构成新民主主义革命的兴起的内容，有效达成学习目标。

2. 教材依据

教材多处谈到时代变迁对近代中国革命的转变产生的影响。在教材第七单元的单元导语中，指出"巴黎和会上，中国外交遭遇惨败，轰轰烈烈的反帝爱国运动——五四运动由此爆发"。在教材第123页的正文部分写道："马克思主义在中国的广泛传播是从俄国十月革命后开始的。"在教材第127页的"问题探究"板块，编者通过蔡和森《马克思学说与中国无产阶级》一文的节选材料，提出了让学生"谈谈蔡和森为什么信仰马克思主义"这一问题，引导学生通过理解历史人物的思想去认识时代的变化。可见，新民主主义革命的兴起是民主革命的发展和必然结果，也是时代发展的必然结果。

3. 学术依据

中共中央党史研究室编著的《中国共产党历史》一书指出，20世纪初中国社会阶级关系的变化和新的革命力量的成长，为人民革命的到来创造了客观的社会基础。同时也提出第一次世界大

战对西方资本主义制度和文明的冲击，俄国十月革命社会主义革命的胜利和欧亚革命浪潮的高涨，则为人民革命的兴起提供了必要的时代条件。

金冲及在《二十世纪中国史纲》一书中指出，第一次世界大战后世界范围内出现如此重大的变局，不能不使原来醉心学习西方的中国人感到极大的震惊。俄国十月革命对苦闷的中国先进分子产生巨大的吸引力，给他们指出一条新的出路。杨奎松在《“中间地带”的革命：国际大背景下看中共成功之道》一书中指出，“正是因为有了第一次世界大战，中国人才第一次理直气壮地认定自己应该可以和列强各国平起平坐，并会对公理和正义不能惠临中国，而表现出强烈的民族情绪……不论孙中山与苏联结盟得失利弊如何，就中国现代历史本身而言，它们之间的结合，无疑都导致了国民党和共产党的迅速发展壮大，导致了轰轰烈烈的国民大革命。”

根据学者们的研究可知，新民主主义革命的兴起是时代的选择。从国际背景来看，第一次世界大战与俄国十月革命两者对中国革命的走向产生了重大影响。从国内而言，辛亥革命后中国国内经济、政治、思想的新变化为中国革命的新发展做了充分的准备。

（二）课时教学主题

在20世纪前期风云变幻的国内外背景下，部分先进中国人坚持探索救国的道路，从效仿欧美转变为效仿苏俄，先后领导了五四运动、促成中国共产党成立，推动国共领导的国民革命运动，这些史实宣告了新民主主义革命的兴起。这三大历史事件对中国历史发展走向产生了根本性的影响，为此后新民主主义革命的发展、成熟、胜利奠定了基础。因此，将本课时的教学主题确定为“时代的选择：新民主主义革命的兴起”。

二、学情分析系统：初中与高中教学衔接分析

比较项目	初中课标		高中课标
	2011年版课标	2022年版课标	
课标中的课程内容要求	知道五四爱国运动的基本史实，认识五四运动是中国新民主主义革命的开端。 了解李大钊传播马克思主义的史实；了解中国共产党第一次全国代表大会召开的史实，认识中国共产党成立的历史意义。 简述第一次国共合作和北伐战争胜利进军的主要史实；了解南京国民政府成立的主要史实。	1.4 中国共产党成立与新民主主义革命的兴起 通过了解五四运动的基本史事，理解五四精神的内涵，认识五四运动是中国新民主主义革命的开端；通过了解陈独秀、李大钊传播马克思主义和中国共产党第一次全国代表大会的召开等史事，认识中国共产党成立的历史意义，理解伟大的建党精神；了解第一次国共合作和北伐战争等国民革命的主要内容。	1.9 中国共产党成立与新民主主义革命兴起 认识五四爱国运动的历史意义，认识马克思主义在中国的传播与中国共产党成立对中国革命的深远影响；认识国共合作领导国民革命的历史作用。

比较项目	初中教材	高中教材
部分教材课时设置	《义务教育教科书　中国历史　八年级　上册》 第四单元　新民主主义革命的兴起 第11课　五四运动 第12课　中国共产党诞生 第五单元　从国共合作到农村革命根据地的建立 第13课　国共合作与北伐战争	《普通高中教科书　历史　必修　中外历史纲要（上）》 第七单元　中国共产党成立与新民主主义革命兴起 第20课　五四运动与中国共产党的诞生

高一学生通过学习初中教材八年级上册第13课至第15课的相关内容，对五四运动、中国共产党诞生、国共合作与北伐战争等主要史实及历史意义有了一定的了解。高中阶段更注重知识体系和内在的逻辑关联，注重依靠典型史料还原历史本来面貌，帮助学生多角度认识历史事件，理解中国革命的走向是历史发展的必然结果。本课时概念丰富，涵盖的三大历史事件之间贯通性强，历史影响深远，需要从宏观视角，站在20世纪20年代的特定时空深入理解。

三、教学目标分析系统：课时核心目标及其分解

（一）课时核心目标

运用时空定位，分析20世纪前期国际国内背景，认识中国新民主主义革命兴起是时代的选择和历史发展的必然结果；通过史料分析，认识五四运动、中国共产党成立和国民革命运动的深远历史意义，增强对中国革命选择中国共产党和选择社会主义道路的认同感；从中国革命发展变化的宏观视角理解新民主主义革命兴起的进步性，感悟中国共产党为中国人民谋幸福，为中华民族谋复兴的初心。

（二）课时目标分解

1. 必备知识

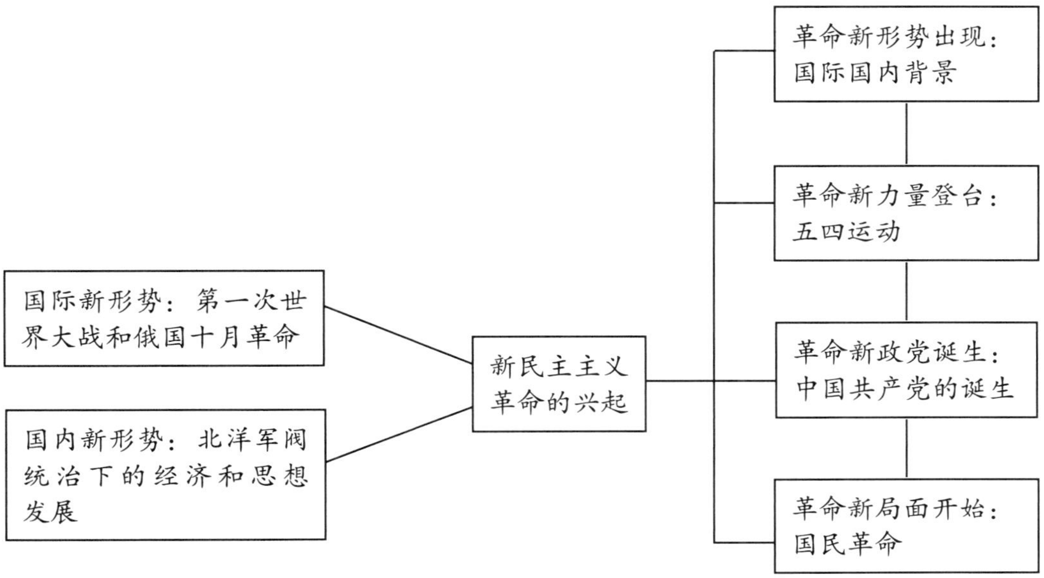

2. 关键能力

（1）获取历史信息能力：通过阅读20世纪前期的国际国内背景史料，认识五四运动和中国共产党诞生是历史发展的必然结果；通过研读五四运动、中国共产党成立和国民革命历史意义的史料，认识各自的历史意义。

（2）历史阐释能力：能够阐释新民主主义革命兴起的历史必然性；能够从无产阶级在五四运动中发挥重要作用的角度，解释五四运动是新民主主义革命的开端；能够从中国共产党的政党性质角度，理解中国共产党的诞生使中国革命面貌焕然一新；能够从马克思主义传播的角度，阐述五四运动与中国共产党诞生的内在关联；能够结合革命局势和革命力量变化，解释国民革命对新民主主义革命的促进作用。

（3）辩证思维能力：能够通过对新民主主义革命兴起的背景的学习，理解近代中国社会在沉沦中蕴含着上升的因素；能够从近代民主革命的发展角度，认识中国共产党的诞生使中国革命面貌焕然一新；能够通过对国民革命历史意义的全面分析，辩证看待国民革命失败。

3. 核心价值

通过对新民主主义革命兴起国际背景的分析，理解中国人民探索民族独立和人民解放道路的勇气与艰难；通过对中国共产党诞生及不断成长的史实学习，认识中国共产党作为新型政党的先进性；通过国共合作领导的国民革命历史意义分析，理解新民主主义革命道路的曲折与光明的统一性，增强对奋斗成就辉煌的认同。

四、教学过程分析系统

课时教学设计1 时代的选择：新民主主义革命的兴起

【导入环节】播放电视剧《觉醒年代》的一个片段，内容为李大钊选择马克思主义作为救国良方的演讲视频。

【教师分析】通过观看视频，我们看到了李大钊坚定地选择了马克思主义，坚信马克思主义不会辜负中国。这段历史是怎样发生的呢？它又将怎样影响中国革命的走向？让我们在本课时中寻找答案。

【设计意图】学生通过观看视频，感受以李大钊为代表的中国先进知识分子，坚定选择马克思主义作为拯救中国的思想武器的信念和勇气。同时，激发学生学习兴趣，聚焦本课时主题，为本课时以李大钊这一历史人物线索串联整课做好铺垫。

【任务一】理解国际国内背景促成革命新形势出现。

【关键问题】新民主主义革命的兴起何以是时代的选择？

【材料呈现】

材料一　正是因为有了第一次世界大战，中国人才第一次理直气壮地认定自己应该可以和列强各国平起平坐，并会对公理和正义不能惠临中国而表现出强烈的民族情绪。正是因为俄国十月革命的成功，诞生了一个前所未有的平民政权，中国众多激进的小知识分子才意外地发现，原来国家和民族的命运并非只有那些官僚政客才能左右，社会的改造其实更需要从下层做起，即使是青年学生，也能够组织起来，动员民众起来革命。第一次世界大战，典型地表现出了资本主义的没落，而俄国十月革命的胜利，却代表着社会主义的升起。

——杨奎松《"中间地带"的革命：国际大背景下看中共成功之道》

【问题设计】促使一部分中国先进的知识分子转向传播马克思主义的国际背景是什么？

【学生活动】阅读材料可知，第一次世界大战和俄国十月革命使一部分中国人对西方文明产生了严重怀疑，对俄国十月革命给予了高度的关注。

【教师分析】根据材料一"第一次世界大战，典型地表现出了资本主义的没落，而俄国十月革命的胜利，却代表着社会主义的升起"，可知中国新民主主义革命兴起受国际形势变化影响。

【材料呈现】呈现教材中的图片。

图1:《北洋军阀统治时期百姓为躲避兵灾四处逃亡的情景》(教材第115页)。

图2:《荣氏兄弟创办的福新面粉公司》(教材第118页)。

图3:《〈青年杂志〉第1卷第1号》(教材第119页)。

【问题设计】根据图片和所学知识，分析辛亥革命后至五四运动前的中国政治、经济和思想状况。

【学生活动】概括当时中国政治上是军阀混战，经济上民族资本主义发展，思想上新文化运动开展的状况。

【教师分析】从当时政治、经济和思想状况分析得出，中国社会的沉沦中蕴含了进步的因素。政治上，北洋军阀的黑暗统治；经济上，民族工业迅速发展；思想上，新文化运动解放了人们的思想。因此，可知五四运动前的中国国内状况为新民主主义革命的兴起提供了经济、阶级和思想基础。

【设计意图】从全球时空坐标解释新民主主义革命的国际背景，理解其世界性和民族性的统一，培养学生的国际视野。从国内外角度分析背景，培养学生全面、客观解释历史现象的能力。

【任务二】探究五四运动与革命新力量的登台。

【关键问题】五四运动是"救亡"压倒"启蒙"，还是二者的和鸣？

【材料呈现】

材料二　学生罢课半月，政府不唯不理，且对待日益严厉，乃商界罢市不及一日，而北京被捕之学生释；工界罢工不及五日，而曹、章、陆去。

——《上海学联告同胞书》1919年6月12日

材料三　沈雁冰（茅盾）说："五四运动的大功劳，是解放思想，我自己就解放了思想……把以前读过的经史子集统统置于高阁，开始钻研马克思主义，浏览欧洲十九世纪各派的文艺思潮，并努力翻译、介绍。"

——金冲及《二十世纪中国史纲》

材料四　时任美国驻华公使的芮恩施这样评价五四运动："从巴黎和会决议的祸害中，产生了一种令人鼓舞的中国人民的民族觉醒，使他们为了共同的思想和共同的行动而紧密地结合在一起。"

——汪朝光《中国近代通史　第6卷　民国的初建（1912—1923）》

材料五 五四时期是中国先进知识分子思想发生剧烈变化的时期。经过学习、宣传马克思主义以及“与劳工为伍”的实践，一批先进分子相继从激进的民主主义者转变为马克思主义者。

——中共中央党史研究室《中国共产党历史》

【问题设计】（1）根据材料二和所学知识，指出五四运动取得初步胜利的决定性因素是什么。（2）根据材料三、材料四、材料五并结合所学知识，分析五四运动在中国革命中为什么具有里程碑意义。

【学生活动】（1）根据材料二，指出工人阶级在五四运动取得初步胜利中所起到的决定性作用。（2）根据材料三、材料四、材料五并结合教材内容，分析五四运动具有里程碑意义的理由。

【教师分析】（1）通过材料二“学生罢课半月，政府不唯不理，且对待日益严厉”可知，五四运动期间，持续半个月的学生运动被政府残酷镇压；通过“商界罢市不及一日，而北京被捕之学生释”可知，商人罢市一天，让被捕学生得以释放；通过“工界罢工不及五日，而曹、章、陆去”可知，工人罢工五天，北洋政府就罢免曹汝霖、章宗祥、陆宗舆三个卖国贼的职务，可见无产阶级显示了巨大的力量。结合教材可知，五四运动标志着无产阶级登上了政治舞台。（2）根据材料三中“五四运动的大功劳，是解放思想，我自己就解放了思想”可知，五四运动推动了当时人们的思想的解放，具有思想启蒙的作用；根据材料四中“一种令人鼓舞的中国人民的民族觉醒”可知，五四运动作为爱国运动，具有促进民族觉醒的作用。根据材料五知识分子的转变原因和转变方向的有关信息可知，五四运动宣传了马克思主义，促进知识分子的转变，为中国共产党的成立做了思想上和干部上的准备。综合上述分析，五四运动具有促进启蒙思想、凝聚民族力量、传播马克思主义、促进中国共产党成立等重大历史意义。因此，五四运动在中国革命进程中具有里程碑意义。

【设计意图】通过研读五四运动期间的史料，认识五四运动中工人阶级发挥主力军的作用，进而理解五四运动是新民主主义革命的开端。传统教学的难点在于，理解五四运动是“救亡”压倒“启蒙”，还是二者的和鸣？通过对时人言论、历史文献以及教材的学习，认识到五四运动具有“救亡”与“启蒙”双重意义，进而帮助学生理解五四运动是中国旧民主主义革命走向新民主主义革命的转折点，在近代以来中华民族追求民族独立和发展进步的历史进程中具有里程碑意义。

【任务三】认识革命新政党中国共产党诞生的意义。

【关键问题】中国共产党诞生何以使中国革命面貌焕然一新？

【材料呈现】

材料六 中国共产党第一个纲领。

（1）革命军队必须与无产阶级一起推翻资本家阶级的政权，必须支援工人阶级，直到社会的阶级区分消除为止；

（2）承认无产阶级专政，直到阶级斗争结束，即直到消灭社会的阶级区分；

（3）消灭资本家私有制，没收机器、土地、厂房和半成品等生产资料，归社会公有；

（4）联合第三国际。

——中共中央党史和文献研究院、中央档案馆《中国共产党重要文献汇编（第一卷）（一九二一年七月—一九二一年十二月）》

材料七　中国共产党从一开始就有着几个鲜明的特点：一是它旗帜鲜明地用科学的理论——马克思主义来观察和分析中国的问题；二是下决心深入下层，到占中国人口最大多数的劳苦大众中去做群众工作；三是要求建立严格的纪律以达到行动的一致性。这些都是中国以往任何政党不曾有过的。

——金冲及《二十世纪中国史纲》

【问题设计】(1)根据材料六，分析中国共产党对当时革命目标、革命的手段有哪些思考。(2)根据材料七并结合所学知识，从指导思想、领导阶级、依靠力量、革命前途、组织纪律方面，比较中国共产党与当时国民党的差别。

【学生活动】(1)中共一大的革命目标是推翻资产阶级统治，承认无产阶级专政；消灭私有制，实行公有制；革命手段是依靠革命军队，联合第三国际实现其革命目标。(2)根据材料七分析国共两党的差别。

【教师分析】通过中国共产党第一个纲领内容并结合所学知识可知，中共一大的革命目标是：政治上，领导无产阶级暴力推翻资产阶级政权，建立无产阶级政权；经济上，消灭私有制，实现公有制，最终建立无产阶级政权，消灭阶级差别。中国共产党成立之初，全国仅有50多名党员，但是作为新型的政党，它有着以往其他任何政党没有的优势，即以科学的马克思主义作为指导思想，由先进的无产阶级领导，依靠伟大的人民力量，有着远大的目标和严明的纪律。这些优势使得中国共产党能够成为中国革命坚定的领导者。中国共产党的诞生为中国革命指明了方向，凝聚了中国人民的革命力量，使中国革命有了光明的前景，从此，中国革命的面貌焕然一新。

政党	指导思想	领导阶级	依靠力量	革命前途	组织纪律
中国共产党	马克思主义	无产阶级	人民群众	社会主义社会、共产主义社会	严格
中国国民党	三民主义	资产阶级	资产阶级	资本主义社会	松散

【设计意图】通过阅读中国共产党第一个纲领，在理解其奋斗目标的基础上，认识中国共产党的政党性质。运用学者研究成果的结论，采用对比的方法，加深对中国共产党作为新兴政党的理解，进而认识中国共产党的成立使中国革命面貌焕然一新。

【任务四】探究国民革命开创革命新局面。

【关键问题】如何理解国民革命为新民主主义革命打开新局面?

【材料呈现】

材料八　从1926年7月到1927年3月，北伐出师不到十个月，就消灭了两大军阀的主力部队，从广东打到了武汉、南京、上海，使革命区域从珠江流域扩展到长江流域。

——白寿彝《中国通史纲要　下》

材料九　大革命空前地提高了中国共产党在全国人民中的政治威望，壮大了共产党及其领导的革命力量。从建党到大革命失败短短的6年时间内，中国共产党由起初只有50多人，发展成为一个拥有近5.8万名党员、领导着280余万工人和970余万农民的具有相当群众基础的政党。

材料十　大革命是一场以工农民众为主体的，包括民族资产阶级和上层小资产阶级在前期都曾积极参加的人民革命运动……大革命教育和锻炼了各革命阶级。党所领导的工农大众经受了革命的洗礼，提高了政治觉悟。

——材料九、材料十均摘自中共中央党史研究室《中国共产党历史》

【问题设计】根据上述材料和结合所学知识，列举国民革命取得的成果，思考国民革命以失败告终的原因。

【学生活动】国民革命取得的重大成果：消灭了两大军阀的主力，扩大了革命区域；提高中国共产党的政治威望，壮大年幼的中国共产党的力量；工农民众提高政治觉悟。判断国民革命失败的依据是国民革命没有完成打倒列强、除军阀的革命任务；国民党叛变革命，夺取了国民革命的成果；中国共产党和革命群众遭到血腥镇压。

【教师分析】通过引导学生对三段材料的研读，结合所学知识可知，国民革命取得的重大成果包括：基本推翻北洋军阀统治，在形式上完成了国家统一；中国共产党的政治威望得到提高，领导的革命力量得以壮大；工人阶级和农民阶级受到一次革命洗礼，为革命奠定了群众基础。分析得出国民革命失败的三个主要理由：未完成革命的既定任务、国民党右派叛变并夺取革命领导权、中国共产党和革命群众遭到血腥镇压。综合上述内容，我们要辩证看待国民革命运动的历史作用。从当时革命形势而言，国民革命后期的白色恐怖一度让革命陷入低谷，但是，革命遭受的挫折并未断送革命的前途，相反，新民主主义革命继续向前发展。

【设计意图】通过调动所学知识和史料研读，分析国民革命的失败和取得重大成功的原因，帮助学生理解国民革命运动虽然失败，但孕育了革命的新希望，理解国民革命为新民主主义革命的发展奠定了基础，进而认识新民主主义革命的道路体现了艰难与前途光明的辩证统一。

【课堂小结】20世纪初国际国内新形势中孕育着中国新民主主义革命的发展。五四运动的爆发宣告革命的新力量——无产阶级登上政治舞台，标志着新民主主义革命的兴起。五四运动进一步传播马克思主义，并促进了知识分子与工人运动相结合，为新型革命政党——中国共产党的诞生创造了条件。中国共产党以其特有的政党优势，自其成立起便使中国革命面貌焕然一新。中国共产党与国民党共同领导的国民革命运动，顺应历史发展的需要。国民革命虽然以失败告终，但它从多方面积蓄了革命力量，为新民主主义革命向前发展奠定了坚实基础。

【设计意图】通过课堂小结，帮助学生理解新民主主义革命兴起是时代的选择，五四运动、中国共产党诞生、国民革命相继出现，是历史发展的结果，也是新民主主义革命兴起的重要表现。在此基础上，帮助学生从唯物史观角度，理解中国革命由旧民主主义革命向新民主主义革命转变具有历史的必然性。

五、教学评价分析系统

（一）学业质量水平划分

水平1：了解到从旧民主主义革命向新民主主义革命的转变是中国近代社会发展的必然结果。知道新民主主义革命兴起的时序界限。能够从史料中提取信息，了解有关五四运动、中国共产党成立、国民革命等历史事件的重要结论。（唯物史观、时空观念、史料实证、历史解释）

水平2： 知道新民主主义革命的兴起是近代中国革命社会发展的必然结果，知道中国革命从旧民主主义革命向新民主主义革命的发展具有客观必然性，是时代的选择；能够把握史事的时空联系，利用不同类型的史料对所探究的问题进行描述、概括及说明，知道新民主主义革命兴起的表现是五四运动、中国共产党成立和国民革命；能够梳理中国共产党诞生和早期发展的历程，知道中国共产党为中国革命胜利做出的巨大努力和牺牲。（唯物史观、时空观念、史料实证、历史解释、家国情怀）

水平3： 能够运用唯物史观，将新民主主义革命兴起置于中国近现代历史的发展历程中，理解新民主主义革命兴起是中国民主革命中的重要环节；能够理解五四运动与中国共产党成立、中国共产党成立与国民革命之间的内在联系；能够利用不同类型的史料，对五四运动、中国共产党的诞生、国民革命的历史意义，进行更全面和丰富的解释；能够从近代中国反侵略、求民主的整体历程和20世纪世界民族解放运动的全球史视角，理解中国共产党成立的重大历史意义，进而增强对中国革命选择中国共产党的认同感。（唯物史观、时空观念、历史解释、家国情怀）

水平4： 运用唯物史观，理解新民主主义革命兴起既是历史的选择也是推动历史发展的动力；能够将五四运动、中国共产党诞生和国民革命置于中国近现代历史中，认识这些史事的发展是近代中国由半殖民地半封建社会向社会主义社会发展历程中的重要环节，是中华民族伟大复兴的重要阶段。（唯物史观、时空观念）

（二）学业质量水平测试

阅读以下材料并结合所学知识，回答问题。

材料一　中华民族是背负着八国联军占领北京、被迫与西方列强签订《辛丑条约》的巨大屈辱，跨入20世纪门槛的。这时，中国已经完全堕入半殖民的深渊。……在这样日益深重的民族危机和社会危机之下，近代中国民族民主革命所面临的反帝反封建的任务，更加迫切摆在中国人民面前。谁能够领导中国人民求得民族独立和人民解放，谁就将成为中国革命的领导阶级。

——中共中央党史研究室《中国共产党历史》

材料二　帝国主义的侵略和封建主义的压迫，是鸦片战争以后中国经济上贫困落后，政治上纷争无已的根源……中共二大根据列宁关于民族和殖民地革命的理论，分析了中国社会和中国革命……大会规定了共产党的最高纲领和最低纲领……最低纲领即当前民主革命的奋斗目标是：打倒军阀，建设国内和平；推翻国际帝国主义的压迫，达到中华民族完全独立；统一中国为"真正民主共和国"。

——白寿彝《中国通史纲要　下》

【问题设计】（1）根据材料一并结合所学知识，指出从鸦片战争后至八国联军侵华前，中国社会各阶级为挽救民族危亡所做出的探索。（2）根据材料二，概括中国共产党最低纲领的奋斗目标，并列举两个史实说明中国共产党为实现其目标所做的努力。

【评价说明】

题号	答题思路	学业质量水平描述
（1）	能够在阅读材料和理解问题的基础上，回答出从鸦片战争后至八国联军侵华前的中国社会各阶级进行探索的历史事件，包括太平天国运动、洋务运动、义和团运动、维新变法运动。	1–2 能够了解所学内容的历史分期方式。 1–3 能够从所获得的史料中提取有关的信息。
	能够准确地回答出社会各阶级做出的相应探索的历史事件：农民阶级为太平天国运动、义和团运动；地主阶级为洋务运动；资产阶级为维新变法运动。	2–2 能够将某一史事定位在特定的时间和空间框架下。 3–4 能够选择、组织和运用相关材料并使用相关历史术语，在正确的历史观和方法论的指导下，对系列史事做出解释。
（2）	能够依据材料中“打倒军阀，建设国内和平”“推翻国际帝国主义的压迫，达到中华民族完全独立”“统一中国”相关信息，归纳得出奋斗目标为“打倒军阀，推翻帝国主义压迫，统一中国，实现民族独立”。	1–3 能够从所获得的史料中提取有关的信息。
	能够根据新民主主义革命历程史实，回答1922—1949年之间，中国共产党领导的重大革命事件名称。史实可以是宏观的反映历史阶段特征的事件，如领导抗日战争，也可以是具体的历史事件，如领导百团大战等。	2–2 能够将某一史事定位在特定的时间和空间框架下。 3–4 能够选择、组织和运用相关材料并使用相关历史术语，在正确的历史观和方法论的指导下，对系列史事做出解释。

参考答案

（1）探索：农民阶级开展了太平天国运动和义和团运动；地主阶级开展洋务运动；资产阶级开展了维新变法运动和资产阶级早期革命运动。

（2）奋斗目标：打倒军阀，推翻帝国主义压迫，统一中国，实现民族独立（或推翻帝国主义和封建主义统治，实现民族独立和人民解放）。所做的努力：领导国民革命运动、土地革命、抗日战争、人民解放战争。（写出其中两点即可）

廖政华　谭　静　柳州市第一中学

课时教学设计 2

道路的探索：新民主主义革命的发展

一、教学内容分析系统：课时教学主题的提炼

（一）提出的依据

1. 课标依据

新课标对本课时的课程内容要求是："了解南京国民政府的成立；认识中国共产党开辟革命新道路的意义；认识红军长征的意义。"

首先，"南京国民政府的成立"相关史实主要是南京国民政府基本统一全国的过程以及统治状况。从史实中我们可以认识到南京国民政府统治的历史进步性和本质的反动性，这为理解中国共产党探索革命新道路的正当性和必要性做铺垫。因此在教学过程中可以将这一要求分为三个方面：为何南京国民政府只是形式上统一全国；了解南京国民政府的统治状况并分析其性质；全面、客观看待南京国民政府统治时期的成就。

其次，"认识中国共产党开辟革命新道路的意义"需要有以下知识储备：革命新道路确立的过程，革命新道路的含义，革命新道路"新"在何处，认识新道路对当时整个中国革命的意义。其中的"革命道路"即具有中国特色独创性地走农村包围城市、武装夺取政权的革命道路。

最后，需在特定的时空维度下，认识红军长征所带来的"革命种子""长征精神"和"新局面"等意义。可以通过补充新材料和相关图片、历史数据等信息，体会红军长征过程的艰难，结合长征胜利之后中国革命、中国抗战的形势来认识红军长征的意义。

课标并未将上述三个要求单独结合为一个主题，而是从属于"新民主主义革命兴起"一栏，为的是突出中国共产党开辟革命新道路、红军长征等历史事件对新民主主义革命的意义，并且把中国共产党对革命道路的探索，建立在国民革命失败的教训和国民政府的特点上来理解，体现了新民主主义革命阶段性的发展过程。因此，在农村人口占绝大多数的中国，中国共产党走农村包围城市的道路，不仅是对俄国式道路的一次"反动"，也是对中国国情的适应，更是对国民革命失败的一次总结。这种实事求是的态度、尊重国情的道路选择是唯物史观的具体运用，也反映了中国共产党领导的中国革命道路是一条在错误中总结教训、积累经验的发展之路，推动了新民主主义革命不断发展。

2. 教材依据

教材第21课《南京国民政府的统治和中国共产党开辟革命新道路》处于新民主主义革命承前

启后的地位，即探索革命新道路的发展阶段。从微观内容看，南京国民政府的统治体现了中国共产党探索新道路的时代环境，工农武装割据道路和红军长征反映了经过中国共产党探索、调整，找到了正确的民主革命新道路。

3. 学术依据

张海鹏在《20世纪中国近代史学科体系问题的探索》中提出，研究中国近代史“如果抓住了（革命）这个基本线索，就能够顺藤摸瓜，理清近代中国社会历史的各个方面”，“中国近代史上的政治、经济、军事、文化思想、社会变迁……无不或多或少与革命的进程、革命事业的成败相联系”。杨奎松在《马克思主义中国化的历史进程》中，从“群众起义还是武装革命”“城市中心还是农村中心”“乡村能够战胜城市吗”三个方面详细论证了中国革命正确道路的形成过程，并强调中国共产党坚持排除干扰和阻碍，坚持走农村包围城市、武装夺取政权的道路，是最终迎来1949年胜利的根本保障。因此，以探索中国革命正确道路为主题，是一种有效整合1927—1937年历史主线，有利于我们正确理解历史的选择。

综上，将本课时的教学主题置于新民主主义革命进程的时空背景中，以中国共产党在顿挫和调整中独立探索革命新道路为核心，既与研究中国近代史的学术范式及主流历史观相符合，又是在教学中最常用、也最能帮助学生构建历史线索的一种设计。

（二）课时教学主题

随着国民革命走向失败，国民党进行清党分共的大屠杀，建立起代表大地主和官僚资产阶级的南京国民政府。中国共产党奋起抗争，独立探索革命新道路，经过顿挫和进一步探索，最终找到农村包围城市、武装夺取政权的正确革命道路，推动了新民主主义革命的发展。这一过程充分体现了马克思主义的中国化。因此，本课时的教学设计以“道路的探索：新民主主义革命的发展”为主题，动态呈现国民革命失败后的国共对立十年中，中国共产党独立探索革命新道路的奋斗历程。

二、学情分析系统：初中与高中教学衔接分析

比较项目	初中课标		高中课标
	2011年版课标	2022年版课标	
课标中的课程内容要求	简述第一次国共合作和北伐战争胜利进军的主要史实；了解南京国民政府成立的主要史实。 知道南昌起义，讲述毛泽东、朱德在井冈山会师的故事，认识中国共产党创建工农红军和农村革命根据地的意义。 讲述中国工农红军长征的故事，体会红军的革命英雄主义精神；知道遵义会议，认识其在中国革命史上的地位。	1.4 中国共产党成立与新民主主义革命的兴起 知道南京国民政府的成立及性质；通过了解南昌起义、八七会议、秋收起义、毛泽东与朱德井冈山会师、古田会议等基本史事，认识中国共产党创建人民军队和农村革命根据地的意义；认识遵义会议在中国革命史上的地位；通过了解长征途中红军爬雪山过草地等艰难历程的史事，感悟长征精神。	1.9 中国共产党成立与新民主主义革命兴起 了解南京国民政府的成立；认识中国共产党开辟革命新道路的意义；认识红军长征的意义。

比较项目	初中教材	高中教材
部分教材课时设置	《义务教育教科书　中国历史　八年级　上册》 第五单元　从国共合作到农村革命根据地的建立 第13课　国共合作与北伐战争 第14课　毛泽东开辟井冈山道路 第15课　中国工农红军长征与遵义会议	《普通高中教科书　历史　必修　中外历史纲要（上）》 第七单元　中国共产党成立与新民主主义革命兴起 第21课　南京国民政府的统治和中国共产党开辟革命新道路

高一学生经过初中阶段的学习，对本课时的一些重大史实如毛泽东等人开辟井冈山道路、工农红军长征等有初步了解，也形成一些基本认识。但是高中阶段更注重理解历史概念，注重构建知识体系，注重依据丰富史料来探讨问题，以及建立在史实之上的知识迁移运用，去解决新情境、新问题。本课时内容丰富，概念较多，对学生来说有一定难度。

三、教学目标分析系统：课时核心目标及其分解

（一）课时核心目标

通过展现1927—1937年这10年间新民主主义革命的发展历程，理解经历探索、顿挫和调整的反复，中国共产党找到了新民主主义革命的正确道路；分析半殖民地半封建社会的国情与红色政权的割据、农村包围城市道路的关联，认识到中国新民主主义革命的特殊性和土地革命是民主革命的基本内容；通过运用丰富的史料来分析农村包围城市的道路和红军长征，理解开辟新道路对新民主主义革命的阶段性意义以及认识革命新道路的来之不易。

（二）课时目标分解

1. 必备知识

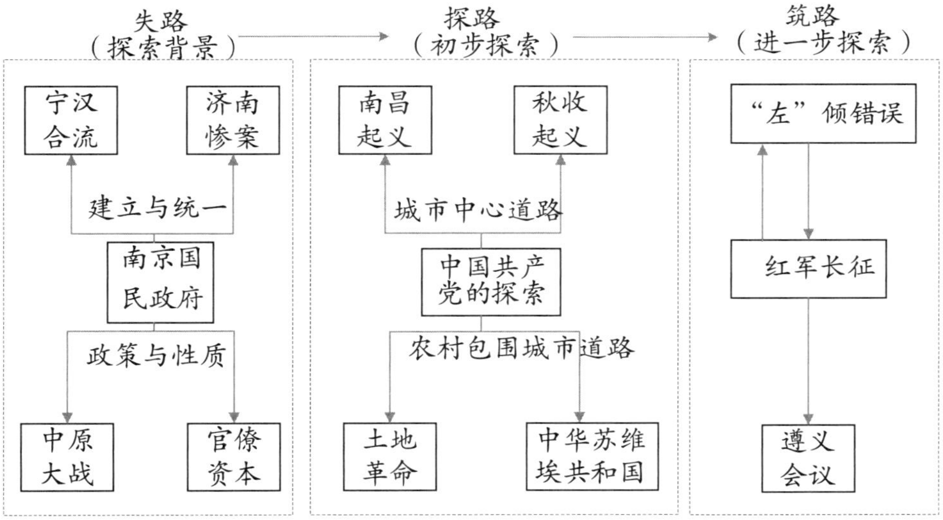

2. 关键能力

（1）获取历史信息能力：通过绘制年表、思维导图，阅读地图，能够梳理南京国民政府的建

立、工农武装割据的发展以及红军长征的经过；通过数据、史料、教材内容等多种资料，能够了解南京国民政府建立后社会的发展状况、工农武装割据理论及其实践活动、红军长征途中的艰难险阻，培养学生在时空观念素养下形成知识梳理和信息提取、整合的能力。

（2）历史阐释能力：能够解释工农武装割据、“左”倾错误、官僚资本主义等学科关键概念；能够结合1927—1937年中国政治经济外交等发展状况理解南京国民政府的性质；能够与南京国民政府的统治作对比，论证中国共产党开辟革命新道路的意义；能够通过红军长征途中的艰难险阻相关史实论述遵义会议和长征的转折意义。

（3）辩证思维能力：能够结合南京国民政府统治以后社会的发展状况及其性质认识，辩证地理解南京国民政府统治的历史进步性和本质的反动性；能够迁移调动知识对工农武装割据、红军长征等重大史事的丰富史料加以解读，理解中国共产党探索革命新道路的正确性和曲折性。

（4）历史探究能力：能够对工农武装割据、红军长征等重大史事的丰富史料加以解读，分析中国共产党在探索新民主主义革命过程中的领导作用。

3. 核心价值

引导学生通过对中国共产党探索革命道路的贯通性把握，深刻认识到革命不是一帆风顺的，成功来之不易，只有在错误中不断调整，不断发展，把马克思主义原理和中国革命的具体实际相结合，才能找到正确的道路，并从红军长征的曲折历程中感悟长征精神。

四、教学过程分析系统

课时教学设计2　道路的探索：新民主主义革命的发展

【导入环节】通过呈现材料导入本课时。

【材料呈现】

材料一　茫茫九派流中国，沉沉一线穿南北。烟雨莽苍苍，龟蛇锁大江。黄鹤知何去？剩有游人处。把酒酹滔滔，心潮逐浪高！

——中共中央文献研究室《毛泽东诗词集》

【教师分析】这首词风格沉郁顿挫，与毛泽东笔下一贯的大气磅礴和浪漫乐观不同。毛泽东曾做自注：“一九二七年，大革命失败的前夕，心情苍凉，一时不知如何是好，这是那年的春季。夏季，八月七号，党的紧急会议，决定武装反击，从此找到了出路。”国民革命失败之后，中国革命面临怎样的处境，中国共产党又如何在困顿中崛起、探索新的革命道路，这是本课时要探讨的内容。

【设计意图】毛泽东诗词艺术记录了近现代中国风起云涌的沧桑巨变，是解读筚路蓝缕的中国共产党为什么“能”的鲜活教材。运用诗史互证的方式，将毛泽东诗词与中国共产党革命道路探索阶段的重大史实对应加以考查，学生可以体验如何准确运用文学作品作为史料，丰富历史事件信息，同时也能加深对诗词的理解。

【任务一】革命的失路：探究南京国民政府统治的建立与性质。

【关键问题】从国民政府的内外政策分析其政权性质。

【材料呈现】

材料二　1894—1948年中国资本估值情况（部分）。

单位：万元

时间	1894年	1911年/1914年*	1920年	1936年		1947年/1948年国统区、1936年币值
				关内	东北	
资本总额	113 719	483 845	719 882	2 014 543	565 844	1 424 518
外国在华企业资本	21 370	184 608	239 000	501 174	426 667	111 650
官僚资本	4 757	52 296	90 205	765 625	47 647*	767 079
民族资本	87 592	246 941	390 677	747 744	91 530	545 789

*：外国资本为1914年，官僚资本为1911年，民族资本为1913年。

**：指伪满洲国资本，其产业资本未包括由南满铁道会社托管的财产14.706亿元。

——许涤新、吴承明主编《中国资本主义发展史》（第三卷）

材料三　对于一切不平等条约，特作以下之宣言：

（一）中华民国与各国间条约之已届满期者，当然废除，另订新约。

（二）其尚未满期者，国民政府应即以相当之手续解除而重订之。

（三）其旧约业已期满而新约尚未订立者，应由国民政府另订适当临时办法，处理一切。

——《南京国民政府关于重订条约的宣言》（1928年6月）

【问题设计】（1）南京国民政府由成立到统一有哪些主要史实？（2）南京国民政府在政治、经济和外交等方面采取了什么措施巩固政权？（3）南京国民政府的性质是什么？

【学生活动】阅读教材第126页的地图《国民革命军北伐路线示意图》、教材第209—210页的历史年表，在地图中相应的地点标出南京国民政府由成立到统一的主要史实并加以说明。

【教师分析】南京国民政府由成立到统一的主要史实：宁汉合流、二次北伐、济南惨案、皇姑屯事件、东北易帜。南京国民政府统治的基本状况：政治上实现形式上统一全国，实行一党专政；经济上民族资本发展较快，官僚资本膨胀；外交上推行改订新约运动，在关税自主权方面取得进展，但列强的特权尚未废除。综合政治、经济因素可以推断出国民政府的性质是集中代表大地主大资产阶级的旧政权。南京国民政府是一个矛盾的复杂体，既有为巩固统治带来的政治、经济和外交上的新变化，更有本质上的保守与落后。前者给与之对峙的中国共产党带来压力与挑战，后者则赋予中国共产党领导的革命以正当性和必然性。

【设计意图】学生可以通过自主阅读如历史年表、地图、图片等史料，并在地图中相应的地点标出重大史实，梳理南京国民政府建立与统一的进程，有助于培养学生的时空观念。在第二、第三个问题的处理上，通过多元史料辩证地分析南京国民政府的政策与根本属性，使学生能辩证地理解南京国民政府统治的历史进步性和本质的反动性，有利于引导学生运用辩证思维正确全面地看待历史问题，也为理解中国共产党探索革命新道路的正当性和必要性做铺垫。

【任务二】新路的探索：探究工农武装割据与新道路的开辟。

【关键问题】中国革命为何必须走农村包围城市的道路?

【环节1】早期武装起义：城市中心道路的探索。

【材料呈现】

材料四 执着于城市，在那个时候是非常自然的。因为中国共产党人的面前只有一个榜样，这就是已经成功的俄国革命，而俄国革命正是从城市开始，并在城市首先胜利的。然而效仿俄国人成功的经验并没有在中国取得成功。

——陈旭麓《近代中国社会的新陈代谢》

材料五 边界红旗子始终不倒，不但表示了共产党的力量，而且表示了统治阶级的破产，在全国政治上有重大的意义。

——毛泽东《井冈山的斗争》

【问题设计】（1）南昌起义、秋收起义有何异同？（2）中国共产党最终做出了怎样的革命道路选择?

【学生活动】（1）结合教材第130页的《〈井冈山会师〉（油画）》及正文描述，总结两次武装起义异同：相同之处是，都坚持城市中心道路并失败了，以事实雄辩地说明了此路不通；不同之处是，秋收起义公开打出“工农革命军”的旗帜，以农民作为主力。（2）结合材料四、材料五理解毛泽东等共产党人做出选择的意义：城市中心道路是照搬苏联模式和经验，但不符合中国的国情，开辟农村包围城市的道路是必然选择。

【教师分析】武装斗争是中国共产党在革命中战胜敌人的三大法宝之一，中国共产党自成立之初就已经认识到武装斗争的重要性，但早期的一系列武装斗争走的是一条照搬苏联经验的城市中心道路。而毛泽东的队伍在秋收起义失败后由城市转向农村进军，凸显了中国共产党领导的革命更加注重独立自主和创造性运用，正是这一转变，揭开了中国革命走上新道路的序幕。

【设计意图】通过梳理中国共产党早期探索中国化的代表性事件，理解中国共产党开辟“农村包围城市，武装夺取政权”革命新道路，这是本环节的重点。通过比较南昌起义和秋收起义的异同，引导学生理解早期革命道路的不足以及实事求是、追求创新的重要性，培养学生的历史阐释能力。

【环节2】井冈山的道路（农村包围城市的道路）。

【材料呈现】

材料六 朱德毛泽东式、方志敏式之有根据地的，有计划地建设政权的，深入土地革命的，扩大人民武装的路线……无疑义地是正确的。

——毛泽东《星星之火，可以燎原》

材料七 （苏维埃制度）受到最底层贫苦农民的拥护和支持，与国民党利用地主、士绅进行统治造成许多地方的农民对国民政府的隔阂和对立形成鲜明对照。1930年至1933年底，大批受难的民众从国民党统治区逃往苏区……

——杨奎松《中国近代通史 第八卷 内战与危机（1927—1937）》

【问题设计】(1)中国共产党在井冈山根据地开展了哪些类型的革命活动？(2)工农武装割据理论的主要内容和影响是什么？

【学生活动】(1)根据材料六，以及教材第130页的“历史纵横”栏目中的“古田会议”相关内容、第131页的“学思之窗”图片《革命根据地农民获得的土地分配证》，归纳出井冈山实践活动的三大内容：武装斗争、土地革命和根据地建设。(2)结合材料七及教材第131页的地图《1929—1932年农村革命根据地分布示意图》，认识工农武装割据思想的影响：井冈山模式得到推广，星星之火呈现燎原之势，推动了新民主主义革命的迅速发展。

【教师分析】一开始，井冈山道路遭到了根据地内部和外部的质疑，临时中央政府指责毛泽东“右倾逃跑”“山沟沟里没有马列主义”，根据地内部有人质疑“红旗还能打多久”。面对这些非议，毛泽东总结斗争经验，从理论上做出回答，形成了工农武装割据的思想，也就是：在党领导下把武装斗争、土地革命、根据地建设三者结合，走农村包围城市，武装夺取政权的道路。在毛泽东工农武装割据思想的指引下，井冈山模式得到了推广，星星之火呈现燎原之势，推动了新民主主义革命的迅速发展。

【设计意图】本环节围绕“创建井冈山根据地→构建工农武装割据理论→巩固和发展根据地”的逻辑分析史实，引导学生了解井冈山道路的实践探索。通过多元化史料的分析阅读，理解工农武装割据的内涵及必要性，认识到该理论所开创的革命道路是马克思主义中国化的产物。

【任务三】进一步探索：探究红军长征与革命中心转移。

【关键问题】红军长征对中国革命意味着什么？

【环节1】顿挫与转折(红军长征的背景与过程)。

【材料呈现】

材料八　中国共产党五次反“围剿”简况。

时间	中央红军人数/万人	国民党军人数/万人	结果
1930年10月	4	10	胜利
1931年2月	3	20	
1931年7月	3	30	
1932年底	4	50	
1933下半年	10	100	失败

——整理自中国共产党新闻网《红军反“围剿”战争》

【问题设计】(1)红军被迫实行战略转移的原因是什么？(2)红军在长征的途中遇到哪些艰难险阻？

【学生活动】(1)简述红军长征的原因：第五次反“围剿”失利；蒋介石对第五次“围剿”做了充分的准备；中国共产党内部存在着“左”倾错误的指挥和领导。(2)结合教材第132页的地图《红军长征路线示意图》和图片《毛泽东〈七律·长征〉手迹》，总结描述红军长征中的考验：既有国民党围追堵截、党内分裂危机的主观因素，也有自然环境恶劣、物质缺乏等客观因素。

【教师分析】中国共产党开辟革命新道路之后面临着两大危机：一是蒋介石集团的集中“围

剿”，二是中国共产党党内“左”倾错误统治中央，考验着濒临绝境的中国共产党和红军，以谋生存、图发展为主旨的长征随之在中华大地上展开。我们可以分层次解析红军长征的原因——根本原因是以王明为首的党中央和共产国际犯了“左”倾错误；重要原因是敌我力量对比悬殊，蒋介石集团采取正确的战略战术；直接原因是第五次反“围剿”失利。关于第二个问题的处理，在结合教材的地图和文字内容回顾长征路线中的重大史事的基础上，引导学生总结描述长征中的考验。

【设计意图】提供历史情境，简要分析革命道路出现顿挫的主客观原因，引导学生运用史料来解释历史，培养学生的历史阐释和探究能力。通过分析红军长征途中的艰难险阻，体验革命的艰苦卓绝与成功的来之不易。

【环节2】胜利与昭示（长征的意义与精神）。

【材料呈现】

材料九　长征是一次检验真理的伟大远征……我们党在思想上不断成熟，成为中国人民进行抗日战争的中流砥柱。

长征是一次唤醒民众的伟大远征……长征是宣言书，长征是宣传队，长征是播种机。

长征是一次开创新局的伟大远征……长征的胜利，使我们党以陕甘宁革命根据地为中心，推动一大批革命根据地如雨后春笋般建立和发展起来。

——习近平《在纪念红军长征胜利80周年大会上的讲话》

材料十　（长征途中）几乎平均每天就有一次遭遇战……路上一共368天，有235天用在白天行军上，18天用在夜间行军上……因此总长5 000英里（编者注：1英里约等于1 609.344米）的路上只休息了44天……红军一共爬过18条山脉，其中5条是终年盖雪的，渡过24条河流，经过12个省份，占领过62座大小城市，突破10个地方军阀军队的包围……穿过6个不同的民族地区，有些地方是中国军队几十年所没有去过的地方。

——摘编自［美国］埃德加·斯诺《红星照耀中国》

【问题设计】（1）红军长征胜利的意义是什么？（2）如何理解长征精神的内涵？

【学生活动】（1）结合材料九、材料十，概括红军长征的多重意义：实现了红军的战略大转移，使中国革命转危为安；保存并锤炼了中国革命的骨干、精英力量和领导力量；宣传了中国共产党的政治主张，沿途播下革命的火种，铸造了伟大的长征精神；提升了中国共产党的国际影响力；实现了从国内战争到抗日民族战争的伟大转变，推动抗日民族统一战线的建立。（2）结合教材第133页的“问题探究”中的材料，提炼并理解长征精神的内涵：把全国人民和中华民族的根本利益看得高于一切，坚定革命理想信念，坚信正义事业必然胜利……紧紧依靠人民群众，同人民群众生死相依、患难与共、艰苦奋斗的精神。

【教师分析】红军长征具有多重意义，特别是铸造了伟大的长征精神。每一代人有每一代人的长征路，每一代人都要走好自己的长征路。如今硝烟虽已散尽，时代也发生着深刻变革，但伟大的长征精神已经成为中国共产党人精神谱系的重要组成部分，深深融入中华民族的血脉和灵魂，成为激励中国共产党和中国人民不断攻坚克难、从胜利走向胜利的精神伟力。

【设计意图】红军长征是20世纪对世界发展最有影响力的重要事件之一，是充满理想和献身精神、用意志和勇气谱写的人类史诗。通过呈现多元史料，让历史照进现实，引导学生在概括红军长征多重意义的基础上，深化对长征价值的认识，培养学生运用史料分析历史问题的能力，能够论从史出，实现历史与现实的相互交融。

【课堂小结】本课时重点学习了新民主主义革命发展阶段的重要表现，即国共对立时期中国共产党独立探索革命道路的艰辛历程。实践证明，只有把马克思主义基本原理同具体革命实践结合才能找到正确的道路，只有坚持正确道路的指引，革命事业才能行稳致远，开拓新局。

五、教学评价分析系统

（一）学业质量水平划分

水平1：了解唯物史观的基本观点，如社会存在决定社会意识，一切从实际出发，实事求是，以及观点与相关史实间的对应关系。能够从图片、表格、文字史料中提取有关信息，概述新民主主义革命发展阶段的突出事件，如南昌起义、八七会议、秋收起义、井冈山根据地创建、红军长征、遵义会议等。能够从中国共产党探索革命道路的历程中，涵养对中国革命的温情与敬意。（唯物史观、时空观念、家国情怀）

水平2：了解唯物史观的基本观点与相关史实间的对应关系。能够利用年表和地图描述长征的历程，梳理新民主主义革命发展阶段的相关史实，理解事件之间的逻辑关系，形成对道路探索历程的完整认识。有意识地运用相关史料说明工农武装割据思想的基本内涵及其正确性。能够梳理中国共产党探索革命道路的历程，增强对中国革命的认同感。（唯物史观、时空观念、史料实证、历史解释、家国情怀）

水平3：能够运用唯物史观，理解工农武装割据思想是符合中国国情的产物。在唯物史观和唯物辩证法的指导下，利用多元史料对工农武装割据、红军长征等重大史事进行互证分析，进而形成更全面、丰富的解释。能够对新民主主义革命发展阶段的相关史实进行整体性认识。能够主动搜集资料，理解并认同中国共产党对革命道路的探索。（唯物史观、时空观念、史料实证、历史解释、家国情怀）

水平4：能够将中国共产党对革命道路的探索放在国际社会主义运动和国内革命的双重背景下加以理解，认识其普遍性和特殊性。认识人民群众特别是农村在革命道路探索中做出的贡献，理解人民群众是历史的创造者。在辨别史料作者意图的基础上利用史料，分析论证问题，利用地图和年表描述红军长征并从中提炼出长征精神。能够将历史和现实结合起来，立志为新时代中国特色社会主义建设和中华民族伟大复兴做出自己的贡献。（唯物史观、时空观念、史料实证、历史解释、家国情怀）

（二）学业质量水平测试

阅读下面材料并结合所学知识，回答问题。

材料　随着国民党军队加紧对根据地的封锁，一些根据地出现了日用消费品奇缺、缺粮饥荒的情况。1933年春夏，苏维埃临时中央政府决定在中央、省、县三级设立国民经济部，并召开两次经济建设大会，开展经济建设运动。大力发展农业生产是经济建设中头等重要的任务，各苏区政府采取兴修水利，发动群众开垦荒地，积极组织群众参与劳动互助社、耕田队、和粮合作社等措施，农业生产收获量与上年相比增加了15%。到1934年初中央苏区发展了公营工厂32个、手工业生产合作社176个。为反对私商的高利贷剥削，中央苏区各级政府成立了对外贸易机关，直接经营粮食、盐和布的贸易，并建立工农银行。在建立国营商业之外，粮食合作社、消费合作社发展到了1.2万多人，社员57万多人。

——摘编自中共中央党史研究室《中国共产党历史 第一卷（1921—1949） 上册》

（1）根据材料并结合所学知识，指出中华苏维埃共和国经济建设的主要特点。

（2）根据材料并结合所学知识，简析中华苏维埃共和国开展经济建设的意义。

【评价说明】

题号	答题思路	学业质量水平描述
（1）	能够依据材料“在中央、省、县三级设立国民经济部”“大力发展农业生产是经济建设中头等重要的任务”“成立了对外贸易机关”，归纳得出完善经济管理制度，建立从中央到地方的经济管理部门，发展农业生产是经济建设的中心任务等特点。能够对中华苏维埃共和国发展经济建设的内容和经济成分加以总结提炼，得出农业、工业、对外贸易和金融等事业得到了发展，根据地的经济成分由国营经济、合作社经济和私人经济组成，合作社经济和国营经济占主要成分等特点。	1–3 能够从所获得的史料中提取有关的信息。 2–4 能够选择、组织和运用相关材料并使用相关历史术语，对具体史事做出解释。
（2）	能够依据材料“国民党军队加紧对根据地的封锁”“农业生产收获量与上年相比增加了15%”“发展了公营工厂32个、手工业生产合作社176个”得出打破国民党经济封锁的企图，稳定并改善人民生活，发展了合作社经济和国营经济等意义。能够从经济建设与政权建设关系的角度，进一步得出巩固了工农政权，适应了工农民主政权的建立和发展等意义。能够从根据地的经济成分由国营经济、合作社经济和私人经济多种经济成分组成，认识到这是对新型经济形态——新民主主义经济的有益探索。	1–3 能够从所获得的史料中提取有关的信息。 1–4 能够说出重要历史事件的经过及结果、重要历史人物的事略、重要历史现象的基本状况。 2–1 知道经济基础与上层建筑之间的辩证关系。 2–2 能够将某一史事定位在特定的时间和空间框架下。 2–4 能够选择、组织和运用相关材料并使用相关历史术语，对具体史事做出解释。

参考答案

（1）主要特点：完善经济管理制度，建立了从中央到地方的经济管理部门；发展农业生产是经济建设的中心任务；农业、工业、对外贸易和金融等事业得到了发展；根据地的经济成分由国营经济、合作社经济和私人经济组成，合作社经济和国营经济占主要成分。

（2）意义：打破国民党经济封锁的企图，稳定并改善人民生活；发展了合作社经济和国营经济；巩固了工农政权，适应了工农民主政权的建立和发展；是对新民主主义经济的有益探索。

陈 伶 柳州高级中学

黄一聪 东莞中学松山湖学校

课时教学设计 3

民族的抗争：新民主主义革命的成熟

一、教学内容分析系统：课时教学主题的提炼

（一）提出的依据

1. 课标依据

新课标对本课时的课程内容要求是："了解日本军国主义的侵华罪行；通过了解正面战场和敌后战场的抗战，感悟中华民族英勇不屈的精神，认识中国共产党是全民族团结抗战的中流砥柱；认识中国战场是世界反法西斯战争的东方主战场，理解十四年抗战胜利在中华民族伟大复兴中的历史意义。"

基于初高中衔接和学生学情的分析，日本军国主义的侵华罪行、正面战场和敌后战场的抗战等知识点在初中已经作为教材重点进行了教学。因此，从新民主主义革命发展的视角来看，本课时的重点如下。

一是认识中国共产党是全民族团结抗战的中流砥柱，理解新民主主义革命在抗战中走向成熟。通过了解正面战场和敌后战场的抗战，比较国共两党在抗战中的作为，认识到正是中国共产党在政治、军事、经济和理论上的探索和成就，推动了中华民族抗战的胜利，而且为此后新民主主义革命的胜利奠定了基础，为新中国成立后的国家建设提供了借鉴，进而理解中国共产党是全民族团结抗战的中流砥柱，抗日战争时期是新民主主义革命的成熟阶段。

二是从国内和国际两个视域理解中国抗战的重要意义。正是中国共产党正确分析了1931年以来国内外局势的变化，深刻认识到日本帝国主义的侵华意图和国际大国之间的利益冲突，从而高高举起了抗日大旗，并最早提出了全民族抗战的理念，推动建立和维护了抗日民族统一战线，在国际变局下积极推动了世界反法西斯同盟的建立，与世界反法西斯国家相互支援。据此，抗日战争不仅是中华民族从衰败走向复兴的重要枢纽，也为世界反法西斯战争的胜利做出了巨大的贡献，提高了中国的国际地位。

上述的两点分析具有递进统一的关系，中国共产党在毛泽东思想的指导下，在抗战时期进行了民主政治实践、根据地经济建设，并提出了人民战争、持久战等军事思想，得到了广大人民群众的支持，使得新民主主义革命走向成熟，推动了艰苦卓绝的十四年抗战取得了最终的胜利，进而使处于半殖民地半封建社会的中国确立了世界大国的地位。

2. 教材依据

基于大单元教学的理念，将抗日战争的内容放在"新民主主义革命"的大概念下进行整合，

作为“民族的抗争：新民主主义革命的成熟”部分。在这一基础上，可以从微观、中观、宏观三个层面对教材内容进行分析。

从微观来看，相较于此前的高中教材，部编版教材中抗日战争的内容更加充实详细，并突出了局部抗战、敌后战场的抗战和东方主战场的内容，这样可以更加全面客观地反映抗日战争的全貌，进而凸显中国共产党在全民族抗战中的中流砥柱作用，并强调了中华民族在世界反法西斯战争中的重要地位。但是，本课时的知识点相对较多，且理解难度较大，因此对本课时进行大单元教学的整合是提升教学效果的重要方式。

从中观来看，本课时涵盖教材第八单元第22课、第23课的内容，在历史逻辑和叙述逻辑上都是接续第七单元，且与第八单元的第24课《人民解放战争》具有密切的联系。中国共产党在抗日战争中坚持抗战、坚持民主，逐渐获得人民信任，与国民党发生此消彼长的力量变化，使得抗日战争成为中华民族走向复兴的历史转折点；经过抗日战争，中国共产党在国共对立与合作的变局中抓住历史机遇迅速壮大，不仅成为抗战的中流砥柱，更成为引领中国革命的中流砥柱，为取得人民解放战争的胜利，完成反帝反封建的伟大斗争奠定了基础。

从宏观来看，自甲午中日战争开始，在不到半个世纪里，日本就对中国发动了两次大规模的侵略战争。因此，对抗日战争的逻辑梳理应该放在近代中国反侵略、求民主的百年历程之中去探究，并具体到“新民主主义革命”概念下系统地理解抗日战争的地位。同时，抗日战争作为世界反法西斯战争的重要部分，要将其置于两次世界大战与世界格局演变的宏大视野下，认识到日本大举入侵中国，是企图打破华盛顿条约体系独霸中国。这不仅严重威胁到中华民族的生存，也损害了美、英等国在华利益。中国人民正确分析了国内外的形势，抓住主要矛盾，联合美、英、苏等国结成世界反法西斯统一战线，打败了日本法西斯主义。这样，就不仅打破了帝国主义统治中国的关键一环，还削弱了其他帝国主义在中国的统治，锻炼和壮大了中国人民的力量，为最终推翻一切帝国主义在中国的统治打下了重要的基础。

3. 学术依据

从中国共产党在抗战中的地位看，中国共产党如何成为抗日战争的中流砥柱是党史研究中的重大问题。陈隽从中流砥柱的概念入手，建构起抗日战争中流砥柱的三重逻辑框架，即“坚定的抗战意志、改变战争局势的战略战术和指引国家战后重建的方向”。而后回到历史现场，从抗战的全过程观察中国共产党在抗战中的具体表现，还原中国共产党在这三个层面逐渐掌握主导权的过程，最终得出中国共产党经抗战成长为引领中国革命和国家命运的中流砥柱的结论。

从抗日战争在新民主主义革命中的地位看，抗日战争时期是新民主主义革命的成熟阶段。王桧林认为，抗日战争期间，在打败日本帝国主义的过程中改造旧中国，是必然的趋势和任务。当时把旧中国完全改造为新中国的条件还不成熟，但为这种改造打下了坚实的基础。他指出：没有抗日战争及其胜利，就没有人民解放战争的胜利，就没有新民主主义革命的彻底胜利，就没有中华人民共和国。抗日战争的胜利在中国新民主主义革命中具有极其重大的意义。

根据学者们的研究可知，中国共产党在抗日战争中起到了中流砥柱的作用，并在政治、经济、军事等方面日益成熟，为人民解放战争的胜利和中华人民共和国的成立打下了基础。因此，将抗日战争时期作为新民主主义革命的成熟阶段，既符合中国近代史的演变事实，也有助于学生构建中国近现代史发展的线索。

（二）课时教学主题

1931年日本悍然发动侵华战争，中华民族面临生死存亡。在此危急时刻，中国共产党高举全面抗战的旗帜，推动国共合作，建立抗日民族统一战线，并提出了“新民主主义理论”，“回答了人们的关切，它告诉全国人民，中国共产党现在进行的是新民主主义革命，革命的直接目的是建立新民主主义的共和国，通过新民主主义走向社会主义，这就为人们描绘了一幅清晰的革命路线图”。最终，在新民主主义理论指导下，中华民族取得了抗战的胜利，成为中华民族走向伟大复兴的转折点。因此，将本课时的教学主题确定为“民族的抗争：新民主主义革命的成熟”。

二、学情分析系统：初中与高中教学衔接分析

比较项目	初中课标		高中课标
	2011年版课标	2022年版课标	
课标中的课程内容要求	知道九一八事变，了解中国局部抗战的开始；知道西安事变，理解和平解决西安事变的意义。 简述七七事变的史实，认识国共第二次合作的实现和全民族抗战的意义。 以侵华日军南京大屠杀等罪行为例，认识日本军国主义凶恶残暴的侵略本质。 列举正面战场和敌后战场的抗日史实，体会中国军民在抗日战争中英勇顽强、不怕牺牲的精神。	1.5　中华民族的抗日战争 通过了解九一八事变、东北抗联、一二·九运动、西安事变、七七事变、南京大屠杀、正面战场和敌后战场的抗战等史事，认识日本侵华的罪行，认识中国人民十四年抗战的艰苦历程，认识中国共产党是全民族抗战的中流砥柱，知道中国战场是世界反法西斯战争的东方主战场，体会中国军民在抗日战争中孕育的抗战精神，认识抗日战争胜利在中华民族伟大复兴中的重要历史意义；通过了解中共七大，认识确立毛泽东思想作为党的指导思想的重大意义。	1.10　中华民族的抗日战争 了解日本军国主义的侵华罪行；通过了解正面战场和敌后战场的抗战，感悟中华民族英勇不屈的精神，认识中国共产党是全民族团结抗战的中流砥柱，认识中国战场是世界反法西斯战争的东方主战场，理解十四年抗战胜利在中华民族伟大复兴中的历史意义。

比较项目	初中教材	高中教材
部分教材课时设置	《义务教育教科书　中国历史　八年级　上册》 第六单元　中华民族的抗日战争 第16课　从九一八事变到西安事变 第17课　七七事变与全民族抗战 第18课　全民族抗战中的正面战场和敌后战场 第19课　抗日战争的胜利	《普通高中教科书　历史　必修　中外历史纲要（上）》 第八单元　中华民族的抗日战争和人民解放战争 第22课　从局部抗战到全国抗战 第23课　全民族浴血奋战与抗日战争的胜利

根据上表可知，初中教学以知识的记忆和了解为主，课时较多，其内容也比较全面细致，学

生可以更加全面地学习有关抗日战争的基本史实；而高中课时较少，且教材内容综合性强、凝练度高，对学生的阅读理解、抽象思维等能力提出了更高要求。在初中教学的基础上，学生已经对抗日战争的具体史实有了基本认知，为高中阶段提高教学温度、挖掘教学深度、提升教学高度奠定了坚实的基础。

三、教学目标分析系统

（一）课时核心目标

通过了解中华民族抗战的史实，分析日本侵华的原因及抗战胜利的意义，认识到中国人民选择了中国共产党作为民主革命和国家建设的领导者的历史必然性。通过了解中国共产党在民主政治实践，新民主主义经济、理论建设，军事斗争等领域所取得的辉煌成就，认识到新民主主义革命的成熟，为新民主主义革命的胜利和新中国的现代化建设奠定了基础。

（二）课时目标分解

1. 必备知识

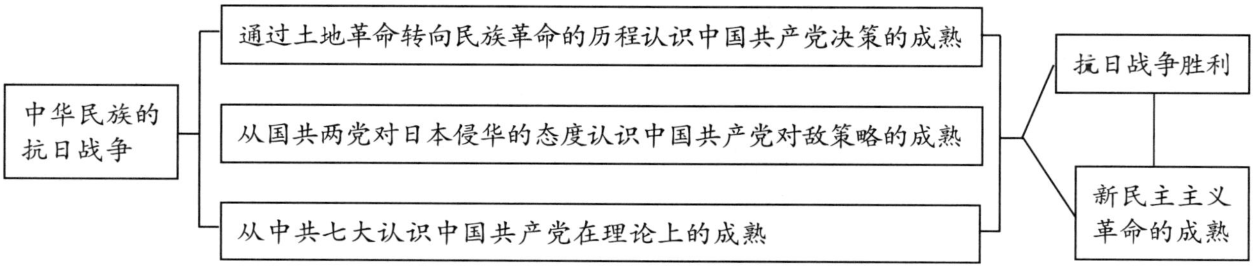

2. 关键能力

（1）获取历史信息能力：通过呈现地图、时间轴、文献史料等多种资料，让学生梳理日军侵华的过程和犯下的深重罪行，在史料实证素养下形成知识梳理和信息提取、整合的能力。

（2）历史思维能力：通过对国民党抗战史实的梳理，学生能够辩证地认识国民政府在抗战中的作用和地位，提升学生的辩证思维能力和批判性思维能力；在了解抗日民族统一战线形成的历程和中国共产党抗战史实的基础上，运用逻辑思维，理解中国共产党在抗日战争中的发展与壮大，并成为抗战的中流砥柱，进而推动了新民主主义革命走向成熟。

（3）历史阐释能力：将抗日战争放在新民主主义革命发展与两次世界大战时期世界格局的碰撞视野下，通过文字史料和图表，分析抗日战争胜利的重要意义，理解为何抗日战争时期是新民主主义革命的成熟时期，从而培养学生的历史阐释能力。

（4）历史探究能力：通过呈现类型丰富、来源广泛的史料，深入分析日本侵华的原因，拓宽学生视野，提升学生探究热情，培养唯物史观和探究能力。

3. 核心价值

（1）认识日本侵华给中华民族带来的深重苦难，通过情境设置，形成“理解之同情”，认识到个人命运与国家命运休戚与共，培养学生的家国情怀；认识日本发动侵略战争给世界人民包括日本人民带来的苦难，提升学生人类命运共同体意识，加强对人的尊严、人的价值的重视，涵养人间大爱。

（2）通过了解中华民族英勇抗战的史实，认识到抗战取胜之艰难，感悟中华民族的大无畏精神，增强民族认同和爱国主义精神，培育自强不息的优良品质和人生追求。培养求真求实的史学精神，用正确的党史观，旗帜鲜明地反对历史虚无主义。

（3）认识战争的非正义和反人类特征，认识到和平与发展的来之不易。

四、教学过程分析系统

课时教学设计3　民族的抗争：新民主主义革命的成熟

【导入环节】通过呈现材料，导入本课时。

【材料呈现】

材料一　我触到了中国，中国也触到了我，我拍了战争，拍了一个在战争中瓦解，又在战火中形成的国家，我看到了勇敢！

——［美国］尤里斯·伊文思《四万万人民》

【教师分析】在世界电影史上，尤里斯·伊文思被誉为“纪录电影之父”，其作品《四万万人民》是现存少有的关于抗战的影视资料，极为珍贵。作为目睹中国抗战的外国人，他看到了中国在日本侵略下的败退与苦难，也见证了中国的凤凰涅槃。

【设计意图】利用外国著名纪录片导演的作品和其感言作为导入，容易起到激趣、凝神、导思的作用，同时也为学生拓展阅读提供了指引。

【任务一】通过土地革命转向民族革命的历程认识中国共产党决策的成熟。

【关键问题】日本逐步扩大侵华与民族危机加深给中国革命带来了怎样的影响？

【材料呈现】

材料二　（日本）1935年又制造了华北事变。在民族危机加深的形势下，党以国家和民族大义为重，顺应人民的愿望和时代的要求，适时提出了建立抗日民族统一战线的主张……1935年8月中共驻共产国际代表团根据共产国际七大的精神，以中华苏维埃中央政府和中共中央的名义起草了《为抗日救国告全体同胞书》即“八一宣言”。12月中共中央在瓦窑堡会议上提出了建立抗日民族统一战线的基本策略。1936年间，党逐步实现了由“抗日反蒋”到“逼蒋抗日”的政策转变。12月12日西安事变的发生和和平解决，标志着国共十年内战的结束，两党合作抗日成为不可逆转的历史潮流和发展趋势。

——曲青山《论中国共产党在抗日战争中的中流砥柱作用》

【问题设计】依据材料二并结合教材内容，思考：面对日本步步紧逼，中国共产党的政策有何转变，转变的原因是什么？

【教师分析】中国共产党由“抗日反蒋”转变为“逼蒋抗日”。转变原因：遵义会议后中国共产党走上独立自主道路；中国共产党以国家和民族大义为重，正确分析国内外局势；顺应人民的愿望；受共产国际的影响。

【设计意图】通过分析呈现的材料和阅读教材，提取有效信息，增强学生概括归纳信息和多角度分析问题的能力。同时，认识到中国共产党对中国的革命斗争已有了自主的分析和认识，并能做出正确的决策，说明中国共产党在决策上已日渐成熟。

【任务二】从国共两党对日本侵华的态度认识中国共产党对敌策略的成熟。

【关键问题】在敌强我弱的形势下中国为何能够战胜日本？

材料三　日本政府曾宣称“三个月灭亡中国”，它的本意并不是说能把中国人在三个月之内杀净，而是要打跨中国的经济基础。从这一点来讲，三个月灭亡中国并不是很夸张的，因为确实在几个月之内，沿海一线就统统丢光了，整个中华民国的经济命脉也就丢掉了。

——王伟《看懂世界格局的第一本书1：大国博弈》

材料四　全面抗战爆发不久，中国共产党就深刻揭示抗日战争的本质特征和发展规律，科学把握战争双方实际特点及发展变化，对抗日战争的发展阶段和趋势做出正确判断，从战略高度指出了抗日游击战的重要地位，系统阐述了抗日持久战的战略思想……共产党的这种坚持全面抗战路线、紧紧依靠广大民众的抗日持久战战略方针，同国民党的脱离民众的、单纯依靠政府军队作战的、作为军事战术思想甚至是机会主义策略的“持久战”思想，有着本质性的区别。党的抗日持久战思想坚定了人民坚持抗战的胜利信心，为夺取抗战胜利指明了正确方向和发展道路。

——金民卿《中国共产党在抗日战争中的领导作用》

【问题设计】依据材料三、材料四并结合教材内容，思考：(1)中国共产党与国民党对敌策略的差异。(2)中国共产党为什么强调全民族抗战和持久战？

【教师分析】(1)中国共产党坚持全面抗战路线、紧紧依靠广大民众；而国民党的策略则具有机会主义思想，脱离民众、单纯依靠政府军队。(2)中国共产党之所以强调全民族抗战和持久战，乃是中国共产党对中日两国实力和国际局势正确研判的结果。第一，日本是强大的工业化国家，军事实力强大，而中国是落后的农业国，军事实力弱小；第二，日本做了长期的战争准备和战略布局，而中国在战前仍处于国共内战时期；第三，中国地大物博，人口众多，可以支持长期的战争，比日本更有战争的韧性；第四，从国际上看中国的抗战符合世界人民的利益，得道多助，而日本发动侵略战争，失道寡助。

【设计意图】在唯物史观的指导下，通过比较中日两国的战略形势，认识到中国共产党具有实事求是的精神和高瞻远瞩的战略眼光，是中国抗日战争正确战略的提出者、指导者和引领者，在对敌策略上日益成熟。

【任务三】从中共七大认识中国共产党在理论上的成熟。

【关键问题】在抗日战争中以毛泽东为主要代表的中国共产党人如何实现马克思主义中国化的第一次历史性飞跃？

材料五　从1935年的遵义会议到1945年的中共七大，毛泽东思想得到系统的总结和多方面的展开而达到成熟，并被确立为党的指导思想。

这一时期的主要著作包括《论反对日本帝国主义的策略》(1935年)、《中国革命战争的战略问题》(1936年)、《实践论》(1937年)、《矛盾论》(1937年)、《抗日游击战争的战略问题》(1938年)、《论持久战》(1938年)、《中国共产党在民族战争中的地位》(1938年)、《战争与战略问题》(1938年)、《论新阶段》(1938年)、《〈共产党人〉发刊词》(1939年)、《中国革命和中国共产党》(1939年)、《新民主主义论》(1940年)、《改造我们的学习》(1941年)、《在延安文艺座谈会上的讲话》(1942年)、《论联合政府》(1945年)等。

——整理自《毛泽东全集》

材料六　1945年召开的中国共产党第七次全国代表大会最重要、最有历史意义的功绩，就是确定毛泽东思想为党的指导思想……党成立24年来，在马克思列宁主义指导下，在同国内外各种敌人进行的革命斗争中，在同党内外各种错误思想进行的原则斗争中，毛泽东思想生长、发展和成熟了。它被证明是唯一正确的救中国的理论和政策，唯一正确的使中国人民获得解放的理论和政策，并为全党逐步地认识、接受和拥护。七大将毛泽东思想写在党的旗帜上，是全党达到成熟的重要标志。

——冯蕙《毛泽东著作编研文存》

【问题设计】依据材料五、材料六并结合教材内容，思考抗日战争期间毛泽东思想走向成熟的主要表现。

【教师分析】表现：建立起了哲学理论，形成了人民军队和人民战争理论，发展了统一战线理论，提出了完整的新民主主义理论，丰富了党的建设理论。

【设计意图】在唯物史观的指导下，通过了解毛泽东思想发展成熟的过程，能深刻理解中国共产党人在抗日战争艰苦环境下进行的理论探索和创新，认识到这些理论不仅为抗日战争提供了前瞻性的指导，而且进一步推动了毛泽东思想的成熟，并在中共七大上被确立为党的指导思想。

【任务四】从抗日战争的胜利认识新民主主义革命走向成熟。

【关键问题】抗日战争的胜利有何伟大历史意义?

材料七　抗日战争的结局之一就是国内的政治格局发生了巨变。国共两党的力量出现了此消彼长的变化。到抗战结束时，形成了几乎“均衡”的政治格局。中间势力形成了代表自己政治意识和利益的政党，对平衡政治格局产生了广泛的影响。中国的各阶层、阶级进行了重新的分化、组合并根据政党先进性这一深层次的标准选择了不同的阵营。这次国内政治格局的改变为未来中国社会根本走向的变化奠定了基础。

——谢海军《抗日战争与国内政治格局的变迁》

材料八　新民主主义革命理论，是以毛泽东为主要代表的中国共产党人，把马克思主义基本原理同中国革命具体实际相结合，在认真总结中国革命实践经验基础上形成的具有独创性的革命理论。新民主主义革命的理论，解决了在一个以农民为主体的、落后的半殖民地半封建的东方大国里进行革命的一系列理论问题，极大地丰富了马克思主义的理论宝库……中国共产党领导中国人民取得了新民主主义革命的伟大胜利，建立了中华人民共和国；中国新民主主义革命的伟大胜利，有力地支持了世界人民反对帝国主义的斗争，增强了世界人民争取世界和平的力量。

——李晓平、金宇主编《〈毛泽东思想和中国特色社会主义理论体系概论〉学习指导与练习(2018年版)》

【问题设计】依据材料七、材料八并结合教材内容，思考：（1）抗日战争的胜利对国内政局的发展有何重要意义？（2）抗日战争产生了怎样的国际影响？

【教师分析】（1）抗日战争的胜利极大地提升了中国共产党的威信和地位，人民军队、解放区得到发展，国共实力对比逐步发生转变，为新民主主义革命的最后胜利奠定了基础。（2）抗日战争的胜利推动了世界反法西斯战争的胜利，提高了中国的国际地位，有力地支持了世界人民反对帝国主义的斗争，增强了世界人民争取世界和平的力量。

【设计意图】分析抗日战争胜利的国际意义的同时，强调了抗日战争在新民主主义革命历程中的重要地位，可以深刻理解新民主主义革命从兴起、发展到成熟和胜利的历史，这也正是中国共产党带领人民群众走向独立自主的奋斗历程。抗日战争的胜利作为中国近代以来反抗外敌入侵的第一次完全胜利，不仅彰显了中国共产党在政治实践、军事斗争和指导理论等方面的胜利，更是新民主主义革命成熟的体现。

五、教学评价分析系统

（一）学业质量水平划分

水平1：了解抗日战争进程的时序界限，知道抗日民族统一战线建立的史实；了解日本的侵华罪行，了解国共两党在抗日战争中所领导的重大战役，认识中国共产党在抗日战争中发挥了中流砥柱的作用和抗日战争胜利对中华民族的伟大意义。（时空观念、史料实证、家国情怀）

水平2：能够有意识地运用唯物史观分析日本的侵华背景；能够梳理抗日民族统一战线建立的历程；能够通过了解国共两党在抗日战争中所领导的重大战役，有意识地收集相关史料深化理解中国共产党的中流砥柱地位和抗日战争胜利对中华民族的伟大意义，认识抗日战争在新民主主义革命历程中的地位，涵养正确的历史观和价值观。（唯物史观、时空观念、史料实证、家国情怀）

水平3：能够从世界反法西斯战争的整体视野认识中国抗日战争的历程，能够在唯物史观指导下主动收集资料分析国共两党在抗日战争中的贡献；能自主地搜集、辨析和利用史料对抗日战争相关史事进行探究和互证，对抗日战争胜利的原因和意义形成更全面的解释；能够理解抗日战争推动新民主主义革命走向成熟。（唯物史观、时空观念、史料实证、历史解释、家国情怀）

水平4：能够将抗日战争置于世界反法西斯战争和世界殖民体系瓦解、民族解放运动潮流的全球史背景下进行探究，并在此基础上对抗日战争胜利的意义做出全面深入的分析；能够对抗日战争推动新民主主义革命走向成熟进行历史阐释；体会中国共产党人勇敢战斗在抗日战争最前线，支撑起中华民族救亡图存的希望，成为全民族抗战的中流砥柱的艰辛与不易，进而培养道路自信和制度自信。（时空观念、历史解释、家国情怀）

（二）学业质量水平测试

阅读材料，回答下列问题。

材料一　1931年9月，日本发动侵华战争。面对民族危亡，全中国人民义无反顾地同侵略者进行斗争。在抗击日本法西斯战争中，仅从1937年7月开始的全国抗战中，中国军民伤亡总数达

3 500万人以上，其中牺牲2 000余万人。不可否认，中国的抗日战争也得到了世界其他反法西斯战场的支援和配合。中华民族经过14年的浴血奋战，打败了日本军国主义侵略者。

——摘编自姜廷玉《中国人民抗日战争胜利的伟大历史意义》

材料二　抗日战争"促进中国人民的觉悟和团结的程度，是近百年来中国人民的一切伟大斗争没有一次比得上的"。经过这次战争的洗礼，中国共产党完全成熟了，它的队伍和它所领导的革命力量空前壮大起来。共产党以外的革命民主力量也得到很大发展。这就为后来夺取人民民主革命在全国的胜利奠定了基础。

——摘编自金冲及《二十世纪中国史纲》

（1）根据材料一，概括中国抗日战争的特点。

（2）根据材料二，说明抗日战争对中国的影响。

【评价说明】

题号	答题思路	学业质量水平描述
（1）	能够进行教材知识迁移，提取出材料信息，得出抗日战争的特点：从"全中国人民"得出"全民族抗战"；从"1937年7月开始的全国抗战中，中国军民伤亡总数达3 500万人以上，其中牺牲2 000余万人"得出"伤亡大"；从"中国的抗日战争也得到了世界其他反法西斯战场的支援和配合"得出"得到国际支援与配合"；从"中华民族经过14年的浴血奋战"得出"持续时间长"。	1–4　能够说出重要历史事件的经过及结果。 2–2　能够将某一史事定位在特定的时间和空间框架下；能够运用各种时间术语描述过去。 3–2　能够把握相关史事的时间、空间联系，运用特定的时间和空间术语对较长时段（如古代、近现代）、较大范围（如跨国家、跨地区）的史事加以概括和说明。
（2）	能够从材料二"促进中国人民的觉悟和团结的程度，是近百年来中国人民的一切伟大斗争没有一次比得上的"概括出"促进中国人民的高度觉悟和团结"；从"中国共产党完全成熟了，它的队伍和它所领导的革命力量空前壮大起来。共产党以外的革命民主力量也得到很大发展"归纳出"推动了中国共产党成熟和革命力量空前壮大"；从"这就为后来夺取人民民主革命在全国的胜利奠定了基础"概括出"为夺取新民主主义革命在全国的胜利奠定了基础"。	1–4　能够说出重要历史事件的经过及结果。 2–3　能够在对史事与现实问题进行论述的过程中，尝试运用史料作为证据论证自己的观点。 2–5　能够认识社会主义核心价值观的历史依据，具有对祖国和人民的深情大爱。

参考答案

（1）特点：全民族抗战；伤亡大；持续时间长；得到国际支援与配合。

（2）影响：促进中国人民的高度觉悟和团结；推动了中国共产党成熟和革命力量空前壮大；为夺取新民主主义革命在全国的胜利奠定了基础。

李勇政　柳州高级中学